成都市地方志资源开发利用项目

巴蜀風土雜記

BASHU FENGTU ZAJI

徐平 著

巴蜀书社

图书在版编目（CIP）数据

巴蜀风土杂记 / 徐平著. — 成都：巴蜀书社，2022.12

ISBN 978-7-5531-1681-5

Ⅰ. ①巴… Ⅱ. ①徐… Ⅲ. 风俗习惯－研究－四川 Ⅳ. ①K892.471

中国版本图书馆CIP数据核字（2022）第217299号

BASHU FENGTU ZAJI

巴蜀风土杂记

徐平　著

责任编辑　童际鹏
封面设计　周　明
出版发行　巴蜀书社
地址：成都市锦江区三色路238号新华之星A座36层
邮编：610023
总编室电话：（028）86361843
发行部电话：（028）86361856
网　　址　www.bsbook.com
经　　销　新华书店
印　　刷　成都思潍彩色印务有限责任公司（电话：02887510100）
版　　次　2022年12月第1版
印　　次　2022年12月第1次印刷
成品尺寸　240mm × 170mm
印　　张　25
字　　数　400千
书　　号　ISBN 978-7-5531-1681-5
定　　价　128.00元

总　序

党的二十大报告指出，“推进文化自信自强，铸就社会主义文化新辉煌”。四川省第十二次党代会提出，“大力推动文化繁荣兴盛，为现代化建设提供强大的价值引导力、文化凝聚力、精神推动力”。成都市第十四次党代会要求，“坚定不移推进文化繁荣兴盛，加快打造世界文化名城”。成都市地方志编纂委员会办公室实施地方志资源开发利用项目，是落实中央和省、市党代会关于新时代文化事业高质量发展的一项重要举措。

地方志资源包括地方文献、地情资料与地情研究成果，是研究一个地方历史演变、文化传承、人文禀赋和地域特性的重要文化资源。开发地方志资源，有助于地方志更好服务经济社会发展和人民群众，是实现地方志社会价值的重要途径，也是地方志事业发展的内在动力。成都是古蜀文明的发祥地，自古人文荟萃、文化灿烂。早在汉代，就有“文章冠天下”的美誉，涌现了“赋圣”司马相如、“西道孔子”扬雄等一代文宗；魏晋时期，出现了“史志双璧”——陈寿的《三国志》和常璩的《华阳国志》；唐宋时期，形成了“自古诗人例到蜀”的独特文化现象。

厚重的历史底蕴，灿烂的文化基因，为成都留下了丰厚的地方志资源。实施地方志资源开发利用项目，旨在开发更多体现成都地域特点，具有存史文献、学术研究和现实服务价值的地情读物。通过开发利用地方志资源，推动更多专家学者参与地方志事业发展，广泛整合社会力量，扩大方志工作社会影响力；抢救保护民间资料文献，形成更多地情开发成果，为地方志事业高质量发展夯实基础，进一步发挥地方志“资政、存史、育人”的重要功能，为打造彰显中华文明魅力、天府文化特色的世界文化名城贡献方志力量。

是为序。

成都市地方志编纂委员会办公室主任　马海军

2022年11月

前　言

巴蜀，古来为一特定区域的称谓。按照中国古代地理分区，其范围广阔，包括四川盆地及其周边邻近区域，即今天的四川、重庆，加之陕南、黔北、鄂西，以及云南昭通等部分区域。巴蜀之称谓，来源于先秦时期的巴国和蜀国。巴蜀两国，领地毗连相接，边界犬牙交错，后来以巴蜀通称之。秦时设巴郡和蜀郡，汉代设“三巴（巴东郡、巴西郡、永宁郡）”与“三蜀（蜀郡、广汉郡、犍为郡）”，进一步强化了巴蜀的地理概念并沿称了下来。现在所称的巴蜀地区，通常指四川、重庆两地，即旧时的四川辖域。巴蜀不仅是一个地理概念，也是一个文化概念，即该地区在语言、风俗、饮食等多方面具有其独特的和显著的地域性特点。源远流长，数千年积淀下来的巴蜀文化，丰富多彩，古朴厚重。

巴蜀地区人类史可溯至旧石器时期。重庆大渡口马王场遗址与四川稻城皮洛遗址等旧石器遗址的发现，证实早在十多万年前，人类已经在巴蜀地区生存繁衍；眉山坛罐山遗址、资阳黄鳝溪遗址与简阳龙垭遗址等旧石器遗址的发现，则表明在数万年前，人类已经在盆地中部岷江、沱江流域生活与聚居。新石器时期，巴蜀区域内人类活动的范围更加宽广。域内先后发掘出了多个新石器时期的人类活动遗址，其中文化特征较为突出的有丰都玉溪坪遗址、巫山大溪遗址、广元中子铺遗址、宣汉罗家坝遗址、叙州叫花岩遗址、茂县营盘山遗址、新津宝墩遗址等，遗址中的不少出土物表明了巴蜀地区史前文明的原生性与独有性，以及相互之间的交集。盆地四周山势险要，巴蜀之地相对独立和封闭于其他区域，其实在上古时期，巴蜀地区就有着高度的文明并与外域有着广泛的交往。约相当于夏商时期的三星堆遗址发掘中，先后出土了众多的极富地域特点的文物，传递出古蜀文明的玄妙神奇、博大精深与灿烂辉煌。

温和的气候、肥沃的土地，加之丰足的水源，巴蜀域内古来传统农耕经济比较发达，草木所聚，百谷自生。巴蜀地区很早就出现了定居农业文化形态，云阳大地坪遗址与新津宝墩遗址中即发现了水稻遗骸和炭化水稻，表明巴蜀先民早在新石器时期就聚族而居并开始种植水稻。两千年前，水稻等多种农作物即广种于巴蜀各地，肥田沃地的蜀中更是万物丰成。《汉书·地理志》载："巴蜀广汉，土地肥美，有江水沃野山林竹木疏食果实之饶。"晋《华阳国志》载：江河汇流，"皆溉灌稻田，膏润稼穑……蜀于是盛有养生之饶"。晋《蜀都赋》载："黍稷油油，粳稻莫莫"，"桑梓接连，家有盐泉之井，户有橘柚之园"。汉唐以来，农耕经济的发达带来了巴蜀各地百业兴盛。《宋史》载："蜀中富饶，罗纨锦绮等物甲天下。"多样性的地貌，也是巴蜀地区的重要特征，山水景观星罗棋布，天然奇作处处可见。"初唐四杰"之一的王勃称赞道："优游之天府，宇宙之绝观。"万物殷富，绝域殊方，巴蜀地区自然成为人居上选之地与文化资源富集之地。

先秦时期，文献中有关巴蜀的记载，频频出现，巴蜀文化与中原文化开始了不断的碰撞与融合。巴蜀之饶，也逐渐为天下所知。秦灭巴蜀后，巴蜀地区先后迎来多次移民运动，巴蜀一域与南北各地的文化交流更加频繁，在多民族交融的过程中，以及封闭与开放之中，承继古风且又兼容并包而成的本土文化特色慢慢形成。明清时期持续的和大规模的移民迁入，对巴蜀地区影响尤深，五方杂处所形成的在语言、饮食、风俗、建筑、艺术等各方面趋同的地域文化，进一步显现。古往今来，蜀锦、蜀绣、川菜、川剧，以及薅草锣鼓、林盘聚落、川主信仰等文化遗产或遗风余俗，就是巴蜀地区典型的具有强烈地域色彩的文化符号。

所谓"风土"，即一域之自然环境、方物、风俗等的总称，涉及面广，内容繁杂，有着较强的地域性特点。地方风土研究，则是一个酌古沿今、彰往考来，包含着历史学、人类学、文化学、民俗学、语言学，以及地理学、考古学等多种学科知识在内的复杂学科。研究中，需要进行深入的田野调查与广泛的文献阅读，并在此基础上对研究对象进行梳理、考证、分析与归纳。研究方法还包括跨文化比较、假定与推理、个案分析、数理统计等。风土记，即为综合性地记载地方风土的文献，其中对方物、风俗、语言等的考证查究，为文献中重要的内容。

有关地方风土考释与记述的文献，古来不少。例如，宋·张唐英的《蜀梼杌》、明·曹学佺的《蜀中广记》、明·陆深的《蜀都杂钞》、明·何宇度的《益部谈资》、清·陈祥裔的《蜀都碎事》、清·彭遵泗的《蜀故》、清·张澍的《蜀典》，等等。卷帙浩繁，或兼收并蓄，或拾遗补阙，这些古代文献为研究巴蜀地区的山川地理、社会风俗、风土人情等有着重要的参考价值。清代文人纪昀评价曹学佺之《蜀中广记》云："目凡十二，曰名胜，曰边防，曰通释，曰人物，曰方物，曰仙，曰释，曰游宦，曰风俗，曰著作，曰诗话，曰画苑。蒐采宏富，颇不愧广记之名。"清代文人聂鼎元评价陈祥裔之《蜀都碎事》云："或得之见闻，或参之载籍，考证精确，典雅弘深。"

地方风土，反映了区域内人们的行为特征与生活方式，既是一个区域文化底蕴深厚的表征，也是一个区域保持其文化特殊性的重要方面。地方风土，为一种特有的文化资源或文化遗产，年深日久，这些资源或遗产形成了今天的文化记忆，对于很多人来讲，则是身份认定与乡愁寄托的载体。源远的昌明，厚重的积淀，古人留下的有形与无形的文化财富，应当充分地挖掘和利用。毫无疑问，关于地方风土的考释与记述，有助于今人与后人更多地了解地方历史和文化脉络，而这又有助于优秀历史文化的弘扬与传承。

本书作者长期致力于巴蜀文化的研究，尤其注重地方风土的调查、记录与考证。《巴蜀风土杂记》一书，即为作者在长期的田野调查与广泛的文献阅读基础上，撰写出的一部考释与记述巴蜀风土的著作。旁搜博采、研精究微，作者力求考释与记述的全面深入且通俗易懂，突出其本土文化特色与地域性特点。

该书在篇目编排上自成一格，分设有"风物篇""地名篇""名胜篇""附篇"四个栏目，内容包括山川地理、风景名胜、遗风旧俗、典章文物等多个方面。"风物篇"与"地名篇"为本书的重点篇章，其中，"风物篇"研究内容广泛，所列名目分别涉及古物遗存、流风余俗、民间医术、人文历史等多个方面；"地名篇"则侧重地名的考释，内容包括地名的字义解析、渊源来历、分布规律，以及地名与自然地理、人文环境之间的关系等。本书"附篇"中的《唱广元》，为七言句式的长篇歌谣，描写了旧时广元的人文地理与社会风情等内容，亦俗亦雅，乡情浓厚，为别开生面的地方风土记述方式。

本书内容可以看作是地方史志资料的补充与扩展，其中不乏作者独得之见，具有一定的学术价值与文献价值。该书既可作为知识性的通俗读物，也可作为文史爱好者与研究者的参阅材料。

自　序

我出生在川北的广元，从20世纪50年代中期到70年代中期，我的整个童年及青少年都是在那里度过的。与大多数地方一样，那段时期的广元，城乡面貌依然保持着旧时的模样，城乡居民也多保持着传统的生活方式。这样的一段生活经历，包括后来插队落户山乡的经历，深刻地影响着我，以至于我至今还执念着一些传统的东西，津津乐道并形之笔墨。

广元，是一个人文历史悠久的地方。中子铺细石器遗址的发现，标志着在新石器早期，广元一带已经出现了原生的人类社会形态。东周至战国时期，这一带为苴国领地，广大区域里还分布、聚居着氐羌等族先民，多种文化在此碰撞与融合。自秦一统后的两千多年里，广元一直是蜀地通往秦陇的门户，为南来北往的官兵与商民经由或停转之地，自然这里也是中原文化、西部文化与巴蜀文化交融之地。复杂的历史背景，注定广元是一个文化丰富且积淀厚重的地方。对于我来说，认识巴蜀，认识四川，其实就是从认识广元开始的。

大学毕业后，辗转几处，我来到成都工作与居留。身处大都市的繁华与喧闹之中，我的怀旧情结反而更加浓厚。相当长的时间里，川西坝子广袤的农乡成为我外出游访经常性的去处，闲情逸致，自得其乐。随着兴趣的增加，我的游访范围也在不断扩大，跋山涉水，走村串乡，足迹遍布全川各地。游访中，我做了大量调查记录，包括文字与图片，与此同时，我还阅读了很多地方志及其他一些旧时文献，对传统文化与乡土风情的认识，逐渐加深，慢慢地从感性上升到了理性。

地方志，包括通志、府（州、厅）志、县志、乡土志、里镇志等。相当多的地方志，所载门目繁杂，内容丰富且考订严谨，其中一些记叙生动，图文并茂。地方志，可以说是一方风土的较为全面的记载。有关历史地理、人文风情等方面的其他类古代文献，亦是数量众多，我在阅读中，自然也是左右采获。本书各篇文章的写作中，我将地方志与古代文献作为研究地方文史的基础资料，根究着实，旁引曲证，为分析与论述提供原始和可靠的依据。

博物馆，也是我经常游览的地方。研究人类学与地域风土中，博物馆里典藏与陈列的各类文物，可以给研究者提供直接的和原始的证据，也能拓展研究者的思维。历史传承与文化延续的关系，也能通过这些人类遗产实物表达出来，让研究者有更深入的认识和理解。

先秦以来，巴蜀地区经历了多次大的移民运动，特别是明清时期持续的和大规模的移民迁入，巴蜀地区形成了其特有的地域文化，这种特有性明显地表现在语言、饮食、风俗、宗教、建筑、艺术等多个方面。由于城乡变迁和社会发展诸原因，人们往往把包含着这些传统文化的风物，看作是乡土性的东西。这些乡土性的东西，与当地自然环境一同构成了所谓的一方风土。乡土性的东西看似寻常，其实，其中的许多元素与细节，朴素、平实、自然、生动，也不乏充满艺术和灵性的东西。这些恰恰是现代城市生活中越来越少见的，即传统文化的遗留。这些元素与细节里包含了巴蜀人、巴蜀文化，乃至中国社会里非常有意义的东西，由此形成了地域风韵，形成了历史和文化，成为符号和记忆。

乡土性的东西，很多的正在消失或渐渐远离我们的视线，然而也不乏一些根深蒂固并潜移默化影响着我们的东西，那就是人们常说的老传统。传统文化中所蕴含的历史、文化、科学、艺术、经济等方面的价值，明显或潜在地对人类社会发展发挥过并将继续发挥其积极的作用。巴蜀先民在垦荒拓土、建功立业的过程中培养和形成的革故鼎新、济人利物、道法自然的思想，给我们提供了认识和改造世界的启迪与借鉴。记录与研究传统文化，也是保护和弘扬传统文化的重要方面，对于加强文物保护，以及其他各类物质和非物质文化遗产的保护，形成良性的文化生态，推动文化交流等，有着积极的和重要的作用。

本书中一些篇章的写就，前后经历了数年，甚至十多年的时间，换句话说，结集成书是旷日经年的积累。在确定选题后的撰写中，我尤其注重田野调查，并在此基础上追本溯源，深稽博考，力求内容上的丰富与解读上的透彻。相信读者能够通过本书的阅览，对巴蜀风土有更多更深的了解和认识。

限于作者的阅历与学识水平，文中疏漏与错讹在所难免，敬请广大读者批评指正。本书的编辑与出版，得到了成都市地方志编纂委员会办公室的精心指导，得到了巴蜀书社的大力支持，借此机会，向各位表示衷心的感谢。

徐平

目录

风物篇

石桅杆 / 3
林盘 / 23
蜀锦 / 35
竹器 / 45
烘笼 / 53
鸡公车 / 59
腊八粥 / 67
烧灯花 / 71
扯饮食 / 75
打扎筒 / 78
打长牌 / 82
剃胎毛 / 88
装银匠 / 92
豆花 / 98
九斗碗 / 104
百颗灯 / 111
成都古堰 / 117
水碾 / 129
火井 / 136
场与赶场 / 143
农乡赛会 / 156
川主庙 / 170
薅草锣鼓 / 182
中秋节旧俗 / 190
元宵节旧俗 / 195
辣椒入川史 / 201
豆瓣酱 / 212
成都平原古代水稻种植 / 217
蜀中八景 / 222
四川码头场镇 / 228
四川蔗糖小史 / 239
龙门子与花龙门 / 246
清《四川全图》中的“塘” / 251
闲话苏坡桥 / 257

地名篇

坝 / 265
冲 / 279
店 / 293
垭豁 / 304
一碗水 / 313
汤巴丘 / 319
牛滚凼 / 322
川西坝子里的“墩” / 329
乡场的俗名与雅名 / 333

名胜篇

天下无双雾中山 / 341
幽丽奇绝药师岩 / 350
第一禅林昭觉寺 / 358
青壁沧波龙洞背 / 364

附篇

唱广元 / 370

参考文献 / 382

风物篇

石桅杆

通常，桅杆是指船上那高高的、可以支撑船帆或旗帜等物的立杆。本文所说的桅杆，则是一种古人所竖立的桅杆状石杆。这种古代桅杆状石杆，巴蜀地区多称为“石桅杆”“石旗杆”，也简称“桅杆”“旗杆”，另有“石桅”“石桅子”等叫法。历史上石桅杆数量巨大，逾年历岁，或拆或毁，留存下来的很少，留存下来且完整无缺的就更是寥寥无几了。然而，留存下来的众多的与之相关的地名，揭示出当地曾经竖立过桅杆的历史。

巴蜀地区城乡各处，以“桅杆”为通名的地名众多，仅成都市区域内就所在多有。例如，金牛区土桥镇的王家桅杆，温江区寿安镇的陈家桅杆、柳林镇的唐家桅杆、柳城镇的杜家桅杆、万春镇的张家桅杆、金马镇的余家桅杆，都江堰市崇义镇的刘家桅杆、安龙镇的向家桅杆，崇州市怀远镇的高家桅杆、大划镇的李桅杆、三江镇的王桅杆，郫都区古城镇的王家石桅杆，新津区花源镇的徐桅杆，蒲江县大塘镇的陈石桅杆等。这些桅杆类地名所在地，历史上都曾竖立过桅杆。《四川省双流县地名录（1988）》中对当地之“石桅杆”地名的解释为：“清代做官家门所立的一对石桅杆，故名，现为石桅杆大队驻地。”《四川省新津县地名录（1986）》中对

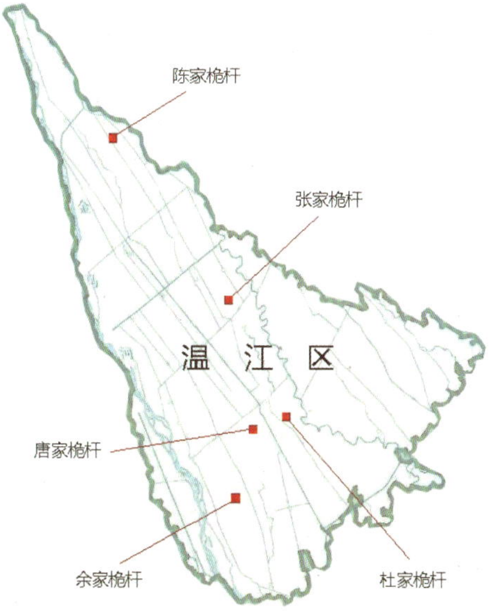

温江桅杆地名分布图

当地之"徐桅杆"地名的解释为："因徐姓出仕为官，在住地门前竖石桅杆作记，故名。"旧时成都城内也竖立有多对桅杆，著名文人冯水木（1946–2007）整理的旧时歌谣《唱成都》中有："布政司前棉花街，双斗桅杆卓秉恬。腾蛟左，起凤右，天开文运贡院口。为国求贤斗大字，两树桅杆万年有。"

巴蜀各地，与桅杆相关，依据当地之地理特征或建筑物类别等来作地名的，多如牛毛。例如桅杆山、桅杆梁、桅杆岭、桅杆垭、桅杆湾、桅杆墩、桅杆坪、桅杆岩、桅杆咀、桅杆坳、桅杆坡、桅杆塝、桅杆坝、桅杆菁、桅杆坟、桅杆槽、桅杆沱、桅杆塘、桅杆桥、桅杆房、桅杆堡、桅杆庙、桅杆屋基、桅杆房子、桅杆院子、桅杆营等地名。这些地名所在处，历史上也曾竖立过桅杆。《四川省遂宁县地名录（1985）》中对当地之"桅杆坪"地名的解释为："此地因曾有清朝何举人立过桅杆得名。"《四川省什邡县地名录（1981）》中对当地之"桅杆坪"地名的解释为："清代一张姓大坟，侧有狮头石桅杆，故称。"再如，盐亭县巨龙镇五和村的桅杆湾，就因此湾立有表彰明晚期贡生、曾任延安府同知的张勉行的石桅杆而得名。桅杆，也被称作"旗杆""桅帜"，与此相关的地名也不少，如旺苍麻英乡的旗杆村、达州龙会乡的旗杆坝村、邻水县地选村的上桅帜湾和下桅帜湾，以及其他各处的旗杆湾、旗杆坳、旗杆岭、旗杆塝、旗杆坪等。古时的一些边地，如凉山州的冕宁、德昌，甘孜州的康定等地，也有与桅杆相关的地名。1917 年，美国社会学家甘博在茂州（今北川、汶川、茂县一带）考察时，留下了很多拍摄记录，其中就有当地的石桅杆。由此可见，旧时的巴蜀地区，普遍有着竖立桅杆或旗杆的习俗。

邓家桅杆　郫县安靖镇（2020）

准确地讲，桅杆，即形同桅杆的

陈家桅杆　温江寿安镇（2018）

旗杆。实际上，在巴蜀地区以外，大多地方以“旗杆”相称。旗杆，顾名思义即悬挂旗帜的杆子。装饰或绘制有动物图腾的旗帜，作为一种符号，早期多用于部族标识或战争指麾，后来也用以表示竖立者的威望与地位。《周礼·春官·司常》：“熊虎为旗。”《战国策》：“建七星之旗，天子之位也。”而将旗杆作为一种固定的和具有纪念意义的建筑物，则相对出现较晚。北宋·张择端绘制的《清明上河图》中即有成对的旗杆立于府院之前的画面，这说明至少在宋代时，旗杆已经成为一些城乡建筑的一部分。旗杆上插旗或挂旗，通常会选择在特定的日子，如节庆日或其他重要的日子。这种文化遗留，还能在一些留存下来的古代石桅杆上看到。例如，福建泰宁县大龙乡东坑村有一对桅杆，桅杆上的石斗中各插着三支铁质旗帜。旗杆是“桅杆”的更正式的名称，在很多古代文献中可以看到相关记载。只是发展到后来，桅杆之挂旗的功能弱化，而其扬表等功能增强，桅杆与专用来挂旗悬旗的旗杆分成了两类。后面的论述中，桅杆或旗杆指的是前一类。

古代桅杆，从质地上区别大致可分为三大类，一类为石桅杆，即用石料做成的桅杆，包括基座、杆础、杆柱及其上面的饰物；一类为木桅杆，即基座和杆础为石质，杆柱及其上面的饰物用木料做成的桅杆；还有一类为铁质桅杆，其形样类似石质桅杆或木质桅杆。

经年历时，木质桅杆存世稀少，可见到的如江安县夕佳山镇坝上村黄氏民居前的一根竖立于民国时期的双斗木桅杆。大多木桅杆仅存其石质基座和杆础，杆柱则因朽腐而早无踪影。罗江县略坪镇松花村的“李家木桅杆”地名，即是因当地旧时竖立木桅杆而得名。西充县华光乡黄家庙村的“桅杆湾”，也是因当地旧时竖立木桅杆而得名。

铁桅杆，多竖立在庙宇和会馆前，留存地多在北方地区，如陕西、河南、山西等地。典型的如陕西耀县药王庙前的铁桅杆、河南唐河县陕西会馆前的铁桅杆、山西运城解州关帝庙前的铁桅杆，等等。这些铁桅杆，多铸造于清代，其中河北安固市药王庙前的铁桅杆初造于宋代，后分别于明嘉靖、清乾隆与道光年间进行了重修重铸。铁桅杆，铸造成型，装饰复杂，通常杆柱上还盘有长龙。现藏于日本东北大学图书馆的明万历刻本《北京城宫殿之图》中，就能看见竖立于宫殿之前的这种盘龙铁桅杆。巴蜀地区铁桅杆留存极少，江油县窦圌山云岩寺前的一对铸造于清乾隆十一年（1746）的双斗铁桅杆、射洪县金华观祖师殿前铸造于清嘉庆元年（1796）的铁桅杆，以及重庆南岸区真武山上明万历年间所立的铁桅杆，是为几例。关于古代竖铁桅杆的情况，旧志中有一些记载。清同治《重修成都县志》：“陕西会馆，治南陕西街，与三官堂同建，嘉庆二年铸铁桅杆二，竖正殿前。”这些竖立于庙宇和会馆前的铁桅杆，常用于挂旗，故也称“幡杆”。此处不对铁桅杆或铁旗杆进行讨论。

相对的，石桅杆留存数量最多。巴蜀各地的石桅杆多选用坚硬石材做成，通常这些石材就取自于当地，因此不同地方的桅杆其石质略有区别。桅杆上的“斗”状饰物，是桅杆之重要特征。根据杆柱上所挂“斗”的多少，桅杆可分为单斗桅杆、双斗桅杆和三斗桅杆等。巴蜀地区的石桅杆，以单斗桅杆为多见。成双成对，为桅杆的另一重要特征。完整的石桅杆，包括基座、杆础、杆柱、桅斗、角撑（雀替）和杆顶等构件。基座一般为方形，由整块或多块大石凿成，大的边长可达2米。杆础，俗称“桅墩”，有方形、圆形、多棱形、鼓形等不同的形状，边长或直径小于基座尺寸，高度和层数各有不同，高的可达1米以上。基座与杆础也有连为一体的。杆柱分为圆柱、方柱、多棱（或倒棱倒角）柱，或下部为圆柱、上部为多棱柱等若干种，上细下粗，立于杆础中部孔内。一些桅杆的底部安放有角撑。

杆柱长度多在 5 米 – 8 米内，一些高大的杆柱，其长度可达 10 米以上，较高者通常分节榫接。桅斗位于杆柱中上方，形同旧时的量具——方斗，上阔下窄；多斗的，上面的斗小，下面的斗大。杆柱从桅斗的正中穿过。桅斗围板或素面或刻花，也有透雕镂空的，这样可减轻桅斗重量和增加桅斗美感。角撑是用来支撑桅斗的，位于桅斗底部。为稳固结实，有些桅斗还套有铁链或铁条与上部杆柱相连。杆顶即杆柱顶部的装饰物。根据顶饰形状，笔者将其分为宝珠形、鸿笔形、瑞兽形、其他形四大类。宝珠形顶饰，即类圆球状顶饰，包括扁圆球形、半圆球形、瓜状球形等；鸿笔形顶饰，即类笔尖形、类桃形或圆锥形顶饰；瑞兽形顶饰，即雕以瑞兽（如狮子、麒麟、朝天吼）状的顶饰；其他形，或称异形，即前面三类顶饰形状以外的其他形，例如绵阳涪城区磨家镇茅针寺村郑家大院前的一对单斗桅杆的顶饰，该顶饰为铁质铸造，下部为花式铜钱状，上部为三叉戟状。一般的，一对桅杆的两个顶饰形状相同，偶有例外。

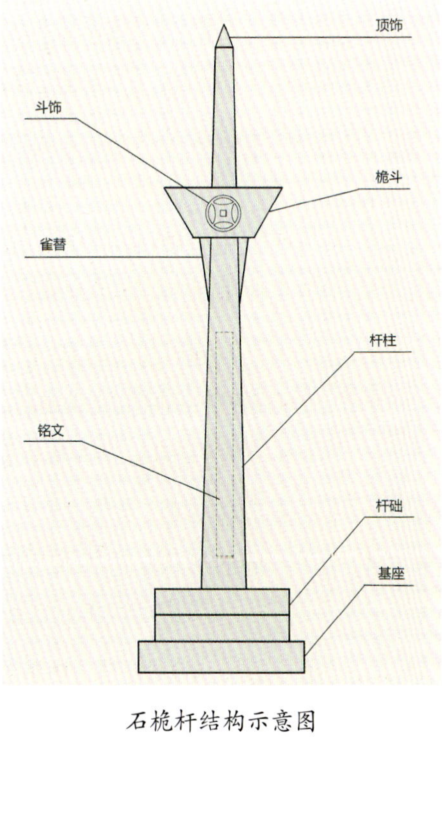

石桅杆结构示意图

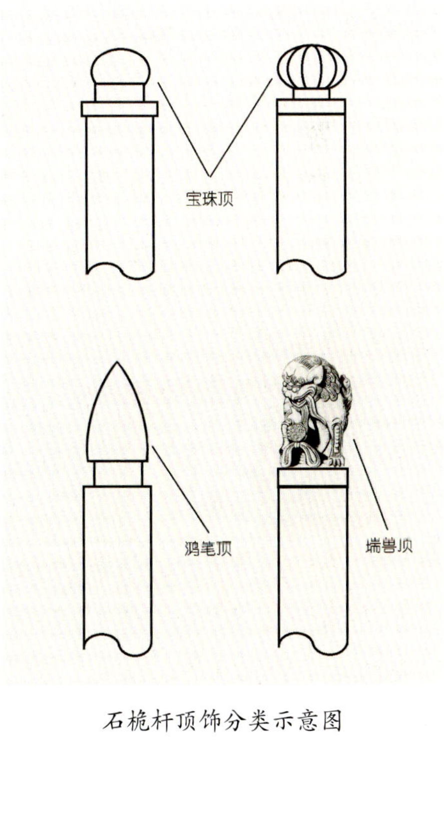

石桅杆顶饰分类示意图

典型的石质桅杆，如通江县龙凤场乡石婆山村张心孝墓前的一对。该对石桅杆通高约6米，基座与杆础一体，为鼓面八棱须弥座样式，两座正面分别刻有“迎送图”和“刀马人图”，杆柱为上细下粗的六棱柱体，柱上有带角撑的双斗，下斗中部圆形回纹框内分别有刻字，杆柱顶饰为鸿笔状。达州市三汇镇重石村蒲氏祠堂前的一对双斗石桅杆，是为特别的一例。该石桅杆的杆础分三层，下层四方状，中层六方状，上层为扁鼓状。与众不同的是，分三节榫接的该杆柱长10余米，其底径达约1米。如此高大粗壮的石桅杆，实为罕见。

笔者收集调查的，以及有公开资料介绍的巴蜀地区的古代石桅杆（包括完整与残缺的）有160余处。可以肯定的是，应该还有不少未被外界关注到的石桅杆存在之处。毫无疑问，作为一种风习，古人竖立桅杆有其特定的意义和作用。根据文献记载和对存世桅杆的分析，笔者将桅杆分为两大类，一为威仪敦礼与崇祀许愿类；一为功名彰表与优贤扬历类。

第一类桅杆多竖立在衙门、贡院、会馆、寺庙等建筑之前。例如，清乾隆《清化镇大王庙竖立旗杆碑记》载：康熙四十一年（1702），河北、山东、安徽、山西等地商人与清化镇商人共同出资于大王庙大殿前修建旗杆，以“立威表号”。清道光《保宁府志》：“桓侯旗杆，旧在县北，今贮庙内。”民国《新修合川县志》：“因即其地建殿三楹……出（牛王）殿百许步至山凹有石桅二，高丈有五尺，周十之三，苔藓斑驳上镌明万历中邑人欧。”清·范当世《范伯子诗集》：“夜大雷雨至，折龙王庙前旗杆斗，而朝乃放晴。”德国学者柏石曼于1908年所拍摄的自流井陕西会馆图片中，就有华丽的石桅杆。这类桅杆上往往还会刻下一些许愿福佑的文字。例如，成都龙泉驿区万兴乡幸福村的土地庙前曾竖立有石桅杆（现置于洛带西部客家博物馆），其中一桅杆的斗上刻有：“本州本乡信士熊成仁，为无子在于土地神前叩许石桅杆一对，至今有子。特来建立。自立之后，保佑千祥云集，万事亨通。”绵阳吴家镇青龙庙前竖有一对石桅杆，其中一桅杆的斗上刻有：“大清国西道直隶绵州南乡五里地名大湾，住居信士杨有盛何氏无子……叩许桅杆一对，长命富贵。”三台县立新镇土地庙（三多堂）前有一对清道光年间竖立的石桅杆，两桅杆斗上分别刻有“保佑命尔”和“长命富贵”字样。前面所说的铁桅杆，大多属于这一类。

在威仪敦礼与崇祀许愿类桅杆中，资阳伍隍镇五里村白佛寺后面山崖上的桅杆群甚为特别。白佛寺，旧名百佛寺，始建于明代，清嘉庆《资阳县志》：“白佛寺，在县东七十里，明万历十六年创建，雍正四年、乾隆五十一年两次重修。”寺后为一山崖，崖壁上有数百根浮雕桅杆。这些浮雕桅杆，雕凿拙朴，图案简洁，上细下粗，带有石斗和顶饰的形制与立体石桅杆几无区别。尚未见到有关这些浮雕桅杆的史料记载，估计其凿建年代应在清末至民国初期。可以肯定的是，这些桅杆凿建于寺庙之后，明显地表示出其崇祀许愿之功能。无独有偶，类似这样的崖刻桅杆群，重庆綦江中峰镇也有一处。当地有一山名灵应岩，岩上建有观音寺一座。观音寺，旧名观音阁，清光绪《四川綦江续志》：“观音阁，在附里灵应岩，同治元年发匪过此，马不前，跌而毙者，四贼怒而焚之，逾年重葺，香火称盛。”灵应，即灵验之意，说明了此处“香火称盛”的原因。灵应岩崖壁上也是满刻桅杆，有带斗的，也有不带斗的，数量以千计，其雕凿年代大致也是清末民国初期，其中一些桅杆上刻有年号，例如“同治六年二月十九日立”。这些崖刻

浮雕桅杆群　重庆綦江灵应岩（2020）

桅杆的功能也十分明确，从一些留刻即可知晓，例如“信民李忠国为父锡福延寿立”等。寺前新建的《同结善缘》碑上刻写的“消灾免难，增福延寿，生男育女”字样，进一步说明了这些桅杆的作用。

存世石桅杆中，尤以第二类为多。这类桅杆，系为功名者所竖，一般选址在祠堂或宅院前面。其光耀家族，以及区别于左邻右里的作用显而易见。清咸丰《天全州志》：“高溥，其祖天全人，寄居郫县。溥中道光庚子科恩科会试进士，分发广东，告终养归回州祀祖，祖祠并亲友之家竖有双斗旗杆，又修刻高氏宗谱散及宗人。”清同治《仁寿县志》：“孝廉桅子在治南马氏祠，皆巨石，为凡若立。”留存下来的竖立在祠堂或宅院前的桅杆很多。例如，郫都安靖镇的“邓家桅杆”竖立在邓氏祠堂前；巴中东兴乡的“姜家桅杆”竖立在姜氏老宅门前；万源玉带乡的“张家桅杆”竖立在张家大院朝门外；平昌笔山镇的“彭家桅杆”竖立在彭家宅院门前。清同治《仁寿县志》中所说的“为凡若立”的“孝廉桅子”，即现存的威远县小河镇民治村马家祠堂前的石桅杆。凡若，即清道光年间恩科举人、曾任叙州府庆符县儒学训导的马凡若。孝廉，为明清时期对举人的另称。

明代中后期及以后时期，桅杆竖立渐渐泛滥与奢侈起来。这种“滥且侈”，不仅表现在功名者的范围极度扩大，以及大事铺张方面，还时兴起了在逝者墓前竖立桅杆，以及在祠堂与墓前各竖桅杆的做法。显然，后一种做法，更加铺张奢侈。在墓前竖桅杆，也与当地当时的风俗有关。清道光《巴州志·风俗》中记载：当地“葬则造坟，谓之修山。未死预修者曰生基，坟前多用石旗杆及石狮子”。实际上，从明代开始，巴中及其邻近区域，以及其他很多地方都有在“坟前多用石旗杆”的风俗。民国《新修合川县志》：“明龚钟墓在西里云门镇场口，碑题皇明文林郎龚钟之墓，前有石桅杆一对。”马幸辛《川东北历代古墓葬的调查研究》（《四川文物》2001，二）载：川东北地区“明代墓葬数量较多……它们的共同特点是开始流行在墓前设碑，建造仿木结构石牌坊建筑以及石桅杆、字库。”这种在墓前竖桅杆的明清时期墓葬各地很多，例如，通江龙凤场石婆山村的张心孝墓、平昌江口镇五一村的李映元墓、万源柳黄乡寨坝村的徐三元墓、绵阳忠兴镇通兴村的宋鼎元墓、雅安上里镇茅河村的杨枝玉墓、都江堰大观镇盐井村的杨国桢墓，等等。另如，犍为县罗城镇青狮村的“张家桅杆”两对，分别竖立在张家宅院门前及其祖墓之前。类似这样既在宗祠或宅院前又在墓前竖桅杆的，川东北地区有多处。墓葬建筑在形态上模仿祠堂建筑，为明清时期四川多地的一种普遍现象。这或许是大移民时期强化家族观念的一种表现形式。此外，还有在牌坊前竖立桅杆的，典型的如雅安雨城区上里镇“双节孝”牌坊前的石桅杆。这种既立牌坊，又竖桅杆的，也是非常奢侈。

陈家山桅杆　雅安上里镇（2010）

从巴蜀各地现存的石桅杆来看，有简单朴拙的，也有精工华丽的，总的来说，其制作一定是耗工费时的，其中一些繁复精美的更需要有庞大的资金保障。清《圆明园内工则例》中就圆明园中竖立旗杆之工劳，有这样的记载：“搭井拦架子，挂绳秤，安夹杆，上宝顶，每座用大绳挪用，扎缚绳一百四十斤，搭材匠二十四工，壮夫十二名，拉后手壮夫二十四名……”这仅仅是竖立旗杆而已，前期的石材开采、运输、雕琢等，定亦伤财劳众。山区里的施工，则更加不易。石桅杆的制作与竖立等多项工序中，必有多种匠人参与，包括石匠、铁匠、木匠、泥匠、篾匠，以及风水堪舆先生等。在没有运输、起重等机器可利用的情况下，竖桅杆应是一项并不简单的工程。因此，竖立桅杆，大概不是普通人家都能承受的。古时，为鼓励功名者，朝廷或当地政府与其他一些机构如书院，会奖赏银两支持其修建牌坊、桅杆等彰表类建筑。清《科场条例》：“进士应给旗匾银三十两，一甲三名加增五十两。”清乾隆《四川保宁府广元县志》：“中式者，树旗送匾礼其庐，中式举人每名给牌坊银三十两。”官方设奖，其重要的意义是劝学乡里、向风慕义。所谓“旗匾银”和“牌坊银”，只是一个名头而已，即“皇恩”“御赐”的荣誉。竖立桅杆，颇费银两，例如，江油县窦圌山云岩寺的铁桅杆上刻有铭文：

“乾隆十一年二月吉日造，共费银八百有余。”修造石桅杆，其工料花费恐也不低。从各地现存石桅杆的大小、高低、雕饰、配套设施和环境布置等情况看，桅杆也在一定程度上显示出其主人之家族财富的多寡情况。建于墓地之前的桅杆，仅仅是墓地建筑之一，墓地还有其他一些建筑，如墓坊、石兽、碑亭、罗城等，整个工程的浩繁和花费的巨大，可想而知。非富即贵，这些墓主人之家多是当地的望族大户，田多地广，财大气粗。如平昌江口镇五一村李映元墓的墓碑上记有：“先父在明所置田地一十二处，新置田地一十二处。”显然，这样的人家毕竟是少数。前面提到的雨城区上里镇的“双节孝”牌坊，为旌表韩氏姑媳而立。韩家先祖为清初来自陕西的移民，韩氏家人先后经营布业、盐业、木业、茶业等商事，至清乾隆时期开店数家，成为当地的巨富。

关于桅杆的形制与规格，未见古代官方文献记载，朝廷或政府对此应无明文规定。竖立桅杆，纯属民间行为，但桅杆上挂斗的多少，却有着惯例和讲究，一些地方志中对此有所介绍。例如，民国《海城县志》：“清制，如系进士出身，映壁用三台，上置钢叉、吻兽，屋脊亦置之，门两旁树旗杆。举人亦树旗杆，但用单斗，进士双斗，各有差异。”民国《义县志》：“门两旁竖单斗或双斗旗杆，视功名而用之，举人单斗，进士双斗。”可以肯定地说，挂斗的多少，与功名者的学位高低有关。然而，由于没有官文规定，破例或不严格遵循的情况自然也会出现。现存巴蜀各地桅杆中，进士使用单斗，以及非进士使用双斗的情形都有存在。例如，渠县双土乡园峰村的李漱芳、安县永河镇安罗村的李登峨等人，享有进士功名，但其桅杆挂单斗，而相当多的非进士出身人等，其桅杆上却挂有双斗。需要提及的是，挂斗桅杆之外，还有无斗桅杆，这种桅杆习称“望杆”。盐亭县石牛庙乡风华村的范家墓地，竖立有一对望杆和一把石伞，石伞柱上留有旧刻：“共立望杆一对、石伞一把，刻石勒名以垂千古。”典型的望杆，如巴州平梁古城张必禄（恩科武举）墓前的石桅杆、万源柳黄乡的张建成（恩科进士）墓前的石桅杆等。一些民间说法，例如认为桅杆杆础的边角数量与学位、官阶有关，以及旗杆顶饰形状用以区别文官与武官等，未见相关史料记载，也无足够数据支撑。实际上，在留存的一些竖有桅杆的功名者中，武官使用宝珠顶饰或鸿笔顶饰，以及文官使用瑞兽顶饰的情形都有存在。

形式上的对称，为传统中国建筑的典型特点。这种结构上的对称，既是一种秩序与中和的安排，同时也给人以庄严肃穆的感觉。双双竖立于祠堂或墓地前面的石桅杆，在保持着建筑对称美的同时，传递出其主人或家族的丰标不凡。石桅杆，可以是单独的建筑物，也可以作为一种特别的建筑单元或建筑装饰物，与其他建筑单元形成复杂的建筑体。继继承承，为此而有了建造中的一些讲究和规矩。用正面与高大来突出桅杆的形象，反映了古人崇德报功与显祖荣宗的家族观念，也反映了古人以种学织文为至尊至贵的持家立本的思想。

“斗”，应该是古代桅杆上极富文化意义和让人充满想象力的装饰物。斗，《说文解字》注：“大升也。象形，有柄。凡斗之属皆从斗。”斗作为一种量具，早在春秋战国时期就已经普遍使用，在中国历史上相当长的时间里，实行着“龠、合、升、斗、斛”五量制。传统社会里，作为一个体积或容积的表达，斗字出现在各种词汇中，例如，斗胆、斗方、秤平斗满、尺布斗粟、八斗之才、金印如斗、日进斗金、积金至斗，等等。早期的斗，长柄勺状，天空中一些星群的布局形状，恰与勺斗之形状相像，这些星群于是有了“斗”的另称。例如，南方六星被称为南斗星，北方七星被称为北斗星。这些星斗，高挂云天，遥不可及而充满神秘感，人类对之崇拜并赋予其神力。战国《甘石星经》：“南斗六星，主天子寿命，也主宰相爵禄之位。”春秋战国至秦，各地广建供奉南斗的庙宇。《史记·天官书》：“南斗为庙，其北建星，建星者，旗也。”汉代时，星相学大行其道，认定诸星各有司管，汉《周礼注疏》：“文昌宫有六星，第一为上将，第二为次将，第三为贵相，第四为司命，第五为司中，第六为司禄。”魏晋至唐宋时期，对星斗的顶礼膜拜，依然盛行不衰，各种与星斗有关的词汇频频出现在文人骚客的诗章之中。例如，唐·杜甫诗《秋兴八首之二》中有：“夔府孤城落日斜，每依南斗望京华。”唐·李白诗《庐山谣寄卢侍御虚舟》中有：“庐山秀出南斗傍，屏风九叠云锦张。”宋·辛弃疾词《水龙吟·甲辰岁寿韩南涧尚书》中有：“况有文章山斗。”宋·卫宗武《和野渡为青溪赋》中有：“青溪人瑞名闻扬，剑气上射牛斗光。”

古人利用“魁”字来表达登科及第的愿望，亦来源于斗。《汉书·天文志》：“平旦建者魁。”《汉书·王莽传》：“将兵为上将军，建华盖，立斗献。”

不同的斗形

师古注曰："献，音羲，谓斗魁及杓末如勺之形也。"北斗第一星至第四星，被称为"斗魁"。关于"魁"字，清·段玉裁《说文解字注》云："魁，羹斗也。北斗七星，魁方杓曲，魁象首，杓象柄也。"魁字，因科举制度的实行而滥觞于唐五代时期。随着科举制度进一步完善，两宋时期魁星被尊为神仙，魁星信仰从此经久不衰，魁甲、夺魁或占魁，成为科举考试第一名的代称，斗则泛化为一个登科入仕的符号。宋代，魁字频繁地出现在各类文章诗词之中，例如，宋·陈鹄《耆旧续闻》中记有："王嗣宗，太祖时以魁甲登第，多历外郡，晚方入朝。"宋·柳永词《长寿乐·平调》中有："对天颜咫尺，定然魁甲登高第。"宋·杨万里诗《送左元规三诣太常》中有："笔阵独扫万人军，两魁槐花再荐名。"宋·陆游诗《寄彦成荣归》中有："雅望素钦山竦岳，芳名中占斗中魁。"仔细观察会发现，北宋《清明上河图》中就有旗杆置斗的画面。明清时期普遍竖立挂有斗饰的桅杆，或与之有着传承关系。

明清时期，魁星崇拜之风有增无减。清·法式善《槐厅载笔》中记录了清康熙年间淮安科举考试场地的景象："厂中间搭龙门，上缀纸魁星，俱以五色纸为之，两首持笔，锭足踢魁斗，光彩生动。""魁星点斗""文光射斗"等词语被用来表示在魁星保佑下文运昌盛、登科及第；"泰山北斗""北斗拱极"等词语则被用来比喻德高望重、成就卓越之人。渔樵耕读，为旧时百姓所梦想的理想生活方式，用杓斗来表喻星斗并将其高挂于桅杆之上，详星拜斗，抬头见斗，形象地表达了和极大地满足了时人的愿望。例如，修建于明末的王昌龄墓"状元坟"前的石桅杆上刻有对联："戛玉敲金，在昔文章辉凤阁；瞻山仰斗，于今德望著龙标。”再如，通江龙凤场乡石婆山村张心孝墓前的桅杆斗上分别有刻字“卓立三千”和“文光射斗”。一些桅杆斗上直接刻上铜钱状纹饰，其“积金至斗”与“日进斗金”的寓意，也是非常的明显。

明代及以前的石桅杆，工造朴拙，雕饰简约，其中一些石桅杆上也无斗状饰物。这样的石桅杆至今还能在福建等地见到，例如福建晋江罗山镇后库村陈氏宗祠前的条石状桅杆。南宋及后朝，该陈氏家族先后出了8位进士，两对分别为彰表陈志统和陈尧则父子的旗杆保留了下来。陈志统和陈尧则父子皆为南宋时期的进士，陈志统曾任金华知县，陈尧则曾任余姚县尉。元明时期，特别是明中后期，福建沿海一带开始大量出现带有斗状饰物的旗杆，这些旗杆大多竖立在妈祖庙（天后宫）前，用于保佑和眺望出海人，也挂灯用以导航。这种带有斗状饰物的旗杆，形样与海船上的桅杆非常相似。海船或航船桅杆上的斗，称作“望斗”，宋元时期的船上已经出现这种带有望斗的桅杆。明代时，为充实军力和远域扩张，当朝政府大力营造战船装备水师，福建是当时的造船中心并设立福州船政局。当时战船的主桅杆上多设有“望斗”，也有在前桅上增设一个“望斗”的。战船上的“望斗”高约三尺，可容纳一人或二人站立其中。站在“望斗”中，可以远观海面敌情，甚至射箭击敌。民船的“望斗”较小，多用于桅杆上部作业，如系绳挂旗之类。山东烟台古船博物馆藏有几艘复原出的元明时期古船，这些古船上的桅杆高处即设有望斗。有理由相信，将陆地上挂有斗的旗杆称之为“桅杆”，应该是因于旗杆与船上桅杆二者形样相似而出现的。

农家院里的桅杆墩　通江板凳乡（2017）

从留存的数量上来看，福建一带古代石桅杆相对较多。这些地方的桅杆并不都是成双成对的形式，而且不少地方的石桅杆密集出现在家庙或宗祠前，形成桅杆林。这些石桅杆，当地习称“旗杆”“旗杆碣”，也有称桅杆的。因其为名人贤士所立，故亦被称为“功名柱”。密集出现的地方，如福建省龙岩市下洋镇建于明万历十二年（1584）的胡氏家庙前，竖立着 36 根石桅杆；福建南靖县书洋镇塔下村的张氏祠堂前，竖立有 24 根石桅杆；福建龙岩县太拔乡大地村的王氏宗祠前，竖立有 54 根石桅杆；福建罗源县林家村林氏宗祠前，竖立有 18 对石桅杆。福建以外，沿海的浙江、广东、山东等地历史上也是普遍竖立桅杆的地方。例如，浙江景宁县大漈乡有 44 根石桅杆，其中该乡的大漈村就有 38 根石桅杆。福建、广东等地还保留着一些桅杆类或旗杆类地名，例如桅杆屋、桅杆寨、桅杆街、旗杆岗、旗杆厝等。有一个现象值得注意，即福建等沿海地方的石桅杆，相当多的没有墩式杆础，而是采用桅杆夹的形式，用两块立石夹住并通过锁销固定住桅杆。这种桅杆夹，一些地方称作“旗杆鼓”。

上面提及的留存有较多数量石桅杆的福建及其邻近区域，不少地方为客家人聚居地，因此，也有理由认为，历史上的人口大迁移运动中，客家人或是这种风俗传承的主要族群。实际上，福建、广东、广西、江西等不少地方，将竖桅杆视为客家人特有的风俗与崇文重教的标志。例如，建于清光绪年间的广州陈家祠（陈氏书院，后改为陈氏实业学堂、文范学校），门前曾竖立有两对石桅杆。这两对石桅杆也是少见的三斗、四斗桅杆。再如，广东梅州地区明清时期先后考取进士的有近 300 名，可谓是人杰地灵，俊秀辈出，梅州市近年新修建的院士广场中，特地竖立了三根高大的石桅杆，以此标志性建筑来表明当地客家人古时之功名富贵的价值取向与激励后人奋发图强的精神。福建多地乡村至今还保留着竖桅杆的风俗。笔者多年前去福建，在南靖、永定等地看见有新竖立的桅杆。如南靖县书

旗杆林　福建南靖塔下村（2019）

洋镇塔下村张氏祠堂前的桅杆林，其中一部分即为 20 世纪 70 年代末以后不同时期竖立的。还有当地族人为海外优秀宗亲新竖的桅杆，如南靖金山镇萧氏族人为台湾杰出人士萧万长先生竖立的桅杆，以及南靖书洋镇萧氏族人为泰国杰出人士萧辅钰女士竖立的桅杆等。

清初，客家移民大量迁入四川，其重学厚养和敬贤礼士的风习依然固守并代代相传。各地石桅杆主人中，客家籍功名者不少。例如，郫县安靖镇土地村邓家桅杆主人邓鹏远（恩贡生）、邓鹏南（恩进士）兄弟，祖籍广东长乐。先祖来自广东长乐的，还有成都马家场王家桅杆主人王濮（进士）、罗江调元镇红安村周家桅杆主人周自超（御前侍卫）、罗江鄢家镇天台村周家桅杆房子主人周道南（拔贡）等。来自其他地方的如，大竹童家乡童家村江家大院主人江国霖（进士），祖籍江西饶州；营山朗池镇天井村于家大院主人于式牧（进士），祖籍广西贺县；平昌县云台镇龙尾村刘家大院主人刘正觉（举人），祖籍江西安福，等等。明清

须弥座式桅杆墩　通江板凳乡（2017）

时期的移民运动，在很大的程度上调整了四川各地各籍住民的占比关系。兼容包蓄各地风俗，并在杂糅之中形成与突出其本地的特色，竖立桅杆，应该也是这样的结果。因此可以说，巴蜀地区竖立桅杆的历史，既是一部古人崇文重学的历史，也是一部移民文化相融的历史。

竖桅杆之风盛于明代，特别是明中后期。清·俞樾《茶香室续钞》："明代旗竿之滥且侈。"一些史料中有较详细的介绍，例如，明·沈德符《万历野获编·旗竿》中记载："殊不知近日此风处处皆然，沿以为例，而富室入赀为中书舍人者，及近日诸生冒廪纳准贡生者，皆高竿大旗，飘摇云汉，每入城市，弥望不绝，更可骇叹。又南宫报后得鼎甲者，及选为庶常者，复另植黄竿，另张黄旗，比乡会加数倍。"清·翟灏《通俗编》摘引明·王世贞《觚不觚录》语：竖旗杆"诸生中乡荐与举子中会试者，郡县则必送捷报，以红绫为旗，金书立竿以扬之，若状元及第，则以黄纻丝金书以扬之。按此特明代故事前此惟状元建旗。"至清代，竖旗杆之风依然盛行，甚至有增无减。进士、举人之外，副贡、拔贡、优贡、恩贡、岁贡、孝廉方正等，以及按捐例获得功名者，皆竖桅杆。清·徐元文《含经堂集》："诸生自一受衔，辄服其品服，舆从翩然招摇闾里，甚至准贡或竖立旗杆，妄同举人进士表宅之典。"进士、举人之外竖立桅杆者众多，例如，绵阳忠兴镇通兴村宋氏墓地主人宋鼎元为捐职千总，其墓前竖立一对单斗桅杆；万源柳黄乡寨坝村徐氏墓地主人徐三元为生员，其墓前竖立一对单斗桅杆。有人考取功名，无疑是其家庭，乃至其宗族的一件大事，即所谓光宗耀祖。大张声势，轰轰烈烈，当能理解。很多金榜题名、荣归故里的故事题材，也来源于此。古时，族中有子弟及第成名，竖桅杆以示荣耀之外，紧接着安排的往往就是修家庙、续家谱等重大事项。福建晋江谢氏一支族谱中有这样的记载："乾隆五十八年癸丑，裔孙谢淑元登进士，返里竖旗杆，祭祖，倡修家庙，续修家谱。"青史传名，从此而起。

清代，一些虽未获取科举功名，但战功卓著或政绩显赫者，也能享有竖桅杆的荣誉。例如，盐亭县大兴乡松柏村江氏墓前的桅杆，即为屡立战功、曾任福建陆路提督的江长贵所立。实际上，清晚期一些低品散官，如修职郎、登仕郎等竖立桅杆者也多。另外还有一些虽未获取科举功名，但其后人功成名就，为其请封并立桅杆以扬名显亲的。这些人中，还有一些"待赠"或"待诰"的。例如，邛崃夹关镇李氏墓前竖有一对单斗瑞兽顶石桅杆，墓碑上刻写的墓主人李宗清的名望为"皇清待赠修职郎"。需要说明的是，古时重文轻商，不是有钱家户就能竖立桅杆。民国《阳原县志》中有这样的记载："若科第举人者，门前多置旗杆二，上下马石二；商人则不敢为之，分别贵富如此。"

清嘉庆至光绪时期，为竖立桅杆的又一盛行时期。巴蜀各地现存的桅杆大多是在这段时期里竖立的。相对于前面谈到的早期桅杆，这段时期所竖立的桅杆，形制上发生了一些变化，杆体高大，精雕细刻，饰物由早期的简单朴素变为复杂多样，特别是豪华墓地的大量出现。这种情况应与外省籍移民入川后生活更加稳定与富裕、多种文化融合，以及当时当地的审美偏好有关。竖立桅杆以彰表俊士优贤的风气一直延续至民国时期，例如万源市柳黄乡柳黄村张氏墓前的石桅杆与雅安严桥镇新和村罗氏祠堂前的石桅杆等，皆竖于民国年间。另如，射洪怀德乡（今龙宝乡）于家坝人氏刘善良，生于清光绪二十六年（1900），曾留学日本，后在射洪县从事棉花种植新技术推广。1940年刘善良病逝，时当地政府出资在其墓前竖立石桅杆一对。

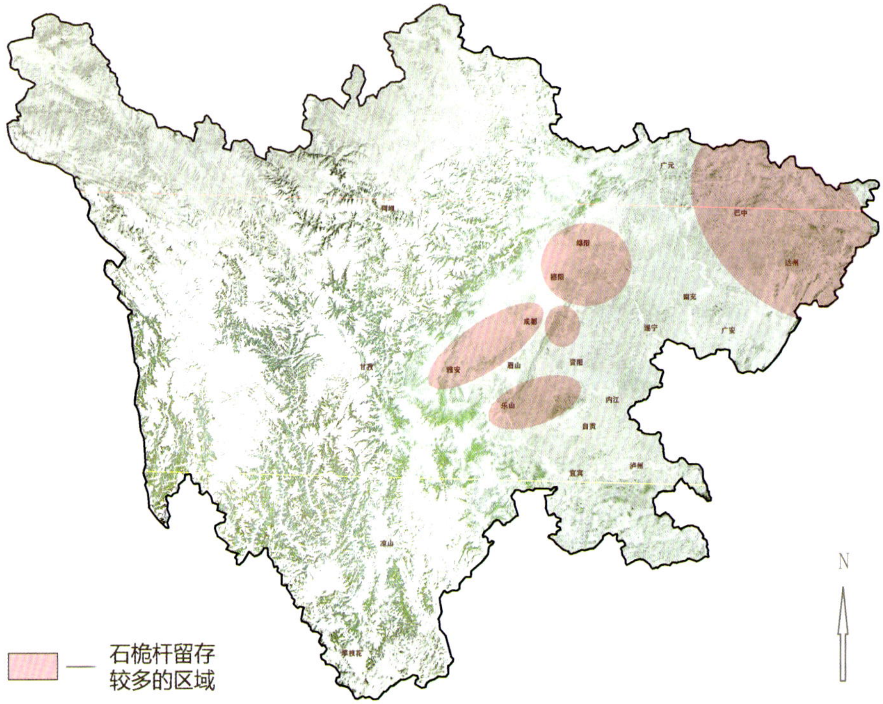

四川境内石桅杆分布区域示意图

根据有关统计，清代四川籍进士有 780 多人，四川籍举人有 7300 多人，二者合计总数有 8000 多人，加上恩贡、拔贡、副贡、岁贡、优贡、例贡等，总人数应有数万人之多。例如，南江县清代有进士 4 人、举人（含武举人）38 人，加之五贡，总人数达到 169 人；万源县清代有举人（含武举人）9 人，加之五贡，总人数达到 161 人。对这些数据分析可知，即使这些人中只有很少一部分竖立了桅杆，清代四川各地的桅杆就一定有着相当大的数量。加上前面所说的威仪敦礼与崇祀许愿类桅杆，其数量更是巨大。今四川一地，现存石桅杆数量最多、分布最为密集的地方分别为巴中地区与达州地区，其他一些地方，如成都、雅安、乐山、绵阳、广元等地，也有一定数量的留存。此外，一些偏远闭塞的少数民族地区也能见到古代石桅杆留存，如阿坝州黑水县石碉楼乡的卡地插箭台，留存着一对清代双斗石桅杆。由此可见，历史上四川域内的石桅杆，不仅数量巨大、分布面广阔，而且体现出不同文化交融的现象。总的来看，留存数量较多的地方多在山地区域。当地石桅杆留存下来的主要原因，应该与这些地方相对偏远与闭塞，免受或较少受到外界纷扰，以及家族后人与当地村民的保护有关。

旧时享受过桅杆之誉的名人贤士很多，今人可以通过桅杆上的刻记了解桅杆为谁所立、何时所立，以及由谁而立等信息。如郫县安靖镇土地村邓氏宗祠前的一对桅杆，分别为“道光丙午科恩贡生邓鹏远”和“同治庚午科恩进士邓鹏南”立；安县永河镇安罗村李家大院前的一对桅杆，为“大清嘉庆甲戌恩进士李登峨立”。学而优仕，功名富贵，古代桅杆所彰表的主人中不乏达官显宦。例如，都江堰大观镇盐井村杨氏墓地主人杨国桢，恩贡出身，历任兵部尚书、闽浙总督等官职；渠县双土乡园峰村李家院子主人李漱芳，进士出身，历任吏部主事、河南道监察御史等官职；大竹童家乡童家村江家大院主人江国霖，进士出身，历任惠州府知府、广东按察使、广东布政使、广东巡抚等官职。因此，古代的桅杆，可为后人了解旧事、考证历史提供帮助。一个地方竖立的桅杆数量多，表明了此地钟灵毓秀、人才辈出，以及当地重视读书文养与功名进取的浓厚风气。典型的，

残损的桅杆构件　崇州三郎镇（2018）

旧时一些家族中有多人登科及第，富贵显荣，宅院或墓地前桅杆林立。例如，渠县双土乡园峰村的李氏，五代人中有两进士六举人，李家宅院前竖立有多对桅杆；宣汉红峰镇桥河村冯氏墓地中，冯学清、冯思让、冯思维父子三人皆享有桅杆之誉；万源秦河乡秦氏家族中先后产生多位俊杰佳士，数对桅杆竖立在秦氏墓地。

功名桅杆，无疑是古代科举制度的产物。传统社会里，大多数人走向仕途必须通过科举考试，加官进禄、荣华富贵亦由此而来。功名桅杆，也是族人心目中的一座丰碑，昭示着荣誉，也代表着地位。竖立桅杆，对于彰显宗族名望，褒扬家亲功名，勉励后人进取，有着诸多的意义。德厚流光，泽被后世，桅杆，在长久的发展历程中渐渐成为一种文化记忆符号。这个符号在以耕读传家为理念的传统社会里，所传递出的信息就是读书与进取。学养带来富贵，学养胜过富贵，则是其更深层次的表达。桅杆，也是一种崇高和威严的象征，规范和约束着后人的行为。绵阳忠兴镇通兴村“宋家桅杆”的主人，为晚清武官宋氏兄弟宋鼎元和宋义元。“宋家桅杆”上刻有禁示文字——“石旗杆四根，每根八卦下方座，六尺远外只宜培补，六尺内不准取土、修房、栽菜、挑坑、堆柴草、绑猪牛，违者子子孙孙定不昌旺。”前人建功立业，后人畏威怀德，正是在这样的规矩约束和家风熏养下，一代又一代的后人，继续和发扬着本家族的光荣。2018 年，西充县华光乡黄家庙村桅杆湾的黄氏族人集资，将两根遭到损毁的木质桅杆重新修整并竖立在黄家大院之前；罗江新盛镇与鄢家镇的周氏族人，也先后在其“周家桅杆房子”前重新竖立起桅杆。重竖桅杆，怀志以兴灭继绝，此举意味深长。桅杆，所代表的奋斗精神与激励作用，在新时期里得到了新的认识。这对于保护和留存古代桅杆，提供了更多的和充分的理由，而这也正是我们研究桅杆的意义所在。

林　盘

“翠抱青围别有天，安居乐业自怡然。小径曲回长里许，稻花香满碾沟边。”这是笔者早年描写成都郊外农家景象时留下的诗句。

直到20世纪八九十年代，成都市二环路外广大区域都还是旧记中所描写的“农村”。村野田畦，春绿秋黄，走在乡间小路上，看着这些自然清新的景致，犹如走进了美丽的画卷中。这样的景色，昔日在川西平原里处处可见，正如旧时《崇庆县乡土志》中所描述：“山地之外都是田畴平野，沟渠纵横，冬夏草木常绿，家屋竹林遍地，整个是一郊野大花园。”

农乡林盘　崇州梎泉镇（2018）

绿野之中，相距半里或里许，总能看见或小或大的聚落。小的一户两户，房屋几间，林丛相围；大的则可多达数十户，房屋众多，竹树茂密。一些较大的聚落，即通常所说的自然村落。这些聚落，即乡人集中居住的场所，多为旧时形成，其中绝大多数形成于清代。聚落，由人、人文环境与自然环境组成。就地域而言，聚落还有其特有的物质形态与文化形态。

川西平原各地，聚落类地名，多不胜数，千差万别，但总的来看，其通名最常见的有两类，一类描述或表达着自然地貌，即自然环境特点；另一类记述人地关系或表示着聚集形式，即人文地理。前者如山、岭、河、湾、沟、坎、坝、冲、坪、丘等；后者如店、铺、集、市、场、庙、营、寨、堡、塘、院、碾、井等。

川西农乡聚落，不少的叫做“林盘”。从林盘分布看，都江堰、郫县、温江、崇州、大邑、邛崃、双流、新津、彭山等市县的平坝区域里数量较多，其中尤以崇州、大邑、新津等市县区域内最为密集。聚落，固定在某一地点，相应的地名也就产生了。现在保留下来的相当多的林盘地名，其本质就是旧时的聚落名。

林盘有大小之分。通常，一座林盘由同一家族或多姓家户组成，一些大林盘甚至有上百户的人家。房屋比邻而建；各家院房前有晒坝，房后有林丛，院内或院外有水井；房后或房侧设有猪圈、牛圈和旱厕；各家房前屋后的小路互联或通向田间地头。这就是旧时最为典型的林盘格局，即林盘的空间结构与形式。据统计，20世纪中期类似这样的大小林盘在川西坝区里有近20万个。川西坝子周边的一些地方，也有类似的林盘聚落。清康熙绵竹县令陆箕永在其《绵竹竹枝词》中对当时绵竹一带的林盘景象有这样的描述：“村墟零落旧遗民，课雨占晴半楚人。几处青林茅作屋，相离一坝即比邻。”陆箕永作诗注：“川地多楚民，绵邑为最。地少村市，每一家即傍林盘一座，相隔或半里或里许，谓之一坝。”

关于林盘称谓的来历，以及林盘的定义，有多种说法。要更准确地理解林盘，可以从另一个词——“地盘”的解释来加以说明。《辞海》中，地盘被解释为建筑物的基地。《辞源》中，地盘被解释为屋舍的基地，也称所占据的地域。宋《朱子语类》：“如人起屋相似，须先打个地盘。”与地盘类似意思的词如“营盘”。以“盘”作地名通名，古来有之，明万历《保定府志》中记载的“南有王盘”，即今河北清苑县的王盘镇。王盘，即旧时王氏家族的聚集地。类似的地名还很多，例如陕西神木有“贺盘”；山东冠县有“许盘”；江苏如皋有“朱盘”；河南洛阳有“张盘”，重庆有“寨子盘”，等等。

“林”，可表示丛聚的树木、竹、草等，例如树林、竹林、兰林等；也可泛指人或事物的聚集，例如儒林、艺林；还可表示盛貌或众多，汉·高诱《吕氏春秋注》：“林，大。又林，盛也。”例如“林林总总”。“林”与“集”意近，地名中表示人或房屋丛集的处所。川西坝子里，以“林”为通名的地名很多，其他一些地方也偶能看到。例如郭林、孙大林等。这种以“林”为通名的地名，不是指植物形成的丛林，而是指有人聚居的地方。当然，这样的地名也可以看作是“林盘”地名的简称。《四川省郫县地名录（1986）》：“骆家大林，因该处有一大林盘，属骆姓，故名。”《四川省新津县地名录（1986）》：“官家林，古时此地有乡民出仕为官，其住地称官家林。石虎林，该林盘中有一石老虎，故称。”

林盘，即一个聚落所占据的地盘，包括各类建筑物（住房、牲畜与家禽圈舍、仓储用房、天井与院坝等）、道路、竹木林地等。清乾隆《威远县志》：“西乡小塘塆张玉然瓦盖庄房三间、田三十亩、林盘地基计十亩，共四十亩。”通过上面的阐释，可以这样简略地定义林盘：林盘为农乡聚落的一种地方性称谓，即俗称。相应的地名主要分布在成都平原及其周边。这些林盘，多为早期某姓族人聚居而有。与其他名称的农乡聚落一样，农舍聚集，林丛围掩，为林盘的常见形式。需要注意的是，就聚落而言，林盘，不是指一种特有的建筑形态；也没有空间布局上的明显差别；更不是因林丛呈圆盘状或聚落平面布局呈圆盘状而得名。

旧时的一座林盘，多是同姓族人的聚集地，或者就是一个自然村落。清乾隆《郫县志》：“村，平畴如砥，乡民散居，或三四户，或五六户，棋布星罗，竹树蔽之，俗呼为林盘，郫凡七村，风景大约相类。”这大概是对林盘的一个很好的注解。20世纪80年代编辑出版的四川省各县市地名录中，对林盘地名也有一些注释。例如，《四川省大邑县地名录（1988）》：“熊林盘，熊姓聚居此地，故名。”《四川省彭山县地名录（1982）》：“曾林盘，曾姓聚居得名。”

早在距今4000多年前的新石器时期，古蜀人就在川西平原定居，相继被发现的新津宝墩村、大邑高山村、都江堰芒城村、崇州双河村与紫竹村、郫县古城村、温江鱼凫村等史前文化遗址，就是古蜀人聚落遗址。聚落是一种特殊的社会组织形式，古人通常是以血缘关系为纽带聚族而居，聚落的空间结构与形式则会根据所在地的自然环境条件来选择安排。富水沃土，自秦时建都江堰治理岷江始，川西平原“水旱从人，不知饥馑，时无荒年，天下谓之天府也”。大片的良田和纵横的沟渠，给蜀人带来了特有的农耕生活方式，其中，林盘聚落，就是川西平原所形成的一种生态农居模式——随田就地、近水亲木、四通乡邻、院落空间与自然环境协调融合。清乾隆《大邑县志》对大邑县的形胜有这样的描述：“林盘相望，苍翠交辉。”清乾隆《郫县志》：“天府之区，处沃野之内，郊则旄牛笮马蛮部，往来野则翠竹苍烟，林盘相望，号为冲地。”星罗棋布于田野，两两相望于田垄，这样的相对独立的林盘聚落形态，有利于分割和确定田产地权，便于农户就近耕作和田间管理，同时也能保持族群关系，维持和稳固乡村组织结构。林盘最重要的特质就是，人力、物力与土地的合理配置，以及人畜粪肥和自然资源的恰当利用，林盘式的农居，自然和谐地与环境生态融为一体。因此，可以说林盘是古代农人对集中居住方式的一种特别选择。

“地少村市，每一家即傍林盘一座，相隔或半里或里许，谓之一坝。”清康熙年间绵竹县令陆箕永的诗注中的这段话，非常准确地对林盘的形成及其地域形态进行了解释。进入农耕时代后，土地就是人类生存所依赖的最重要的自然资源，土地的多少及其出产的多少，直接影响居民的生存与福利。可以想象到，早期人少地多，相对原野森林也多。唐宋时期及以后，川西坝区里人口数量增加很多，尤其是明清时大量外省移民涌入后，扩大土地开垦面积和集约使用土地成为必然。插占、垦荒、起屋、筑路、开渠、垒堰……大量移民进入后对川西坝区的明显影响就是原野森林的快速消失。川西坝区的田地，通常一年两季种收，即一季水稻，一季小麦或油菜，至于瓜豆蔬菜等，则是利用田边地角，或房前屋后的零星土地。农人对土地的利用是精耕细作，惜土如金。经过数代繁衍，更多农户是家兴族旺，需要不断地修建更多的房屋，人多地少的情况逐渐成为坝区各村市的普遍现象。土地集约利用，又能保持一定数量的必要的林木资源，同时维系家庭和族群关系，坝区人居模式选择的最优化结果自然就是集中居住式的林盘聚落。可以说，林盘式农户聚落安排，较好地考虑了土地开发和资源环境承载之间的适应关系。

林盘，自然也成了川西坝区里取用相对较多的地名，甚至在有些乡镇里，林

农乡林盘　大邑上安镇（2018）

盘类地名之多，占比之大，似乎立刻就能让人联想到当年林盘密集的情景。例如，崇州市江源镇所属各村，有 20 个以林盘命名的村子；三江镇所属各村，有 22 个以林盘命名的村子。林盘命名最多的是冠用姓氏，这来自家族繁衍和宗祖相认的渊源，如张林盘、王林盘、杨大林盘、徐家大林盘等。很多林盘直接简称为林，如齐家林、许家林、王家小林、张家大林、上郭林、下郭林、何家官仓林、唐家林巷子等。《四川省郫县地名录（1986）》："骆家大林，因该处有一大林盘，属骆姓，故名。"《四川省邛崃县地名录（1985）》："郭老林，郭姓聚居此地老树林边得名。"清乾隆《大邑县志》中村落的列名中就有"碾盘林，县南二十里"。有些林盘则明显是根据林木特征来命名，如叶家老鸦林、童家杉树林、王家斑竹林、孙慈竹林、杨皂角林、李柏茄林、苏家柏林、陈青杠林、杨白鹤林等，以及王大青杠树、周葡栗子树、贺家梨园、谢家李子院等。也有很多未冠以姓氏的林盘，如灯草林、梅子林、老鸦林、白秧林、楠木林、斑竹林、苦竹林、大木林、话子林、长林盘等。《新津县志（1989）》中描述清末民初时的新津："平坝区到处都是林盘，村落称'林'及地名以姓氏或树种命名者甚多，如傅林、覃林、白果村、麻柳湾等。”

林盘中的“林”字，显然是一个重要的特征属性。“林”字，既表示丛聚的树木，也喻指丛集的处所。川西坝子里，有很多符合林盘定义的村落并没有使用“林盘”或“林”的名字，但不能否认这些村落也是林盘一类。例如，周大瓦房、夏祠堂、徐家圆仓、伍桥楼子、陈家十户、万家花壁墙、王桅杆、陈花园、龚坝子、蒋家湾、张营，等等。例如都江堰市石羊镇的朱家湾由朱家、范家、黄家、叶家等6个院落组成，有一百多户人家，这样一类农户聚落都符合前面给出的林盘定义，属于典型的林盘。一些农户聚落没有被冠以林盘名字，或因由于这些农户聚落还有其他更加明显的特征。

栽种竹木，为林盘或农家聚落的突出特点，平坝区域，这种特点非常明显，极易辨别。《四川省邛崃县地名录（1985）》：“谢林盘，谢姓聚居地，周围有茂密的竹林，故名。”《四川省新津县地名录（1986）》：“刘林盘，刘姓居住地，房周有竹、树环绕，故名。”慈竹最为实用。茂盛的慈竹，不仅可以遮阳避风、掩隐屋舍，更是农民家中不可缺少的生活资源。慈竹，四季常青、生长快、有韧性，农民常用其编制提篮、箩筐、背篼、筲箕、簸箕等生活和劳动用具。除了自家使用外，竹材和各类竹器也是赶场换钱交易之物。农乡市场中，可以看

农乡林盘　崇州道明镇（2018）

到有各种各样的竹制品。竹子一身都是宝，竹笋壳可用来缝制鞋底和锅盖；竹篾竹叶可用来编制斗笠；竹枝竹竿可用来编篱笆和围筐；竹片还可用作泥墙筋骨；剩下的枝条梢叶，也可作为烧饭做菜的燃料。

除了竹子外，桤木、香樟、皂角、桢楠、翠柏、叶桉、青杠、洋槐、银杏、柏树、苟树等树种，还有柚子、柿子、柑橘、枇杷、樱桃等果树，也多见于林盘中。树木也可栽种在房前或院中。四季有荫，月月花繁，林盘中居住，抬头可见绿，出门即观田。利用树木枝干，还可以加工做成一些常用制品，以及烧饭烤火之用。可以说，林盘式人居环境，既是一种生活趣味和审美意识，更是一种生活形态。

林盘这样的农乡景象，古诗文里也多有描述。南宋诗人范成大作诗《新津道中》："雨后郊原净，村村各好音。宿云浮竹色，清溜走桤阴。曲沼擎青盖，新畦艺绿针。江天空阔处，不受暑光侵。"诗中的"浮竹色""走桤阴"，以及"不受暑光侵"，将新津农家之"林盘"特征精妙地刻画了出来。

旧时林盘中最重要的区域，当为宗祠，也称祖庙、祠堂。这里是供奉祖先和举行祭祀礼仪的地方，也是显示族威和执行族规家法的地方。从劳作与生活角度看，多用途的屋檐和院坝也是林盘中尤为重要的区域。川西民居建筑的形态多样，这与清初外省多地移民的到来有关，可以说川西林盘文化也是一种兼收并蓄的居住文化。川西林盘中的居屋建筑，多为正房带偏房或厢房的形式（俗称"枷单弯"和"撮箕口"），少量单进式合院或多进式合院的形式。宽屋檐和阔院坝，构成了农人活动的场所。除起居、歇息和孩童嬉戏外，屋檐和院坝也是多种手工活和农活的场所，如缝补、编织、竹木器制作、晾晒粮食、饲养家禽等。院坝也是接待客人、举办红白喜事和宴席的地方，一些大林盘中的院坝，还是举行宗亲活动和大型文娱活动的地方。满足交往和享受闲适的意愿，也会影响着林盘院落空间设计，这在冬无严寒、夏无酷暑的成都平原尤其重要。

旧时的一些大林盘，或大户人家的林盘，不仅设有宗祠，甚至还开办有私塾，林盘外或还建有水塘、水碾等设施，一些大林盘还建有围墙，修有碉堡。可以说，这样的林盘就是一个功能较为完善的宗族社会组织。很多大林盘往往是在小林盘或祖居屋的基础上，经过若干代人的维护和扩建逐渐形成的。林盘扩建中，最初的祖屋朝向是后人必须遵从的。后代人以祖屋朝向为基准，扩建和续建林盘，川西坝子里一些“大院”和“多道龙门子”林盘就是这样形成的。

林盘这样的农户聚落形态，以及林盘类地名，其实并不只是川西坝子里才有，川西坝子以外的一些丘陵地带也所在多有。近处如成都东山域内的青白江日新乡的“徐家林盘”，清泉镇的“钟家黑林盘”“彭家黑林盘”。远地的资阳、仁寿、什邡、芦山、三台、绵竹、青神、丹棱等地也有。《四川省青神县地名录（1982）》：南城公社“邵林盘，明代初，邵姓聚居于此，故名”。《四川省绵竹县地名录（1984）》：广济公社，“仲家敞林，仲家的大竹林盘”。这说明旧时林盘之称谓，涉及的地域较广。

笔者当年插队落户于广元清水乡，那里属于川北地区丘陵和半高山地带。那些地方的农户聚落，或是集中在坝区，或是分散在山地各处。笔者所在的村子及四周就有吴家坝、许家坝、周家坝、方家坝、王家坝等农户集中居住点或农户聚落。这些以姓氏命名的地名，都是因聚族而居或大户人家产生的。这样的农户聚落形态与其分布方式，与川西坝区的农户聚落形态与其分布方式并无多少区别。非常相似的是，这些地方的农户聚落也都是被“林丛掩隐”，即家家户户的院后几乎都种植有竹子或树木。由此可见，“林盘”式聚落是“地少村市”的一种普遍现象，只是聚落名称不一样而已。在川北农村里，偶能见到走村串户的篾匠，这些篾匠随身带着工具，随时准备为有需要的农家编制篾器。来到农家后，根据具体的需要，篾匠会到屋院后的竹林里去砍伐老嫩粗细皆相合适的竹子，然后通过锯、切、剖、削、拉、编等工序，编制出背篼、箩筐、筛子、簸箕、筲箕等物。可以说，竹木等自然资源的就近、合理和巧妙的利用，正是农村聚落形态不断优化选择的结果。

川西地区林盘之地名，明清时期才开始出现，这与移民运动或有着一定联系。

农家院子　邛崃大同镇（2013）

《湖北省麻城县地名志（1984）》中记载的古时麻城县孝感乡区域内沿用的地名，就有“李家枣林”“团林”“孔林咀”“鸟雀林”“黄家林”“冯家栗林”“王家竹林”“管家竹林”“胡家松林”等，与川西坝区里的农户聚落地名叫法近乎相同。麻城县孝感乡为元末明初，及至清中期，外省移民进入四川的主要中转地。明末清初，遭受战乱影响的川西农乡，草木杂生，凋敝荒凉，几十年里处于人烟稀绝的状态。在清政府惠利政策招引下，外省多地移民纷纷迁来，与外出避难回归的土著居民一道，插占垦荒，开基立业，渐渐恢复正常的居业状态。民国《温江县志》载：“渐次招徕，人迹所至，烟户递增，城镇田庐，载筑载兴，鸡鸣狗

林盘外的庄稼地（2015）

林盘外的菜园（2018）

吠，声闻四野。”川西农乡，土肥地沃，水丰雨足，平畴绿野，自古为农耕上选之地，自然也是移民来川首选之地。远离故土，思乡之情浓烈，很多移民将故乡的地名用来命名新居地。四川一地的林盘，大概也是外省移民所带来的地名，只是相比其他地方，川西坝区里“盘”的平阔特征更加突出了。

每一个林盘名字的背后，一定都有着故事和传说。大邑县上安镇蒲墩村的“陈书林”一名，就颇有来由。陈氏先祖于清初从湖广徙至四川，先插占于大邑干溪河，后人又迁转落户于大邑蒲墩。陈氏族人服田力穑，忍苦耐劳，家业日兴，很快成为当地大户。陈家恪守耕读传家之祖训，崇文重学，在自家祠堂里开设学馆并先后聘请多位塾师授课，村中子弟来者众多，琅琅书声远近可闻。忠义仁厚、乐善好施的陈家，深受四方乡亲尊敬。陈家第五代先祖陈登银，清咸丰六年（1856），在地方推举和遴选下，得到当朝皇帝恩诏颁下的正八品“寿官”称号。这是旧时对品行高尚、望重乡邦之老人的高上奖赏，也是陈家后人光宗耀祖之荣幸大事。时人牟廷燻，候铨儒学训导，为陈登银撰写了碑文，对其修为与名绩进行了高度赞扬。林荫之下，书声琅琅，陈家办学讲书之事，为当地乡众所津津乐道。传来传去，地名“陈林”变成了“陈书林”。显然，多出的这一个“书”字，既是后人对前人的感念，也寄托着一代又一代陈氏族人的梦想。

崇州市桤泉镇的“余花龙门子”村落是当地川西林盘保护与改造的样板。“龙门子”，也称朝门，即建筑物前的门或院墙门，典型的如公馆大门。旧时的人家，讲究居屋风水和门庭庄严，通过门庭装饰以“藏风聚气”和显扬家声。大户人家的“龙门子”多是雕龙刻凤，装饰繁复，被称为“花龙门”。川西各地农乡保留着很多以“龙门”或“花龙门”命名的村落，例如花龙门、双龙门、石梯子龙门、刘花龙门子、徐家花龙门、钟家花龙门、王家花龙门、段家花龙门、张家花龙门、廖家花龙门、温家花龙门、许家三道龙门、郑家三道龙门、章家五道龙门、陈家七道龙门，等等。“余花龙门子”，亦称余家大院，据说修建于清咸丰年间，主人为武举人余腾海。余腾海为蒙元皇室成员铁木见一支后裔，其祖上改姓余，于明初入川，后辗转迁至此地。子孙繁衍中，余家大院由早期的单门独院发展成有大小房屋近百间的三门复合式大院。余家院门高大，精雕细刻之中，尽显荣华富贵，“余花龙门子”的名字由此而来并远传四外。树木葱茏，沟渠纵横，青堂瓦舍，

余花龙门　崇州桤泉镇（2018）

改建后的“余花龙门子”林盘已经成为崇州乡村新景，吸引着众多宾客前来观光。

林盘，显示出一种地域性的乡村文化。毫无疑问，所谓的林盘文化，包括了林盘的要义、林盘的形态、林盘与人及与自然环境的关系、林盘的功能与作用、林盘的科学价值与美学价值等。茂林修竹、碾沟石桥、雕门镂窗、青砖黛瓦、鸟语花香，盎然生机中更让林盘显出其无穷的魅力。林盘，恰如一张张风情观赏画和一首首田园赞美诗，那是几千年的生存探索和数百年的文化提炼的结果，它留给后人的绝非是一个简单的居家模式。关注和研究林盘聚落的起源与发展、林盘聚落的形态与结构、林盘聚落的地域性特点及其与自然环境的关系，对于新时期里农村居业形态的设计，以及农村可持续发展有着重要的和积极的意义。

蜀 锦

锦，即用彩色经纬丝织出的带有图案花纹的织物。色彩鲜艳，质地坚致，织锦为各类丝织品中之上佳者，古来享有赞誉。锦色缤纷如似贝纹，故古人亦称织锦为“贝锦”。《诗经 · 小雅》中有：“萋兮斐兮，成是贝锦。”《尚书正义》：“贝锦，凡为织者，先染其丝，乃织之，则文成矣。”清 · 胡渭《禹贡锥指》：“贝作锦名，为是贝有玄黄紫白之文象，五色之织，故取以名焉。”清 · 王夫之《周易内传》：“一经一纬……一阴而间以一阳，萋斐以成贝锦，人为之巧毕尽。”

“锦”字，先秦时期即已出现，《诗经 · 卫风》中有：“衣锦褧 [jiǒng] 衣”；《左传 · 襄公三十一年》中有：“子有美锦，不使人学制焉。”传说织锦早在唐尧时期已经出现。晋 · 王嘉《拾遗记》中记载：“负桥山，一名环丘……有冰蚕，长七寸，黑色，有角有鳞以霜雪覆之，然后作茧长一尺，其色五彩，织为文锦，入水不濡，以之投火经宿不燎。唐尧之世，海人献之尧以为黼黻 [fǔ fú]。”宋 · 高承《事物纪原》：“唐尧之时，海人织锦以献，后代效之，染五色丝，织以为锦。”民国 · 朱启钤《丝绣笔记》：“锦始于尧时……唐诸州贡绫绸纱罗及纻布……宋织贡之锦绮绫罗花纱及绸绢。”先后于陕西宝鸡茹家庄西周墓、江西靖安李洲坳东周墓与湖南长沙左家塘战国墓中出土的织锦，表明了在西周至战国时期，织锦工艺已趋成熟。

“锦”字，从金从帛，帛，即丝织品的总称，表明锦与帛有关；金，引申为光彩灿烂，亦表明锦之价贵如金。汉 · 刘熙《释名》：“锦，金也，作之用功重于其价如金。”由于需要拼图对彩，不同颜色的经纬线穿织中，劳神且费时费力，织锦的珍贵自不待言。华丽鲜明且厚实坚致的织锦，可裁作衣服，可缀为装饰，自然也是旧时达官贵人，即所谓锦衣玉食者之所爱。衣锦还乡，则成了当官入仕

南北朝褐地对波联珠龙凤锦
成都蜀锦织绣博物馆藏

清代万事如意八答晕锦　四川博物院藏

者的一种荣耀。

成都老官山汉墓中出土的机构完整、部件齐全的织机模型，以及长沙马王堆汉墓等处出土的各类纹饰精美的织锦，充分说明了汉代时织锦工艺高度发达。因其华丽贵重，汉代设官办织造机构，织锦为宫廷所专享，以及作为对外赠礼和贸易的特色产品。新疆民丰、楼兰等地出土的锦袍、锦袜、锦被等织品，是为“丝绸之路”上汉锦对外交流的重要物证。其中民丰尼雅遗址出土的高经密汉锦护臂，由五种经线起花，织造工艺高超，令世人惊叹。

织工精良，图案丰富，这种以多种经丝起花的汉锦，正是古代蜀锦的典型特点。秦灭蜀后，大批秦地织锦工奴迁移入蜀，中原先进的织锦工艺也随之带进蜀地。蜀地织锦业的蓬勃发展亦由此而始。清·谷应泰《博物要览》载：“历代虽有锦而未彰，汉时西蜀贡锦始称。”民国·朱启钤《丝绣笔记》云：“盖春秋末时蜀未通中国，郑卫齐鲁无不产锦……自蜀通中原而织事西渐，魏晋以来蜀锦勃兴，几欲夺襄邑之席，于是襄邑乃一变而营织成，遂使锦绫专为蜀有。”蜀锦，狭义上指蜀地所产之锦。实际上，以织法同源相称，更为准确。例如，元·费著《蜀锦谱》中记载的蜀锦“细色锦名色”

中，就有秦州锦与湖州锦。各地所产蜀锦，同中有异。三国魏·曹丕《与群臣论蜀锦书》中有："前后每得蜀锦，殊不相比。"相沿为名，蜀锦成为一类锦，或区别于他类锦的通称。

两汉时期，成都为蜀地良工巧匠最为集中和织锦业最为发达的地方。成都所产织锦，驰声走誉，名扬四海。《宋史》："蜀中富饶，罗纨锦绮等物甲天下。"明《蜀中广记》："蜀锦实见于汉也，山谦之【丹阳记】曰，历代尚未有锦，而成都独称妙，故三国时魏吴皆资于西蜀，至是始乃有之。"清·胡渭《禹贡锥指》云："汉世美锦出成都。"自汉以后，蜀锦一直为丝织物之上佳者，备受推崇，

东汉画像石中的织机（拓图）　成都土桥出土

与吴绫、越罗、鲁缟、楚縠[hú]等他地织物各领风骚。

蚕桑之事，古来为重。相传古蜀王蚕丛氏教人蚕桑，蜀地始有织锦。明·何宇度《益部谈资》："蚕丛，初为蜀侯，后称王，教民桑蚕，蜀人至今德之。"清·沈练《广蚕桑说辑补》："各州皆有蚕丝，皆有桑树，虽梁州未有明文，而自蚕丛氏教民养蚕后世蜀锦重天下。"德重恩弘，蚕丛氏被尊奉为"青衣神"。宋《太平寰宇记》："成都圣寿寺有青衣神祠，神即蚕丛氏也。"清·蔡方炳《广舆记·眉山》："青衣神庙。青神，昔蚕丛氏服青衣，教民蚕事，立庙祀之。"三星堆遗址中丝织残留物的发现，表明有关古蜀时期的这些传说绝非虚言。黄帝元妃嫘祖也被奉为"蚕神"。清《御批资治通鉴纲目》："西陵氏之女嫘祖为帝元妃，始教民育蚕治丝茧以供衣服，而天下无皴瘃[zhú]之患，后世祀为先蚕。"旧时蜀中多地设有先蚕祠以祀蚕神。汉代，蚕桑与纺绩已经成为百姓生活中的重要内容。例如，四川彭州义和出土的东汉画像砖上刻绘有"桑园"图景；成都土桥曾家包出土的东汉画像砖上刻绘有"织机"图案。

蚕桑事重，蚕丝成为一种财富来源。宋《元丰九域志》：射洪有"蚕丝山，每上春七日，远近士女游于此山，以祈蚕丝"。清乾隆《潼川府志》："潼之妇女，颇勤蚕桑。"历朝历代，桑蚕、蚕丝，以及织成品，一直为蜀中商市之重要物品。宋·黄休复《茅亭客话》："蜀有蚕市，每年正月至三月，州城及属县循环一十五处。"清乾隆《遂宁县志》：当地"比户饲蚕，其丝最广，有水丝火丝之别，商贾趋为蚕市"。清乾隆《盐亭县志》："城乡有丝市、蚕市，远近商贾云集。"清光绪《西充县志》："惟蚕桑为充最宜，每入夏丝成，商贩辐辏。"成都则成为集贸繁盛之地，清嘉庆《温江县志》："邑多桑人家养蚕，获茧多不自缫织，售于贩者缫丝于成都。"宋代，府城成都在圣寿寺、大慈寺、南门、西门等多处设有蚕市，此外，还另开设有锦市。宋《成都古今记》载：成都"正月灯市，二月花市，三月蚕市，四月锦市……"

谈及古代蜀地蚕桑，有必要提及陕南石泉出土的汉代"鎏金铜蚕"。得蚕之丝，方有锦帛。唐·杜光庭《仙传拾遗》："蚕丛氏自立王蜀，教民蚕桑，作金蚕数千头。每岁之首，出金头蚕，以给民一蚕，民所养之蚕必繁孳。罢即归蚕于王。巡境内，所止之处，民则成市。蜀人因其遗事，年年春置蚕市也。"汉代蜀地，疆域广阔，

蜀锦织机　成都蜀锦织绣博物馆藏

西汉提花织机模型　新都老官山出土　成都博物馆藏

时设汉中郡，为益州所辖。陕南石泉一带，古来广植桑柘，男尚耕作，女勤织纺。比例适当，形象逼真，石泉出土的鎏金铜蚕被定为国家一级文物，现藏于陕西历史博物馆。还要特别提及藏于广元皇泽寺的《蚕桑十二事图》石刻。该组连环画石刻，采用白描阴刻手法，表现内容分别为“选椹”“种桑”“树桑”“条桑”“窝种“体蚕”“馁蚕”“起眠”“上簇”“分茧”“腌种”“缫丝”，即育蚕治丝之古法旧例。曾于清代嘉庆道光年间先后任昭化、南部、广元、眉山县知县，以及叙州府、松潘厅同知的曾逢吉，为该组石刻的倡制人。曾逢吉在四川几地任职期间，致力蚕桑，著有《树桑三利》《树桑五法》等书。镌刻细腻、图绘精致的《蚕桑十二事图》石刻，早先以立碑形式置于先蚕祠内，后移至皇泽寺嵌于岩壁之上。汉代“鎏金铜蚕”与清代《蚕桑十二事图》石刻，可谓是古代蜀地民重蚕桑的重要物证。

寸锦胜匹练，蜀锦因其珍贵而成为一种荣华富有的象征。三国时期，刘备占据蜀中，蜀锦成为王公贵族的财富，晋·陈寿《三国志·张飞传》：“益州既平，赐诸葛亮、法正、飞及关羽金各五百斤、银千斤、钱五千万、锦千匹”，宫中“正殿安御床，施蜀锦流苏”。作为蜀地特产，蜀锦也成了蜀汉政权补充国力与军费开支的来源。宋《太平御览》引《诸葛亮集》：“今民贫国虚，决敌之资惟仰锦耳。”蜀锦与金银珠宝一样，往往也是胜利者抢掠的财物。唐·马总《通纪》中记载：“继岌、郭崇韬等大举伐蜀，十一月蜀主王衍出降，大军入成都。自兴师凡七十五日，蜀平，得兵士三万，钱一百九十二万贯，金银共二十二万两，珠玉犀象二万，纹锦绫罗五十万……”

早期，蜀锦织造以多综提花织机为主，唐宋及至后期则多用花楼织机。唐代，蜀锦的织造工艺更臻完美。瑞锦宫绫，章彩奇丽，唐代文学家、农学家陆龟蒙所作《记锦裙》中讲述了一个故事，云：上元瓦店寺中所藏之天后武氏的罗裙与佛幡，“皆组绣奇妙”，有好事者李君拿出蜀锦裙一幅示人，该蜀锦裙上，左有鹤，势如飞起，右有鹦鹉，耸肩舒尾，禽鸟之间隔以花卉，五色间杂，其精其美，“神乎技矣”，令人叫绝。清《博物要览》中列举的宋以前历代名锦有鸾章锦、绨锦、斜纹锦、蒲桃锦、鸳鸯万金锦、绿地五色锦、蛟纹万金锦、连烟锦、紫鸾锦、迴文锦、浮光锦、明霞锦、冰蚕锦等。至宋一代，织锦花色更加多样，元·费著《蜀锦谱》中记录的宋时锦院与茶马司锦院所产织锦花样，就有五十多种，其中仅“官诰锦”类就有盘球锦、簇四金雕锦、葵花锦、八答晕锦、六答晕锦、翠池狮子锦、天下乐锦与云雁锦八种之多，而“细色锦名色”更是有十九种之多。汉代至宋，蜀中多地产锦，成都以外，绵州、巴州、

清同治蜀锦机　四川博物院藏

万州、黎州、叙州等地皆有织造，岁以充贡。清嘉庆《四川通志》：“【唐志】绵州土贡锦，又贡红蓝蜀锦。”宋《元丰九域志》：“巴州……土贡锦五匹。”宋·马端临《文献通考》载：“万州……贡锦。”

成都，又称“锦官城”“锦城”。《蜀锦谱》：“蜀以锦擅名天下，故城名以‘锦官’，江名以‘濯锦’。”晋·任豫《益州记》：“锦城在益州南笮桥东流江南岸，昔蜀时故锦官也，今号锦城。”锦官，即锦院监管之官，或称治锦之官。锦帛织造，以及岁输上贡等，由官府派员督管。《文献通考》：“许令本司辟差马务监官一员、锦院监官一员，并以小使臣奏辟，两年为任。”明万历《四川总志》：“牛大年，绍定末四川都大提举茶马司，兼董织锦。”关于锦院机构的设置及其规模，《蜀锦谱》中记载：“元丰六年，吕汲公大防始建锦院于府治之东，募军匠五百人织造，置官以莅之……设机百五十四，日用挽综之工百六十四，用杼之工五十四，练染之工十一，纺绎之工百一十，而后足役……织室、吏舍、出纳之府，为屋百一十七间，而后足居。”

锦帛织成，须用清水浣濯，以鲜明其色。锦里、锦江之名因由于此。晋《华阳国志》：“夷里桥南岸道东边起文学，有女墙。其道西城，故锦官也。锦工织锦濯其江中则鲜明，濯他江则不好，故命曰锦里也。”唐·李肇《唐国史补》：“蜀人织锦初成，必濯于江水然后文彩焕发。”宋《郡县志》：“李冰既鑿离堆又开二渠，一渠由永康过新繁入成都，谓之外江；一渠由永康过郫入成都，谓之内江，蜀人以此水濯锦鲜明故又名锦江。”清·卫杰《蚕桑萃编》：“锦江染式，沤法须用清水，水清则色鲜，暴时不可过高，过高则质燥。近来成都机房多于锦江河濯帛，而暴之于地上，故蜀锦最佳。”

质地坚致、色彩鲜艳的织锦，自然也为“外番外夷”所爱。汉代时，织锦即通过“丝绸之路”销往西北边地，以及远至西亚、中亚等地。新疆出土的汉锦，以及青海出土的唐锦，昭示着汉唐时期中原与外域以织锦为纽带的文化交往历史。1959 年，新疆吐鲁番地区出土了一件标有“陵阳公样”的绫织物，该织物上有题记——“景云元年双流县折𫄧绫一匹”。这表明唐景云元年（711）前后，蜀地双流（今成都辖）有丝纺业，时产织物通过“丝绸之路”对外交往。宋代，蜀锦依然是赠礼之备选物品。宋·李心传《建炎以来系年要录》记载：“诏成

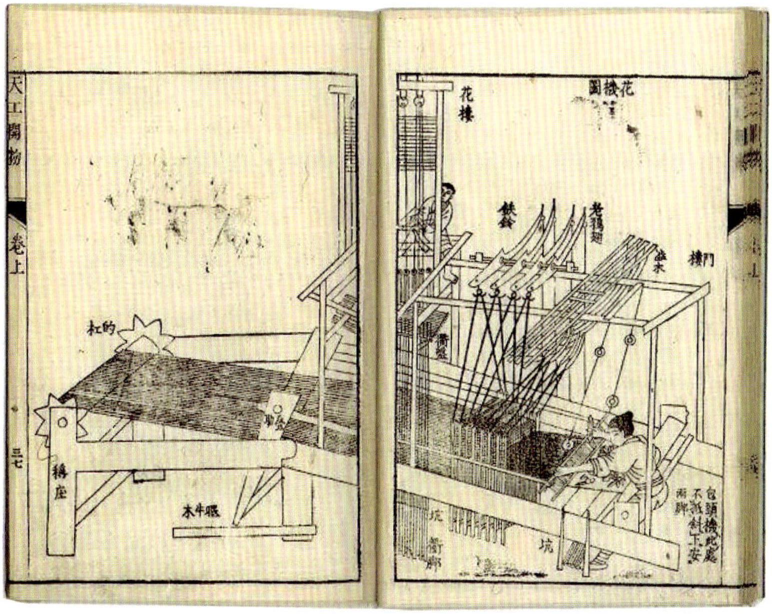

明《天工开物》花机图

都府路转运司收买川锦二十万缗、潼川府路转运司收买青丝㧐蒱 [chū pú] 绫三十万缗，准备礼物使用。”宋代设买马监牧司，大量购置西南少数民族地区的马匹，购置方式多采用博易方式，即用盐茶锦帛等物与之交换。宋时置茶马司与锦院为一体，即是为了更好地管理织锦生产，以及对外博易等事务。宋《嵩山集》记载：“四川买马监牧司，岁以锦市马于西南夷。”宋·熊克《宋中兴纪事本末》：“岭外与西南夷接境，有马可市，而大理特磨诸国所产尤多，又工部侍郎韩肖胄亦言战以骑兵为胜，今川陕马纲不通而广右隣诸番，可用锦帛博易。”《蜀锦谱》：“建炎三年，都大茶马司始织造锦绫被褥，折支黎州等处马价。”清·毕沅《续资治通鉴》：“祖宗马政茶马司并专用茶锦绢博易，蕃汉皆便。”

日本国对蜀锦也是推崇备至，喜爱有加。日本明治时期著名诗人国分青崖《青崖诗存》中有诗句：“直讶吴绫连万匹，正知蜀锦值千金。”明治《昭代诗文》所辑录的高锐一《花品集英叙》中记载：“吴绫蜀锦，各擅其美，而他产竟不能及矣。”唐代时，蜀地工匠东渡日本，将织锦工艺传至东瀛。至今，日本国本土所产的一种织物，还冠以“唐织”的名字。明治《产业部》中记载：“唐织者，以五色丝织成花鸟或菱花等之杂品之纹，效蜀江锦者也，故号唐织。”日本的一些机构还收藏有隋唐时期的蜀锦，如隋“四天王狩猎纹锦”、唐“赤狮凤纹蜀江锦”、唐“格子花纹蜀江锦”，等等。日本国所称之“蜀江锦”，即唐时蜀锦。日本近代历史学家黑板胜美《后鉴明治》中即有“吴郡绫，蜀江锦”的记载。

蜀锦织造，自汉代勃兴，至唐及宋，不断登峰造极。元明时期，因于兵燹战乱，蚕桑业与织造业遭受严重打击而一蹶不振。明代时，蜀锦产量及其名色大为减少。明·何宇度《益部谈资》载：今蜀锦“名无多而价甚昂，不可易得”。有清一代，织造业得以重振。清中晚期，江浙之外，四川成为织造大省，而成都则为织造业最为集中之地。清同治《成都县志》载：“城内百工咸备，皆有裨于实用，其精巧者无过于织造，有宫绸、宁绸、线缎、巴缎、倭缎、闪缎、线绉、湖绉、薄艳平纱、明机蜀锦、天心锦、浣花绢、龟兹栏杆，每年采办运京，常以供织造之不足。”关于清末民初成都织锦远近闻名之历史，民国《新修合川县志》中有这样的记载：刘德谦，“少长就塾读，尤聪颖，年十二，有客自成都还，言蜀锦名大噪，蓉垣以外无织而售者，若有之利倍蓰。祖以文以为然，遽命其辍学赴蓉事机织，六年艺成，住蓉城织售数年。以道远归省难，乃移业重庆走马街。”

新时期里，蜀锦织造技艺被列入国家级非物质文化遗产。保护、传承、创新与发展中，亮丽华贵的蜀锦，被更多的识者所喜欢和重视。代有传人，无比欣慰。蜀锦，正在迎来新的辉煌。文章最后，集古人之诗句作一“集句诗”：

蜀锦赞

夜雨催成蜀锦机，（唐·张　祜）

满地蜀锦照深衣。（宋·乐雷发）

织成蜀锦千般巧，（宋·释道枢）

毕竟还他蜀锦奇。（明·朱日藩）

竹　器

人类利用竹材制作各种器具的历史可谓久远。关于竹制的箕与笊篱之始源传说，清·陈元龙《格致镜原》转《事物原始》："箕，漉饭器也；敛去谷之糠秕者，名曰簸箕，自神农氏始，诗云：'或簸或扬是也。'笊篱，黄帝命元妃西陵氏养蚕制笊篱以捞蚕蛹，以竹为之。"从出土文物中可看到，早在新石器时期，远古先民就已经在使用竹篓、竹席等竹制器具了。安阳殷墟出土的甲骨文中，有"箕""筐""簟""簋"[guǐ]（古代盛放粮食的器物）等表示竹器的文字，说明了竹编技术在殷商时期已经很成熟。成书于春秋时期的《诗经》中，也有描写竹器的句子，如"瞻彼淇奥，绿竹如箦[zé]（竹编床席）"。

竹席　成都商业街战国船棺墓出土

成都市内的商业街曾发掘出一座战国时期的大型船棺墓葬，这座古蜀王族的墓葬中出土了编织细密且保存完好的竹席。该竹席的出土，表明了早在2400年前，蜀地先民已经能够利用竹材制作精细的编织物了。重庆市九龙坡区铜罐驿镇冬笋坝的战国墓中，也发现了清晰完整的竹制品。这表明很早以前巴人就已经掌握了竹编技艺。实际上，战国时期，竹子的使用与竹器的制作，已经广而泛之。至汉代时，有记录的各类竹器达至百余种，包括饮食器、日用器、劳作器、乐器、武器等。发展到清代时，各种竹器更是有数百种之多。清《康熙字典》中所列入的近千个“竹字部”汉字中，相当多的为竹制器具名。

建筑中利用竹材种种，也有着悠久的历史。筑墙中的“夹竹抹泥”法，即以竹片为筋，“隔截编道”以坚固墙壁的做法，也是古代劳动人民重要的发明与创造。宋·李诫《营造法式》中对其有专门的介绍：“隔截编道……每壁高五尺分作四格，上下各横用经一道，格内横用经三道，并横经纵纬相交织之，每经一道用竹三片，纬用竹一片……”成都宝墩文化遗址中，发现有作为建筑构件使用的炭化竹片；成都十二桥商周文化遗址中，也发现了早期的竹编墙遗存。这表明，远古时期的成都平原，已经有了竹骨泥墙类建筑。秦汉及以后不同时期的一些古建遗址中，更加广泛地使用这样的筑墙方式。清嘉庆《双流县志》：“慈竹筑墙，非砖非墼[jī]（土坯），以慈竹编薄泥灰附之，故室材取重焉。”古法传承，时至今日，依然还能在很多的地方看到这样的“夹竹抹泥”墙。古代治水垒堰中，也使用竹材，唐·李吉甫《元和郡县图志》：“楗尾堰（都江堰），在县西南二十五里，李冰作之以防江决，破竹为笼，圆径三尺，长十丈，以石实中，累而壅水。”此竹络之法，历代沿袭，至今还用于都江堰的岁修之中。

巴蜀之竹器，早在汉代时即声名远播。汉·司马迁《史记·货殖列传》中记载：“巴蜀亦沃野，地饶卮姜丹沙石铜铁竹木之器。”渠县土溪城坝遗址中竹筐、竹篓等汉代竹编遗存的出土，可让今人由此略窥一斑。蜀汉开国皇帝刘备，年少时曾从事竹编劳作，西晋·陈寿《三国志·蜀书·先生传》：“先生少孤，与母贩履织席为业。”后晋·刘昫《旧唐书·舆服制》：“兜笼，巴蜀妇人所用。”古称之兜笼，其形其状虽不得知，但为日常所用之竹器无疑，而“巴蜀妇人所用”，则描述了一个重要的地域特征或风俗概观。境内竹子盛产，物当尽其用，加之有利可图，自然是巴蜀竹器多有的原因。晋·左思《蜀都赋》中称：蜀地，“郁葐蒀[pén yūn]以翠微，崛巍巍以峨峨。邛竹缘岭，菌桂临崖。”民国《邛崃县志》：邛崃“西南山产竹，凡种竹人家，多有竹麻之利。”四川盆地及周边丘陵地带历来盛产竹子，其中密集地众多，典型的如眉山、乐山、宜宾、泸州等地，川北与川东地区也有较多的分布。清道光《大竹县志》：“蒲包山，县北八十里，产竹作纸，蓊蔚数十里竹山，丛密莫盛于此。”大竹之县名，即因当地“多大竹”而

竹器铺　大邑新场镇（2018）

来。民国《大竹县志》：唐“久视元年（700）改置大竹县，以地多大竹得名”。类似的，绵竹之地名，也是因竹而有。清嘉庆《直隶绵州志》：“绵竹，状如慈竹，色青黄相间，皮老不脆，与诸竹异，故曰绵，今绵竹县犹数见之。”清道光《绵竹县志》：“西汉高祖六年庚子（前201），分蜀地置广汉郡今成都府，领县十三，绵竹与焉，以其地宜竹因名。”

竹子作器，种类众多，用途广泛。晋·郭义恭《广志》：“蜀人以竹织履。可判篾编笆为篱笆，断材为柱，为栋，为舟楫，为桶斛，为弓矢，为笥盒杯，为箔席枕几，为笙箫乐器。”古时竹之与人的密切关系，正如宋代文豪、眉州人士苏东坡所云：“食者竹笋，庇者竹瓦，载者竹筏，爨[cuàn]（炊煮）者竹薪，衣者竹皮，书者竹纸，履者竹鞋，真可谓一日不可无此君也。”直到今天，仍然还能看到有非常多的竹器在使用中，例如日常生活与劳作用竹器就有竹筷、竹席、竹椅、笊篱、斗笠、笤帚、竹篓、竹篮、竹笼、箩筐、背篼、筧篼、竹筛、撮箕、筲箕、簸箕、竹扒、竹梯，等等。

笆篓

竹编鸳鸯

竹扒

背小孩的背篼

各类筲箕、簸箕

巴蜀地区各类竹器甚多，与明清时期的移民运动有着很大的关系。元末明初与明末清初，四川经历了两次大的移民运动，中部与东南地区多省移民先后迁至四川，他们的到来，不仅增加了四川地区的劳动力人口，带来了一些先进的农耕技术和高产作物，同时也带来了原籍地的竹作技艺。湖北、湖南、江西、江苏、浙江、安徽、广东、福建诸省，也是竹源富饶地区，古来盛产竹器，其中不乏精美竹编器物的原乡产地。巴蜀地区广泛种植与利用竹子，以及竹器种类与形态的多样化，当是多地移民文化影响的结果。关于巴蜀地区明清时期多产竹器的情况，旧志中有不少记录。民国《叙永县志》：“叙蓬留耕产竹甚多，农家之草房概以竹料建成，船上之篙篷帆纤多用之，且能制各种器具，凡桌几乘舆均适用……”民国《重修广元县志稿》：竹“其茎中空有节，富韧皮纤维，可劈为薄片或细丝，以编制各种竹器，品类极繁，农具尤多”。

清中晚期及民国时期，为四川地区竹器生产最为旺盛的时期，各地农乡多设有竹木市场，或售卖竹器的集中地，制作竹器的作坊或“篾匠”自然也是所在多有。清道光《乐至县志》：“县竹工巧织为器，鬻卖成市。”清光绪《增修崇庆州志》：当地“每逢正二月会期，商贩云集，搬运不绝，竹器一切俱全，晒簟、米筛、簸箕、挑篼、箩筐、背篼、撮箕、土篼、斗笠，以上俱篾匠造之”。民国《三台县志》：“今乡人为篾工者极多，竹器出品供绵潼境上农家之用。”民国《大足县志》载：“竹器者，中鳌镇有百余家……”民国《邛崃县志》，当地有名的手工制品有“大堰口之竹器，吴家场之棕器，高家场之棕绳棕簟，孔明庙之竹火笼……”各地竹器市场的兴盛中，一些制作精美、颇有特色的竹编成为地方招牌，远近驰名。

巴蜀地区的竹子种类繁多，常见且常用的有慈竹、斑竹、南竹、水竹、筋竹、白夹竹等。各竹种，除了有高矮、粗细，以及节之长短与壁之厚薄有所不同外，其纹理、色泽、韧性、表面的光滑度与材质的坚硬度等也各有差异，故不同竹器的制作通常都会选取特定或适用的竹种。清道光《南部县志》：“斑竹，十大而厚，异于众竹，邑中盐井多用之。”清光绪《江油县志》：“水竹利用造纸；龙头竹杆细，利用编篱造器。”民国《新修合川县志》：“县之竹工，皆用本地所产斑竹、南竹制造物品，工之粗者，如竹椅床榻之类，工之细者，如挂对、笔筒、

农家　通江泥溪镇（2013）

帖筒之类……篾工之工，有造农桑器者，农有筐笠筛席等类，桑有匾箕笆笼桑筛各具；有造家具者，大则凉床楼柜，小则蒸笼筷箕；有编纤篾者，大船用南竹篾，小船用水竹为篾。”

慈竹于巴蜀地区分布最广，也是竹器制作利用最多的竹种。旧时巴蜀乡村，农家居屋旁侧或房后多种有慈竹，以便就近利用。例如川西坝子里的“林盘”，其典型特征就是农户聚落中四处分布的簇簇丛生的竹子。清乾隆《威远县志》：“慈竹，人家绕屋宇围种之，叶繁而质柔，百用皆资之。”民国《温江县志》：当地“慈竹产最富，各乡处处蔚然成林，或就竹编篱，坚于墙壁”。民国《金堂县续志》：各竹种中“以慈竹为用最广，可供建筑制器之用，其生也亦甚繁殖，故乡居恒种于其宅之隙地以为美观，斑竹节多坚亦适于用”。巴蜀农乡，成片竹林随处可见，一些丘陵地区竹丛茂密如海，数量众多的以“慈竹”为称的地名，即是当地盛产慈竹的历史记录，例如泸州、简阳、宣汉、北川等地有“慈竹村”；洪雅、三台、荣县等地有“慈竹沟”；合江有“慈竹湾”“慈竹坪”；宜宾有“慈竹坝”；井研有“慈竹溪”，此外其他一些地方还有“慈竹垭”“慈竹坳”“慈竹里”“慈竹笼”“慈竹林”“慈竹地”等地名。

慈竹，丛生不散，宋·宋祁《益部方物略记》云：慈竹“根不它引，是得慈名”。清光绪《资州直隶州志》：慈竹“丛生不散，节疏而梢小垂，性柔软，资产最盛，为用甚多”。慈竹还有很多别名，清乾隆《遂宁县志》：“慈竹，根芽簇聚，百千竞抽，终不远移，又谓之义竹，又谓之孝顺竹。”清道光《德阳县新志》：“慈竹，又谓之绵竹……”清光绪《增修崇庆州志》：“慈竹，或作篮子母竹，也又名笼竹……”农乡中，慈竹最是招人喜爱，不仅因为其“根芽簇聚，百千竞抽，终不远移”，更是因为其“资产最盛，为用甚多”。

竹子，易砍伐，易剖削。竹子的砍伐，通常选择在秋冬季。清光绪《增修崇庆州志》：“凡伐竹在下季秋节者，虫不生，在上季春节者不中用。”秋冬季，也是农闲时分，农人正好有充足的时间专于竹作。民国《泸县志》：“十二月小寒大寒，造农具，夹笆篱……斫嫩竹，削腊篾，编箩篼、背篼、撮箕。”一些竹编手艺人还会利用这段时间走村串乡，为远近农户编制所需之竹制器物。

划篾　大邑新场镇（2013）

竹器编制　大邑新场镇（2013）

竹器编制　青川姚渡镇（2014）

竹器编制　荥经新添镇（2019）

竹子，生长与成材时间相对较短，浑身是宝，古来为农家所看重。唐代诗人杜甫有诗云：“只须伐竹开荒径，倚杖穿花听马嘶。”宋代诗人释道璨有诗云：“栽松种竹闲功课，却为忧时一半分。”在数千年的选择与使用中，竹器成为有着丰富竹资源的巴蜀地区农人生活中的不可或缺的物品。继继承承，日臻完善的竹作技艺成为巴蜀地区非物质文化遗产的重要内容。有理由相信并期待着，巴蜀竹艺能够发扬光大，续写新章。

烘笼

烘笼，是一种古老的便携式取暖用具，至今仍在一些地方，主要是农乡里，有人在使用。老人、妇女、孩童，安常习故，一如以往，或提烘笼于手中，或抱烘笼于怀里，或搁烘笼于腿前，或置烘笼于裙下，烘烘暖暖，抵御住那数九冰霜与料峭春寒。

烘笼，古今叫法有所不同。烘笼即熏笼，民国《崇宁县志》："烘笼，古名熏笼，以竹为之。"烘笼，或熏笼，最早出现于什么时期，尚未见史料记载。从其形态与功用上分析，烘笼或熏笼，源于"篝"。

篝，其古篆字形即为竹编之高篮。汉·扬雄《方言》："篝，今熏笼也。"清·段玉裁《说文解字注》："篝，笿也，可熏衣，广韵曰熏笼。"熏笼，其功用大致有二，一是熏烤衣物，二是取暖保温。长沙马王堆汉墓中曾出土一覆有绢帛的竹熏罩，这应该是目前所能见到的最早的熏笼实物。古代文献中留有很多关于熏笼的记载。如唐代诗人杜牧有诗句："红颜未老恩先断，斜倚熏笼坐到明。"南宋诗人陆游有诗句："过尽梅花把酒稀，熏笼香冷换春衣。"明代小说《拍案惊奇》中有："小娘子茶泼湿了衣袖，到房里熏笼上烘烘。"

熏笼，旧时也称作竹篝、熏篝、香篝或篝炉，竹笼内置炉，为其基本特征。清·王筠《说文解字句读》："篝，宋楚谓竹篝。"民国《简阳县志》："湖广，熏篝曰烘笼。"南宋诗人陆游《夙兴》诗云："青灯黄卷拥篝炉，残发垂蓬未暇梳。"元代《翠寒集》中有诗句："春寒不禁香篝火，红蜡青灯忆汉宫。"明代诗人韩奕《清平乐》词中有："满院绿阴清寂，熏篝香恋残煤。"晚清名臣曾国藩《涯惯断魂》诗中有："篝炉火暖床敷稳，卧听黄鸦谷谷声。"

小巧的熏笼，也称手炉，多为铜质。关于铜质手炉，宋《景定建康志》："铜

农家屋里的烘笼　夹江木城镇（2017）

摆卖的烘笼　温江寿安镇（2021）

摆卖的烘笼　资中铁佛镇（2016）

炉有柄，若今所谓手炉。”清末民初《清稗类钞》：“手炉为火炉之小者，其形或圆、或椭圆、或六角，其盖必镂花，否者火熄。可笼之于袖，以铜制之，燃炭以取暖。”手炉，旧时的文献资料中也不乏记载，如清《曾文正公书札》中有记载：“冬则风帽皮衣炭盘手炉，刻不能离。”清《再生缘全传》中写道：“茶送入房内，放在手炉上温着，将帽子盖好了，然后同候千岁宽衣。”中国大部分地方都有使用手炉的习惯，而南方尤多。这主要是因为南方多地冬天湿冷，冻手僵肢，活动于户外或静坐于室内都让人倍觉寒意。手炉给人提供了随时随地取暖的方便。手炉不仅能供暖于体肤，而且还能烘热干粮，于旧时，还会被用来加温笔砚，以保证笔墨流畅，避免凝滞。清《科场条例》中就有这样的记载：“乾隆四年奉上谕，会试届期天气尚觉寒冷，凡入场士子，除照例赏给氅衣及姜汤茶饼外，著按名给与木炭，许其携带手炉，以温笔砚。”旧时冷寒天里于户外活动，如听戏观演，有一手炉带上，自然会增添不少温暖。手炉便于携带，但其工料皆贵，显然不是普通民众都能享用。更多的人应该还是选用烘笼作为取暖御寒之用具。

烘笼，也称作火笼，竹火笼。《清稗类钞》中介绍浙江昌化之风俗：“冬日人皆携一火笼，以竹编为笼，内置火缽，以御寒。”南朝梁陈诗人阴铿《游巴陵空寺》诗中写道：“独眠虽已惯，秋来只自愁。火笼恒暖脚，行障镇床头。”清《证俗文》中也记录有：“被中香炉……别有熏衣者口竹火笼，亦曰篝。方言篝，今熏笼也。”民国《邛崃县志》载：本境所产“森林竹木之饶，亦唯有竹纸棕绳杉板枬木器具，竹火笼为特色”。当地有名气者如“大堰口之竹器，吴家场之棕器，高家场之棕绳棕簟，孔明庙之竹火笼”。关于竹火笼及其功用，清人陈锦《補勤诗存·竹火笼》一诗中有精到的描写：“瓦盆宿火御晨寒，铜筋竹络盘四端。千人胯下挟微热，阳春在脚行团团。山邑篝丛苦卑湿，黄梅风雨无时节。单衣薄袖提筠篮，冬烘直到春月三。”火笼与竹火笼，多见于旧时文人骚客的作品中。例如，南朝齐诗人谢朓有诗《咏竹火笼》：“庭雪乱如花，井冰粲成玉。因炎入貂袖，怀温奉芳褥。”明代世情小说《金瓶梅》中写道：“月姐让银姐坐，只怕冷，教丫头烧个火笼儿与银姐烤手儿。”清代诗人樊增祥《樊山续集·咏竹火笼》云：“冬日安能无此君，毵毵五木尽温存。风绦青似蒲编席，鹤毯红于花在盆。暖到窅娘新月样，炙干湘女旧啼痕。夜寒斜倚屏风坐，抵得香衾几夕恩。”清人黄纪云《朝发石盘铺》诗云："一白霜如许，朝阳恰正东。还家心似箭，岁莫迹如蓬。野店藜羹饭，长途竹火笼。到门应一笑，离恨瞥然空。"

熏笼，有罩篮式的较大的一种，主要用于更大面积地加温或烘烤物品。清·段玉裁《说文解字注》："大篝也，今俗谓熏篝，曰烘篮是也。"这种烘笼，大如鸡笼，内置火炉，一般人家用来熏烤衣物或幼童尿片，养蚕户则用其炙热蚕蔟，做茶人则用其烤制茶叶，等等。清·高铨《蚕桑辑要》中记载："湖人名火笼为烘罩，又名烘篮。"江西武宁旧时有竹枝词唱道："女伴招邀步水涯，提筐共说采新茶。夜来贮得烘笼满，处处当垆制雪芽。"

在地域分布上，烘笼的使用几乎遍及南北各省。不同地方的烘笼，或大或小，或精或粗，或巧或拙，有收腰的和不收腰的，有收口和不收口的，有带盖和不带盖的，形态样式多少有些差别。清道光《桐城续修县志》中对当地所制烘笼有较为细致的描述——"烘笼，竹篾为之，状似古之提梁卣，圆而不扁，上层以阔篾编成，篾作提梁，中安瓦缽，上以铜铁镂空为盖，或以铁丝编钮作盖，缽中盛火，置炭火以煖人，精粗不一，枞阳制者，坚而耐久。"

手提烘笼的老人　岳池顾县镇（2015）

熏笼，各省各地的叫法也略有差异。总的来看，称名烘笼的地方较多。烘笼之称谓，至少在宋元时期就出现了。南宋诗人曾几《郑侍郎招赏瑞香》诗："前庭锦烘笼，君向何许得。"《水浒传》第五十六回："另用一个小黄帕儿，包着一条双獭尾荔枝金带，也放在包袱内，把来安在烘笼上。"四川地广，方言各别，对烘笼的称呼也是不尽相同，有称“烘笼子”“烘笼儿”“烘儿”“烘篼”的，还有称“火提子”“火篼儿”的，等等。广东籍客家人后裔聚集的地区，还有“火冲”的叫法。民国《简阳县志》载：当地“篾器甚广，除农家箩篼筛箕筐筥外，则夏之扇簟，冬之烘笼为多。……广东，烘笼曰火冲。”由于烘笼可提于手中，时或摇来甩去，有些地方形象地将烘笼称之为“摇火笼”“甩烘笼”。南方各地，春寒持久，恰这段时间也是农乡里举行迎神赛会的集中时期，如川西坝子里流行的春台会，一些乡人赶场赶会时，也会携带烘笼，路上摇来甩去。学生娃上学携带烘笼，更是当做玩具，你摇我甩，乐趣于其中。旧时的孩童，甚至一些成年人，还经常将红苕、洋芋、豌豆、葫豆、花生、栗子，甚至包谷粒儿，埋置于火钵炭灰中，摇来甩去中，享受那烧烤中弥漫出的香味和“噼噼啪啪”的声响。

做针线活的老人　沐川箭板镇（2016）

烘笼中搁置有火钵，即盛放炭灰的陶钵。需要使用烘笼之前，须准备好燃料，即木炭或桴炭。桴炭，四川方言多称其为“煳糟儿”或“桴糟子”，即木柴未完全燃烧后所残留的黑色固体物。木炭相对坚硬而桴炭松软。宋·陆游《老学庵笔记》：“浮炭者，谓投之水中而浮，今人谓之桴炭。”唐代诗人白居易有诗句：“日暮半炉桴炭火，夜深一盏纱笼烛。”出于经济考虑与方便取得，一般人家多使用桴炭，因为这种燃料自家就可“制造生产”。即便自家不烧柴禾，也能在街市上

卖红煳糟　《成都通览》插图

很便宜地购得。清末文人傅崇矩所编撰的《成都通览》一书中，将“卖红煳糟”列入成都之“七十二行”。书中插图《卖红煳糟》里，还画有三个烘笼。使用烘笼时，将烧红的桴炭放进火缽中，火缽中有剩余炭灰，根据需要用竹片或木棍将炭灰或厚或薄地盖在桴炭上，以调节温度和延长燃烧时间。燃烧需要氧气，只要将烘笼摇甩就可见“煳糟”燃烧变红而成“红煳糟”。这样的摇甩，正应了前面所说的“摇火笼”“甩烘笼”。

时光荏苒，岁月如流，随着各种各样新式的取暖保暖用具的出现，使用烘笼的人越来越少，烘笼也渐渐成为很多人的记忆。今写下此文，既是对烘笼的阐述，也算是对一段历史的记录。

鸡公车

鸡公车，为四川方言中对手推式独轮车的一种俗称。实际上，四川之外，西南地区大部，以及其他一些地方，也有这样的叫法。

手推式独轮车，是一种古老的运载工具。先后在成都及周边地区出土的一些汉代画像砖上，即有手推式独轮车的画面。川东北渠县蒲家湾的汉代无铭阙上，也有着手推式独轮车的画面。这些古物遗存表明，早在汉代时，手推式独轮车已经成为巴蜀地区普遍使用的运载工具。

东汉画像砖　彭州出土　四川博物院藏

独轮车，最早出现于什么时候，尚无定论。据秦兵马俑二号坑发掘报告，俑坑中发现了清晰但无明显辙与辙之间对应关系的车辙印痕。这应该是一种独轮式车具碾压留下的辙痕。由此推断，早在秦朝或更早时期，就已经有了独轮车。

春秋战国及以前时期，已经出现了各种不同形式的和不同用途的大小车具，造车技术也达到了较高的水平。秦汉时期，有了一些构造更加复杂和装饰更加华丽的车具。然而，因其具有制作简单，使用方便，且适于不同路况的特点，独轮车的使用，特别是其在民间的使用，应更加广泛。在各类古代车具中，独轮车也是延续使用寿命较长的一种。直至20世纪中期，独轮车一直是四川丘陵与坝区农乡，以及一些城市与郊区之间交通运输的主要工具。

汉代时，称独轮车为鹿车。汉·刘珍等《东观汉记·邓训传》载："训好以青泥封书，从黎阳步推鹿车于洛阳市药。"关于鹿车中的"鹿"，有两种解释。《三国志集解》注云："鹿车窄小，裁容一鹿。"《资治通鉴》注云："鹿车，言其小仅可容鹿也。"这种说法不无道理，手推式独轮车承载有限，彭州出土的"酒肆"汉画像砖中的独轮车上，恰载有一羊尊，此图似乎能支撑这种说法。另一种解释认为"鹿"即"辘"，清·吴玉搢《别雅》中解释为："鹿卢，即辘轳也，广韵，辘轳，圆转木也。"鹿车也称轱辘车，宋·陈思《两宋名贤小集·太行道》中有诗："太行羊肠坂九折，云黑风干尺深雪。堇泥道滑木叶寒，轱辘车声行复歇。"

鹿车，也称作小车。元·熊忠《古今韵会举要》："鹿车，小车也。"唐宋及以后，一直有小车之称。清嘉庆《四川通志》引五代史载："孟知祥……抵成都值晚且憩于郊外，有推小车子过者，其物皆以袋盛，知祥问曰，汝车所胜几袋，答曰，尽力不过两袋。"宋·李诫《营造法式·补遗》："独轮小车子，每车子装物重二百斤。"

东汉画像砖（拓片）　新都出土

古来有独轮小车源于蜀汉时期诸葛亮所设造的“木牛流马”的说法。晋·陈寿《三国志·蜀书·诸葛亮传》中记载：“（建兴）九年，亮复出祁山，以木牛运……十二年春，亮悉大众由斜谷出，以流马运……亮性长于巧思，损益连弩，木牛流马，皆出其意。”由于没有图样和制作法式留存下来，后人对木牛流马之形制多为猜想。宋·高承《事物纪原·小车》：“蜀相诸葛亮之出征，始造木牛流马以运饷，盖巴蜀道阻，便于登陟故耳。木牛即今小车之有前辕者，流马即今独推者是。”宋·陈师道《后山谈丛》中说：“蜀中有小车，独推，载八石……犹存有诸葛亮遗制。”其实，诸葛亮之前，早已有了独轮车，如果要说他有所贡献的话，恐只能是形制上的改进而已。

独轮车之称谓，最早出现在唐代。唐代诗人陈琡《一作留别兰若僧》诗云：“行若独轮车，常畏大道覆。止若圆底器，常恐他物触。行止既如此，安得不离俗。”至宋代时，独轮车之称谓，更加多见。北宋·沈括《梦溪笔谈》：“柳开少好任气，大言凌物，应举时以文章投主司于帘前，凡千轴，载以独轮车。”书中还记载：“独轮小车，马鞍蒙之以乘，谓之木马。”南宋·孟元老《东京梦华录·搬载杂卖》：“有独轮车，前后二人把驾。”北宋·张择端《清明上河图》中即绘有几处独轮车画面，有一人推的，也有一人后推一人前拉的，还有在前面加用一头驴拉的。显然，人力与畜力的配搭，与独轮车之载重有关。轻的，一人可推之；重的，或需增加人畜在前面拖拽。此外，独轮车的使用，也有着地域特点。明·宋应星《天工开物·舟车》中有这样的记载：“北方独轮车，人推其后，驴拽其前；南方独轮车，仅视一人之力而推之。”

独轮车还有羊头车之称。宋·张耒《输麦行》中写道：“羊头车子毛布囊。始见诗人用之诰案。此车今名二把羊车，江北所在皆是。”清·王文诰《苏文忠公诗编注集成》注云：“自镇江以东有独轮小车，一人挽于前，一人推于后，谓之羊头车。”清·张云璈《简松草堂诗文集·独轮车》载：“定张之名出考工，羊头之号来汉宫。此车不知何所昉，只轮历禄风尘中。”清·曹楙坚《昙云阁集》载：“一瓢一卷足生涯，逢著青山便是家。毕竟羊头车子好，不须写得满川花。”羊头车也称作羊角车，因其两个车把如似羊角而得名，这样的称谓，一直延续到近代。清晚民初文人徐珂汇编的《清稗类钞》中记载：“羊角车，独轮小车也，南北皆

明《天工开物》插图

有之，一人挽之于前，一人推之于后，亦有无挽而仅有推者，行时其声轧轧然，两旁为乘客之座，齐鲁间有铺以垫者，乘之颇安适。唐时所谓羊头车子者是也，上海缫丝妇女之往来皆乘之。”

前面谈及的诸葛亮之“木牛流马”，为战时运载粮草或兵器的车具。其实，古今战事之中，独轮车一直是重要的装备。明清时期，独轮车更是用作战车，服役于大小战事中。明《韬略世法存》：“今世有独轮车者，民间用以搬运，一夫推之，或一人前挽一人后推，其制轻便。因其制可为战车，其便可以战，可以拒，可以营，可以冲，可以载。”明《大明会典·战车旗牌》中记载：嘉靖“三十年题准造单轮车一千辆，双轮车四百辆，单轮弩车四十辆”。可以设想到，冷兵器时代，随军而行的独轮车，既可运载重物，又可装甲置器，不择路道冲向敌阵，确实会让敌方难以抵御的。

独轮车，有大车与小车之分。民国《崇宁县志》：“陆路运载货物，负担抬杠而外，有大小车二种，大车载货以人力推运，小车仅可代步。”轮径大，则其架子高大；轮径小，则其架子矮小。架子位于独轮车子中部上方，用于遮挡车轮或防止载物碰触车轮。独轮车的承载方式则因不同轮径而有所不同。旧时独轮车的车轮为木制，有带辐条和不带辐条的两种。《说文解字》注：“有辐曰轮，无辐曰辁。”相对的，带辐条的车轮加工难度较大。两种轮子都是通过外圈，即“辋”与地面接触。木质外圈直接与地面接触，容易磨损，修理中只需更换即可。关于独轮车的制式，鲜有记述，清道光《桐城续修县志》中有这样的记载：“桐城多独轮车，以白木为之，染以苏木汤，抹以桐油，齐头双把单轮，轮中有毂，毂心有轴，轴乃檀木所制，两耳夹轴，铁绕轮围。重车载三四百斤，常车载二百斤。”

有规有矩，但各地之独轮车在形样或制式上存在差别是肯定的。显然，独轮车普遍使用的地方，一定也有着专门生产制作与维修独轮车的匠铺。

因只有一个轮子，独轮车也被称作一轮车、单轮车。明·张自烈《正字通》云："一轮车，即今役夫小车运载者。"清·马星翼《东泉诗话》中有："公车多是一轮车，晚寻野店无人处。"清·李塨《恕谷后集》："鸡鸣起，拾粪归，扫庭除，推单轮车作行商，或力田拾薪。"从留存下来的各种记述看，相对的，明清时各地仍以独轮小车或独轮车的称呼为多。明·蒋一葵《尧山堂外记》中有："一老翁推独轮小车，上载两巨甕。"清·李调元《童山集·题夏氏园亭壁四绝》中有："独轮小车子，天寒亦裸裎。荼罢汗如洗，矻辘复前行。"清·孙承泽《天府广记》中有："独轮车重汗如浆，蒲秸芒鞋亦贩商。我是行人更怜汝，却应答者笑予狂。"清·祝德麟《悦亲楼诗集·丹阳曲》中有："美酒红楼是妾家，郎来只坐独轮车。一声谁唱丁都护，愁杀云阳满苑花。"清·陈宽《辛亥花市竹枝词》中有："水程陆路免周旋，花市游人惯省钱。一二十文廉价雇，独轮车子半头船。"

清代晚期至民国早期，有多位外国学人或记者，来到中国并在各地拍摄了大量记录社会时态的照片。这些留存下来的旧时照片中不乏四川各地独轮车的画面。当时各种独轮车的形样，以及其载物乘人的情况，都可以通过这些照片而辨识和了解。

四川域内，有较多的丘陵与平坝地区，旧时普遍有使用独轮车习惯。川西坝子里，就更是司空见惯了。日本人中野孤山，曾于1906年底来中国并多年在成都旧制学堂担任教习，期间对成都等地的风土人情进行了详细的考察和记录。其所著的《横跨中国大陆·游蜀杂俎》一书中有这样的记录："蜀都街道完全是用石头铺成的，比如东大街又宽敞又漂亮，其街道的中央，有一条笔直的沟状路，这就是车道。独轮车经常沿着这条沟道搬运货物。我国的车有两个轮子，是拉着走的；而蜀地的货车是一个轮子的，从后面推着走。运送时，可以一直看护着装在车上的货物，因此，货物不会有散落遗失的情况。这一点的确非常方便。有时，还用独轮车载人。这种时候，一般要在车上牢牢地捆上一把竹椅子，让人坐在上面，推着车走。偶尔也有让人坐在货物上的。"

“鸡公车” 之名，直到晚清民国时才见于一些书文杂记。独轮车推行中，其木质轮轴与轴孔间产生摩擦，发出“叽叽嘎嘎”的声响，如同公鸡鸣叫，这大概是独轮车得名“鸡公车”的原因。清·周询《芙蓉话旧录》：“车则只有独轮者，中作倚式，后有长木柄二，如燕尾形，车夫以两手持之前推。车上无帷障，雨则张盖或荷笠乘之。车行时，轮响鸣鸣如鸡鸣，俗呼曰‘鸡公车’。然皆乡间用之，除运米入城，城中无乘此者。”周询，清光绪年间举人，曾先后在隆昌、华阳、广安、成都等多地担任官职，其对四川之民风民俗应是了然于胸。还有一些记录如，傅崇矩《成都通览》：“赶青羊宫，即二仙庵之花会也，在省城外之西南四五里。出南门行……有鸡公车，车钱十一二文。”郭沫若《初出夔门》：“当时的东大路是要经过永川、荣昌、隆昌、内江、资中、资阳、简阳等地的，交通机关是原始的鸡公车（在小小的独轮车上安一把座椅，坐者向前，推者在后）、肩舆和溜溜马，回到成都要费十天工夫。”刘师亮在其《成都青羊宫花市竹枝词三十首》中写道：“车坐鸡公价不奢，周围一转布蓬遮。车夫揽客殊堪笑，不喊先生喊老爷。注：是时尚无马路，多以鸡公车载客。”

另有一种说法，认为“鸡公车”之名由“叽咕车”而来。独轮车行走中发出“叽叽咕咕”的声音，于是有了“叽咕车”的称呼。著名学者李劼人在其长篇小说《大波》中写道：“我们川西坝的人到底感谢诸葛亮先生，他的遗制木牛至今尚在为我们服务，不过改了一个名字叫叽咕车。”另在其长篇小说《死水微澜》中写道：“从南门到青羊宫的大路上，又是轿子，又是叽咕车，而走路的也不少……镇上的街面，自然是石板铺的，自然是遭叽咕车的独轮碾出了很多的深槽。”李劼人还在与友人的书信《致张蓬舟》中特别提及：“推石头的叽咕车，就是空车，其木轴头在轮转时，也会发声的。鸡公车实为叽咕车，见《死水微澜》之注。”鸡公车，依其声响而得其名，这一点应该是可以肯定的。清末民国时期，已经有了其他一些使用金属滚珠轮轴和橡胶轮胎的车具，木制独轮车则成为最后的能发出“叽叽嘎嘎”或“叽叽咕咕”声响的原始车具。与众不同，当也是其冠名“鸡公车”的原因。顺便说一下，也有将鸡公车写作“机工车”的。民国学者罗文汉《旅蜀日记》：“乘机工车（单轮人推小车）出桑林，至牛华溪。牛华溪一带，盐井林立，黑烟缭绕，炼厂群联，竹篱匹接。”

旧时的鸡公车，其窄窄的轮缘对路面有较大的破坏力。即便是石质路面，也会在鸡公车的经常性使用下形成一道道沟槽。至今还能在一些地方的石板路面上看到这种车辙痕迹。为了保护路面，以及田塍堤道，旧时对鸡公车的使用多有限制。例如，清嘉庆《温江县志》中记载：“开挖城壕道，堤岸栽植杨柳七百株，柳以内不准小车行走，以护城脚。”傅崇矩《成都通览》中也记录有：“省城之车，如鸡公车等，均自城外推入者，嗣因损坏街石，街民令推车者出过街钱，或

鸡公车　金堂淮口镇（2020）

鸡公车　简阳石桥镇（2015）

一文或二文不等，如无钱者虽妇女亦勒令下车步行（乡间妇女乘坐鸡公车甚不雅观，然乘者甚多）。或估令车夫将车抬走，不准推行。后经警局禁止，然鸡公车只准推行城边一带及城内之空地，如运石、运米及警局之渣滓车，亦尚通行。近两年街面中心修有石槽，即为此等车设也。鸡公车能走灌县、汉州、郫县、龙泉驿、中和场等处，价甚廉，乡下乘者甚多。”

尽管现在有了更多的运输装载工具，但鸡公车并没有退出历史舞台。我们在不少地方，特别是一些大型车具不便通行或有着弯曲狭窄路道的农乡，仍能看到鸡公车的使用。当然，如今的鸡公车有了很多的改进，例如使用带有橡胶轮胎和滚珠轮轴的现代车轮，以及金属车架。另外，一些古镇古村的度假景点，也将鸡公车作为怀旧农具或稀罕之物，以招徕游客。看来，鸡公车还会在相当长的时间里，留存在我们的生活和我们的记忆之中。

腊八粥

腊八节，是一个历史悠久的传统节日，是日煮粥之习俗，流传甚广。关于腊八节的来历主要有两种说法，一是源于远古腊祭。汉·应劭《风俗通义》：“腊者，猎也，言田猎取禽兽，以祭祀其先祖也。”二是释迦牟尼佛于农历十二月八日。即腊月初八日“成道”，佛家以该日纪念之。明《如梦录》：“十二月初八日，俗呼腊八及佛诞之期，施米打斋，大小人家俱煮果粥，谓之腊八粥，以应节气。”清嘉庆《温江县志》：“十二月八日，邑人以肉豆枣栗等物入米熬粥，谓之腊八粥，祀神及先，亦古腊祭之意。”清同治《隆昌县志》：“十二月八日，煮糯米、五色豆及枣栗等物为糜，亦有合鸡猪鱼肉者，曰腊八粥，祀神及先，举家食之，亦古腊祭之意也，或曰是日释氏谓之浴佛节，寺僧煮粥结缘，俗因之。”腊月八日煮粥的习俗，就来自早期由印度引入的佛教。腊月八日所作的粥，称为腊八粥，因该粥杂以多物，故又称七宝粥、五味粥。

宋代，腊月八日煮粥施粥成为佛教法会的重要内容。宋·孟元老《东京梦华录》：腊月初八日，“诸大寺作浴佛会并送七宝五味粥与门徒，谓之腊八粥”。宋·周密《武林旧事》：腊月初八日，“市院及人家用胡桃松子乳蕈枣栗之类作粥，谓之腊八粥”。宋代诗人王洋《腊八日南邻送粥方雪寒欣然尽》诗中有：“腊月八日梁宋俗，家家相传侑僧粥。”元明时期，腊月八日成为法定节日，是日官方会择地举行特定的仪式。元·孙国敉《燕都游览志》：“十二月八日，赐百官粥，以米果杂成之。品多者为胜，此盖循宋时故事。”明·赵用贤《大明会典》：“凡立春、元宵、四月八、端午、重阳、腊八日，永乐间俱于奉天门赐百官宴用乐，其后皆宴于午门外。”明清时期，腊月八日成为佛家和民间的重要节日，城乡各地僧众及士民皆在该日煮粥食之。腊八粥所用之食材，也是多种多样。明·刘若愚《酌中志》：腊月“初八日吃腊八粥，先期数日将红枣搥破，泡汤至初八早，加粳米白米核桃仁菱米煮粥，供佛圣前，户牖园树井灶之上各分布之，举家皆吃”。清·孙宝瑄《忘山庐日记》：“用菱枣榛栗等杂物聚而煮之，每岁十二月八日食之，名曰腊八粥。”清人黄云鹄还将“腊八粥”列入其《粥谱》一书。

古代蜀中多地也有腊八节煮粥食粥之习俗。旧时有关书著多散轶，现存记录多见于清代及以后的地方志中。清乾隆时期，四川城乡多地即盛行腊八日煮粥，清乾隆《大邑县志》：腊月八日“为五候腊，煮粥伴以五色果品，名腊八粥，又为涅槃释子此日诵经，号涅槃斋。”清乾隆《雅州府志》：当地“腊月八日，煮粥以五色杂果投其中，名腊八粥。”明末清初，南北多省移民迁入四川，其旧地之习俗自然也会引入新居地，故而形成各地腊八节在煮粥食材与节日活动中的种种差异。例如，清乾隆《遂宁县志》：腊月八日，“煮粥以五色豆，杂菜果投其中，合家食之，名腊八粥，俗传地藏菩萨入地狱救母，和此粥馈于母食，鬼惧不敢夺此。秦俗也，今蜀亦然”。清乾隆《温江县志》：“十二月八日，家造肉腐

腊八节敬香的人群　成都文殊院（2017）

果粒入米粥中，和匀浓淡得宜，谓之腊八粥。馈送亲友或招呼共食，此秦俗也，而温邑多仿行之。”清乾隆《合江县志》：“腊月初八日，作腊酒食、腊八粥，养豆豉，女子穿耳。”清嘉庆《乐山县志》：十二月“五日，以诸谷菽为粥，曰五豆粥；八日煮之，曰腊八粥”。

端着腊八粥的女子　成都（2017）

清嘉庆、道光时期，腊八节成为四川各地普遍的习俗。清嘉庆《华阳县志》：腊月初八，“民间用各色米豆果实合煮之，谓之腊八粥……邑俗亦然”。清嘉庆《洪雅县志》：“腊月朔八日，酿酒作豉，杂米豆为粥，曰腊八粥，丰裕家是日宰猪鸡鹅鸭熏之火，以备年资。”清嘉庆《峨眉县志》：“腊八，酿酒，宰鸡豚牲畜，造豆豉腌醴等物。”从这些记录中，可以看到，腊八节之活动已经有了更多的内容，例如“酿酒，宰鸡豚牲畜，造豆豉腌醴等物”。

至清晚及以后时期，腊八粥有了更多的变化。这个时期，腊八粥所用食材不仅有杂果菜蔬，还会添加鱼肉等，粥也有了咸淡之分。清·孔尚任《节序同风录》：“古用冬至后第三戌为上腊，今定用初八日，俗曰腊八。早食腊粥，合五谷五果为甜粥，五谷五菜为咸粥，皆名腊八粥。”清咸丰《天全州志》：“腊月初八日煮粥，有甜者有淡者，各家亲朋相馈送”；清同治《南溪县志》：腊八粥“以鱼肉菜蔬面黍杂项会煮”；清光绪《增修灌县志》：“十二月八日，人家细切猪肉和豆果杂物及米熬成粥。”清光绪《岳池县志》：“腊月八日，以米杂肉为粥。”清末，腊八节食粥之习俗更加盛行，清光绪《江油县志》：“十二月八日食腊八粥，今俗盛行。”

腊月初八日，佛教寺院往往是最热闹的地方。清嘉庆《汉州志》：“腊月八日，释家作腊八粥供佛，士民各以菜果煮粥食。”清道光《乐至县志》：“十二

腊八节烧香的女子　成都（2017）

月初八日，崇教寺作浴佛会，造五味粥，曰腊八粥，供僧众饷。檀施更设七宝粥，馈送官署，邑城是日，各家亦以杂料煮粥而食。”民国《松潘县志》：“十二月八日，曰腊八会，男妇赴大悲寺拈香，僧以米杂豆麦煮粥饷客。”

腊月初八日煮粥，习俗延传至今，保持传统之家户不在少数，而最盛之处依然是佛教寺院。场面之庞大，与者之众多，成都的文殊院，大概是四川境内举办腊八会事最隆盛的地方。每年腊月初八，一大早文殊院外就排起长队，来者络绎不绝，院内更是人山人海，喧声震耳。其他的一些大小寺院，这一天也是热闹非凡。拈香敬佛，吃粥喝粥，也许正是这样的场景，让更多的人，特别是年轻人，对旧时的腊八节多少有些了解。

烧灯花

“烧灯花”，是巴蜀多地农乡里能看到的一种古传民间医术。

“烧灯花”，又称“打灯火”，其专业称谓应是“烧灸”“灯火灸”或“点灸”，属于中国传统医学中的一种治疗方法，其通常做法是用点燃的药线点灸人体穴位。根据灸的制作材料与形态的不同，以及地域的不同，“烧灸”或“点灸”又有多种名称，例如药线灸、油捻灸、灯草灸等。

用“灸”治病或疗养，古已有之。春秋《黄帝内经·灵枢》：“针所不为，灸之所宜。”东汉《金匮玉函经》载：“凡点灸法，皆取平正身体，不得倾侧。”南宋《扁鹊心书》中云：“人于无病时，常灸关元、气海、命门、中脘，虽未得长生，亦可得百年寿。”

灸条与纸捻　大邑唐场（2021）

艾，一种草本植物，常用来制作烧灸用的柱条或药线，宋《针灸资生经》：“点艾火……麻油点灯，灯上烧艾茎，点灸是也。”明《本草纲目》：“艾灸则通透诸经，而治百种病邪，起沉疴之人为康泰，其功亦大矣。”清光绪《彰明县乡土志》：“土人取艾，揉烂焙干，灸百病最良，名艾火灸。”

巴蜀农乡里“烧灯花”用的药线大致有两种，一种是用多种药物碾成粉搓制出来的、直径约

店家招幌　大邑唐场（2015）

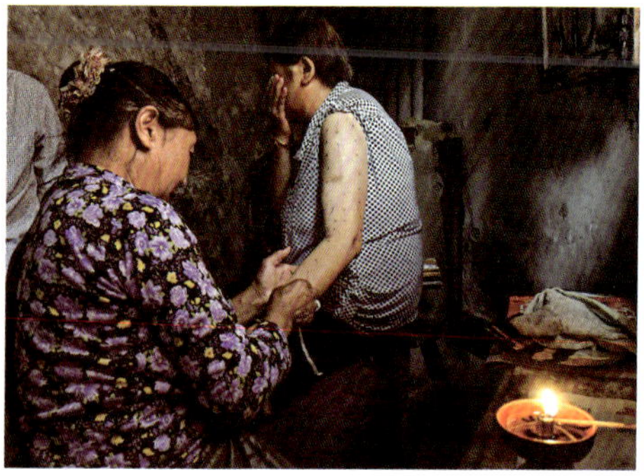

烧灯花　大邑唐场（2015）

烧灼后的印记　大邑唐场（2015）

烧灯花　大邑唐场（2016）

0.8 毫米 –1.0 毫米的线芯；一种是用棉纸裹绞药粉的、直径约 1.0 毫米 –2.0 毫米的线捻。前者易脆断，使用时多是一小段一小段的，若缝衣针般长；后者则可以盘缠成团，使用时可连着或剪成段。其他一些地方还有另外的做法，例如用棉线粘裹药末制成药线，或将棉线浸泡于药液制成药线，也有直接用草本茎叶（艾草、苎麻、灯草等）经药法处理后制作成线芯。

用于制作线芯、线捻的药物有雄黄、火硝、硼砂、樟脑、麝香、沉香、檀香、龙涎香、川芎、白芷等等。药物的种类和配伍，各医家都有其祖传秘方，当然是秘不示人，外人难以得知。

“烧灯花”时，需将这种药芯或药捻的头部点燃（非明火，类似燃香），根据被医治者不同的病情或伤痛，选择其身上适当的穴位，迅速地点灸。点灸时，除了做到取穴准确外，还要掌握好点击和手腕伸缩的速度和力度。点灸会让患者有局部的很强的灼痛感，为此医患双方的配合非常重要。当然，不是每个人都能承受这样的灼痛，特别是小孩子。

燃点线芯或线捻头的火源有两种，一种是另备一支可燃烧的纸火捻，随灭随点；另一种则是油灯。“烧灯花”是一个很形象的词汇，即线芯或线捻燃头接触人体皮肤的瞬间有火花飞溅，同时伴有清脆的“啪、啪”声。技艺熟练的点灸师，在其操作过程中，一定是每点必闻焠声，每点必见火花。所以点灸时，通常要在患者身上遮盖毛巾或帘布，以免飞溅的火花烧坏其衣物或伤及体表其他部位。点灸，会让被点穴位处的皮肤出现点状红晕或黑色焦点，这些红点、黑斑大多不会破裂，几天后成痂自行脱落。极个别人会因为点灸操作或处置不当，以及其他原因造成皮肤溃烂或发炎，严重的会留下疤痕。医患双方对此都应有充分的认识，以避免和减少不测。

“烧灯花”治病的医学机理，应与针灸疗法类似，即通过对人体穴位的刺激，通经活络，引发机体和器官反应，以达到祛病的目的。如今，不仅民间，一些正规医院也会土法施术，用烧灸或灯火灸治病，甚至还有医生和学人发表这方面的文章，介绍治愈案例，以及论证和探究其原委。一些地方，包括一些少数民族地区，已经把“烧灯花”列入当地非物质文化遗产目录。相信，在相当长的时间里，“烧灯花”仍然有其生命力，

烧灯花　崇州元通镇（2017）

至少对于医疗条件不足的地方，不失为一种可选择的传统疗法。

“烧灯花”，据说可以治疗很多种病，甚至疑难杂症。四川盆地潮气重，很多上年纪的人患有风湿疼痛和关节不适，对此“烧灯花”被认为是最有效果的，乡下一些地方就专称这叫“烧风湿”。“烧灯花”还特别适用于急性炎症，如腮腺炎、扁桃体炎、结膜炎等。临床施治中，腮腺炎点灸“角孙”穴；扁桃体炎点灸“少商”穴、“合谷”穴和“风池”穴；结膜炎点灸“太阳”穴、“合谷”穴和“光明”穴。关于用烧灸之法 治疗小儿诸病，古代医书里多有叙述，经年流传，至今农村里仍能时常看到大人带着小孩去“烧灯花”治病的场景。

“烧灯花”，除了治病，人们还相信它还能预防疾病，甚至用于辟邪或祈求平安。例如，有的地方，每到大年三十，老人就要请人在其印堂、左右眼角点灸，用以防治风湿流泪和眼睛痒痛；有的地方，认为农历八月初一是“六神日”，点灸可去百病；有的地方，要在新生儿的鼻尖和肚脐周围的各穴位点灸，以求平安；有的地方，在婴儿满 120 天时给其“烧灯花”，以为祈福辟邪。风俗习惯，各有不同，简单地用迷信概说，显然理据有所不足。

虽然现代医学发达，大小医院到处都是，但能注意到，“烧灯花”之术在巴蜀地区一些乡下仍很兴盛。赶场天里，甚至能见到门庭若市的场面。如此情况，疗效姑且不说，简单易行，随来随治，大概还有一个重要的原因，那就是经济实惠。几个小钱，即能消痛祛病，当然受乡人欢迎。

扯饮食

“扯饮食”，是一个极富地域文化色彩的民间医学词语。单一而具体的指向、形象而准确的描述，观看和领受“扯饮食”的治疗中，很快就能让人心领神会。

在四川方言中，“扯”，表示拉或牵引，也包含有提、拿、捏的意思；饮食，通常是指吃喝，也指吃喝的东西或行为。“扯饮食”中的“饮食”，则是喻指胃肠积食、消化不良。所谓“扯饮食”，就是指通过拿、捏、推、揉、搓、捻、提等手法，对积食腹胀患者进行物理治疗，以达到消食化积、理气通滞的一种治病方法。

“扯饮食”属于中国传统医学中推拿术的范畴。推拿术早在秦汉时期就奠定了医学基础，魏晋至隋唐时期，推拿医术已经发展到广泛和成熟运用的水平。《唐六典》中就记载有，推拿可疗治“八疾”，即“风、寒、暑、湿、饥、饱、劳、逸”。明清时更是形成了小儿推拿医疗体系，如明《小儿推拿秘诀》中就详细地论述了小儿的生理、病理、诊察与原理等，其中就有按、摩、掐、揉、推、运、搓、摇八种推拿方法，并介绍了各法的手法要求及注意事项。

乡下“扯饮食”的施治，不需要任何医疗设备或器具，条凳一根足矣。因此，诊疗场所非常简单，有间空房或有点空地就行，摆上几根凳子即可接待患者，一些诊治场所门外甚至连招牌和幌子都没有。儿童是“扯饮食”的主要对象，不少年幼孩子会被其长辈带领前来。给小孩治疗时，通常是让其父母或长辈怀抱着，施术者单手对小孩的腹部进行按摩推拿，有时也会让小孩趴在父母或长辈的腿上，再对其背部进行揉捏。大一点的孩子和成年人的治疗相对要更简单一些，因为施术者和患者双方可以很好地交流与配合。对这些大一点的孩子或成年人治疗时，先是让其俯趴在条凳上，施术者对其背部进行捏脊推拿，然后，再让患者背靠墙

扯饮食　双流太平镇（2015）

站立，施术者对其腹部进行揉捏和按摩。无需化验检查，也无需打针吃药，“扯饮食”治疗，几分钟就完事，信任之中，施术者和患者双方都很满意。据称，乡下的这种“扯饮食”，对饮食积滞、脘腹胀满等病证的治疗效果良好，常常是手到病除。

赶场天里，“扯饮食”医摊或就医点的生意极好，家长们，主要是女性家长，带着孩子纷至沓来，有时甚至是成群结队，用门庭若市来形容，毫不夸张，其中不少家长是慕名远来。有些小孩大概是经常来光顾，镇定自若，感觉是来享受服务的；有些小孩天真无畏，大方自然，领略着新奇；也有个别小孩，害怕和恐惧，甚至大哭大闹，毕竟，被陌生人揉捏不是每个小孩都愿意的。“扯饮食”的经历，对很多孩子来说可能会是终生难忘的。“扯饮食”疗法的传承和发扬，也许就由他们去决定和完成。

“扯饮食”中的揉捏与按摩，是要讲究章法的，这些章法包括身体部位的选取，指法与手法的运用，揉捏推拿的方向与力度，等等。其实，中国传统医学古

招牌　双流太平镇（2015）

籍古方中，对此多有论述与提要，就小儿疳积、消化不良，以及相关病症的治疗，通过对特定的穴位与经络推拿捏揉来调整阴阳，通理经络，促进气血运行和改善脏腑功能。按照现在的说法就是通过推拿捏揉刺激人体的植物神经干和神经节，达到提高机体免疫功能，整体地调节内脏活动。

小孩身体脆弱，脾胃易伤，娇生惯养下，更是属于疾病易感人群，此外，积食腹胀还容易引发其他疾病，影响小孩正常发育。“扯饮食”，操作简单、疗效显著、无副作用，特别是不用打针吃药，患儿很容易接受。因此，在确定为是疳积不消时，采用“扯饮食”的揉捏方法来治疗和缓解儿童患者的不适，应该还是一个不错的选择。

打扎筒

川西坝子及周边农乡里的“打扎筒”，其实就是众人皆知的“拔罐”。“打扎筒”的叫法，乡土味浓厚，很是地道。扎筒，即竹筒，具体讲就是用竹子做成的一头封闭（带节）一头开口的竹筒。取材方便、制作简单、经济耐用，重要的是施法简便，而且疗效显著，“打扎筒”的疗法能世世代代传承下来，概因于此。

拔罐，属于中医疗法，作为吸拔工具，古人早期使用动物的角，故称“角法”。成书于春秋战国时期的《五十二病方》里，就提及“以小角角之”的治疗方法。隋唐时期，人们发现竹筒质地轻巧、吸附力强，加之能就地取材，于是逐渐采用

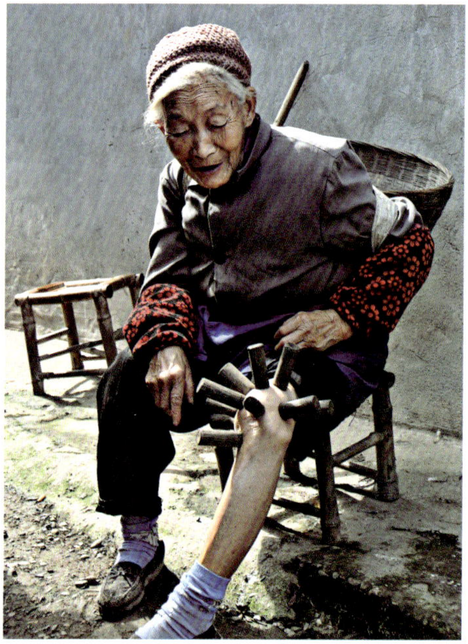

打扎筒　邛崃夹关镇（2012）

炉具与扎筒　邛崃夹关镇（2012）

门店招牌　大邑唐场（2015）

竹筒来代替动物角。这也促进了吸拔疗法的普及与推广。到了宋元时期，竹筒完全替代了兽角，“吸筒”成了正式的称谓，由单纯的水煮竹筒，发展到药水煮竹筒。明代时，煮药筒吸拔法成为中医外科中重要的治疗方法，这在农耕时代可谓是了不起的进步。由于竹筒久置易燥裂漏气，且易糙损变色，清代时，陶土烧制的瓶罐在吸拔疗法中得到运用，除了水罐外，亦开始采用火罐。清《本草纲目拾遗》中记载：“火罐，江右及闽中皆有之，系窑户烧售，小如人大指，腹大两头微狭，使促口以受火气，凡患一切风寒，皆用此罐。”工具的革新和方法的多样，进一步发展了吸拔疗法，拔罐之称也固定了下来。

拔罐的原理其实很简单，即通过排气使筒内或罐内产生负压，从而让其吸附在人体表面。竹筒排气的方法是通过热气流动产生的，煮泡在水里的竹筒被取出后，筒内热气向外蒸腾，这时筒内产生了低于外面的气压，即负压。火罐排气的方法是通过罐内空气燃烧来实现负压的。因此，从煮在水里的竹筒就能判别那是“拔水罐”的场合，而将燃烧物放进罐子里，那则是“拔火罐”的情况。这种煮

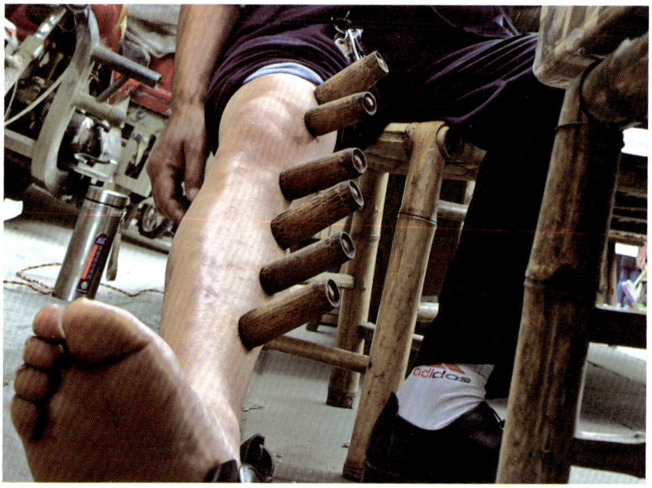

打扎筒　大邑唐场（2015）

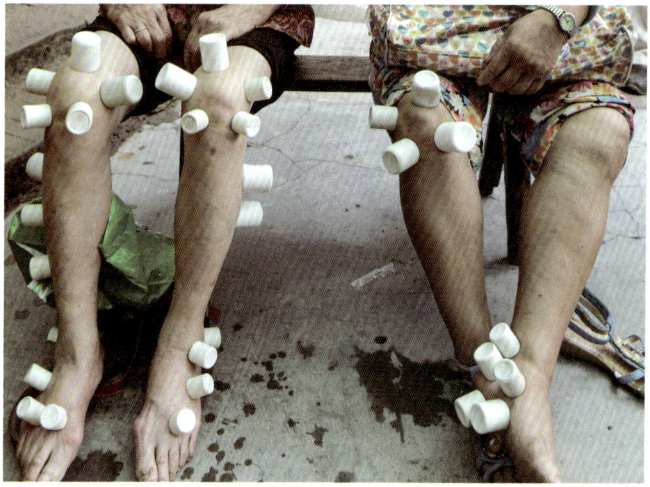

塑料瓶代替竹筒　金堂淮口镇（2014）

泡竹筒之吸拔疗法在川西地区被俗称为“打扎筒”。

“打扎筒”所使用的竹筒，有长有短，有粗有细。唐《外台秘要》中就详细记载了当时竹筒的制作方法：“遂依角法，以竹做小角，留一节长三四寸，孔径四五分。”川西农乡里“打扎筒”用的竹筒，大致依照古法，短的6厘米～7厘米，长的可达10多厘米。一般地，吸筒以慈竹为之削去青，筒内径2厘米～3厘米。人体肩背或肌肤大块的地方，可使用较粗的竹筒；腕指等处，则可使用更细小的竹筒。大型竹筒，可用直径达5厘米～6厘米以上的青竹制成。

内外冷热不一，使得筒罐内外形成压差，即筒罐内产生负压。筒罐负压吸拔作用下，可使人的皮肤毛孔扩开，腺管功能受到刺激，局部血流量增加。压力大时，可使人体局部毛细血管血淤或迅速充血，引发一系列神经内分泌反应。按中医说法，可达到通经活络、行气活血、消肿止痛、祛风散寒等作用。清《本草纲目拾遗》中就对拔罐的疗效有记载：“拔罐可治风寒头痛及眩晕、风痹、腹痛等症。”若是利用药水，还可通过药水的渗透起到局部熏蒸作用，调节皮肤表面和肌肉的微循环。拔罐后轻松舒展，很多人会有此感受。

不知从什么时候，拔罐开始成为人们美容保健的方式。相信很多人都知道，但凡客人进了洗脚店或足浴坊，按摩中总要被问及是否需要拔罐。多数人对此没有兴趣，但总是有人特别喜好。大玻璃瓶子，排列得整整齐齐，扎在客人背部。要不了多久，红红的，甚至是紫紫的，一大片圆圆的“章印”就出现在了那丰腴的后背上。

乡下人不喜欢这样的玻璃瓶子，而是喜欢“打扎筒”，即拔水罐，对他们而言，“打扎筒”是为了治病。他们的选择是有充足理由的。一是方便就医，而且不需要挂号费。在乡下，经常能看到农家屋里屋外，甚至一个狭窄的过道或街沿，就是就医的场所。乡民过往或赶场时，顺便就去了。二是经济实惠，扎一个筒子几角钱而已。“打扎”它几十个也管不了多少“银子”，比去医院便宜不少。三是不用吃药，少了胃肠之苦，更不用担心吃错药。四是继承传统，肯认老祖宗的做法。一传十，十传百，乡里乡亲就相信这个。在笔者看来，“打扎筒”还有一个显著优点，即这些竹筒泡煮在热水里，高温之下，附带有了清洗和消毒的作用。从医疗卫生角度看，这是很重要的。

“打扎筒”不仅是川西坝子农乡里的一道风景，更是一种日渐稀有的传统文化。这种农乡医术也随着时代的发展发生着变化。已经可以看到，一些地方开始大量使用小塑料药瓶代替竹筒，另外还可见到有用广口大玻璃瓶来做吸筒的。小塑料药瓶，体小质轻、密闭性能好，相应吸附能力较强，此外，塑料药瓶不易损坏，相比竹筒更经久耐用。广口大玻璃瓶，体积大，吸附能力超强，适用于体表面积大的地方。至于这种代替会否降低疗效或产生不良作用，还需另做深度分析。

打长牌

长牌，在四川又叫“川牌”，通常叫做“纸牌”，一些地方也称作“戳牌”，传说是由诸葛亮在其治理蜀国期间所发明，无从考究，这种说法大概与蜀地百姓古来崇敬武侯有关。巴蜀各地农乡，包括山区和平原，都很流行打长牌。但凡去乡镇里的大小茶馆，总能看到很多人，多是老人，乐此不疲，玩得是津津有味。

旧式长牌是用浸过桐油的厚牛皮纸剪裁制成；牌上面的色点和图案用土漆描绘，用的时间长了的话，牌面上会有厚厚的包浆，油亮油亮的。现在的长牌则是用薄纸板模板印刷而成。常见的长牌，高约 15 厘米，宽约 3 厘米，牌面上印绘有黑色和红色的椭圆点，牌中间或还会印上图案，也有写着牌号数字的。牌面上的图案因时代和地域的不同而有所差异，例如传统类型的长牌牌面上印有不同的人物，常见的是《三国演义》《水浒传》和《红楼梦》中的人物。

有文字记载，中国最古老的“牌”是唐代兴玩的“叶子格”，又称“叶子戏”。宋《事物纪原》载：“唐末有叶子戏。”这种叶子戏早已失传，但从其玩法规则上看，与后来的“牌九”玩法大致相同。根据出土实物考证，宋代时就流行“牌九”这种骨牌游戏了，因此，“牌九”被认为是地道中国的、最古老且流传至今的“牌”。到了明代，出现一种新牌具，即“马吊牌”。马吊牌，合四十叶纸牌而成。牌分“十字”“万字”“索子”“文钱”四门，牌面上通常画有《水浒传》人物。《明史》：“万历末年，民间好叶子戏，图起宋时山东群盗姓名于牌，至崇祯时尤盛行。”

因画有《水浒传》人物，纸牌还另有“奇效”。清《笑林广记》中辑录了一个“医银入肚”的笑话，云：“一富翁含银子口，误吞入腹，痛甚，延医治之。医曰，不难，先买纸牌一副，烧灰咽之，再用艾丸灸脐，其银自出。翁询其故，

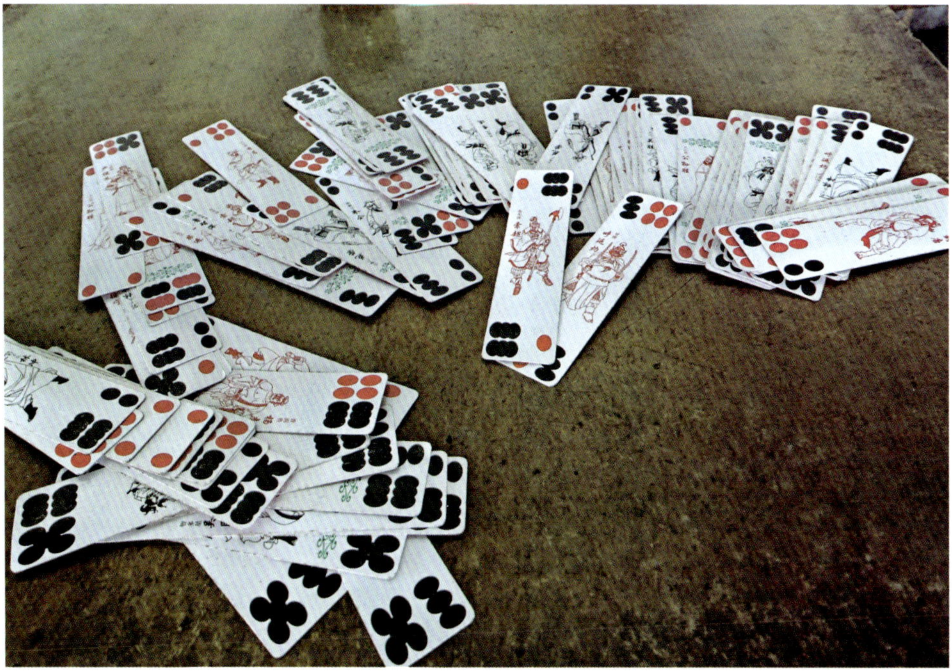

印有水浒人物的长牌　温江踏水（2015）

洗牌　新津宝墩镇（2021）

打牌的老人　青白江清泉镇（2021）

医曰，外面用火烧，里面有强盗打劫，哪怕你的银子不出来。”

纸牌或长牌，以及麻将，应该是在叶子牌基础上发展和演变而来的。清《叶戏原起》载：“唐同昌公主会常氏族于广化里，韦氏诸家好为叶子戏。南唐李后主妃周氏编金叶子格，此戏自唐咸通以来有之，即今之纸牌。”清《通俗编》：“按俚俗有以纸牌为戏，号曰马吊者，或云即唐叶子之遗。”从牌面点数设计及叫法上，也能看到这种关系。清初，绘有《水浒传》人物的合120张的长牌出现，主要流行于南方和北方。四川一地则是在稍晚的时候才逐渐出现和流行。这应该也是移民文化传承与融合的结果。

关于巴蜀地区的“叶子戏”玩法，民国《新修合川县志》中记载：“叶子戏，四人成局，以七红为大，有规则。长夏无事借此以驱睡魔。叶子一百零五张，二十一门，内七门红牌，每门五张，各轮起二十张，庄家再起一张为亮底……”

桥字牌

四川乐山五通桥一带，清中期时就流行一种在当地被称为“桥字牌”的长牌。据传最初是用竹片做牌，桥滩盐工喜欢用其来游戏和赌博，后就以“桥”字冠名取名为“桥字牌”。“桥字牌”的特点是牌面上的数字使用很夸张的肥胖的字体，规则比较复杂。由于牌点二、七、十可以组成特殊顺子，当地习称这种长牌为“贰柒拾”。直到今天，乐山，包括现在的眉山一带，仍然流行玩这种长牌。当地已经将“桥字牌”申报为非物质文化

打牌的老人　青神瑞峰镇（2015）

打长牌　大竹杨家镇（2016）

遗产。四川地区还有一种长牌，叫“大贰字牌”，这种长牌的两端印有“一、二、三……十”“壹、贰、叁……拾”，每种各4张共80张。很显然，长牌在几百年的发展中，在不同的地方派生出了不同的种类和玩法。

清晚民国时期，长牌在湖南、湖北、四川、江苏、浙江，以及滇桂一带等多地相当的流行。例如湖南民歌中有：“四月荞麦花儿开，四个姑娘打字牌。”云南谚语中有：“吃酒、沽钱、打字牌。”四川谚语中有：“不吃烟，不打牌，银子滚滚来”“癞儿癞，爱打牌，半夜三更不回来”等等。当然，地域不同，不仅玩法不一样，长牌的张数也不尽相同。有一百多张的，也有八九十张的，四川地区的长牌主要有三种，一种是84张，一种是80张，而川西坝子里的很多地方则是玩68张的。仔细辨去，这些不同张数的长牌，其主要牌张大同小异，增加的多是一些“花牌（财神）”或“听用”。成都、乐山、宜宾等地流行的“六红牌”，较为特别。“六红牌”有一到九的序数牌，花色有“拾”“贯”“索”“钱”四门，共36张。其实这种长牌的历史较为古老，应与岭南一带旧时的“六胡牌”，即客家人的“叶子戏”有渊源关系。四川一些客家人聚集的地区，流行的“猫公牌”，即源于这种叶子戏。猫公牌，花色复杂，图样怪异，颇具地方特色。

四川长牌中，牌点颜色有全黑、全红和黑红相间三种，牌张的名字或叫法是根据牌面的点数和结构来确定的，不过，不同地方叫法上的差别还是明显的。例如，“三五”就是由三个黑点和五个黑点组成的牌，类似地还有幺四、平八、四六、长三、长二、三四、二五、幺六等等；“六六”由红黑相间的各六个点子组成，在长牌中点子最多，称为“天牌”；全红的二点，在长牌中点子最小，称为“地

图案古朴夸张的长牌　隆昌渔箭镇（2018）

牌”；全红的八点，被称为“人牌”。一些牌面的点子会构成特定的图案，因此，这些牌张被冠以特别的名字，例如，全黑的“五五”，形状像梅花，被叫做“梅子”；一红二黑的“一二”，丁字布局，被叫做“丁丁”；全黑的“二二”，叫“长二”，也叫“板凳”，等等。

四川长牌的玩法或规则，也是多种多样，有着很强的地域特征。归纳一下，大概有这样几种。一是比大小，即通过大牌压小牌的方式，先出完牌者为胜；二是摆大牌，即先摆出足够数量的大牌者为胜；三是凑点数（四川话“逗点数”），即先凑够一定点数者为胜；四是玩组合，俗称“配搭子”，即类似竞技麻将一样，牌张形成一定的组合为胜（胡牌）。不同的规则下，玩牌的技术含量或难度也是不一样的。值得一提的是，长牌的玩法与规则也是“与时俱进”的，制定的原则既有技术层面的考虑，也有效率层面的考虑。牌友们聚在一起，除了消磨时间外，兴趣所在来自或多或少的经济刺激，即所谓的小赌怡情。

打长牌　夹江木城镇（2017）

打长牌　邛崃夹关镇（2012）

乡镇茶馆里，老年人居多，打长牌是其常见的娱乐形式。喝着茶，抽着烟，几个回合下来，时间飞驰而过，哪还记得什么烦扰忧愁。对于他们来说，寻找晚年余生之快乐，就在摸牌出牌之间，输赢一点小钱，当可忽略不计。牌友们，或邀约凑对，或随机组合，联络了感情，消除了孤独，挺好。即便是旁观小坐的茶客，也会随着牌友们的喜怒笑骂，多了一点开心和欢愉。

乡村里打长牌，常常能看到牌桌上摆着各种各样的“等价交换”物。这是一个很有趣的现象。乡亲们玩牌，不是直接用钱来支付，而是用另外的牌，如扑克牌，或麻将牌来到充当“赌资”，更有意思的则是用均匀的小石子、小瓷片、玉米粒、豆子等物品来作替代品，或者混合使用，不同物品代表不同的“价值”。只要定下规则，一切都顺理成章。

长牌，蕴含着浓郁的历史文化气息。健康地玩乐，既可体现玩者的睿智，放松身心，也有助于文化的传承。一些地方将长牌作为非物质文化遗产进行保护，组织开展群众性的赛事，应该还是有积极意义的。

剃胎毛

“剃胎毛”，也称“剃胎发”，是四川境内地域分布很广的一种民间习俗。

“剃”，古同“鬀”，《说文解字》解释为：“鬀，剃发也。大人曰髡[kūn]，小儿曰鬀，尽及身毛曰鬄[tì]。”“剃”字带立刀旁，过去的“剃”，其实就是用剃刀“刮”。所谓胎毛，即先天长就从未剃刮过的体毛，通常指婴幼儿从未剃刮过的头发，也叫胎发。因此，民间所说的剃胎毛，就是婴幼儿的第一次剃头。胎毛很柔软，不同孩子的胎毛其疏密程度有所不同。按照老人或传统的说法，胎毛要择时剃刮干净，婴幼儿长大后的头发就会又硬又黑又亮。有些地方甚至还要在给婴幼儿剃发的同时，将其眉毛一并剃掉，认为这样的话，长大后其眉毛就会又黑又密又漂亮。

旧时一些文献中有“剃胎发”的相关记录。如清《简庄疏记》载：“唐朝宫中，常于学士院取‘眠儿歌’者，即‘剃胎发’文也，剃乃鬀之俗字。今小儿初生一月，使镊工鬀胎头，必曼声歌之。”

剃胎发，如今在城里已很少见，然而，适俗随时，农乡里却一直很盛行，不过，各地对剃胎发的讲究有所不同。

剃胎发，首先是要选择吉日，或合适的日子。清《忘山庐日记》：“择是日，剃胎发。”吉日，即吉利的日子，具体说来就是古人根据天象地理变化规律总结出的适于嫁娶、出行、动土等行为的日子。《诗·小雅》中记录有：“吉日维戊，既伯既祷。”一些古书里记载得很详细，如民间广为流传的《玉匣记》中记载有：“初三欢喜，初四富贵，初七大吉，初八长命，初九吉祥，初十职禄，十一聪明，十三大吉，十四得财，十五大吉，十六益利，十九吉庆，二十二吉祥，二十三大吉，二十五财富，二十六祥瑞，二十九吉祥”，各种黄历上记载的更多更细致。

剃胎毛　简阳石桥镇（2016）

按照这样的一些说法，人们通常会在孩子满月或满月的前几天里选择吉日给其剃胎发，这叫剃“满月头”。有的地方，是在孩子满百日或周岁时给其剃胎毛；另有一些地方，男孩子与女孩子的剃胎毛在日子的选择上是有所区别的，例如逢双逢单。不仅百姓有这样一些讲究，旧时皇家也有相应的规矩。清《全史宫词》载：“凡诞生皇子女，弥月剪胎发，百日命名。”

按照旧的说法，正月里不能剃头或剃胎发，这样的习俗在很多地方至今保留。农历二月二，俗称“龙抬头”，很多家长要等到这一天才给孩子剃胎发，即所谓“剃龙头”，认为这样的话，孩子鸿运当头、福星高照，一生大富大贵。因此，剃胎发在一些地方也称“剃喜头”。每年二月二这一天，乡村里的剃头店的生意都会比平时好很多。口碑载道，一些经验丰富、手艺精良的剃头师傅，更是吸引着远近来人。

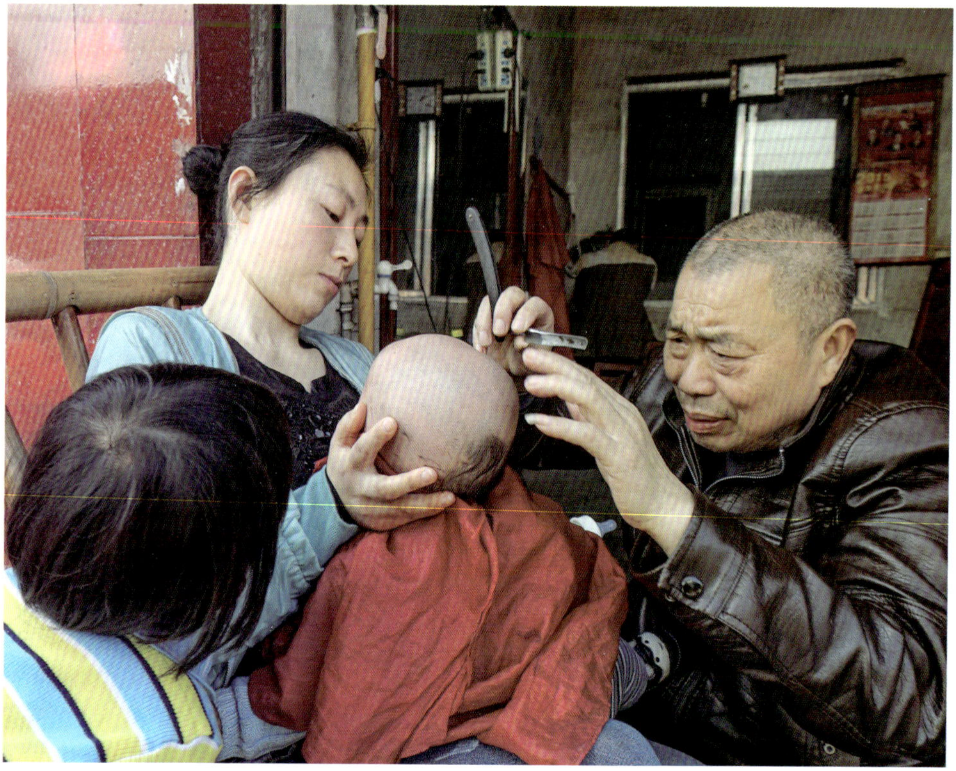

剃胎毛　邛崃道佐镇（2015）

有的地方在给孩子剃胎发时，还会举行一些仪式，用石子、铜钱、大葱等来喻指一些吉利，例如，“石”，代表结实，十全十美；“葱”与“聪”谐音，暗喻孩子长大后聪慧伶俐。有的地方在剃完胎发后，会用一些草药或植物油涂抹在小孩的头皮上，以让小孩避风寒或增加抵抗力；也有的是为了去除婴孩头上的乳痂。更特别的是，有些地方要在产房里给婴孩剃胎发，举行这样的仪式标志着彻底去除晦气，完后产妇方可出门走动。还有一些地方有这样的规矩，即剃了胎发的孩子，方可以随着大人参加拜神祭祖等活动。

剃胎发，往往不是一件容易的事情。主要有两方面的原因，一是剃头师傅的手艺；另则是孩子的配合。过去的剃头匠，熟练用刀是基本功。此外，给小孩剃头和给成年人剃头有很大区别。小孩子头皮又薄又嫩，用刀剃刮时要轻快，否则会伤及头皮。如今，能熟练地给小孩子剃头绝技的师傅已不多见了。大概是出于保护自己的本能，小孩子不愿陌生人在其头上弄来弄去，那比划着的剃刀也是挺吓人的，加上孩子天性好动，剃胎发确实有一定难度和风险。总能看到这样的剃胎发的场面——孩子大声地哭闹着，挣扎或抵抗着。一般地，给不足周岁或更小的孩子剃头要容易一些，小孩在大人的哄逗中，不惊不诧，或者在睡眠中，甚至就在哺乳中，剃头一事就快速地完成了。

现在也有一些年轻父母，循故袭常，在老人的指导下自己动手给孩子剃胎发，当然，多用的是现代理发工具，包括儿童专用的电剃刀。给小孩剃胎发时，全家总动员，抱的抱，哄的哄，还有摄像机和照相机全程拍摄，好个热闹。有的家长将孩子头发疏软归于剃头少了，更是经常地给孩子剃光头。更有前卫的父母，孩子的光头上还要弄点小造型，或留一撮毛于前额，或束一小辫在后脑。

胎发，不是可以随便丢弃的。过去人们会将胎发用红布包裹，送到庙子里求神仙保佑。也有人会将其做成小香包，放置在家中的箱子里或柜子上，祈福全家平安。如今，有了新花样，即用胎发做成毛笔或其他的工艺品。将这类工艺品挂在墙壁上或床架上，或搁置在桌案上，留作一个长久的纪念。实际上，关于用胎发做笔，古已有之。宋《广川书跋》中记载："子云作笔而心用胎发，故得纤细。"

农历二月二，也叫龙头节、春龙节，旧时人们认为在初春的这一天里剃头理发，瑞气阳升，大吉大利。积习成俗，直到现在仍有不少人会选择春来复苏的二月二这一天去理发，以图一个好兆头。看来，二月二剃胎发和理发的风俗大概还会在相当长的时间里留传。

装银匠

装银匠，也称装人匠。《辞海》和《辞源》等辞书中没有“装银匠”或“装人匠”的词条与源考，但古代文献中多有提及“人匠”，如元《金史》中记载：“招取铁木金火等人匠充砲手，管领出征。”再如，清《律例指南》中记载：“杂匠，谓百工技艺各色人匠。”显然，所述之人匠，为泛指有某种技艺的匠人。装银匠，为地域性明显的民间称谓，在四川一些地方，特指专门从事扎彩或纸扎手艺的匠人。这类匠人，在不同地方，还有很多其他的称呼，例如，纸火匠、纸糊匠、纸扎匠、扎纸匠、扎彩匠、裱糊匠等。装银匠，集多种技能于一身，如剪纸、扎制、裱糊、木雕、泥塑、草编、裁缝、绘画等，有的还兼做堪舆、道场等。一

装银匠　合江尧坝镇（2015）

纸糊房子　崇州元通镇（2016）

纸糊牌坊　资中甘露镇（2016）

些装银匠做出来的作品，其工艺水平极高，将其归类于民间艺人，甚至于工艺大师，毫不夸张或言过。

纸扎或纸札的叫法有很久的历史。《元曲选》中记载有：“今日是俺哥哥的头七，请了几个和尚，买了些纸札，与哥哥看经。”《红楼梦》中记载有：“这八个人单管各处油灯、蜡烛、纸扎。”纸扎各类器物，在古时各种祀礼或民俗活动中被广泛使用。清王棠《知新录》：“唐玄宗渎于鬼神，王玙以楮为币，今俗用纸马以祀鬼神。”清末民初《清稗类钞》：“立春日打春……纸牛，则依钦天监所颁，以五色纸扎成，空其中实以五谷，即翼日各官所鞭打者也。”清《帝京岁时纪胜》：“中元祭扫尤胜……锦纸扎糊法船，长至七八十尺者，临池焚化，点燃河灯，谓以慈航普渡。”清同治《南溪县志》：九月九日，“道家以此日为天官赐福之辰，城乡皆以纸糊竹龙竹马及鱼虾狮象，燃烛其中”。

纸扎，是一门将剪纸、扎制、贴糊、裁缝、编织、木刻、泥塑、彩绘等技艺融为一体的民间艺术。但由于在民间多是制作丧葬用品（冥品）和祭祀用品，以及其他手工装饰品，装银匠之手艺常被看作是雕虫小技，甚至被认为是旁门左道，很少被人尊敬和推崇。其实，装银匠之职业应属人类社会最古老的职业。阅古观今，五花八门的行当中，必见其一。丧葬自不必说，可以猜想到的是，自从人类有了祭祀和庆礼等活动后，就有了这种“纸扎”用品的需求，装银匠之类的艺人和劳工就在其中发挥着不可或缺的作用。至于后来的各种官家规制或民事活动中，他们就更应是大显身手了。只是在相当长的时间里，由于商业和手工业的不发达，劳作分工不明确，没有形成专门的纸扎行业。

骨架制作　崇州元通镇（2017）

纸衣制作　新津永兴镇（2021）

纸糊刀马人　大邑新场镇（2013）

20世纪末，西安汉景帝阳陵发掘中，出土大量彩绘陶俑，以及木车马等陪葬物品。1973年，新疆吐鲁番阿斯塔那唐代古墓群发掘中，出土了用细木杆扎成的彩绘纸棺，即旧时的纸扎实物。出土的这些物品显然应是由专人，即当时的装银匠，制作出来的。到了宋元时代，开始有了专业的纸扎人匠和纸火行业，一些城市或人口聚集较多的地方，出现了纸火铺或扎彩店。北宋画家张择端的《清明上河图》中就可看见两处纸火铺。宋时称纸扎为“装銮作”“打纸作”“冥器作”。明代时，将纸扎经营场所称为“纸马铺”“纸马香铺”，纸扎行当进一步专业化。到了清代，纸扎行业兴盛空前，装银匠或纸扎匠的手艺更加精湛，作品内容和服务类别也大为扩充。于城于乡，纸马店铺处处可见，例如，清光绪《广安州新志》载：“东门街有官盐茶店，有杂货，有纸马，有食店。”

纸扎品通常是用纸并结合其他的一些辅助材料，如竹木、丝绢、棉麻、油漆等做出来的传统手工艺品。民国《苍溪县志》：“狮灯，以篾与彩纸糊为狮首，布缕为身尾。”民国《新修合川县志》：“彩龙，饰以布帛，施以五彩，头角鳞甲，宛然如活。”制作这些纸扎物品的主要工序包括：用竹木形成骨架，外用纸或

木人上彩　大邑唐场（2014）

布裱糊，再用油彩点画，或贴金装饰。其他泥塑、木雕等物品的制作，工艺自然更是多种多样。

纸扎工艺品可以分为三类，一类用于丧仪；一类用于祭礼；一类用于其他庆典或游乐场合。细分之，有人神类，如金童玉女、才子佳人、帝王将相、神佛仙圣等；动物类，如龙凤麒麟、狮虎象鹿、猪牛马羊、鸡鸭鱼蟹等；植物类，有花草树木、稻稷菽麦等；用具及构件类，如盆篮笼格、桌椅箱柜、笛箫琴筝、亭塔坊阁等。还有一些杂类，如绣球、旗幡、彩灯、宝瓶、花轿，等等。各物各品，具象和借喻地表达着不同的意思，传递出浓厚的传统文化内涵。装银匠中不乏高人能手，技艺精湛，其作品或细腻传真、栩栩如生，或简练大方、粗犷质朴，具有很高的文化价值和艺术欣赏价值。

传统的节日庆典文化，对纸扎艺术的传承与发展有着重大的影响。各种灯会，可以说就是纸扎艺术的一场展演会。隋唐时期“上元燃灯”活动中的设山棚、搭彩楼、造灯笼等，应该就是当时的专业纸扎匠人的工作。《旧唐书》中记载当时的灯会：“燃灯百千炬，三日三夜。”隆盛壮观的灯会，必定有很多纸扎匠人繁忙其中。唐代时，纸扎匠人的手艺已是非常高精，唐·佚名《广德神异录》记载：灯会中“张临光宴，白露转花，黄龙吐水，金凫银燕，浮光洞、攒星阁，皆灯也”。宋代，科学技术有了很大进步，其时灯品之精美，更上一层楼。宋末元初《武林旧事》中记录杭州灯市“百艺群工，竞呈奇技”。毫无疑问，与时俱进，纸扎匠人需要掌握更多的技能。元明清时期，灯会普及城乡，纸扎匠人也相应增多。至于现代的各种灯会，已经有了专门的企业进行经营。如盛名在外的自贡灯会，就有数家企业参与其中，企业中专门生产制作灯饰的技术工人，应就是现代的“纸扎”艺人，或装银匠。

明末清初，湖广、江西、福建、广东、广西、浙江、江苏、贵州、陕西等多省地移民先后迁至四川，移民原居地的文化也随之引入。五方杂处，异风殊俗，移民的到来对四川一地纸扎文化的形成与发展有着很大的影响。纵观四川各地不同的纸扎艺术品类和风格，就能或多或少地探知和了解当地的移民历史和移民文化。

纸扎，作为一种民间手艺，也形成了一些地方的特色产业。如民国《崇宁县志》载：“纸扎，邑人工于纸扎，凡纸造人物花草，以崇为最。”

曾经一段时间里，装银匠及其生意受到重创，很多匠人从此改行，或不再敢大张旗鼓，城市里则更是几近绝迹。20 世纪 80 年代后，神灵祭祀与民间信仰不再被绝对地视为异端邪说，传统之民风民俗被重新评价与认可，加之生活水平的提升，市场需求增势显现，其业又渐露繁荣。随着社会经济与科学技术的发展，以及材料、工艺和手段的更新，装银匠人的作品及其表现形式有了变化和创新。值得注意的是，一些现代物品，诸如电器设备、汽车、轮船、别墅、楼房，甚至飞机、火箭等，逐渐成了主要的题材。相反，一些传统民俗文化作品逐渐消失，古旧的传统手艺也因此后继乏人。褒贬之外，一些文化人对纸扎艺术给予了不同程度的关注，一些地方政府或文化部门也开始收集、整理和申报，将当地的纸扎手艺列入非物质文化遗产。

传统手工艺匠人，如铁匠、木匠、石匠等，正在慢慢地淡出人们的视线，而装银匠却在农乡里兴久不衰，其中一个重要的原因就是文化的传继和信仰的留存。可以说，装银匠，实为生存在民间的“活化石”。文化观念根植于民众的灵魂深

木制彩绘童子　大邑唐场（2015）

处，风俗活动则是满足民众信仰心理及精神需要的一种形式。在很多地方，特别是农村，可以看到传统文化的根深蒂固，也可以看到由此带给很多人的愉悦感和满足感。

纸作或纸糊艺术，可以说是中国民间独特的传统艺术，源远流长。不同地域、不同民族，作品种类多样，艺术语言独特，创造力和想象力丰富，充分表达着当地民众的审美情趣和美好理想。这种源于自然和生活的艺术，一定会在相当长的时间里受人喜爱和欣赏。

豆花

四川各地，在各色佳肴美味中，乡土风味最为浓厚且最为亲民的，大概就是豆花了。

豆花，即豆腐的半成品。因其以豆制成，白净嫩滑，形若花状，故名豆花。“豆花”之称谓，以川黔两地为多，文字记载出现较晚。清嘉庆《四川通志》：“蜀中市肆，以未成之豆腐杂生菜煮之，谓之豆花。”清光绪《广安州新志》：“以水渍黄豆磨屑，细布漉其渣，取精汁入釜，火沸时……以石膏清点，曰豆花。”清末民初《清稗类钞》：“黔中制腐，曰菜豆花而并不见菜豆，其味极妙，黔人喜以秦椒炒盐拌食之，味辛而爽口，然淡食更有至味。”清道光《思南府续志》中辑录时人诗句：“豆花清冽豆浆甜，鍊雪团霜水细添。略糁秦椒红似火，板桥人迹聚茅檐。”

豆腐，系豆花压榨而成。民国《新修合川县志》：“磨豆作乳为豆花……豆花榨干之为豆腐。”豆花与豆腐，相伴而生。关于豆腐的起源，南朝梁·谢绰《宋拾遗》：“豆腐之术，三代前后未闻，此物至汉淮南王安始传其术于世。”后人沿用此说法。明·李时珍《本草纲目》：“豆腐之法，始于汉淮南王刘安。”淮南王刘安，汉高祖刘邦之孙，欲成仙得道而于淮南八公山上烧药炼丹，弄术之中偶成豆腐。

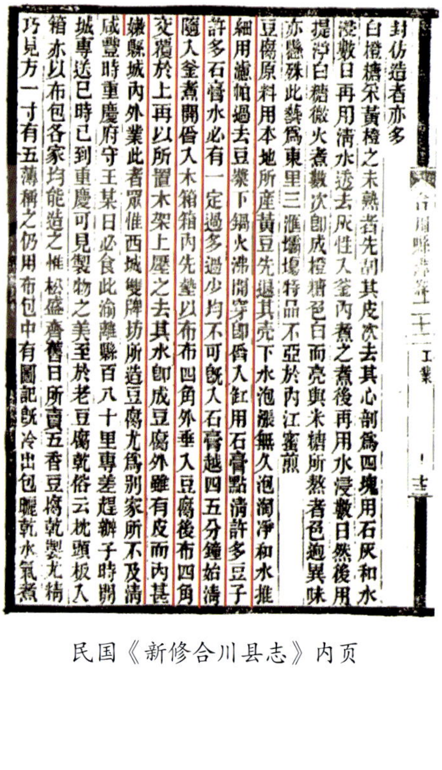
封仿造者亦多
白橙糖采黃橙之未熟者先刮其皮次去其心剖爲四塊用石灰和水浸數日再用清水透去灰性入釜內煮之煮後再用水浸數日然後用提淨白糖微火煮數次卽成橙糖色白而亮與米糖所熬者色廻異味亦懸殊此𥻗爲東里三滙壩塢特品不亞於內江蜜煎
豆腐原料用本地所產黃豆先退其殼下水泡漲無久泡淘淨和水推細用濾帕過去豆襍下鍋火沸開穿卽舀入缸用石膏點清許多豆子許多石膏水必有一定過多過少均不可旣入石膏越四五分鐘始淸隨入釜煮開舀入木箱箱內先墊以布布四角外垂入豆腐後布四角交覆於上再以所置木架上壓之去其水卽成豆腐外雖有皮而內甚嫩縣城內外業此者眾惟西城雙牌坊所造豆腐尤爲別家所不及清咸豐時重慶府守王某日必食此渝離縣百八十里專差趕辦子時開城專送巳時已到重慶可見製物之美至於老豆腐乾俗云枕頭板入箱亦以布包各家均能造之惟松盛齋舊日所賣五香豆腐乾製尤精巧見方一寸有五薄稱之仍用布包中有圖記旣冷出包曬乾水氣煮

民国《新修合川县志》内页

当然，这仅仅是传说而已。清·梁章钜《归田琐记》："豆腐，古谓之菽乳，相传为淮南王刘安所造，亦莫得其详。"

五代·陶谷《清异录》：青阳县丞，"洁己勤民，肉食不给，日市豆腐数个"。陶谷，历仕后晋、后汉、后周，宋时又先后任礼部尚书和刑部尚书，所著《清异录》中辑录和考证了隋唐五代及宋初的众多风土。根据该书记载，唐及五代时，豆腐已成为可买卖食品，其时普遍生产应有可能。宋代时，关于"豆腐"的记载多了起来。宋·寇宗奭《本草衍义》："生大豆……又可硙为腐，食之。"宋·陈达叟《蔬食谱》："豆腐，条切淡煮，蘸以五味。"宋·苏轼《物类相感志》："豆油煎豆腐，有味。"

早期的豆腐，名称多样，如上面提到的"菽乳"。豆腐还被称作"黎祁""来其"。《清稗类钞》："豆腐，相传为淮南王刘安所造，名曰黎祁，一曰来其。"宋代时，蜀人即称豆腐为黎祁。宋·陆游《邻曲》诗中有："拭盘堆连展，洗釜煮黎祁。"陆游自注：黎祁，"蜀人以名豆腐"。元明及以后，豆腐成为家常食作，遍及南北城乡各地。清·梁章钜《归田琐记》："豆腐，今四海九州，至边外绝域，无不有此。"民国《雅安县志》：豆腐，"晨夕以佐饔飧，比户皆然"。

豆花，亦称"豆腐花"，或"腐花"。清·汪瑔《随山馆稿》："菽乳之甫结者，曰豆腐花。"清·钱维乔《竹初诗文钞》："俗以腐之嫩者为腐花。"根据旧志记载来看，川黔以外的大多地方将豆花称作"豆腐花""豆腐脑"。清同治《湖州府志》："豆腐，稍嫩者曰水豆腐，尤嫩者曰豆腐花。"清光绪《武昌县志》："豆腐嫩者，为豆腐脑，以布夹之旋压干者为豆腐。"也有一些地方将豆花称作"豆乳"或其他名字，例如，民国《确山县志》："豆乳，制豆腐未成时取其嫩者为乳。"

豆花及豆腐，以黄豆制成，除丰富的蛋白质以外，还含有多种微量元素，被认为是肉类的最好的替代物，古来受人欢迎。清代诗人林兰痴《咏豆腐》："莫将腐乳等闲尝，一片冰心六月凉。不曰坚乎惟曰白，胜他什锦佑羹汤。"豆花与豆腐，也是素餐中的上佳菜品，尤为修身养性者所钟爱。明代诗人苏平《豆腐诗》中写道："传得淮南术最佳，皮肤褪尽见精华。一轮磨上流琼液，百沸汤中滚雪花。瓦缶浸来蟾有影，金刀剖破玉无瑕。个中滋味谁知得，多在僧家与道家。"

手工精制出的豆花，为乡村食作中的佳肴，可与肉比。清同治《郫县志》载：“凡插秧者，必终日恒饮方能入水，或五酒或四酒，食必以肉，或以豆花，田家风味如见。”

酸碱盐类物质与豆浆发生化学反应，豆浆胶体与水分离而产生聚集沉淀，即形成豆花。一些天然的酸碱盐类物，被选用来制作豆花或豆腐，其中用的最多的就是盐卤与石膏。盐卤，俗称卤水，为井盐煮晒中析出的一种物质，亦称胆水、盐胆水。清光绪《叙州府志》：“盐卤曰胆水。”民国《简阳县志》：“卤水曰胆。”明《本草纲目》：“盐胆水，释名卤水，味苦不堪食，今人用此水收豆腐。”盐卤经浓缩后形成的白色晶状物，俗称“胆巴”，川南农乡中一些食杂铺里常有出售。盐卤也称“碱水”，清《彰明（今江油）县乡土志》：“碱水出丰谷，与盐同，土人市之以点豆腐。”石膏，为一种天然矿物，点豆腐用的石膏为熟石膏。民国《潼南县志》：“石膏产县属大岩洞、坛罐窑等处，用点豆腐，或调和漆内均佳。”天然的岩盐，也可用来点制豆花。民国《雅安县志》：“浸豆磨浆，岩盐点之成乳，曰豆花。”一些地方，则习惯使用酸菜汤汁来点豆花。例如川北的广元、旺苍、南江等地。

担担豆花　成都市区（2021）

关于豆花或豆腐的造法，《本草纲目》中有较详细的记载：黄豆，“水浸硙碎，滤去滓，煎成，以盐卤汁或山矾叶或酸浆醋淀就釜收之。又有入缸内，以石膏末收者。大抵得咸苦酸辛之物，皆可收敛尔”。添加物的不同，以及水质的不同，豆花或豆腐的质感与口感也有所不同。此外，火候的掌握与清点的时机，也多少带来影响。诸多差异，因而形成了各地甚或各家豆花与豆腐的特色。例如，清道光《中江县新志》中记载：“豆腐，用西门外桥亭子两处码头汲取凯水，煅石膏冲和成乳，白滑鲜嫩，色味俱胜，迥非他处可及。”民国《新修合川县志》中记载：“县城内外业此者众，惟西城双牌坊所造豆腐尤为别家所不及。”卤水点出的豆花与石膏点出的豆花，有着些微区别，即前者含水量低，后者含水量高。

石膏　双流永安镇（2021）

酸菜水点出的豆花，则含水量更低。含水量不同，豆花的色形、滋味等，自然也有差别。或筋韧，或细滑，至于哪种豆花更加适口，只能说是各有所爱。

卤水或胆水点制的豆花，川南的“富顺豆花”是为代表。“滑嫩绵白”的豆花，加之“麻辣鲜香”的蘸水，富顺豆花享誉天下。其实，地方特色突出的豆花，遍及四川各地，城乡各处以豆花为名头的饭馆食店更是多不胜数。旧时的一些地方志中，记载有当地豆花食店开设的情况，例如，民国《新修合川县志》中记载：“路东有大巷子，出河通道也，有水食店数家，并以豆花知名。……便菜小馆专卖豆花，各有名。”

四川各地豆花的吃法很多，常见的是配蘸水，或称蘸碟。蘸水以豆瓣酱为主料，加上些许酱油、葱花、味精等制作而成；复杂一点的蘸水，则是将辣椒与其他多味香料舂碎，再兑入辣酱等物制作而成。当然，各有“独家秘方”。将拌料浇盖在豆花上，为另一种吃法，拌料多为麻辣滋味，再配上酥脆的黄豆、花生或馓子，以及榨菜、大头菜、葱花等，也可添加其他辅料做成甜品。这种吃法的豆花，典型的如走街串巷的“担担豆花”。再就是将豆花放入其他荤素菜肴中，即

豆花　新津太平场（2021）

豆花　成华龙潭寺（2021）

豆花　新津永兴场（2021）

豆花饭　成华龙潭寺（2021）

将豆花作为一种配料或点缀，诸如“荤豆花”“豆花鱼”“酥肉豆花”“蟹黄豆花”等。此外，一些地方惯常将豆花与菜叶合煮着吃，取其名为“菜豆花”。

川北广元一带的豆花吃法，别具一格。当地的酸菜豆花饭和酸菜豆花面，可谓是原汁原味的山乡美食。酸菜原料以油菜、青菜为主，其他多种时令蔬菜也可采用，将新鲜菜叶清洗、焯水后放入瓮坛中发酵沤酸即成酸菜。当地的豆花，用连汤带水的酸菜点制而成，俗称“酸菜豆花”。酸菜豆花饭，也叫酸菜豆花米珍饭，即将大米、玉米糁等放入豆花水中煮熟的稀饭。酸菜豆花面，则是将手擀面放入豆花水中煮熟而成的面食。类似的，当地还有酸菜豆花面鱼儿、酸菜豆花面疙瘩等特色小吃。

米饭配豆花，俗称“豆花饭”，流行于川西、川南等多地。这种源于农乡田家的“豆花饭”，也是很多饭馆的招牌美食，用价廉味美形容之，应恰如其分。包含有泡、磨、煮、点等多道程序，制作豆花其实并不比摆弄一些大菜简单。醒目地在门铺前放置一盛有豆花的大铁锅，为很多风味小饭馆的标准配置。一碗豆花，配一碟蘸水，米饭随添，几元钱就能让人吃饱肚子。饭后一碗“告水（注：方言，指点出豆花后的豆浆水）”更能将满意度提升至最高。豆花饭之广受欢迎，正如清光绪《广安州新志》所云：“山家野店，贫富皆便。”

往古来今，豆花的制成一直保持着传统的做法。可以说，豆花为历史悠久且地道的大众食品。对于川人而言，豆花还表达着一种家乡思念或田园归梦的情感。那正是：吃遍山珍海味，痴情一碗豆花。

九斗碗

行走在乡村，偶能见到农家院中或院外那热闹的筵席场面。

筵席，是一个很古老的词汇。就字义而言，“筵”和“席”都是竹编的坐垫，汉·郑玄《周礼注》：“筵亦席也。铺陈曰筵，藉之曰席。”即铺在底层的叫“筵”，筵上面的称“席”。成语“席地而坐”，就是铺席于地以为坐的意思。“肆筵设席”，古人坐在筵席上饮食，后来“筵席”二字就有了饮膳、馔食的含义。再后来，筵席则用来指正规、隆重的酒席了。需要指出的是，“筵席”与“宴席”常被混用，其实前者强调制式与陈设，后者含有聚会安享的意思。宋·沈辽《浮碧轩记》：“乃筑次于其东，中间五筵为宴坐之所。”

对于吃的讲究，古来注重。规格、排场、繁缛礼节，似乎都非常重要。不论是达官贵人，还是平民百姓，都把在“吃”上面花工夫看作是理所当然。不过，乡村中的宴席，更多注重的是实惠热闹，吃好管饱。“九斗碗”，就是四川农村里最具乡土风味的、又丰盛又实惠又热闹的宴席形式。

古典川菜成型于汉晋时期，时人“尚滋味，好辛香”，讲究“五味调和”。近代川菜则成型于清代晚期，时人重视“一菜一格，百菜百味”。可以很肯定地说，明清时期城乡各地的宴席菜肴做法对近代川菜的形成有着非常大的影响和贡献。明清时期，先后有外省多地的移民进入四川，移民的到来，也将其原籍地的菜肴烹制方法和设宴摆席的规矩带了过来。闽粤菜系、江浙菜系、湘楚菜系、秦陕菜系等各地菜系在四川一地得到了融合。民国时期，筵席菜和蒸菜等菜系，以及川菜的基本味型臻于完善并定格了下来。抗战时期，大量外地人口内迁四川，各地菜式、味型再度与川菜融汇。追根溯源，四川的“九斗碗”食作应是南北菜系的大融合。经年历时，结合当地民风民俗，“九斗碗”渐渐演变成为四川地区极具乡土特色的地方菜食集成。

“九斗碗”，又称“九大碗”“九碗”，因有酒水配搭，故也称“酒碗”“酒席”。旧志中有一些记载，民国《雅安县志》：“宴客，昔人用五宾盘，类丁文正公五簋约，嫌其简也易为九碗席。”民国《苍溪县志》：“婚嫁丧葬宴客，肴具每桌大约以九碗五碟为率。近日则风近奢靡。”四川话里，“斗碗”就是斗（旧制中的量器，十升为一斗）般大的碗的意思。旧时，对于干体力活儿的庄稼汉子来说，装盛饭菜的碗要足够的大，以满足食欲旺盛的胃口。“九斗碗”，并不是指单纯的九只大碗，而是多道大菜宴席的俗称。其实，在中国传统文化中，“九”为阳数中的极数，被古人看作是“天数”，表示大和多的意思。因此，当听说谁家要操办“九斗碗”，就是说谁家要用多道大菜的形式宴请众人，并不是说只有九碗或九种菜肴。

清代和民国时期，“九斗碗”广泛流行于四川城乡各地。川北、川西、川南、川东，不同地域的“九斗碗”，其规格、内容、程序、名称等多少有差异。就名称来看，川东和川北的一些地方，称“十大碗”；另有少数地方称“八大碗”。显然，“十大碗”和“八大碗”，与“九大碗”一样，表达着宴席的规格与菜肴的丰盛。需要说明的是，早期四川客家人的“八大碗”，就是名副其实的八个大碗菜和八个小碗菜。在地域分布上，四川各地称“九斗碗”或“九大碗”的相对较多。

“九斗碗”席中有多道大菜，包括干盘菜、凉菜、炒菜、镶碗、墩子、膀、烧白、鸡、汤等。仔细考究，可以看到其中很多菜式和做法，与现今广东、福建、湖南，以及陕西等地的一些菜式和做法相同或相似。于此可以进一步佐证移民文化对四川长期、广泛和深刻的影响。“九斗碗”，源远流长，博大精深。

成都川菜博物馆里收藏有一份民国时期的筵席菜单，该菜单列出的13道菜分别是如意蛋卷、油余元宵、淡菜炖鸭、灯笼全鸡、烟熏排骨、糖醋膳丝、五香炖肝、椒油舌子、灯影苕片、葱油青笋、吉庆有余、醉闹八仙、酥炸春卷。透过这份菜单，可以看出民国时期川菜的主要味型，以及川菜与南北菜系相融相合的关系。旧时，一些城市，以及一些大的乡场，有专门的筵席馆，即按照客人的要求，包括规格、人数等，提供专业筵席服务的餐馆，此外，还有包席馆，即带上

菜食加工　温江踏水场（2015）

笼蒸烘肘　自贡牛佛镇（2018）

菜食装盛　温江黄石村（2013）

传菜　大英象山镇（2014）

必备的餐作用具与食材，去客人家里提供筵席服务的餐馆。

如今，四川农乡里，举办婚庆、寿诞、丧葬、开业、动基、乔迁等各类红白喜事，以及逢年过节时，“九斗碗”的宴席一定是少不了的。一些地方，甚至杀年猪时，也要摆上几桌。农村的“九斗碗”，以蒸菜为主系，即所谓的“三蒸九扣”“四盘八碗”。常见的“九斗碗”蒸菜种类包括：甜烧白、咸烧白、粉蒸肉、蒸肘子、蒸鸡、蒸鸭、蒸鱼、蒸酥肉、蒸排骨。不同的地方，“九斗碗”宴席中所列的蒸菜种类略有不同，例如成都地区的“九斗碗”席上还常常见到粉蒸牛肉、夹沙肉、芙蓉蛋、蒸杂烩、蒸腊肉、蒸酱肉等。蒸菜中的“品碗”，是一个很有意思的叫

法。广义的“品碗”，指各类需要摆出整齐样式，带有垫底和油汤的蒸菜；狭义的“品碗”，则各地有不同，如川东北地区的“品碗”中有肉圆子、响皮、肚片，其数量是有规定的，垫底的是豆芽，或红白萝卜加猪心、猪肝等物。“九斗碗”宴席中，上菜程序也是有讲究的，一般是先上干碟和凉菜，再上正菜，最后上尾菜，其中正菜包括蒸、烧、烩、炖、煨等各类菜肴；尾菜由炒菜、煮菜、泡菜等组成。另有一些地方将菜肴分成主菜和辅菜，上菜时先上辅菜，后上主菜。

“九斗碗”多摆席于家院和祠堂前的坝子中，规模大的，甚至扩展到田边地头，故在四川很多地方“九斗碗”又被称为“坝坝宴”“田席”。十几桌、几十桌的“坝坝宴”，场面宏大，非常壮观和热闹。一些摆在路边的，蜿蜒浩荡、百多米长如游龙般。灶台通常都是临时搭建在户外的，锅碗瓢盆、蒸笼屉格，也在露天里摆放着。看过去，一边是厨子和侍者们的忙碌身影；一边是食客和宾朋们的忘乎吃相。宴席前，有些人家还会放上一阵鞭炮以增加气氛；宴席中，有钱人家还会请来戏班子在一旁捧场，笑筵歌席，意兴盎然。来人按性别、辈分和身份，或按家庭被安排在不同的地方，各就各位。高大的四方桌和宽厚的长条凳，大概是“九斗碗”宴席的最佳配置。

过去的“九斗碗”，通常都是主人家自己操办，从准备食材到加工食材，以及就餐等事项，事无巨细，亲自动手，费力劳神，规模大的情况下，则请来近邻或亲朋好友帮忙。如今很多地方都有专门的“九大碗”制作班子，或“坝坝宴”企业提供相应服务。这些班子或企业不仅有红白两案厨师和帮手，还提供桌椅、锅碗瓢盆等全部加工和就餐用具，各类菜品应有尽有，主人家只要给出标准和规格即可。“专业”厨子个个身怀绝技，摆出的大碗菜色香味形俱佳，应付各种场

摆在田边的宴席　射洪涪西镇（2017）

面自然是绰绰有余。然而，普通人家还是愿意自己操办，能省点就省点，自家拿手土菜，兴许风味别具，更加受欢迎。年代不同，人们对“九斗碗”的期望和要求也不同。

规模大的“九斗碗”，在一些地方又叫“水席”“流水席”，意即传菜如同流水一般。限于地方狭窄和人手紧张，入席人数过多时还会把来宾分成几轮就餐，一轮轮下来，包括老人和婴孩，每个人的胃口都会得到极大的满足，特别是多日不见油腥者。当然，吃“九斗碗”，更是一种精神享受，让人感受到的是亲情、友情和乡情。

八珍玉食九斗碗，三亲六眷围一桌。乡间坝里来相聚，流水筵席热闹多。真希望能有更多的机会赶上这“九斗碗”，充分地去感受那份至真至纯的亲情、友情和乡情。

百颗灯

立灯杆，竖灯树，是四川不少地方的古传习俗，其中，“百颗灯”尤为玄妙与华灿。

在特定的日子里张灯结彩，用显耀的光亮传递喜幸吉庆之意，表示华贵气派或营造热闹繁华的氛围，是我国很多地方古时流传下来的传统习俗。东晋《西京杂记》中记载：“高祖初入咸阳宫，周行库府，金玉珍宝，不可称言。其尤惊异者，有青玉五枝灯，高七尺五寸。作蟠螭，以口衔灯。灯燃，鳞甲皆动，焕炳若列星而盈室焉。”出土的早期文物中有豪门富户的“朱雀九连灯”“多盏连枝灯”等；敦煌壁画中也有“天女燃灯”图，画有重叠如塔的灯树。可见，燃灯祈福隆庆之习俗，源远流长。南北朝诗人庾信，在其《灯赋》中写道：“百枝同树，四照连盘。”“乍九光而连采，或双花而并明。”北宋散文家、史学家曾巩有诗句：“明月满街流水远，华灯入望众星高。”南宋诗人范成大有诗云：“金鳞喷香烟龙蟠，玉灯九枝青阑干。”这些诗赋很形象地描绘出当时的景象，也给后人留下诸多的联想。

灯，从照明实用转化为陈设装饰，以至用于礼庆，甚或作为贵敬之物，应是古人崇拜火、崇拜树之文化的延伸，其影响深远。三星堆出土的高大的青铜神树，极有可能就是古蜀早期的灯树，即挂有灯烛用于敬天祈福的铜树。东汉时期的多枝灯，其复杂的造型和精美的装饰，以及实用和多样的功能，代表着古代灯造艺术的高度。其后，繁华灯饰成为很多场合的必备。隋唐以来很多古文献中都记录有与灯会、灯彩、灯树、灯市有关的场景。如唐·张鷟《朝野佥载》中记载：京城“作灯轮高二十丈，衣以锦绮，饰以金银，燃五万盏灯，簇之如花树”；五代·王仁裕《开元天宝遗事》中记载：“韩国夫人置百枝灯树，高八十尺，竖之高山上，元夜点之，百里皆见，光明夺月色也。”其时之灯树的高大、华美，让人感叹。

历史发展至今，燃灯挂灯的活动很多地演变成为一种仪式。世代沿袭，不同的地方，不同的民族，以及不同的时节里，会看到有不同的燃灯挂灯方式及其不同的意愿表达或作用，南梁·江淹《灯赋》：“挂明灯，散玄阴。”燃灯挂灯，或祈福许愿，或纪念先祖圣人，或寓意吉星高照。例如，贵州仁怀地区仡佬族在农历正月初一到正月十五举办“灯杆节”，将点有茶油灯的大灯笼升上二丈多高的木杆顶部，人们在笙歌燕舞中祈神祷拜；广东潮汕地区在农历十月上旬至十一月上旬举行“竖灯竿、升彩凤”的活动，一根根竹竿高挂灯笼和彩凤，以纪念其先祖；河南安阳一带农村，农历腊月二十四在村社中央竖起高杆，上缚明灯，点灯祈福，仪式一直延至来年正月十七日；类似的，陕西渭城乡下在元宵佳节挂高灯，即在院里或庄外栽一高杆，将花灯挂在高杆顶上，彻夜通明；浙江鄞州元宵节的“九连灯”，甚是独特，九个扁平形的灯笼嵌在高竖的梯子形的竹竿中间，入夜，远近看去，耀眼夺目。

四川各地也有不同的燃灯挂灯活动，其中，自贡灯会最有名气。自贡灯会由早期的“灯杆节”和“天灯会”活动发展而来，据旧志记载，清代的荣县，“正月人日后，各祠庙皆燃火树，各门首皆悬红灯”，“一城数亭，一亭各式，其高数重，构栋雕镂，嵌灯如星，一亭燃四五百灯，辉丽万有，西人来观亦欣然，京邑所不及也。”起于唐代的成都灯市，也是壮观非凡。据记载，正月十五前后，成都家家户户悬灯结彩，男男女女观灯赏夜，景象纷繁，十分热闹。与荣县灯会一样，旧时成都灯市上也有各种各样的灯，如龙灯、狮灯、羊角灯、牛头灯、兔儿灯、金鱼灯、大元灯、四屏灯、六角灯、八宝灯，百果灯，以及妖魔鬼怪灯、帝王将相灯，才子佳人灯，等等。

四川其他很多地方，各种形式的燃灯挂灯活动也很兴盛。隆昌响石镇有“立灯杆”活动，每年农历正月初八晚，人们在东皇庙前，燃烛，烧钱，诵经，与此同时，“三丈三”高的杉木杆被竖立起来，128盏灯高挂其上。资中罗泉镇有“挂天灯”活动，每年正月在城隍庙旁竖立高约10米的木杆，上挂两串红彩油灯。温江、合江、泸县等地乡村，农历初八、初九日，会在寺观庙坛门口或城郊地头竖起很高的灯杆，上面悬挂不同数量的灯。宜宾隆兴、李场一带，每年农历正月初四，人们聚集在寺庙门口举行“竖灯杆”仪式，灯从正月初四晚燃至正月十五晚，初四晚点一盏灯叫“玉皇灯”，初五晚点三盏灯叫“三官灯”，初六晚点七盏灯叫“七星灯”，初七晚点九盏灯叫“九皇灯”，初八晚点十八盏灯叫“十八罗汉灯”，初九晚点二十四盏灯叫“二十四位诸天灯”，初十晚点二十八盏灯叫“二十八星宿灯”，初十一晚点三十六盏灯叫“满树灯”，燃灯挂灯活动一直持续到初十五晚。清咸丰《天全州志》：“州俗上元灯会最热闹，自初九至十五，州城及分州镇市乡村，或立高杆，或竖高楼，燃清油灯，有三盏者名三官等，五盏者名五谷灯，七盏者名七星灯，或十二盏以符十二月之数，或二十四盏以符二十四气，以敬天地，以祈年丰。又以纸灯制各样花果鸟兽什物字样等形，沿街迎转。”清嘉庆《直隶叙永厅志》：“上元灯会，自初八日起，各街竖立灯杆，灯少者九盏，多者三十三盏，望之垒如贯珠，下搭灯棚，箫鼓喧阗，游人如蚁。”

关于旧时的灯会，记载很多。清嘉庆《金堂县志》：“十五上元为灯会，十四日起，十六日止，鼓吹喧阗，士女踏灯嬉游，谓之走百病。”清道光《乐至县志》：“城镇赛会，正月则上元灯会甲于诸邑，自初九日上九会始至十三，谓之试灯，十四烧灯，十五放灯，十六收灯，巷陌桥道，皆立棚架，千技百巧。”清光绪《内江县志》：“邑城上元灯会，各寺庙燃灯，每处夜费清油百十角力，动云数百盏及千盏不竟，火树煌煌，火坊叠叠。”

各种燃灯挂灯活动中，蒲江县西来镇的“百颗灯”，尤为独特。此地山清水秀、人杰地灵、民风淳朴，传统文化底蕴深厚。每年农历正月初七到十五、九月初一到初九，镇上都要在街头举行燃灯挂灯仪式。

西来镇街头竖立的灯杆高 10 米余，方形底座由砖石砌成，半米多高，其中一边外接有三个梯步的台阶。底座上嵌有两块高近两尺，呈三角形带花边并刻画有枝叶纹的石板，平行放置立杆两旁用以防止灯杆左右倾斜。凸雕浓漆，底座正面为土地夫妻，两侧面有吉祥图案。高高的灯杆顶部有一伞盖，灯杆两侧竖列分别挂有 18 盏灯，另灯杆顶部和底部台座外各有一盏灯。灯的数量之多，当地人称其为“百颗灯”。灯用竹条做筋，外罩布面，罩布红白相间，红喻太阳，白为太阴。灯的外形为尖底斗状，上部用竹条做提手。灯罩内部放有一绛釉土碗，燃灯前，碗内盛入菜油和灯草。长木杆上，有 18 根长两米余的横放着的竹竿，用

添油　蒲江西来镇（2015）

系绳　蒲江西来镇（2015）

挂灯　蒲江西来镇（2015）

长绳捆着分段等距分布，其中最上面的三根横竿另用两根竖杆捆束着，以免风吹引起连灯大幅度偏移。18根横放的竹竿两头分别有孔，孔内置铁钩用以吊挂灯罩，绳索相连下整体呈软梯状。软梯形连灯用粗绳从杆顶滑轮处牵引并在灯杆下部捆缚固定起来。远观“百颗灯”，若似高大的船帆。

灯杆上每盏挂灯都有人认捐,这也使得“百颗灯”活动能够世代相沿，传承下来。挂灯时日当天傍晚，在镇上长者召集组织下，乡民街邻积极参与其中。燃挂灯前，须先取下灯，几个长条凳被摆在灯杆下面前方，随着绳索的松开，卸下的灯被铺放在条凳上。然后，大家将灯罩内的碗拿出来放在台座上，打整干净后，重新在碗内放上灯芯座和灯草，依次灌入菜油后再用香火分别点燃碗中的灯芯。与此同时，大家会对各灯状况进行检查，保证系挂可靠，没有破损。一切就绪后，先在最顶部的灯罩内放入燃着的灯碗，再分别将燃着的灯碗放进两个同一横杆上的灯罩里，然后再拉绳依次将灯往灯杆上部牵拉，待全部灯都就位后，将拉绳捆缚并固定在灯杆下部。挂灯完毕，一长者会在底座正面前焚香燃烛烧纸，面对土地和灯杆祈祷祭拜。至此，当天的“百颗灯”祈福祭礼活动告一段落。

燃挂“百颗灯”乃西来传统习俗，燃挂的日子是有讲究的。每年农历正月初七晚到十五晚要连着燃挂 9 天；农历九月初一晚到初九晚，再连着燃挂 9 天。农历正月初七是“人日”，传说女娲初创世，在造出了鸡狗猪牛马等动物后，于第七天造出了人。汉朝开始，“人日”登高彩庆就成了习俗。农历初八要“祭星”“顺星”，民间以初八为众星下界之日，燃灯而祭之。农历正月初九传说是玉皇大帝的生日，当然更要祭拜。农历正月十二开始，则又开始准备庆祝元宵佳节。因此，这几天燃灯挂灯当为大吉大利。

放灯　蒲江西来镇（2015）

农历九月初一到九月初九燃灯挂灯的习俗，来自道教的“九皇”信仰，这几天被称为是“北斗九皇诞”，因此要在这几天里进行连续不断的祭拜。很多地方将这时段的燃灯挂灯称为“九皇灯”。关于“九皇”所指，民间有多种说法，其中典型的是指北斗星座上的七颗明星和两颗暗星，即天枢星、天璇星、天玑星、天权星、

清晨老街　蒲江西来镇（2015）

玉衡星、闿阳星、摇光星、洞明星和隐元星。因此燃灯挂灯也称为“祭星”。另有一些地方则泛称“九皇”为各路神仙圣人。

“九皇会”为旧时很多地方的传统节日，也是梨园界的盛会。届时，各戏院门口要挂“九皇灯”，院内设“九皇堂”，艺人们于会期中茹素斋戒、拈香参神、诵礼斗经。四川一地的“九皇”信仰，为清初移民从外省引入，“九皇会”在清中晚期时尤盛。《成都通览》中记载：“自九月朔日起，各庙宇做会念经，江西馆尤为虔诚，盖自江西传入成都者也。居民无论男女，朝夕燃黄油烛，焚香叩首，斋戒茹素，十之八九。”成都青羊宫为著名的道教宫观，宫内举行的“太上玄灵九皇大醮”，就是“九皇会”。

燃挂高灯，祈求幸福康安、五谷丰登、大吉大利，虔诚的百姓敬天畏地，实乃尊重自然，倡导和谐之举，从中我们多少可以得到一些启示。很显然，透过这样一些民风民俗活动，我们还可以了解其中所包含的历史、文化、艺术等多方面的东西。

成都古堰

谈及成都的古堰，让人首先想到的应该就是举世闻名的都江堰。都江堰的建成，“旱则引水浸润，雨则杜塞水门”，晋·常璩《华阳国志》中称：蜀地因此而“水旱从人，不知饥馑，时无荒年，天下谓之天府也”。两汉以来，平畴沃土、溪河纵横、物产丰饶的成都平原一直享有天府之美誉。其实，成都之所以能物阜民丰，号称天府，离不开历代修筑并密集分布于城乡各处的大小河堰。

传说大禹治水的第一功绩就是治理流经成都平原的岷江。《尚书·夏书·禹贡》：“岷山导江，东别为沱。”明天启《成都府志》载，大禹导江，“此成都水利之所由兴也。”岷江水系为成都的主要水系，岷江治理之后成都平原出现的堰堤工程，多是建在岷江的各个支流上。

堰，即内河上的一种人造水利工程，其作用或功能就是分水导流，《广雅》中解释为：“堰，潜堰也，潜筑土以壅水也。”通俗讲来，堰就是一种用来改变水流特性的障碍设施，被壅堵的水流可以分导至沟渠圳道。堰堤的修筑，还有利于排水泄洪的可控，以及利用流速差来沉积河中沙石。

都江堰就是一个可以有效分水导流，以及排水泄洪和治理沙石堆积的大型水利工程。都江堰，古时还有“湔堋”“侍郎堰”“金堤”等名称，为岷江水系中最大的堰，因此也被称为都江大堰。始建于战国秦昭襄王时期，由蜀郡太守李冰主持建造的都江堰，工程浩大，岷江通过鱼嘴、人字堤、

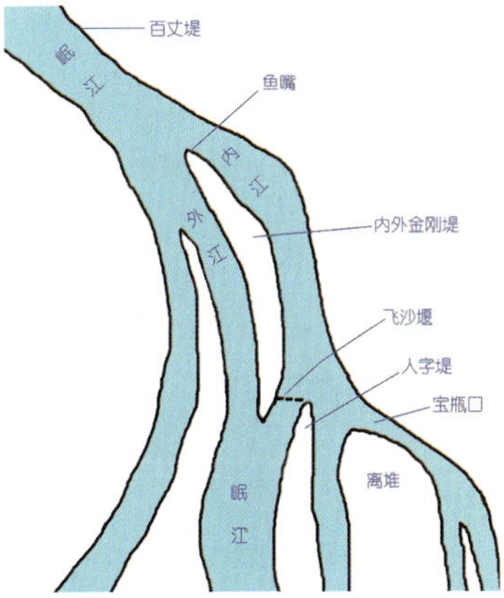

都江堰分水示意图

都江堰宝瓶口（2018）

飞沙堰等人工堰埭后被分导，从而使进入成都平原的岷江水流稳定可控。《史记·河渠书》载："蜀守冰凿离堆，辟沫水之害，穿二江成都之中。此渠皆可行舟，有余则用溉浸，百姓飨其利。至于所过，往往引其水益用溉田畴之渠，以万亿计，然莫足数也。"

成都平原有很多建造历史久远的古堰。例如，始建于汉代的通济堰，又称蒲江大堰，《华阳国志》中有记载："蒲江大堰灌郡下，六水门，有朱遵祠。"还有建成于唐代的縻枣堰，以及建成于明代的龙爪堰，等等。现成都各地留存下来的古堰，多为明清及以后时期所修筑。

江河萦洄，溪流如织，堰在水系发达的成都平原发挥着重要的作用。农耕时代，土地之产出及其稳定性，对该地域的经济发展，以及人居聚落的形成与规模化有着决定性的影响。而土地之产出及其稳定性，又有赖于水的溉济，特别是水田。大量出土物表明，汉代以前，成都地区就开始种植水稻。晋·郭义恭《广志》中记载有："青芋稻，六月熟；累子稻，白汉稻，七月熟。此三稻，大而且长，米半寸，出益州。"水田依赖于堰渠引水灌溉，因此可以说，古时成都各地农乡开渠筑堰，在很大程度上就是为了保障水田之用水。

明天启《成都府志》："成都田土分山田、坝田、山地、坝地。山田蓄冬水，辅以塘水，一名冬水田，只能做一季种。坝田能种二季，收获后放水，另种菜籽、烟、麦之类，名曰小春，三四月引堰水灌田，不忧旱暵，故坝田之价值倍于山田也……”坝田，也称堰田，清光绪《新津县乡土志》：“新邑，农国也，居民多以耕种为业，堰田上上，可收两季，上季宜禾，下季宜麦。”追求田地产出最大化，为农人开地垦壤的必然选择，平川广袤、水源充足的成都，自然多有坝田。古时成都的物殷俗阜，也在于此，正如唐代西川节度从事卢求《成都记序》中所说：成都“溉水开稻田，于是沃野千里，号为陆海”。

清乾隆至嘉庆、道光时期，为成都平原大力筑堰开渠和改造田土的时期。如此大兴水利、广开水田，与清初大量移民迁至成都平原有关。落居成都各地的移民以湖广、江西、广东等地的为多，这些移民掌握着成熟、先进的水田造作与稻谷种植技术，他们的到来，促使成都各地的田地改良和水稻种植的面积迅速扩增。稻谷种植，水不可缺少，筑堰修渠以能引水溉田当为必然。清代移民在既有的堰渠体系基础上，开筑和增加了更多的堰渠，以满足更多坝田的需要。清光绪《重修彭县志》中记载：“西山玉村旧无稻田，乡人赵一涵于乾隆三十二年相度湔流，自复兴场观母岩下作堰，引水循山麓屈曲南流，经小鱼洞背，左纳丙寅沟泄肖沟水，东南入玉村，灌上中下三坝田四千余亩。”成都各地大量的堰名，保留着旧时移民大户或家族的姓氏，例如罗家堰、张陈堰，等等，这些堰名中就包含着移民居留落户、筑堰修渠、垦地开田的故事。

岷江过都江堰后，下游各支又不断设堰分流，清同治《重修成都县志》：“人字堤之下，又有太平堰、三泊洞、柏桥堰、上下漏礶堰、

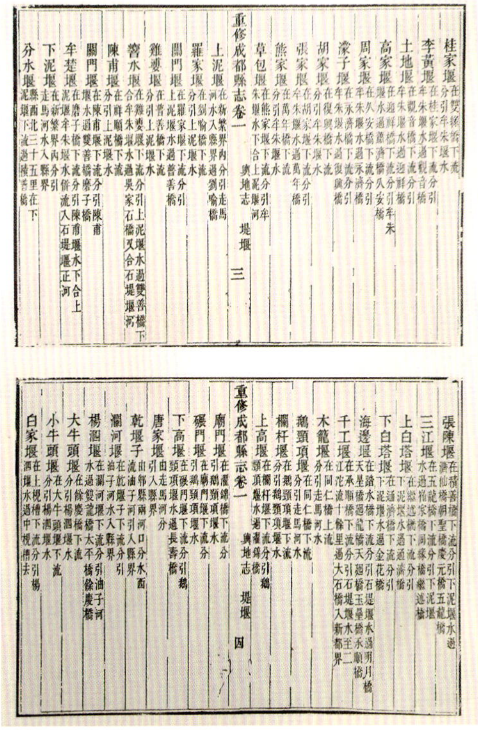
桂家堰 在雙[illegible]下流分引牟朱堰水
李黃堰 在桂家堰下流分引牟朱堰水過觀音橋
土地堰 在觀音橋下流分引牟朱堰水過迎鮮橋
高家堰 在迎鮮橋下流分引牟朱堰水過蕭濟橋久安橋
周家堰 在久安橋下流分引牟朱堰水過永濟橋
濛子堰 在永濟橋下流分引牟朱堰水過復興橋
胡家堰 在復興橋下流分引牟朱堰水
張家堰 在胡家堰下流分引牟朱堰水過萬年橋
熊家堰 在萬年橋下流分引牟朱堰水
草包堰 在熊家堰下流分引牟朱堰水下合上泥堰河
重修成都縣志卷一 輿地志 堤堰 三
上泥堰 在新繁界內分引走馬河水入縣界過劉喻橋
羅家堰 在劉喻橋下流分引上泥堰水
關門堰 在羅家堰下流分引上泥堰水過普善橋
雞婆堰 在普善橋下流分引上泥堰水
磬水堰 在雞婆堰下流分引上泥堰水過雙善橋下合牟朱堰水過吳家石橋又合石堤堰河
陳甫堰 在鮮順橋下流分引上泥堰水
關門堰 在陳甫堰下流分引陳甫堰水過雙善橋磨子橋
牟楚堰 在磨子橋下流分引陳甫堰水下合上泥堰牟朱堰水併流入石堤堰正河
下泥堰 在新繁界內分引走馬河水入縣界
分水堰 在縣西北三十五里在下泥堰下流過積善橋

張陳堰 在積善橋下流分引下泥堰水過濟仙橋朝聖橋慶元橋五龍橋
三江堰 在五龍橋下流分引下泥堰水過裕宗橋同緣橋總逃橋
上白塔堰 在總逃橋下流分引下泥堰水過通濟橋
下白塔堰 在通濟橋下流分引下泥堰水過金花橋
海邊堰 在路水橋下流分引石堤堰水過明月橋天星橋過龍橋天遐橋玉壘橋永順橋
千工堰 在承順橋下流分引石堤堰水至二江沱流十餘里過大石橋入新都界
木籠堰 在同仁橋上流分引走馬河水
鵝頸項堰 在同仁橋下流分引走馬河水
欄杆堰 在鵝頸項堰下流分引鵝頸項堰水
上高堰 在欄杆堰下流分引鵝頸項堰水過灌錦橋
重修成都縣志卷一 輿地志 堤堰 四
廟門堰 在灌錦橋下流分引鵝頸項堰水
碾門堰 在廟門堰下流分引鵝頸項堰水
下高堰 在碾門堰下流分引鵝頸項堰水過長壽橋
唐家堰 由走馬河分引入縣界
乾堰子 由郫縣兩河口分水西流油子河引入縣界
濁河堰 在乾堰子下流分引油子河水入縣界
楊泗堰 在濁河堰下流分引油子河水過雙龍橋太平橋餘慶橋
大牛頭堰 在餘慶橋下流分引楊泗堰水
小牛頭堰 在大牛頭堰下流分引楊泗堰水
白家堰 在上梘槽下流分引楊泗堰水過中梘槽去

清同治《重修成都县志》内页

羊子堰、徐堰河、导江堰、牛子堰等处分流，而郫灌温江及崇宁、新繁、新都、金堂、成都、华阳等九县，俱引水溉田，由来久矣。”从灌县（今都江堰市）江安堰分出的新开江，亦称温江，自天生堰分流出乾溪后，以下各堰又分别分流出多条溪河，如乌龙堰分出龙溪；全集堰分出全节溪；李清堰分出云溪；漏沙堰分出桤木江；黄土堰分出马坝江；小天生堰分出屈溪；毛家堰分出曹溪；下天生堰分出浮图溪；哪吧堰分出哪吧溪，等等。清嘉庆《双流县志》：“双流水源自灌口，下约三十里分派入江安堰，迳温江分入县界，西为金马江，筑四堰；迤东为杨柳江，筑堰十六；东北为新开江，筑堰二十七，共三支分四十七堰。”岷江之外的其他水系，也是通过多处修筑堰堤来分引河水灌溉田地，如郫水岩堰以下至西禅寺起，分别建有头堰、二堰、三堰、四堰、五堰、六堰；真武堰河以下，又分别建有头牌堰、二牌堰、三牌堰、四牌堰、五牌堰等。清光绪《大邑县乡土志》载：“……综核桤木河分出大小二十二堰，灌邑田五万亩……官渠等五河分出大小三十五堰，灌田四十四万亩。此外，有由邑南甘泉塘水分出九堰，灌田一万余亩。”江河截堰，派分出的水流渐小，下游的小堰俗称为子堰。民国《邛崃县志》：“……自嵇公以下十四堰，每堰断流，下又出泉作堰，今查泉水堰共有二十八处，皆六堰水母泉其子也。”至清晚民初时期，见于记载的成都及各属县所修筑的大小堰总数已有千余，而其实际数量应是几倍之多。

堰，为古代治理江河、导灌农田的重要的水利工程，其数量也是地方经济发展的重要指标，修筑堤堰，当然更是地方莅任官员的主要业绩，历代地方志等官书中都会详列当地堰名，以及与修筑堤堰有关的大小事记。例如清同治《重修成都县志》中就列出了九里堤、石堤堰、天心堰、土地堰、濛子堰、三江堰、千工堰、杨泗堰、昭觉堰、洪门堰、三道堰、二郎堰、杜甫堰、清波堰、都江堰等119处当时的成都县境内的大小河堰。

由于堰是通过筑堤来分导水流或排水泄洪的，因此，堰也常被称作“堤”，例如上面提到的九里堤。九里堤原名縻枣堰，为郫江从西北部进入成都城区的防洪工程，传该工程早期由蜀国丞相诸葛亮主持修筑。清嘉庆《成都县志》：九里堤“在县西北隅，其地洼下，水势易趋，诸葛亮筑堤九里，捍之。”唐代时，西川节度使高骈于该处修堤筑堰，将郫江导流以减少洪水对罗城的威胁。宋《舆地广记》：“自唐乾符中高骈筑罗城，遂作縻枣堰，转内江水从城北流，又屈而南与外江水合，故子城之南不复成江。”宋乾德四年（967）夏，堰堤被洪水冲毁，次年即开宝年（968），时任太守刘熙古对縻枣堰进行了重修。关于刘熙古修建縻枣堰之事，历史记载很多，如宋·何涉《縻枣堰刘公祠堂记》：“开宝改号之初……端明殿学士、尚书兵部侍郎刘公熙古帅州，始大修是堰。”宋·杨甲《縻枣堰记》：縻枣堰“引注灌溉，膏我粱稻，绝其泛滥决溢者，宋端明殿学士刘公熙古之力也”。刘熙古规划整修縻枣堰，益州百姓“享其利而忘其功不可也”，感念其人其事，后人称縻枣堰为刘公堤。继刘熙古之后，宋庆历四年（1044）知府文彦博，宋淳熙二年（1175）四川制置使兼知府范成大，又先后主持对縻枣堰进行了整修。明代时，因该堰堤长达九里，时人始称其为九里堤。

兴修河堰是为大事，殚谋戮力之人，百姓从来不会忘记，或树碑立传，或以尊姓命其堰名。清乾隆年间金堂知县张南瑛，任职期间不仅倡导崇文重教，而且大力兴修水利，造福乡人。清光绪《金堂县乡土志》中对此有专门的记载：“张南瑛……振兴文学，创建奎阁，增修书院，培植士类。尤长于水利，堰有壅塞，皆为疏沦，初大河湾有十里地，平畴衍沃无水灌溉，居民仅种菽麦，南瑛为相其地宜，度其高下，遂绕冠紫山南錾渠接绣川河水，名普利堰，开良田数千亩。上乡余水，尽汇于此，源长派远，至今无荒旱不足。又开龙尾枧槽二堰。”双流的大朗堰，其名来源于募资修建该堰的大朗和尚。当地旧志载：“大朗堰，在治西二十五里，水分金马江，袤五十里，溉田六万八千亩。顺治间邑僧大朗募筑，先是沙紫堰水不敷溉，大朗潜募得温江刘家濠杜宋二氏田，开沟导流三里，至县界西凤桥合沙紫江溉双流及新津田，小堰繁出，民间就干流筑大朗头堰、二堰、三堰、四堰。”现新都新繁镇龙藏寺里还保存着清光绪年间刻写的《大朗堰碑记》。民国三年（1914），大邑贤达刘化堂请于省府，拟自味江开横渠以连通朱崇河，其二子亦尽力而为，乡人也踊跃赴公，堰渠建成后，“所溉之田，岁增谷数十万石”，晚清举人、著名学者林思进特地撰写了《崇庆县朱崇河新开刘公堰碑记》，碑记中写道：刘公堰“自二江上游，截味江越西河以达朱崇堰，凡为渠长一千三十丈，身阔二丈，为桥枧二十有七，筑堤笼石，以遏水护岸，又百余丈”。20世纪30年代，大邑刘氏族人号召当地乡绅与民众，修建从崇庆桃子坝引水至安仁桤木河

大朗堰碑记（局部） 新都龙藏寺藏

的堰渠，堰渠建成后取名为“万成堰”。1942年，当地乡绅出资修建了“万成堰纪念碑”，纪念碑四方分别刻有“辛未夏刘公维三开渠乍堰纪念碑”“辛未夏刘公升廷开渠乍堰纪念碑”“辛未夏刘公自乾开渠乍堰纪念碑”“辛未夏刘公星廷开渠乍堰纪念碑”，碑下方还刻有“万成堰纪念碑序”和赞助堰绅的名录。旧时很多县志里也记载有堰名与倡修者的关系，例如民国《邛崃县志》载：“段公堰，土人谓之新开堰，在县东三十里，乾隆时乡民谢朝有鋻山开堰，知州段以信成之此堰。徐公堰，乾隆年间州判徐坦作大堰以拦之，甚长，颇宽，堰口亦大。崔公堰，堰在金鸡沱，为雍正时州牧崔邑俊所筑。张公堰，县南二里，明刘文恂议导，此水由西而南，灌南门外田一千余亩，嘉靖十九年，知州张纪力成之，故名。”清光绪《蒲江县志》载：“黄公堰，县东三十里，乾隆三十三年邑令黄国正开。”

堰的规划设计，需要考虑诸多情况，包括堰堤规格与形态、施工量、排水泄洪能力、受益田地面积，以及资金来源与劳工安排等，通常还需对环境进行评估。由于筑堰引水会影响下游的用水量，开渠乍堰或还需得到官府的许可，即由官方来统筹兼顾。堰有大有小，如温江的天王堰，“堤长六十丈，广二丈”；郫县的

万成堰碑　大邑安仁镇（2017）

万工堰，“长八十余丈，高五六尺，筑腰堰，长五十余丈，高五六尺”。显然，河流的宽窄、分导水量的大小、排洪泄水的能力等，决定了堰堤的长度、高度。

农田灌溉，通常是通过沟渠将堰水引至田地之中的。民国《崇庆县志校注》：“股引于江，为堰。股引于堰，为沟。堰有总、分。沟有广、狭。连贯如脉络，纷纭如蛛丝。”沟，也称为渠，可分为干渠、支渠、斗渠、农渠和毛渠。干渠，又称主渠，即引水于堰的大渠；支渠，即从干渠取水以分配给各处的渠；斗渠，即从支渠引水至农渠和毛渠的水道；农渠和毛渠，则为从斗渠引水至田块的小渠、小沟。江河和大小沟渠，与地块一起形成了网格状灌溉体系。河高田低，可直接将河渠中的水引至田中。田高河低，水难上达者，则需借用戽篼（也称戽斗）、筒车、龙骨车（也称翻车）等取水工具将水引至田中。因此，旧时很多沟渠都安设有筒车、龙骨车等取水提灌机械。例如，清同治《成都县志》：“三里堰，在治东北二十五里，水分新开江，袤二十里，溉田三万二千亩，上源麦草堰，下贯六支堰迳机头桥，迤东南至簇锦桥水北栗园坝，筒车数十架，亦仰溉焉。”民国《大邑县志》：“自吴堰沱至韩堰沱，共列筒车四十八架。”

修筑堰，不是一劳永逸的。在长时间的水流浸泡和冲击下，特别是在每年夏季的洪水冲击下，堰堤都会受到不同程度的损害。此外，还会出现其他情况引发的堰堤破坏。河中泥沙淤积，也会影响堰堤分水导流效果。因此，管理和修淘堰堤，就显得特别重要。

都江大堰修成后，其管理与修淘诸事，历来受到官方重视。民国《崇庆县志校注》：“诸葛武侯治蜀，亦以堰为重，调丁护之。明有水利佥事、水利判官，清则设水利同知于灌，以司修濬。”“深淘滩，低作堰”，为都江堰之治水要诀。秦汉以来，政府每年都要组织和征用人夫对都江堰按照古法进行修淘，即冬季枯水季节的“岁修”。宋元及以后，对都江堰的修淘更是形成了严格的制度。《宋史·河渠志》：“岁作侍郎堰，必以竹绳自北引而南，准水则第四以为高下之度。江道既分，水复湍暴，砂石填委，多成滩碛。岁暮水落，筑堤壅水上流。春正月则役工浚治，谓之穿淘。”都江堰二王庙的墙壁上，至今还保存着清光绪成都知府文焕编写的都江堰修淘口诀——深淘滩，低作堰。六字旨，千秋鉴。挖河沙，堆堤岸。砌鱼嘴，安羊圈。立湃阙，留漏罐。笼编密，石装健。分四六，平潦旱。

水画符，铁桩见。岁勤修，预防患。遵旧制，毋擅变。

宋元祐时，对岷江下游各堰的管理与修淘有了专门的要求。“县各置籍，凡堰高下、阔狭、浅深，以至灌溉顷亩、夫役工料及监临官吏，皆注于籍，岁终计效，赏如格。”史书中还记录了宋代益州富商集印交子（注：我国最早的纸质货币），开启民间金融为公共项目服务的事情。宋·李攸《宋朝事实》：“益州豪民十余户，连保作交子，每年与岁之夏秋盘仓量人夫，及出修糜枣堰丁夫物料，诸豪以时聚首，同用一色纸印造。印文用屋木人物，铺户押字，各自隐密题号，朱墨间错，以为私记。书填贯不限多少，收入人户现钱，便给交子。”元代，为振兴岷江流域农业，也加强了对河堰的整修。元·揭傒斯《大元敕赐修堰碑》记载有：“诸堰皆甃以山石，范铁以关其中，取桐实之油，刀麻为丝，和石之灰以苴罅漏，御水潦。岸善崩者，密筑江石以护之。”

对堰渠的管理，通常是设置专人，即设置堰长、渠长或沟长，有些堰还会细设为堰总、堰长、堰甲。民国《崇庆县志》：“文井朱崇堰工之费，则俱由民备。例设堰总一、碾长一、堰长八。每沟各有长，有长夫。长夫照规人出丁夫。三堰总长均由八河推举举定。官堰……溉田万余亩……堰长二，由九小堰中轮充合作，有六十四堰甲，甲各管田百六十亩。万工堰……每年濬修工资不一，民闲照田自派，有堰长经理。”在谁用水谁付费或付劳的基本原则下，堰长制度的推行，强化了堰民的自我管理意识，减少了官方督管成本，灌区取水权与水利有关的其他权益的分配能够细化和优化，乡村秩序也会因此得到有效维护。

堰河或堰渠，短则一二里，长则几十里，堰长的职责包括议定上下游各段水流分配、岁修中的材料准备，以及雇夫、派夫和督夫到工等事宜，此外，还要解决用水与劳务中的纠纷和处置筹资余款等事项。享用都江堰水源的各州县，还要支付修费或安排劳工参加都江大堰的岁修。例如，清嘉庆《成都县志》：“县境内凡溉田堤堰水源，俱分自都江大堰，每年照亩出银修濬。”清嘉庆《金堂县志》：“县境内，凡溉田堰水源有分自都江大堰者，照亩出银，协济修费历来奉行解报，案牍可稽。”清嘉庆《温江县志》：“都江大堰，乃成华温郫新双崇等州县用水之源，兵民命脉，国赋根本。每年年前雇夫，自正月初一日，各县典史堰长，督夫到工，兴修至清明。工竣开堰放水，以广灌溉。”

类似的，凡共享上游堰水的各家各户，也都要每年派夫参与上游大堰的修淘。具体出银派夫的多少，除按受益农田亩数来确定外，还有按粮产来确定的。民国《崇庆县志》中有记载："铁溪河分出之堰四道，每年计亩出夫，淘挖淤塞。官渠河分出之堰十七道，按粮派夫，分作三段。每年正月，兴工淘挖淤塞。"当时，铁溪河之堰水，上段为崇庆州用，中段为大邑县用，下段为新津县用，其修淘安排被官衙裁定为："崇庆得水最近，每年出竹编篓扎堰，大邑淘上游十分之七，新津淘下游十分之三。"编篓扎堰，即沿用古法的篓式筑堰，要求"用慈竹篾，宽三指，长十二丈，空其中，尺有八寸，实石以壅水"。古法旧制，不得有违。清道光《新津县志》载："堰埂篓笆，宜遵照旧式也，查通济堰横河截埂，埂身之宽，旧定三丈。今现存旧埂，仅宽二丈四五尺不等，本年南河西河缺口，俱用竹篓三丈培修，嗣后倘遇有水涨，冲开缺口之处，应请概以三丈竹篓培修，不得偷工减料，致违旧制。"淘沙，为岁修中的重要内容。淘沙人夫的名额则是根据堰的大小及其沙石淤积程度来设置。例如，清民国《崇庆县志》载："桤木河正流，分上段堰，淘沙夫一名。下段堰，淘沙夫一名。叶家堰，淘沙夫一名。牛屎堰，淘沙夫一名。余家堰，淘沙夫一名。罗家堰，淘沙夫一名。"

多用户使用同一堰水，纠纷难免，特别是逢遇天旱水少时。为争夺水源，家户之间、族群之间甚至出现械斗。解决用水矛盾，维护灌区秩序，显得非常重要。日常堰务管理和纠纷处置通常由堰长召集当事人来进行调解，矛盾突出的情况下，则诉告官府听候裁决。一些跨界纠纷，还需两地或多地官员联合调查处理。保留下来的一些旧时碑记，记录了这些纠纷及其断案结果。例如蒲江县三圣祠中的"蒲江县正堂示"碑记中，就记录了清光绪年间知县凤全处置当地用水纠纷的"正堂示"——"示仰金银沟上下水户知悉，务各遵照此次断案照旧放水，以杜衅端，不得故为争兢，至于咎戾切切，此谕毋违，特示。右谕通知。"一些家族内部也通过家法族规的形式，对堰堤修补和堰水使用进行安排和约定。例如龙泉驿宝胜村的刘氏族人，就将合约刻写在石碑上，"一议堰塘、河堰，春开秋闭，封沟作决，培补堰埂，有分人等，帮工出力……一议堰塘、河堰四处，有田之人，人人有分，不得胡说你我有无……"

筑堰开渠，也给设置相应的利用水能的机械提供了方便。这些水利机械包括水碾、水磨、水碓、水纺车等。例如民国《邛崃县志》中就记载了当地各堰分设水碾的情况，“母猪堰，分沟水碾十一座，磨一；雷家堰，分沟水碾三座；汤家堰，分沟水碾二十；筰箕堰，分沟水碾八座；清皮堰，分沟水碾四座；上三稜堰，分沟水碾五座；中三稜堰，分沟水碾六座；下三稜堰，分沟水碾五座；永济堰，分沟水碾十六；大官堰，分沟水碾十五座……”清嘉庆《新繁县志》：新繁县有“水碾榨磨共壹佰捌拾肆座半，内壹座在新繁新都交界处。”清光绪《重修彭县志》：“谷皮堰，在老罗家场东六里，于马牧河中傍南岸鑿泉方丈，深丈余，引水转碾十余坐，灌田数千亩。”元·揭傒斯《大元敕赐修堰碑》记有：“缘渠所置碓硙纺绩之处以千万数，四时流转而无穷。”很明显，堰渠的大量开筑，不仅提升了成都各地粮食种植业的发展水平，也改变了成都各地农村加工业态，极大地促进了成都地区农业和商业的全面发展。

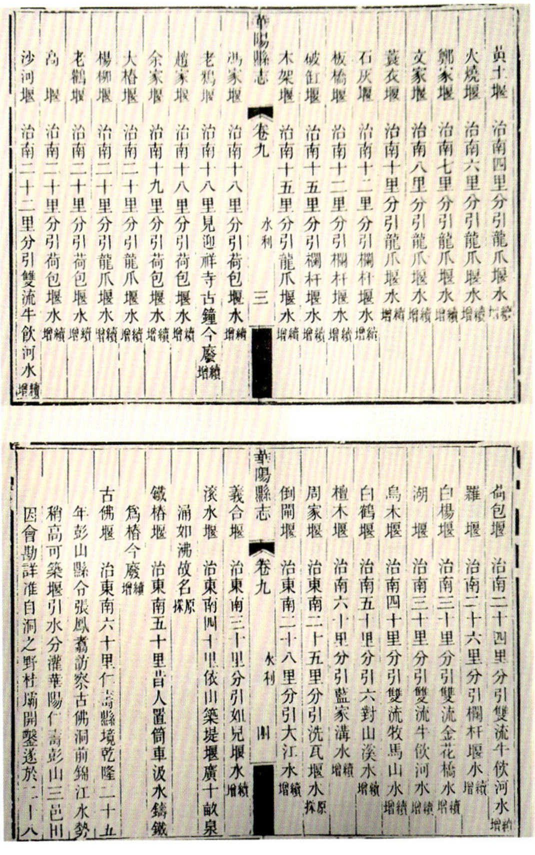
黄土堰 治南四里分引龍爪堰水增續
火燒堰 治南六里分引龍爪堰水增續
鄭家堰 治南七里分引龍爪堰水增續
文家堰 治南八里分引龍爪堰水增續
蓑衣堰 治南十里分引龍爪堰水增續
石灰堰 治南十二里分引欄杆堰水增續
板橋堰 治南十二里分引欄杆堰水增續
破缸堰 治南十五里分引欄杆堰水增續
木架堰 治南十五里分引龍爪堰水增續
華陽縣志 卷九 水利 三
馮家堰 治南十八里分引荷包堰水增續
老鴉堰 治南十八里見迎祥寺古鐘今廢增續
趙家堰 治南十八里分引荷包堰水增續
余家堰 治南十九里分引荷包堰水增續
大橋堰 治南二十里分引龍爪堰水增續
楊柳堰 治南二十里分引龍爪堰水增續
老鶴堰 治南二十里分引荷包堰水增續
高堰 治南二十里分引荷包堰水增續
沙河堰 治南二十二里分引雙流牛飲河水增續

荷包堰 治南二十四里分引雙流牛飲河水增續
羅堰 治南二十六里分引欄杆堰水增續
白楊堰 治南三十里分引雙流金花橋水增續
湖堰 治南三十里分引雙流牛飲河水增續
烏木堰 治南四十里分引雙流牧馬山水增續
白鶴堰 治南五十里分引六對山溪水增續
檀木堰 治南六十里分引藍家溝水增續
周家堰 治東南二十五里分引洗瓦堰水採原
倒鬧堰 治東南二十八里分引大江水增續
華陽縣志 卷九 水利 四
義合堰 治東南三十里分引如兒堰水增續
滚水堰 治東南四十里依山築堤堰廣十畝泉
涌如沸故名採原
鐵椿堰 治東南五十里昔人置筒車汲水鑄鐵
為椿今廢增續
古佛堰 治東南六十里仁壽縣境乾隆二十五
年彭山縣令張鳳翥訪察古佛洞前錦江水勢
稍高可築堰引水分灌華陽仁壽彭山三邑田
因會勘詳准自洞之野村壩開鑿遂於二十八

清嘉庆《华阳县志》内页

筑堰与修淘，其筹款所剩，以及开设作坊经营所得，又可用来购买和置备修材、雇佣劳力，从而形成良好的护养堰堤的机制。例如大邑县《龙头堰碑记》：“邑西关外，萧芬、黄绳武、梁朝晋、赵文科诸公，可谓正直人矣。盖光绪五年，萧芬、黄绳武，充当菖蔴堰堰长，各捐钱五千文，又以做堰所剩十千，集众商议，举梁朝晋、赵文科二人经理此钱。嗣后，堰内买田者，均甘与堰帮钱，及连年做堰、修沟所剩，一并交于二人。生息数年，积有九十余串，买田二十一亩余。年即卖此租谷，做堰。”民国

《崇庆县志校注》："马堰，流经十余里，溉田三千亩余，分小堰三。清同治七年，大水冲毁沟道，民众醵资善完。以羡钱三百余缗购田七亩，交周碾主者蓄租，备岁修材庸。"

筑有河堰的地方，其地名或聚落名往往用"某某堰"来表示。这些地名中，冠以姓氏的尤其多，其名来自早期居住于此的大户望族，这在前面已经提及。例如，清光绪《崇宁县乡土志》："华家堰，在县东三里，是乡旧多华姓，故名。冯家堰，在县东三里，是乡多姓冯，故名。"时异事殊，一些姓氏地名也会发生变化，例如民国《邛崃县志》："罗堰，旧志名淡家堰。"姓氏类堰名以外，还有各种各样的其他类堰名。当然，这些堰名也都有着各自不同的来历。例如，民国《邛崃县志》："油榨沱有天纲堰，县西五十五里，在袁天纲祠外。"清光绪《崇宁县乡土志》："灵宝堰，在县北一里，因近灵宝观侧，故名。平乐堰，在县西十里，因近平乐寺，故名。永宁堰，在县南七里，是处有永宁桥，故名。万工堰，在县北十五里，因工以万计，故名。"清嘉庆《华阳县志》：龙爪堰，"明嘉靖三十六年，蜀藩王于此筑石堰，截堵清水河水，分三股灌田，形似龙爪，故名"。旧时华阳的千金堰，则是因为其修筑"率用民钱一万三千"而得名。成都各地之大小河堰，多不胜数，名称与来历更是五花八门，这里就不再一一列举。

历经多年的城市改造与建设，成都城区与四郊早已改容易貌，但尚存的一些带有"堰"字的地名，似能让人联想到遥远的过去。红花堰、龙爪堰、七道堰、大观堰、豆腐堰、井坎堰、石灰堰、洗瓦堰、火烧堰、九里堤……这些古代水利工程的地名遗存，将九江八水、溪河曲绕的成都与物产丰富、岁稔年丰的"天府之国"联系了起来。可以肯定地说，正是古代堰渠体系，带来了成都平原的"田肥美，民殷富"与"蓄积饶多"。

水　碾

水碾（古同“水辗”），即利用水能的转碾。元·王祯《农书》载：“水碾，水轮转碾也。”与水磨不同，水碾只有一扇石盘，即碾盘，盘内中轴固定，上安横轴（砣杆），轴前端装有滚轮（也称碾砣、碾磙、辗碾，多为石质），在水轮（水车）传动下碾盘中轴旋转，砣杆带动滚轮沿石盘上的碾槽滚动作圆周运动，滚轮与碾槽产生摩擦。摩擦下，被加工物开裂或粉碎。水碾为古时先进的农业加工机械，主要用于谷物脱壳，以及小麦、玉米、菜籽等农作物的粉碎，一些地方还用其压榨竹子来造纸。史载表明，水碾发明并普及于魏晋南北朝时期。关于水碾工作的原理与机能，元代农学家、农业机械学家王祯在其《农书》中有记载：“下作卧轮或立轮，如水磨之法，轮轴上端穿其砣杆，水激则砣随轮转，循槽轹谷，疾若风雨，日所毇米，比于陆辗，功利过倍。”陆碾，也称旱碾，即使用人力或畜力的石碾。水碾的利用，大大节省了人力、畜力并提高了工效。

水碾，运用了与水碓、水磨、水砻大同小异的水轮传动原理，在石碾的基础上改进而来。水碓，西汉时就已出现，是利用水能加工农副产品的机械，主要用于捣碎谷物。水磨出现相对晚些，也是利用水能加工农副产品的机械，主要用于磨碎谷物。水砻发明于元代，也是利用水力传动的机械装置，用于去掉谷物外壳。水碓、水磨、水碾、水砻等农具的发明与使用，与古人广泛种植稻谷有关。新津宝墩古城遗址与广汉三星堆遗址发现新石器晚期炭化水稻；成都市区金沙遗址发现商末周初以前的稻谷种子遗存；成都凤凰山发现的西汉早期的木椁墓出土物中有碳化水稻；新津宝子山和绵阳新皂乡的东汉时期墓葬中都曾出土陶质水田模型；安宁河流域出土的先秦墓葬中也发现了稻草和稻壳的痕迹。这些出土物或古代遗存表明，四川一地早在汉代以前就开始广泛种植水稻。晋·郭义恭《广志》

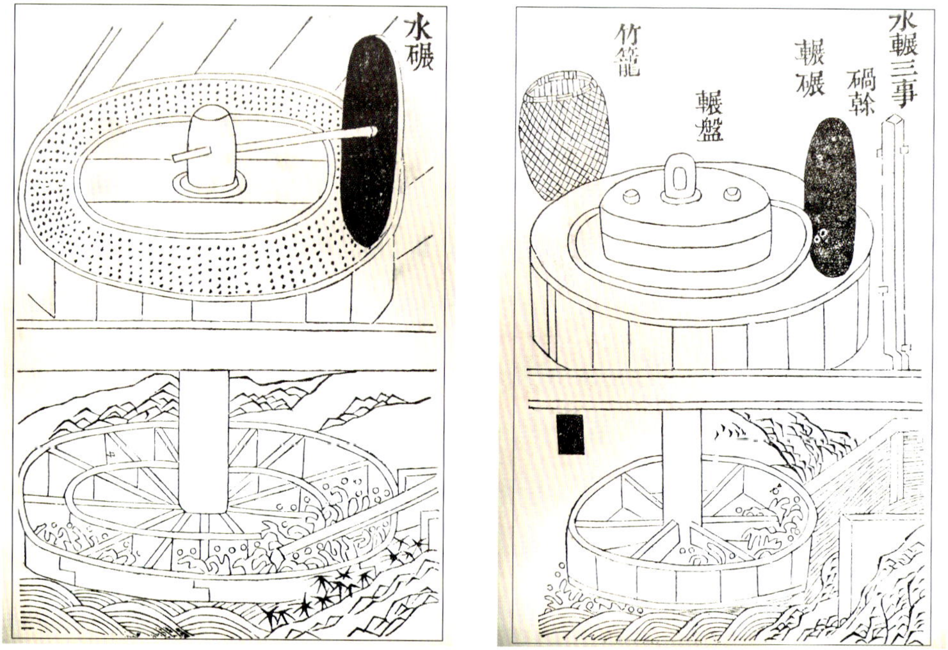

明《农政全书》插图

记载有：“青芋稻，六月熟；累子稻、白汉稻，七月熟。此三稻，大而且长，米半寸，出益州。”种植水稻，就必然需要相应的加工工具。欲善其事，先利其器，毫无疑问，水碾就是在原始农用工具的不断改进中产生的。古人在水轮的设计与使用中，还发现更换水轮轴端，可使水碾兼顾三事，即磨、砻、碾。王祯《农书》载：“水碾三事，谓水转轮轴可兼三事，磨、砻、碾也……夫一机三事，始终具备，变而能通，兼而不乏，省而有要，诚便民之活法，造物之潜机。”

清中期以来至20世纪六七十年代，水碾，一直是四川平原与坝区农村里加工稻谷的主要工具，几乎每个村都设有水碾，如成都簇桥乡曾有吴家碾、李家双水碾、高堰子水碾等20余座水碾；新都龙桥镇一带曾有肖家碾、钟家碾、白水碾等30余座水碾。另如灌县（今都江堰市）各村乡曾分布有433座水碾。水力资源丰富的地方，相对水碾也多。水碾的数目也能反映一个地方水能利用的状况，以及当地农产品的加工水平。旧时一些府县，甚至会将当地的水碾数目记录在方志中。如民国《邛崃县志》中就按大河、小河和堰河分列出邛崃县东西南北各路的水碾数目。“大河：东路，碾十八；西路，碾二十五；南路，碾六十七；北路，碾五。小河：东路，碾九十；西路，碾八十三；南路，碾三十三；北路，碾二十六。堰河：东路，碾一百七十三；西路，碾三十五；南路，碾一百四十二；北路，碾六十五。”

水碾，在旧时农耕社会里是重要的私有财产或官府财产。一些大家富户，拥有一座，甚至多座水碾，如清代华阳黄龙溪的陈家，就拥有八座水碾。雅安上里的韩家，因经营茶叶和布匹而成为清乾隆时期的豪富，韩家于清嘉庆年间在上里五甲口修建了规模宏大的祠堂并拥有众多的祠堂财产，《韩氏家谱》记载，本家有“祠堂水碾一座，坐落本场菜市”。有的水碾为几家共有或共同经营，如民国时期大邑安仁的刘湘，其父亲就与两户亲戚合营水碾一座。水碾也常常作为寺庙，或宗族（会馆）的财产，经营所得用于寺庙或会馆的开支与维护。唐代时，建造和使用水碾还需得到官府特许，即水碾被当作一种特别的财产。水碾可以作为财富进行买卖，也可作为遗产传及子孙。彭县（今彭州）水洞子《罗氏宗谱》中记载有：“德坤公继存先发公的遗产，计有农田二十五亩，水碾半座。”据《罗氏宗谱》中的细述，罗先发去世较早，其妻缪氏带领罗德洪和罗德坤二子勤俭持家，种田四十余亩，后于清宣统元年（1909）从彭县三界村冯姓人家处购得“赵家碾”。缪氏死后，该水碾作为遗产分配给了两个儿子。可以推测知，冯姓人家的“赵家碾”，其原主应是赵姓人氏，前面也一定是有过买卖交易。

建造或购置水碾，成本或价格较高，不是普通家户所能承受。水碾的建造成本不仅是碾子本身的制作成本，还包括开挖渠道、构筑拦河坝、设置闸门，以及制作水车与安装机械传动装置等多项开支。通常建造一座水碾坊，需要木匠、石匠、铁匠、泥瓦匠等多工种匠人参与，技术含量较高，耗时也长，仅匠人的劳作费用就是一笔不小的开支。经营水碾所得，通常指收取的对外加工费。经营中，特别是在需求大于供给，或缺乏竞争的情况下，水碾拥有者能得到较为丰厚的利润。前面提到的黄龙溪场的“陈家水碾”，就是以经营水碾而成为豪富的人家。旧时经营水碾者，还需要缴纳“水碾捐”。清康熙《四川成都府志》中就有对当时的成都县和华阳县水碾课银的记录。“成都县，见载水碾三十八座，每座课银二钱四分，共课银九两四钱四分。华阳县，见载水碾二十七座，每座课银二钱四分，共课银六两四钱八分。”清乾隆《大邑县志》中也有当时对大邑县水碾权课的记录。“水碾新旧共壹佰壹拾肆座，每座权税银贰钱肆分，牙税银伍两。”显然，对水碾经营者而言，扣除各类开支和杂捐后，必须要有利可图才能持续经营。陈文荣等编纂的《黔南陈氏族谱》中有一篇“龙井河水碾记”的小文，该文对水碾的运作与经营有这样的描述：“水碾之称鲜载传籍。……大碾在河之涘，石堤束水，水出屋基，基空置轮，因而转焉，四时运行，不虞水断……而司碾者启闭水闸，襄米出纳，率一人可尽事，费少盈多，厥业甚盛。”

旧时乡场上的富家往往也是当地经营米、面和油生意的大户。除了加工农副产品外，这些大户还会建置仓房和货栈，修筑码头，通过陆路或水路将加工好的粮油配送到远近城市与乡村销售。经营范围的扩大与作业量的增加，在碾坊、场库和码头工作的人也有了更加细致的分工。粮油加工之处也渐渐地成为商贾以及赶场或过往之人聚集、歇脚与休闲的地方。碾坊近旁往往也会因此而形成集市，其他各类商品的交易规模也随之增大。例如，清时“陈家水碾”的发达，或对黄龙溪场的形成和繁荣有着一定的促进作用。

河渠分布较多的四川平原或坝区，盛产稻谷，自然水碾尤其多。仅从保留下来的地名就可断定曾经设有水碾的地方。成都及周边各处与水碾有关的地名就多如牛毛。如清末民初《成都通览》一书中就列出成都近城的水碾有余家碾、江家碾、将军碾、苏家碾、萧家碾、黄家碾、周家碾、王家碾和陈家碾等。水碾河、罗家碾，至今还是成都市内带有地标象征的地名。远郊和农村里的水碾当然就更多，密集处方圆几里之内就有多达一二十处这样的地名。水碾地名中以姓氏命名的最多，这既是一种习称，也是表达水碾的所有者关系，如董碾、冯家碾、徐老碾、老李碾、苏罗碾、喻黄碾、朱水碾、陈家水碾、老文家碾、大黄碾、小雷家碾、李碾子山、贾格碾、欧双水碾、杨家烂碾子等。除此之外，还有以颜色命名的，如红碾子、黑碾子、花花碾、红心碾等；有以形态命名的，如高脚碾、圆碾房、石板碾等；有以水况或用水方式命名的，如白水碾、中水碾、倒流碾、烂水碾、干水碾、双水碾等；有以传动方式命名的，如筒车碾、水打箩周碾等；有以数量命名的，如半座碾、二道碾、三合碾、八角碾等；有以方位命名的，如上碾坝、下碾子、上毛碾、下傅家碾、北碾子等；有以带有时代色彩的名词命名的，如革命油碾、团结碾、红星碾、红旗碾、兴光碾等；其他的还有老碾、新碾、草

碾沟　双流黄龙溪镇（2018）

碾子、茅草碾、泡桐碾、卷洞碾、岩波碾、火烧碾、蛮子碾、油榨碾、川心碾、和尚碾、碾房沟、碾房堰，等等。当然，不排除上述这些碾名中的“碾”也包括少量的陆碾。

盆地边缘丘陵地带与山乡坝区里，也有一些与水碾有关的地名，如水碾村、水碾坝、水碾拐、水碾塘、水碾桥、水碾坎、碾子湾、碾槽沟、碾槽滩、碾田沟、碾子冲、碾子塘、大碾沱、碾田沟，等等。相比平原坝区，四川山地乡村里水碾较少，主要原因是山间溪河的水流难以控制，特别是在雨季或洪涝期间，无法保障水碾的正常运转。此外，山地建造人工水渠困难大、成本高昂，也是水碾少见的重要原因。因此，丘陵地带或山区里更多见的是陆碾。

四川各地的水碾，主要用途是碾米、磨面和榨油，也有用来碾压竹子的，如会理县云甸乡境内至今还保留有 20 多个用来碾竹的水碾作坊，碾压过的竹子为造纸用的原料。根据不同的用途，水碾又可分为米碾、面碾、油碾，以及竹碾、骨碾等，各自在机械原理和工作方式上略有不同。川西地区的水碾，动力传动装置水车主要为两种，即平车与高车（立车），其中尤以平车为多。

供参观的水碾　双流黄龙溪镇（2018）

废弃的水碾　双流黄龙溪镇（2018）

水碾的动力来自水流，但碾坊通常不是直接架设在江河之上，而是架设在碾沟上。碾沟，即人造水渠，其作用是控制水流并将河水导入碾房。碾坊沟槽前端设有闸门；闸门开启状态下，稳定的水流冲击水碾下部的转轮（水车），碾盘中轴于是带动碾磙匀速旋转。立车则需要另外的传动装置。碾磙用横轴与碾盘中轴榫卯相连，中轴转动时，横轴外端上的碾磙就在石头打制成的环形碾槽中作圆周运动。水流经过转轮，又回到了渠中。有些碾坊很大，巨大的水碾需要强劲的动力，为此而挖设的碾沟自然也就很宽。碾坊横跨在碾沟上，远望犹如一座小廊桥。丝丝晨光、缕缕暮霭，一早一晚，绿野嘉禾中的碾坊与水中波影相互映衬，格外漂亮。“哗哗哗”、“咚咚咚”，碾坊工作时水流与碾磙的声音很有节奏。关于碾坊，《沈从文传》中有这样一段描述：“最经看的还是那些碾坊和油坊。碾坊、油坊必傍溪傍河而立。溪河上游距碾坊、油坊不远处，建一道小小拦河坝，将水引入渠道。渠水流到水碾处，从高处跌落时突然发力，冲击坎下装置的水车，转动的水车带动碾坊地下碾盘连轴，地面上的石碾便沿着圆形石槽运行。”水碾坊，为旧时乡村一景。清嘉庆《金堂县志》中记载有：“清泉涌出，浩若银涛，爰筑堤为塘，旁列沟渠，引水渠田，其疾流迅注，并开水碾，一方烟景咸赖之。”

旧时川西坝子里的水碾坊是一处聚人聚气的地方。从早到晚，通往水碾坊的小路上，总能看见背篓的、挑担的、推鸡公车的乡人。碾坊内外的地上，掉落着很多糠渣、麸粉，四处摆放着一些麻袋、箩筐。乡亲们将稻谷或麦子送来，再将加工好的米、面，还有糠、麸带走。米糠和麸子是可以留下抵扣加工费的，这要看各人的选择。遇在人多的时候，乡亲们会聚在一起聊天摆闲，叶子烟味中，有说有笑，熙熙融融。房檐上和树枝上，成群的麻雀，叽叽喳喳。麻雀似乎并不怕人，瞅准机会不时俯冲下来，捡食地上的谷子和米粒。一旁来回踱步的鸡，似乎对此并不介意，大家相安无事。偶尔，一只猫或狗跑过，让麻雀和小鸡略有惊慌。

随着使用电能、效率更高的碾磨与压榨机器的不断出现，以及自给自足式农耕经济的不断衰减，水碾渐渐被废弃，甚至消失。如今，只在一些偏远的地方还能看见保持完好的水碾，也稀见一些人家将水碾视为家珍，维持着水碾的寿命。眉山崇仁镇平山村的郑家、西昌兴胜乡小桥村的严家，就是这样的依旧保持传统的人家。有意思的是，一些旅游景点，摆设着一些水碾构件，水碾，已然成为让人观瞻和回忆的旧物。尽管如此，水碾作为一种历史见证和农耕文化的元素，一定还会在较长的时间里留在人们的记忆和言谈里，当然，一定还会有人愿意并努力地去寻究水碾背后的故事。

火　井

说到火井，历史悠久且名书竹帛的当是四川邛崃市的火井镇。火井镇，建置历史久远，后晋《旧唐书·地理》：“火井，汉临邛县地，周置火井镇，隋改镇为县也。”该地“火井”之名，早在汉代即已出现。汉《急就章》：“盐生于卤水者也，古者夙沙氏初煮海为盐，其后又出河东大卤、临邛火井焉。”夙沙，亦称宿沙，相传为史上最早的煮盐制盐者。南唐·徐锴《说文系传》：“夙沙，黄帝臣也，蜀方有盐井也。”

火井，为古时的一种盐井，但又不同于一般的盐井，即“井中出火”。宋《舆地纪胜》：“火井，以火引之，则有声隐隐然发于地中。”清乾隆《荣县志》：“火井，不资柴草，昼夜自燃，得火气之精。”清·朱骏声《说文通训定声》：火井，“火从地出，故亦名荧台。《蜀都赋》火井沉荧于幽泉。注：盐井也。”关于各地火井其状其势，历代记载颇多。唐《元和郡县志》：“火井，广五尺，深三丈，在临邛县南一百里，以家火投之，有声如雷，以竹筒盛之持行，终日不灭。”清同治《续修罗江县志》：“盐井沟，有古

火井纪念碑　邛崃火井镇（2010）

临水民居　邛崃火井镇（2017）

井数口，颇深广，架木支撑，久芜废不治，投以瓦砾，良久，雪花泛涌，以火试之，气蒸蒸扑眉宇燃，水苦咸不可食，疑古盐井或火井也。”民国《渠县志》：“地火，嘉本前志云，县之三汇镇江滨沙坝中，时有火出于沙内，焰高二三尺，可以燃纸，居人于火发处掘之，沙中亦无他异，殆亦火井之类也。”

火井出火，并非异象，而是井中有可燃之物，即石油与天然气。蜀中盐井，往往是盐卤、石油与天然气兼而有之。清《四川盐法志》：“火井……其泉皆油，热之燃，人取为灯烛。”清·刘锦藻《续文献通考》：富顺“各盐井中除石油外又产煤气，有能以一井而供给三四百锅煮盐之用者，此种产煤气之井，又称火井”。火井之火，常用于煮盐。晋《华阳国志》：“文井江有火井，夜时光映上昭，民欲其火，先以家火投之，顷许，如雷声火焰出，通耀数十里。以竹筒盛其光，藏之可拽行，终日不灭也。井有二水，取井火煮之，一斛水得五斗盐，家火煮之，得盐无几。”明·张瀚《松窗梦语》：“内江富顺之交……有火井，土人用竹筒引火气煎盐。”清道光《荣县志》：“公井镇，唐之公井县也，有水井，亦有火井，水井产盐水，火井产火，即以煮盐。”关于如何利用火井之火，明《天工开

盐井溪　邛崃火井镇（2017）

明《天工开物》蜀省井盐图

物》中写道：“以长竹剖开去节，合缝漆布，一头插入井底，其上曲接，以口紧对釜脐，注卤水釜中，只见火意烘烘，水即滚沸。”清同治《富顺县志》中也有记载：“火井，在县西九十里，井深四五丈，大径五六寸，中无盐水，井气如雾，烽焞上腾，以竹去节入井中，用泥涂口，家火引之即发火，根离地寸许，甚细，至上渐大，高数尺，光芒异于常火，声隆隆如雷殷地中，周围砌灶，盐锅重千觔，嵌灶上，煎盐亘昼夜不息，如不用，以水泼之即灭。”清·佚名《残明纪事》：“川东盐井取之较易，且有火井以助煎熬。”火井煮盐，还有助于提升井盐质量。清《四川盐法志》：“蜀中各邑产盐，惟火井烧盐之法最精。澄水下浆，提渣去碱，经昼夜而成，雪白匀净，其味鲜美。”

明《天工开物》：“西川有火井，事奇甚。”火井，对古人而言，颇多神秘，因而演绎出一些故事。例如，临邛火井就与诸葛孔明扯上了关系。西晋《博物志》：“临邛火井一所，纵广五尺，深二三丈，井在县南百里，昔时人以竹木投以取火。诸葛丞相往视之后火转盛。执盆盖井上煮盐，得盐。”清·陈祥裔《蜀都碎事》：“蜀临邛县有火井，汉室之隆，则炎赫弥炽，恒灵之际，火势渐微，孔明一窥而更盛，至景曜元年，人以烛投而灭，其年并于魏。”历史上为火井吟诗作赋或题记的达官贵要也不少。例如，清朝皇帝乾隆就曾写有《火井诗》——“凿井如置产，恒引供烹饲。亦可用煮盐，盐井则别异。蜀有争产者，是闻问以悉。评理因志详，究竟非奇事。”清代富顺籍进士、曾任多地知县的李芝，写有《火井赋》一篇。赋中有：“旸谷流金，焦溪喷泉。仿佛金银之气，飘摇野水之烟。”清康熙年间举人、滇省著名文人李崇阶，题写《游火井记》。记中写道：“相传蜀中山水多奇观，而火井为最。”

东汉画像砖　邛崃花牌坊出土

今邛崃一带，有着悠久的产盐历史，相关记录散见于众多古籍。清·吴卓信《汉书地理志补注》载：“《水经注》临邛县有火井、盐水。《元和志》今盐井距蒲江县二十里。《旧唐书地理志》蒲江火井有盐。《寰宇记》静边井在火井县西四十里，出盐。《元史·食货志》邛州有二盐井，宋时地震盐水涌溢，州民愿作什器煮盐。”汉代时，成都及周边一带制盐业甚为兴盛，先后出土的汉代画像砖中即有此题材。实际上，古代蜀中产盐地分布十分广阔，而蜀地之富饶，亦与盐井众多密不可分。晋《蜀都赋》：蜀中“家有盐泉之井，户有橘柚之园”。晋《华阳国志》：李冰“识察水脉，穿广都盐井诸陂池，蜀于是盛有养身之饶焉”。南朝宋·范晔《后汉书·公孙述传》：蜀地“有鱼盐铜银之利，浮水转漕之便”。

蜀中火井，古有记载的不少。宋《太平寰宇记》：“蓬池县（今仪陇县）火井，在县西南三十里，水涸之时，以火投其中，烟从地中出，可以御寒，移时方灭，若掘深一二丈，颇有水出。”宋《新编方舆胜览》：“火井，在长江县（今蓬溪县）客馆镇之北二里伏龙山下，地窖若池，以火引之，则有声隐隐然发于池中，少顷炽炎。夏月积雨，停水则焰生水上，水为之沸而寒如故，水涸则土上有焰，观者至，焚其衣裾。”蓬溪、中江、南部等地，都是古时盐业发达之地。唐《元和志》：“蓬溪县有盐井十三所。”清道光《中江县志》：“县境产盐井……今下村十一乡雷家沟、送包沟、龙怀寺等处间出火井，此兴彼灭。”清道光《南部

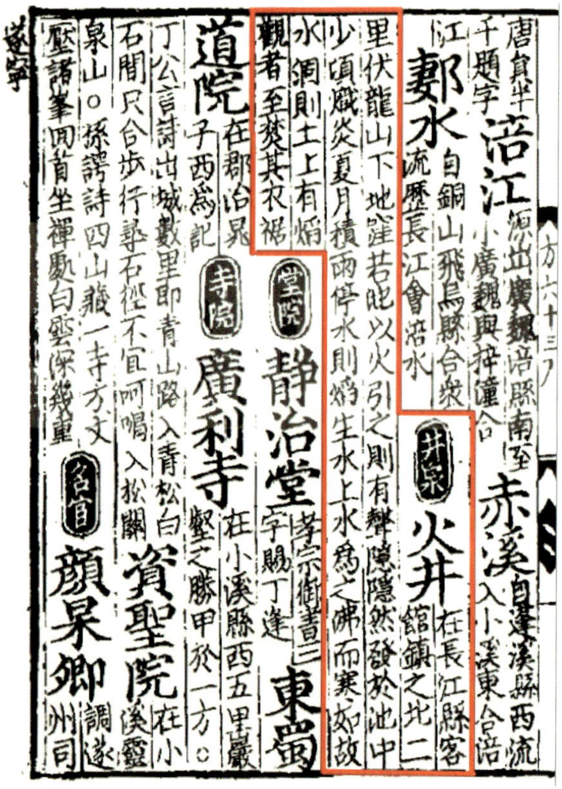
唐員半千題字 涪江源出廣魏涪縣南至小廣魏與梓潼合 赤溪自蓬溪縣西流入小溪東合涪江 郪水自銅山飛鳥縣合衆流歷長江會涪水

井泉 火井在長江縣客館鎮之北二里伏龍山下地窪若池以火引之則有聲隱隱然發於池中少頃熾炎夏月積雨停水則焰生水上水為之沸而寒如故水涸則土上有焰觀者至焚其衣裾

堂院 靜治堂孝宗御書三字賜丁逢 東蜀道院在郡治東子西為記

寺院 廣利寺在小溪縣西五里巖壑之勝甲於一方○丁公言詩出城數里即青山路入青松白石間只合步行尋石徑不宜呵喝入松關 資聖院在小溪靈泉山○孫諤詩四山飛一寺方丈壓諸峯回首坐禪處白雲深幾重

名宦 顏杲卿調遂州司

遂寧

宋《新编方舆胜览》内页

县志》：“邑之有盐田，由来久矣。方今生齿日繁，投火灌水之术，争相驱逐。”至今，四川相当多的地方保留有以“盐井”为称的地名。

火井，为一类特殊的井，自然容易成为该地之人文地理实体的专有名词，即地名。相关地名如火井坝、火井坡、火井漕、火井沱、火井沟、火井湾、火井溪等。清·许鸿磐《方舆考证》：“火井坝在（邛）州西六十里，今设巡司，并管夹门关。”清乾隆《富顺县志》：“火井沱，治西北自流井上。”“火井沟”地名相对较多。通江县学堂山村蔡家祠堂留存的清道光二十九年（1849）《蔡家沟合族创修祠堂碑志》中记载：蔡氏先祖于明洪武年间“自湖广麻城迁西蜀保郡南部县，于积善乡火井沟卜居”。清道光《蓬溪县志》：“火井沟有火井，可以煮水为盐。”清光绪《蓬州志》：“东有水三源，皆出云雾山之后，其一源曰火井沟，涌泉也。”也有地方将火井称为“火烧井”。例如，三台县广利乡旧时有一盐井，井中有气冒出，引火即燃，乡人俗称之为“火烧井”，该地名沿用至今。古往今来，“火井”还先后为一些地方县、镇、乡的专名。宋《舆地广记》：“火井县，本临邛县地，后周置火井镇。”清嘉庆《四川通志》：“涌池，在（雅）州北火井乡，方广亩许。”今仪陇、大英等地还有“火井村”的地名。

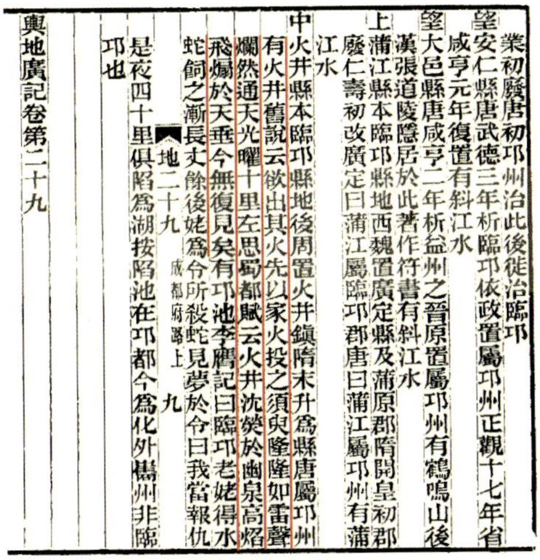
業初廢唐初邛州治此後徙治臨邛
望安仁縣唐武德三年析臨邛依政置屬邛州正觀十七年省
咸亨元年復置有斜江水
望大邑縣唐咸亨二年析益州之晉原置屬邛州有鶴鳴山後
漢張道陵隱居於此著作符書有斜江水
上蒲江縣本臨邛縣地西魏置廣定縣及蒲原郡隋開皇初郡
廢仁壽初改廣定曰蒲江屬臨邛郡唐曰蒲江屬邛州有蒲
江水
中火井縣本臨邛縣地後周置火井鎮隋末升爲縣唐屬邛州
有火井舊說云欲出其火先以家火投之須臾隆隆如雷聲
爛然通天光曜十里左思蜀都賦云火井沈熒於幽泉高焰
飛煽於天垂今無復見矣有邛池李膺記曰臨邛老姥得水
蛇飼之漸長丈餘後姥爲令所殺蛇見夢於令曰我當報仇
輿地二十九 成都府路上 九
是夜四十里俱陷爲湖按陷池在邛都今爲化外巂州非臨
邛也
輿地廣記卷第二十九

宋《舆地广记》内页

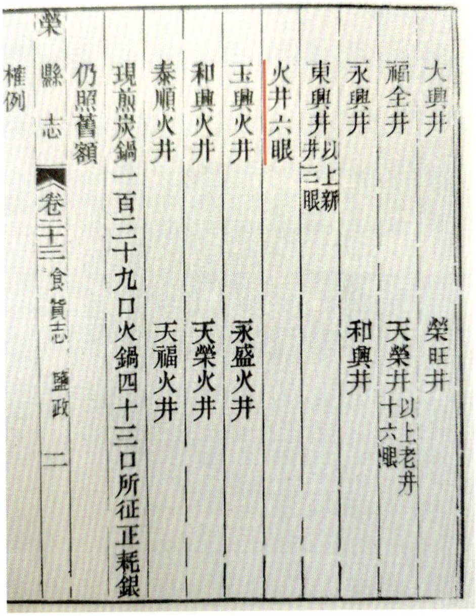
大興井 榮旺井
福全井 天榮井以上老井十六眼
永興井 和興井
東興井以上新井三眼
火井六眼
玉興火井 永盛火井
和興火井 天榮火井
泰順火井 天福火井
現煎炭鍋一百三十九口火鍋四十三口所征正耗銀
仍照舊額
榮縣志 卷三十三 食貨志 鹽政 二
權例

清道光《荣县志》内页

川南犍为、富顺、荣县、宜宾等地，历史上也是盐泉丰富之地，自然火井也所在多有。清嘉庆《犍为县志》："今县属五通桥河东西皆出火井，亦时有旺者。"清《四川盐法志》："火井在蜀之临邛，今嘉定犍为有之。富顺，火井一，在县西九十里。荣县，火井十。"清道光《荣县志》中，就列有"火井六眼"——玉兴火井、永盛火井、和兴火井、天荣火井、泰顺火井与天福火井。清晚民初《清稗类钞》："自宜宾北泝岷江至奉节，沿岸多盐场、火井。"明中期以后，富顺、荣县一带天然气井开采渐盛，至清中后期时，当地火井众多。清人李榕《自流井记》中记载："火之极旺者，曰海顺井，可烧锅七百余口。水火油三者并出，曰磨子井……火可烧锅四百余口。火井，有人火，有微火，惟视所煮锅之多寡以为盛衰。"

石油或天然气的含量，决定了火井"出火"的寿命。宋《舆地广记》：临邛"火井……烂燃通天，光曜十里……今无复见矣"。清同治《嘉定府志》："火井在县东北八十里井筒溪，明正德时土人掘井煮盐，泉皆油，热之甚炽，取以为灯，风雨不灭，今涸。"民国《简阳县志》："火井，（县北）七里，火井塆能出火以煮盐，今则仅有盐水而无火光，亦地气盛衰使然。"很多地方，火井早已不存，仅留一地名而已，民国《邛崃县志》："邛火井著闻于古，而灭绝于今，盐井尚有溪可寻，火井则无山可指。"

盐泉，为古代蜀地饶富之源；火井，亦是古代蜀中奇异景观。相当长的时间里，古人借助竹木土石之类的材料，即能巧妙地开发利用蕴藏于地下深处的盐卤与油气，这确实是了不起的成就。可以说，火井，体现了古代蜀人的智慧，也带来了古代蜀地的"灿然"。

场与赶场

“赶场”之语，流行于巴蜀各地。赶场，也是巴蜀乡人生活中重要的内容。

场，多义，广泛地用来表达平坦的空地，或举行某种活动的处所。例如，“九月筑场圃”（《诗经》）；“积土为坛，平地为场”（《汉书》）。秦汉以来的各类文献中有关“场”的词汇多不胜数，如坛场、道场、科场、文场、较场等，再如盐场、茶场、金场、银场、木场、麦场、船场等，此外还有会场、戏场、逢场、出场、散场、上场、下场，等等。唐宋及以后，场作为市集指代和村所、乡所的地名，渐渐多了起来。及至近代，村场、乡场、市场，以及逢场、赶场等词汇的使用就更加频繁了。

场，用来特指市集或市集之处所，同于市。“市”，《说文解字》中解释为“买卖所之也”。《易·系辞》载：“日中为市，致天下之民，聚天下之货，交易而退，各得其所。”《周礼·地官》记：“五十里有市。”唐·张守节《史记正义》载：“古者相聚汲水，有物便卖，因成市，故云市井。”市是因货物交易或买卖而出现的。显然，随着人口和剩余物资的增加，特别是商品生产的出现，市场交易就成为人类活动的主要内容了。早期的市，主要集中在城坊之内并被纳入官方司掌。《周礼·地官·司徒第二·司市》中记载：“以次叙分地而经市，以陈肆辨物而平市，以政令禁物靡而均市，以商贾阜货而行布。”魏晋时期，城外田野之村市，即所谓的草市渐兴，胡三省注解《资治通鉴·卷第一百四十四》中“草市尉”之官名：“台城六门之外，各有草市，置草市尉司察之。”至唐代中期，特别是到了宋代，农业和手工业的迅猛发展极大地促进了商业繁荣，乡村集市大量出现，草市、村市、墟市、村墟、村场等词语开始频频见于各类文献之中。例如宋·曹组有词句：“竹篱茅舍，酒旗沙岸，一簇成村市。”宋·王之道

热闹的乡场　崇州元通镇（2018）

有诗句：“佛屋几间在，村墟三里长。”宋·李兼有诗句：“高秋鲈肥贱如土，换酒村场醉迷路。”

称市为场并置设场市，始见于唐代。《新唐书·李安远传》：“奉使吐谷浑，安远与约和，吐谷浑乃请为互市，边场利之。”清·顾祖禹《读史方舆纪要》：“顺昌县……本建安县地。唐贞观三年，析置将水场。景福二年，改为永顺场。”“泰宁县府……乾符二年，析置归化镇。南唐保大元年，废镇为场。”《读史方舆纪要》中列举的唐代所设置的场众多，例如上杭场、武平场、永安场、大同场、小溪场、归德场、武德场，等等。宋代时，以场称市的就更多了。宋《元丰九域志·地里》

中设置的目次就包括县、城、寨、堡、关、场等。《宋史·章谊》中记载："适岁大旱，米斗千钱，谊用刘晏招商之法，置场增直以籴，米商辐辏，其价自平。"《宋史·岳飞》中记载："飞入贺州境，得成谍者，缚之帐下……飞命士蓐食，潜趋绕岭，未明，已至太平场，破其寨。"

村市之称谓，各地不同，宋元以后，这种差异更加明显。明清时期，巴蜀地区，以及邻近巴蜀地区的贵州、陕南、鄂西、滇北等地，都普遍称呼村市为场。实际上，称村市为场的地域很广。明《徐霞客游记》中记有："下岭即东南溯溪，一里为雷公场，又南三里为深坑。""坝北有土司卢姓者，倚庐北峰下；坝南有场在阜间，川人结茅场侧，为居停焉。"《徐霞客游记》中还记载了场、街、墟之各地称谓差别——"贵州为场，云南为街，广西为墟"。清·施鸿保《闽杂记》中也有记载："闽中上诸府乡镇间，市有定处，或二七日，或三八日，或四九日为期。百物皆聚，谓之虚场。按：虚或作墟，蜀人谓之场，滇人谓之街，岑南谓之务，河北谓之集。"关于市与场之分，明万历《嘉定州（今乐山）志》中是这样记载的："市集，城中日一集，乡各有定日，凡相近者各不相妨。在城曰市，在乡曰场。"明万历年间，嘉定州府城内各处就设有米市、布市、丝市、盐市、柴市、猪市、鸡市、鱼市、麻布市、菜市、豆市、靛市、萝卜市、蓬市、竹市等市，乡下则设有广水庙场、麻平场、安谷上下二场、苏稽场、迈东场、马家场等场。

场的形成，与其所在之地的条件密切相关。相对地讲，人居密集、场地平阔、便于通达之地更适合置设场市。从无到有，从小到大，概莫能外，可以说大多数场都是由乡村小聚落或驿站、店子发展起来的。民国《达县磐石乡志·序二》中记载，磐石场，"其兴场历史，考诸碑记，在明代末叶，始仅茅店一所，位置堰坎上，继以附近人士，因地建修，于是房舍日增，而贸易亦渐发达，世代相传，

赶场的乡亲　邛崃平乐镇（2012）

迄今二百年矣”。据清康熙《夹江县志》和民国《夹江县志》载，清康熙时夹江仅有县城、乾江、永兴和南安四场，至民国时，则增至十三场。清代四川各地广设乡场，和清初移民大量涌入，以及人口剧增、聚居安定，有很大的关系。据不完全统计，清代晚期，四川有约3000个场。

场的形成，最主要的原因，当然是商货交易的需要。场给一定区域内的乡民提供了交易场所，使其能出售剩余农产品和自制手工业品，即让本地商品进入市场体系之中，同时，乡民可以就近在场上购买生产生活之必需品，或进行其他的消费。例如清咸丰《重修梓潼县志·石牛堡兴场碑记》载：“石牛堡地当南北通衢，上距邑城，下至魏城驿，均三十里。附近居民日用布帛菽粟农器耕牛诸物，咸愿就近赶集交易，免致远历。”再如清光绪《太平县（今万源）志》载：“太邑居民类多，零星散处，各场相距远近不一，大者二三百户，小或十余家不等。趁墟之货，以油盐米布为大宗，每至集期，攘往熙来，无不各得其愿。”基层乡场的货物交易，以满足附近居民日常生活所需为主，因此，四川一些地方将这样的乡场俗称为“油盐场”。谈及旧时食盐销售，清《四川盐法志》中有这样的记载：“村寨居住者，各有附近场市，俱于赶场之日市买，随到随卖，并无行店。”

巴蜀地区，以“店子”命名的地方有很多，如茶店子、高店子、瓦店子、石店子、马店子、草店子、竹店子、茅店子，等等，取名“幺店子”的地方尤其多。此外，还有张店、李店、胖子店等地名。所谓店或店子，就是旧时开设的路边茶旅店，专供马帮、挑夫或过路人歇脚的地方。幺店，也称“腰店”，清光绪《隆昌县乡土志》中记载：“息肩于此，商人亦多住宿此，有腰店数间以便行旅。”

很多的“店子”，后来发展成为“场”，例如中江的冯店场、龙泉的茶店场、威远的新店场、宜宾的高店场、剑阁的盐店场等。清光绪《永川县志》载：“五间铺，县南五十五里，旧系茅店数间，先后增修遂成巨镇，名仍因之。”

形成场的地方往往也是古时官家屯粮积草、设置驿铺，或设置汛营屯堡和建制镇所乡里的地方。清嘉庆《南溪县志》：“铺递，清制官文书之往来，各省腹地所设曰驿；军报所设曰站；边地曰塘；西北两路所设曰台；各省腹地厅州县所设曰铺。”一些设置铺递的地方，后来成为场。由古时驿铺塘站演变而来的场镇，典型的如合江的牛脑驿场、南溪的李庄驿场、苍溪的白驿场、夹江的乾江铺场、乐山的苏稽铺场等，以及昭化的石井铺镇、广汉的高坪铺镇、宣汉的君塘镇、南部的铁佛塘镇、绵阳的塘汛镇、南江的桥亭镇、梓潼的上亭镇等。当然，也有先形成场镇，后来设为驿铺塘站的，例如清乾隆时的剑阁元山场塘、西充槐树场塘、蓬州徐家场塘、营山回龙场塘、汉州小汉镇塘、内江椑木镇塘等。郫县（今郫都）的犀浦，宋代时即设镇场，清乾隆时设犀浦场塘，清嘉庆《郫县志》：“犀浦场，在城东二十二里，属徐村一甲，场期二四七十，大市，有塘房铺递。”古时四川，多地产盐，围盐井而起的乡村聚落自然也多。资中的罗泉、三台的郪江、射洪的青堤等场都是由旧时的产盐或销盐集中地发展起来的。

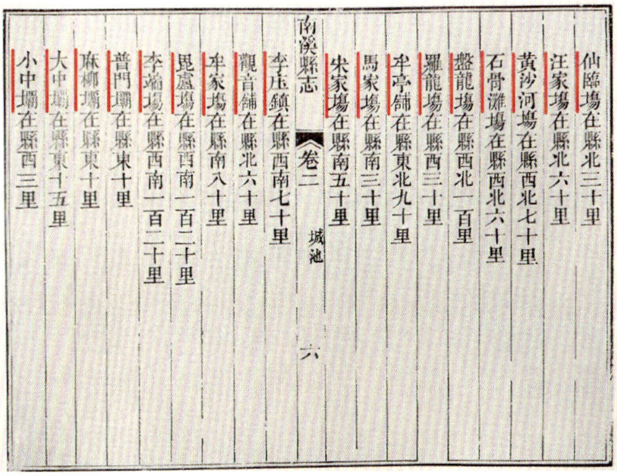
仙臨場在縣北三十里
汪家場在縣北六十里
黃沙河場在縣西北七十里
石骨灘場在縣西北六十里
盤龍場在縣西北一百里
羅龍場在縣西三十里
牟亭舖在縣東北九十里
馬家場在縣南三十里
宋家場在縣南五十里
南溪縣志 卷二 城池 六
李庄鎮在縣西南七十里
觀音舖在縣北六十里
牟家場在縣南八十里
毘盧場在縣西南一百二十里
李端場在縣西南一百二十里
普門壩在縣東十里
麻柳壩在縣東十里
大中壩在縣東十五里
小中壩在縣西三里

清同治《南溪县志》内页

开阔的平地，为设场的重要条件，尤其是在山地或丘陵区域。开阔的平地，本就是形成人居聚落之上选处，也便于人众聚集和车马驻歇，同时还利于商货存储堆放，以及修筑商用设施。平阔之处，四川多称为坝，因此，很多地方的“坝”

也就成了“场”的代称。例如，清同治《南溪县志》中，就将普门坝、麻柳坝、小中坝、大中坝等“坝”，与县内的镇、铺、场并列在场市目录中。

水路运输，为古时人员出行与商货流动的主要方式，渡口或码头自然成为人员往来频繁和商货屯置与周转的地方，因此，渡口、码头处设场，或发展为场，也就特别的多。四川各地大小河流上的很多乡场，几乎都是码头经济带动而兴的。例如，比较著名的码头场有宜宾的李庄、彭山的江口、资阳的石桥、巴中的恩阳、南充的龙门、广安的肖溪、武胜的沿口、内江的椑木、自贡的狮市，等等。地理位置，对于场的形成与发展，有着重要影响，历史上很多乡场的繁盛，就得益于其对外通达的便利。例如，民国《渠县志》：三汇场“明建，地处宕、巴、渠三水总汇，商务最盛，号小重庆”。清嘉庆《梓潼县志》：“青林场，东通保剑，西达江彰，步骑车舆，往来不绝，通衢也。”

乡、镇治所，通常选取在人居密集和交通方便之处，而这些地方往往就是适合开设场市的地方，宋元及以后，乡、镇与场的合一，渐渐成为一种普遍情况。宋《元丰九域志》载：“灵泉（今龙泉驿地），府东五十里，一十五乡，洛带、王店、小东阳三镇。”从地名上看，仅成都域内，就能找到很多旧时由场变化而来的乡镇，例如崇州王场镇、郫县新民场镇、大邑新场镇、董场镇、韩场镇、蔡场镇、彭州的楠场镇，等等。

古时设立场市，大多情况下，由当地乡保绅粮倡导，众人出资出力以建。例如，芦山太平镇有一清嘉庆二年（1791）所立的四方碑，上面详细记载了当年何家坝设场经过：“前有文笔山锁口，后有九龙山来脉，虽属山衢不崴，名亦远扬。开发贸易利农人之粜籴。时有保长程登顺倡首，杨、高、周、王、李等七人勷，于五十一年开场立市，场遂兴焉。”设立场市，应为当地乡人的约定俗成，此外，往往还需得到更高级别地方主事的许可。所设场市之处的人口数量、交通通达、资金筹集与惠及区域大小，以及乡域经济发展的平衡关系等，都是需要通盘考虑的。此外，还有一个重要的事项，那就是课费征稽。开场立市，需要提供公共用地，以及修筑公共设施，场市的管理更涉及诸多事务。很多旧志中记载了当地乡场管理中针对商货经营、房屋出租、场地使用等方面的征稽收纳，以及学堂筹款等事项。

卖布鞋的市场　金堂淮口镇（2017）

明清时期的乡（里甲）制设置，延续秦汉以来的基层治理制度，以自然村落划片安排，例如清康熙《夹江县志》："编户旧制九里：在郭乡、南安乡、古贤乡、牛仙乡、新兴乡、永兴乡、永平乡、汉川乡、永丰乡。今酌为六里：在古乡、新仙乡、兴平乡、南安乡、汉川乡、永丰乡。"场，为乡里以下的基层机构。据清嘉庆《南溪县志》记载，清嘉庆时南溪县设上北、下北、上南、下南四里，分设乡镇有留宾场、刘家场、仙临场、汪家场、黄沙河场、石骨滩场、盘龙场、罗龙场、牟亭铺、马家场、宋家场、李庄镇、观音铺、牟家场、毗卢场、李端场、普门坝等16个场。后增设长兴、大坪、新添、绥庆场，至清晚民国时期，南溪县有场共20个。民国《巴中县志》：县"分三十一乡，设场一百三十七"。

场，递兴递废，例如，南溪县旧时有裴市镇、杨柳场、新兴场、丁家场、桂轮场、观音铺等场，而"明末皆废"。前面谈到，设场与人居密度、场地及其地理位置、商货流转情况等有关，因此，乡中各处设置场市往往是分布"不均"的。例如，清道光《巴州志》载："在城乡，二甲恩阳河分老场、新场、回龙场，三场并列，对河鼎立，人烟稠密，州中场市此为最钜……长乐乡，一甲镇龙关场、喜胜滩场、芝苞口场，二甲关庙场，三甲四甲俱无场市。”当然，场也有大小之分，民国《金堂县续志》中有这样的记载：“东山各场设市开场者共十余处，然皆附近居民自由贸易，朝聚夕散，所有生理俱甚微末，惟九区土桥镇、广兴场、又新场及八区竹篙寺较为繁盛，坐贾各百余家，销行日用货物亦较广。”旧时的一些码头大镇，人户众多，商业繁荣，一处多场，“三场并列”的恩阳河为一典型例子。另有一些设上下二场，或上中下三场的，以及老场、新场的，数量也不少。

场，通常设置在人户稠密的地方，但也有例外。清代著名学者、道光年间曾任汉中知府的严如熤，多年里对川、陕、鄂三省边防进行查勘，对三地之风土有着详细的了解，著述颇多。其《三省山内风土杂识》一书中记录有：“山民贸易，定期赴场，场有在市旁者，亦有开于无人烟之处，曰荒场。”

考究场名的来历与其变化，也能梳理出很多故事来。例如，民国《温江县志》载：“文家场在治东二十里东太平乡，原名安谷场，为后蜀侍御史文谷故里，东溪经场后，溪上有盐井，文氏所鑿，久湮。”“苏坡桥场在治东三十五里东太平乡，以苏东坡尝游其地故名。”“永安场在治南二十里南维新乡，濒金马港，原名太平场，亦名柳江场，又名复兴场即刘家濠。”民国《达县磐石乡志·序五》中记载：“吾乡之设市，自明末始，原名彭市，后改磐市府。民国十三年，甲子春，旅绥同学成立磐石学会，地方人士又以本乡有大磐石，兼之历无兵匪之祸，人民安如磐石，因更名磐石场。”清光绪《江油县志·中坝场记》：“场属邑之巨镇，考古碑志，场地在双流村，即今之罗汉坝，以场有罗汉寺而名之也，兴于元，盛于明，灰烬于献贼之蹂躏，国朝康熙三年始迁于今之中坝……其地形如船，两面皆水，中为场，故曰中坝。”

场，可以说是联系乡村与乡村、本地与外阜，农村与城市的纽带，也是城市文明和风尚传递至乡村的中继站。毫无疑问，场的形成，

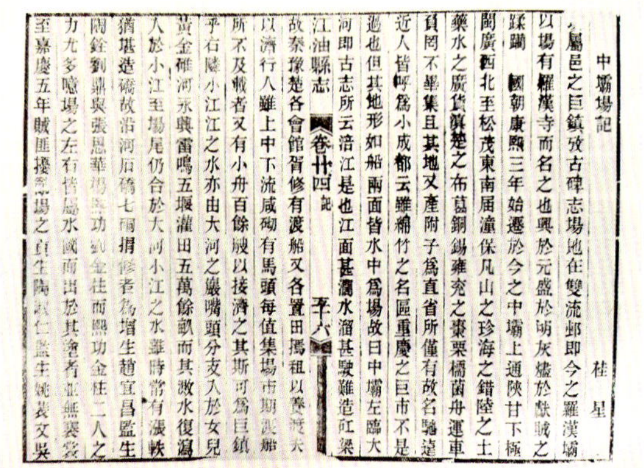
中壩場記　桂星

屬邑之巨鎮攷古碑志場地在雙流郵即今之羅漢壩以場有羅漢寺而名之也興於元盛於明灰燼於獻賊之蹂躪　國朝康熙三年始遷於今之中壩上通陝甘下極閩廣西北至松茂東南屆潼保凡山之珍海之錯陸之土藥水之廣貨滇楚之布葛銅錫雍兗之棗栗橘茵舟運車負罔不畢集且其地又產附子爲直省所僅有故名馳遠近人皆呼爲小成都云雖綿竹之名區重慶之巨市不是過也但其地形如船兩面皆水中爲場故曰中壩左臨大河即古志所云涪江是也江面甚濶水溜甚駛難造矼梁

江油縣志　卷廿四　記　二十六

故秦豫楚各會館胥修有渡船又各置田焉租以養渡夫以濟行人雖上中下流咸砌有馬頭每值集場市期渡船所不及載者又有小舟百餘艘以接濟之其斯可爲巨鎮乎右臨小江江之水亦由大河之巖嘴頭分支入於女兒黃金碓河永興雷鳴五堰灌田五萬餘畝而其激水復瀉入於小江至場尾仍合於大河小江之水雖時常有漲軼猶堪造橋故沿河石碥七個捐修者爲增生趙宜昌監生陶銓劉鼎與張恩華楊[illegible]功劉金柱而熙功金柱二人之力尤多噫場之左右皆爲水國而出於其塗者並無褰裳至嘉慶五年賊匪擾[illegible]場之貢生陶[illegible]仁監生姚表文吳

清光绪《江油县志》内页

既促进了商货流通，也给当地乡人提供了人际交往和展演风俗文化的场所，极大地满足了当地及周边居民的物资需要和精神需要。设场之处，通常是当地乡中文化最为繁荣的地方，即文化中心，集中着寺庙、会馆、宗祠、私塾或学堂、书院等众多的文化设施。其中一些场，建设规模宏大，其势可比县城。例如，清光绪《新纂三台县乡土志》：“观音场，场有城，城五门，水陆交汇地，颇繁盛。”相对地讲，居住在场上的人家子弟，有更多的机会读书就学，以及接触外界和接受新鲜事物。清光绪《江油县志·龙泉场重建奎星阁记》：“龙泉场，一名茧市坝，去江油县城三十余里，山重水复，柳暗花明，乃一大村落也，比屋而居者，半耕半读，每属岁科两试，拔列前茅者其地之人居多，诚为衣冠文物之乡。”人才荟萃、贤良辈出，古来很多大家雅士出生或就学于乡场，后来考取功名或从这里走向仕途。例如巴中白衣场的吴氏族人中有数人考取进士，10余人入仕为官。再如，洪雅柳江场（曾名柳姜场）的张、曾、杨、何四大家族中，有众多人氏出类拔萃，名扬四方。显然，场上居民的生活方式，以及其家成业就的案例，对四邻乡人具有重要的影响和示范作用。

有场，自然也就有了“赶场”之说。赶场，作为一种巴蜀地区普遍使用的地方称谓，大致形成于明代中后期。明·李实《蜀语》中记有：蜀地“村市曰场。入市交易曰赶场。”清嘉庆《梁山（今重庆梁平）县志》：“市井者，场镇也，利之所在，人必趋之，聚民间日用之需，入市交易，谓之赶场。”清乾隆《郫县志》：“俗呼场曰市，驱市曰赶场。”巴蜀地区之外，其他一些地方也有使用“赶场”之语的，旧时的一些文献中有所记载。清郝懿《证俗文》：“黔中苗人，呼上市为赶场。”清《穆堂稿》：“安顺府城外有市，土人谓之赶场。”例如，清道光湖南籍学者黄本骥有诗句：“卖水人家临水住，裹盐村女赶场归。”清晚云南籍文人郑伯侨撰有联句：“牧童宿野燃星火；小贩赶场待月光。”民国年间西乡县长岳峻有诗句：“赶场人处处，挑负力维艰。”

“赶”字，多义，常用来表达去往、奔赴、及早或及时到达的意思，例如赶场、赶集、赶墟、赶街、赶庙会等，以及赶到、赶往等。乡中场市，有着固定的交易日期安排，有集市的日子称作“逢场天”，无集市的日子俗称“寒天”。“寒天”，即“闲天”，民国《新修合川县志》：“不当期之日，谓之闲天。”所谓赶场，就是在逢场天赶往场市参与活动的意思。乡场集市日期安排，应该也是约定俗成。相邻的场，会选择不同的日子集市，这样就可以保证一定区域内散居各处的乡民都能就近赶场，并能将本地远近住户的赶场路程都控制在当日往返之内。

赶场天的日期间隔，相邻各场不一。日期的安排，旧时采用农历推算，现则多用公历推算。很多旧志中都会将当地各场的逢场日期标示出来。典型的逢场日期安排有单日集、双日集，以及一四七集、二五八集、三六九集等。所谓单日集，即日期为单数时逢场，简称“逢单”；双日集，即日期为双数时逢场，简称“逢双”；一四七，则表示日期尾数分别为 1、4、7 时赶场，例如 1 号、4 号、7 号、11 号、14 号、17 号、21 号、24 号、27 号，其他的以此类推。据笔者收集的四川各地乡镇逢场日期资料，场期还有其他多种不同安排的情况。一般的，偏远的或规模较小的乡场，间隔时间较长；相反，则间隔时间较短。例如，凉山州的很多乡市，逢场间隔时间可达 10 天，即一月仅三场。

单日集				
资中罗泉	峨眉罗目	巴中恩阳	洪雅柳江	彭山江口
绵竹孝泉	乐山西坝	简阳石桥	资中铁佛	三台西平
青神瑞峰	蒲江西来	崇州怀远	双流柏合	温江和盛
双流彭镇	金堂五凤	大邑安仁	龙泉洛带	彭镇濛阳
双日集				
新都新繁	三台郪江	犍为罗城	青神汉阳	自贡牛佛
夹江木城	资中甘露	盐源卫城	宜宾李庄	金堂土桥
内江椑木	彭镇新兴	崇州元通	双流太平	金堂淮口
彭镇白鹿	郫县唐昌			
一四七集				
渠县土溪	蓬安金溪	武胜中心	平昌白衣	荥经望鱼
乐至劳动	邛崃平乐	邛崃大同	邛崃高何	
二五八集				
沐川箭板	洪雅高庙	岳池顾县	武胜沿口	通江毛浴
荥经新添	汉源九襄	雅安上里		
三六九集				
渠县三汇	蓬安周子	大竹清河	射洪青堤	广安肖溪
自贡仙市	合江尧坝	合江福宝	芦山太平	仪陇马鞍
宜宾横江	纳溪乐道	邛崃夹关	崇州街子	邛崃火井
南充龙门				

四川部分乡镇赶场时日表

逢场日子安排中，最有意思的是以“十二地支”或“十二属相”来设置场期，即以“子丑寅卯辰巳午未申酉戌亥”或“鼠牛虎兔龙蛇马羊猴鸡狗猪”对应的日子来安排场期。据说这样的集市日期安排方式起始于明初，一些旧志中有所记载，至今这种习俗还保留在贵州多地。清王韬《淞隐漫录》：归化“凡历龙场兔场狗场鸡场，诸寨逐日赶场，数百里间按十二辰为一周”。一定区域内各场的逢场日期不同，因此而形成轮流逢场，乡人称之为“转转场”或“流流场”（注：另有一些地方将日日场称为流流场）。乡下的这种“转转场”“流流场”，尤其为行商走贩所欢迎。例如，笔者熟悉的一位售卖叶子烟的商贩，家住邛崃大同乡，当地的集市一四七逢场，而临近的水口、火井二场，集期分别为二五八与三六九，该烟贩可以每天一场轮流在三地交易。旧时的一些乡市逢场，分“大场天”和“小场天”，大场天里，相应商货交易规模大，赶场人更多一些。当然，集市规模、商货种类与数量、赶场人数与人员类别等，受到农忙、农闲和收获的季节性影响，这也是农耕社会的典型特征。另外需要提到的是，若逢场天遇在一些特殊的日子，如节庆日，通常也会是很热闹的“大场天”。

赶场，是乡人生活中非常重要的和不可缺少的内容。一户农家在逢场日到来之前，或赶场之前，通常要事先做出计划安排，包括出售什么，购买什么，在场上参加或从事什么活动，为此可能要提前很多时间进行准备。典型的如，一户农家要去场上出售自已种的蔬菜。为了保证物品新鲜，家人需要在凌晨天不亮时就到地里去采摘，随后还要进行清洗或整理，还要准备路上的干粮、运输工具等，以及顺带出售禽蛋山货之类，不同日子或时节还要考虑自己与同行家人合适的穿戴。此外，还要考虑购买什么，添置什么，以及这一趟的收入与花费之间的关系等。旧时巴蜀地区乡下，常见的运输工具就是独轮手推车，俗称“鸡公车”。可载货，也可载人，鸡公车即能走宽直的大道，也能行曲折的小路，适于平原与丘陵地区。当然，更多的乡人，会背着背篓，或挑着担子，行走在赶场的道路上。

商人，包括本地商人和外地商人，以及手工业者，为乡场之最有力的支撑者。场，平坝阔地之处，四通八达，来往人众，自然是商贾开店落业的上选之处。民国《崇庆县志》：“元通场，崇庆大集也。秦皖商人来蜀贸迁者，咸首驻焉。清道咸间盛时，城中商货咸仰给。”民国《达县磐石乡志》中记载了磐石乡场当时的商户情况："阖街铺户共已一百二十六家，经营茶馆者十，酒菜馆者十二，小食面馆者二十三，香蜡纸货者十一，药铺者六，铁货者一，陶器者一，零油铺者一，干货铺者一，弹花业者三，纸扎铺者二，磨面房者二，栈房业者八，屠宰业者二……"因商业而隆盛，为大多数乡场规模发展的普遍现象。例如简阳的石桥井，清初湖广、江西以及闽粤、山陕等地的移民来此经商定居，至民国时期，石桥场的商户逾千家，米、糖、烟、酒、盐、油、棉、煤、粮食、山货、草纸、农具等各类工商及农副产品，贸易兴隆。

赶场的内容，当然不仅是商货买卖。场是乡村里主要的文化集中地，乡人往往会利用赶场的机会，体验和感受，并参与其中。茶馆，是四川乡场中最多也最常见的消费场所，坐茶馆为乡人所喜爱，来者三教九流，论之天南地北，茶馆里可谈生意，也可聊家常，旧时的茶馆也是调解纠纷、处理杂务的地方，乡民们还可以在这里择交而友，了解信息。逢场天里，饭馆往往也是聚人较多的地方，偶尔在外小酌或饮，再吃点平时少有吃到的餐食，当能让人大饱口福，心满意足。饭馆老板，当然也不会放过这赶场的机会。川籍作家李劼人在其所著小说《大波》里写道："但凡赶场日子，再不济事的乡镇，红锅饭铺，都要开张。"逢场天里，场上往往还有很多娱乐生活可以提供给来人，例如唱戏、玩灯、说书、杂耍，等等。此外，剃头、算卦、寻医问药、走亲访友等活动，也是赶场天里的内容之一。赶场的热闹，旧志中有很多记载，例如，民国《续修大竹县志》载："高穴场，场市街衢四达，集期夜三鼓人声始息，冬则通宵达旦，习以为常，店户二百三十四家。"

赶场，自然成为乡人最为深刻的记忆符号。四川各地很多地名中就包含了这个符号。例如，南江有赶场镇（旧名赶场溪场）；简阳、万源、通川、叙永、江安、乐山、兴文等地有赶场坝；南江、万源、荣县等地有赶场沟；青川、剑阁、万源等地有赶场垭；剑阁、兴文等地有赶场咀（嘴）；旺苍、简阳、万源、沐川、马边、犍为等地有赶场湾；珙县、长宁、筠连等地有赶场垇（坳）；乐山、荣县等地有赶场冲；此外，叙永、广元、沐川、平昌、昭化、江安、宣汉等地还有赶场埂、赶场坪、赶场梁、赶场坡、赶场山、赶场岭等地名。这些地名中包含着有关赶场的故事。例如，《四川省宜宾县地名录（1987）》中对征远乡"赶场坝"

卖泡粑叶的市场　峨眉罗目镇（2016）

地名的注释为：“地居平坝，赶合江街大路经由休息之村。”对义兴乡“赶场坝”地名的注释为：“义兴去横江赶场路上一小店子，虽未设场，但自然形成交易集市。”对黄格乡“赶场坝”地名的注释为：“位于双龙去黄格大路之中点，赶场过此歇脚之地。”

乡场，是乡风乡俗集中展演地，也是传统文化最为丰富且保留最多的地方。从某种角度讲，留下更多的乡场，也就意味着能保留更多的传统民俗与文化，能保留更多的让我们寄托乡愁的地方。

农乡赛会

巴蜀各地农乡，旧时都有举办赛会的习俗，直至现在，仍有很多地方沿袭旧俗，在不同的时日，即一些时令节气或宗教节日里，举办各种不同名称的赛会。例如川西坝子农乡里仅每年春季就举办有春分会、太子会、百花会、观音会、花船会、童子会、清明会、东岳会等不同的赛会。旧时的这些赛会多由寺庙会馆承办，都有迎神或酬神的主题，以及商货交易等活动，因此又被称为“庙会”“神会”“迎神赛会”或“酬神赛会”。清《节序同风录》：宫庙处“设醮演剧，百货聚集，曰庙会”。

赛会，发源久远，始于早期的宗教仪式和敬神活动。崇敬天地神灵，以求除瘟免灾、时和年丰，在相当长的时间里，赛会为重要的具有宗教性质的祭祀活动。唐宋时期，赛会与市集性的活动有了交集。至明清时期，赛会进一步世俗化而成为城乡普遍举行的民间活动。关于赛会，清嘉庆《夹江县志》中有这样的记载：“民间赛会，从古蜡息之遗也，田事而外，商贾百工各有由始，即各有所报。民于诸神或生日或塑像，始期皆谓之赛。所谓索而飨之也。”各地旧志中不例外地都会记录当地的赛会习俗，包括时间、地点、仪式，以及场面等。例如，清嘉庆《金堂县志》中记载的当地赛会众多，如二月初二日文昌会、二月十六日火神会、三月十八日痘麻娘娘会、三月二十日送子娘娘会、三月二十三日天后圣母会、三月二十八日东岳会、四月初八日浴佛会、四月二十八日药王会、五月初五日龙舟会、五月十三日关帝会、五月二十八日城隍会、六月初六日镇江会、六月二十三日雷祖会、六月二十四日川主会、七月初七日土地会、七月十五日盂兰会、七月二十二日财神会、九月初一至初九日九皇会、九月十三日关帝会、九月十九日观音会、十月初一日牛王会、十一月十九日太阳会等。赛会，通常是各县、各乡镇轮流进行，以能在更大区域或范围里满足更多民众的精神需要和物资需求。民国《绵阳县志》载：“每岁二月初旬梓潼香会，例有美术工艺各品辐辏其地，供人购置，旋即分布邻县，各有定期，至绵县则阴历二月十三日梓潼会，次第赶集，风雨不改，颇为繁盛，前后数日，复分布乡镇各处殆遍。”

巴蜀各地农乡，一年十二月里都有赛会，而春初农闲期间的赛会则相对密集。不少地方将这些在春季里举办的赛会统称为“春台会”。民国《苍溪县志》：“迎神赛会，邑各区每届春初有年例。正二月之交有春台会，近城山岭各寺观，蝉联演戏，游人男女如云，直至三四月农事兴而会方止。”春台，典出《老子》：“众人熙熙，如享太牢，如登春台。”指春日登眺揽胜之处。由于赛会中通常会搭台演戏，故春台也指春天看戏的台子。清嘉庆《华阳县志》：“演春台，又名高粧社伙，士女骈集，谓之看春。”清光绪《崇庆州志》：“赛神设会，四乡村庄十二月皆有之，如二三月间各寺观演戏，敬神祈岁祈水，处处皆然，谓之唱春台。”“春台”一语，也多见于旧时的诗词中。例如，唐·杜甫《又送》中有：“双峰寂寂对春台。”唐·杜牧《长安晴望》中有：“飞烟闲绕望春台。”宋·苏轼

元宵会　犍为罗城镇（2010）

《木兰花令》中有："万家游赏上春台。"宋·陈著《梅山弟家醉中》中有："得闲处处是春台。"元·元好问《杨柳池塘桃李径》中有："笙歌缭绕宴春台。"明·韩邦靖《探莲曲》中有："菱歌一曲望春台。"清同治《重修成都县志》中，描写成都八景之"青羊春市"："万里函关紫气东，五千道德肇宗风。只今攘往熙来处，想见春台在蜀中。"

巴蜀农乡赛会，还有一个地方性的称谓，即"坝坝会"。迎神与酬神，为各赛会的主题，因此办会主地点多设在寺庙会馆内。然而，赛会的多项活动，如戏演、巡游、商务诸事等，多在院坝、河坝、田坝这样一些空旷地带，"坝坝会"之名则因此而来。这个称谓给人以亲近感和乡土感。旧时的赛会活动中，唱戏演戏，不可或缺，乡人将参加赛会与看戏观演叫做"赶会"。清·戴肇辰《从公录》记载的赶会告示中写道："四五月间，向有山会庙会演戏数日，以通商贾，其时测字算命打唱等人，均来赶会。"清光绪《广安州新志》："入市曰赶场，看戏曰赶会。"时至今日，赶场、赶会，仍是巴蜀方言中的常用词汇。

乡民参加赛会，一定是自愿和积极的，各有由始，各图所报。而且在赛会中，必是遵循古风，一秉虔诚，毕恭毕敬，毫不吝惜。民国《苍溪县志》：当地赛会"乡民抬神行香数十里，锣鼓喧阗以终日为限。各处入会者，或二三百人至五六百人不等。俗谓入会之家则一年能免瘟疫灾害，神能佑之也。神驾随行者，用数人装扮李二郎及城隍土地各神面具以降孽龙，遍游人家逐戏而出，俗曰扫荡，谓能扫除不祥也。有古乡傩之遗风焉"。民国《新修合川县志》中记载了当地民众举办大腊会之盛况："大腊会，铺张甚盛。来赴者重趼数百里，扶老携幼，裹粮而至，一时士女如云。扮演装抬彩亭，穷工极巧，供张之盛，陈设之繁，水陆毕具，诸戏杂陈，市尘嘈切，饮食若流，为涪江巨观。豪商大贾巨家甲族，动费金钱数十万。"清道光《忠州直隶州志》也有记载："敬神赛会，一烛费数百金。"

多神崇拜，为巴蜀地区宗教信仰的典型特点。众多出土实物表明，汉代时巴蜀地区就有伏羲、女娲、王母娘娘等神仙崇拜，其后道教、佛教盛行，更有众多神仙被顶礼膜拜。至宋元时期，求神拜佛，已经成为民众的经常性活动。多神崇拜与相应的民间赛会，也与巴蜀地区历代移民迁流有关，特别是明清时期多省移民的迁入，带来了原籍地的神明信仰与风俗习惯。例如，蜀地之"九皇"信仰，

街头会演　巴中恩阳镇（2013）

即为清初江西籍移民引入。清晚民国时期学者傅崇矩所著的《成都通览》中记载：“自九月朔日起，各庙宇做会念经，江西馆尤为虔诚，盖自江西传入成都者也。居民无论男女，朝夕燃黄油烛，焚香叩首，斋戒茹素，十之八九。”清·徐栋《牧令书辑要》：“江西土俗，于收成之后，由冬及春，常有迎神赛会、搭台演戏、斋醮祈禳之举。”清初迁入四川的移民中，江西籍者占比不小，其影响力自然也是很大的。至今，九皇会仍流行于巴蜀各地。再如，萧公，即享有尊号“水府灵通广济显应英佑”的萧天任，为古代江西民众所崇奉的水神，清初江西籍移民将萧公信仰引入四川。农历四月一日为萧公诞日，旧时的四川，很多地方于该日举办“萧公会”。

旧时四川，赛会甚多，五花八门，三教九流各有其会。清乾隆《荣县志》：“川省神会最多。”清同治《新宁县志》：“……民间作会赛神，尚不止此，如玉皇东岳观音，以及各会馆与匠艺所奉神祠，莫不有会。”清嘉庆《金堂县志》：“五省会馆，乃各乡人共建，以不忘其所自者，岁以各神寿辰庆祝赛会。”民国《新修合川县志》中记载：“各工各帮，均有神会。”民国《邛崃县志》：“诸行业各有会集，附于各庙。”清末民初时期，一些乡镇农工俱兴，商贸发达，人居规模颇大，出现了各类行会组织，如丝业帮、纸帮、盐帮、酒帮、船帮、饮食帮、药材帮、瓷器帮、叶菸帮、绸缎帮、茶叶帮、屠宰帮等，以及木匠、泥瓦匠、铁匠等社团等。这些帮会社团，也会在每年的特定时日里举办各自的赛会。例如丝业帮举办嫘祖会；纸帮举办蔡伦会；酒帮举办杜康会；饮食帮举办詹王会；药材帮举办药王会；屠宰帮举办张爷会；船帮举办王爷会或镇江会，等等。一些物产丰富或产业集中以及商贸繁盛的地方还会举行特定物产的会，例如清中晚期及民国时期，西昌礼州镇每年都要举行“蜡虫会”“蚕丝会”和“烟会”，会期中，远至湖北、陕西、甘肃、云南，以及省内多地都会来人，在这里洽谈采购，周边乡人更是蜂拥而至，人山人海，场面十分壮观。

巴蜀各地大小赛会的名头，粗略数数即有百个以上。其中如：城隍会、文昌会、关帝会、天官会、地官会、火官会、水官会、灵官会、佛祖会（太子会）、大佛会、观音会、浴佛会、玉光会、东岳会、东皇会、老君会（太上会）、三教会、天腊会、元宵会、春分会、清明会、中元会（盂兰会）、重阳会、九皇会、腊八会、娘娘会、圣母会、三婆会、童子会、炎帝会、仓圣会、先师会、川主会、二郎会、土主会、土地会、青苗会、田祖会、雷祖会（火神会）、王爷会（镇江会）、龙王会、龙舟会、花船会、财神会、药王会、牛王会、马王会、报恩会、清醮会、瘟祖会、祖师会、梓潼会、璧山会、萧公会、朱文公会、嫘祖会、张爷会、庞统会、杜康会、葛仙会、詹王会、太阳会、朝山会、太平会、提灯会、大腊会（大烛会）、晒绫会、罗衣会、骡马会、鸭子会、百花会、土花会、踩桥会，等等。巴蜀地区旧时的多神信仰，以及赛会的众多，由此可见。

城隍会　三台郪江镇（2018）

传承旧习故俗的同时，民间赛会还保留下来很多非物质文化遗产。各地赛会活动中的“烧火龙”“舞南狮”“高台戏”“扎彩船”“金钱棍”“放花灯”等民间艺术形式，大多是明清时期移民引入并流传下来的。例如，“烧火龙”为福建、广东、江西一带客家人的传统民间表演活动，清初移民引入后，成为四川多地乡村的民俗传承文化项目。“高台戏”，在江浙一带叫“台阁”；广东等地叫“飘色”。所谓“高台”，即用木架或方桌装饰出站立的“童男玉女”的“小戏台”。这些“童男玉女”们涂脂抹粉、穿袍戴冠，手拿刀、枪、剑、锤、扇、伞、花、果等道具，装扮成古代人物，被人抬着巡街表演。可以说，赛会，给这些民间艺术提供了充分的展演机会，同时，这些民间艺术又大大丰富了赛会内容。清初移民来自外省多地，多地民俗交融互合，形成了巴蜀地区特有的赛会文化现象。

演戏，或演剧，是旧时赛会中的保留节目，各地旧志中对此记载很多。例如，清嘉庆《犍为县志》：“邑中每逢神会，必演戏庆祝，皆诣庙中焚香楮荐酒肴，致敬尽礼，期于人无灾沴，年谷时熟。”清道光《新津县志》：“广福寺有上元会，演剧数日，百戏杂呈，为赛会之极盛者。”戏演娱乐之外，贸迁有无，往往是赛会活动中更重要的内容。清末民国时期，民间赛会成为繁荣一方经济的重要活动，城乡各地，近郊远村，都会安排举行各类赛会以开展大型的商贸活动。例如，清晚民国时期的成都，南郊二仙庵，正月间有花会；北外远郊土地堂，正月间有土地会；东外远郊东岳庙，三月里有东岳会，等等，这些会都以商货交易为主要内容。再如，民国时期，崇庆（今崇州）县城乡各处广设庙会场所以进行农商贸易活动，时“有庙会五十又三，盛大者有四”，这四大庙会分别是：崇阳镇的城隍会、养马场的童子会、元通场的清明会与道明场的朝山会。戏演娱乐，以聚人聚气；贸迁有无，以聚资聚财。旧时赛会中的商贸盛况在旧志中也多有记载。清同治《彰明县（今江油）志》：岁二月“初十至十二梓潼会集，大堰场、本城及青莲场，鬻四民器物，填街塞巷”。民国《崇宁县（今郫都）志》：“县北洗心庄每年正月初九、三月二十八，四方来会，其会场摆卖农具杂货，无所不有，若奇花异卉，种类尤多。”

地方赛会的多少与其规模的大小，不仅与当地的人口数量、交通状况等有关，也与该地之经济实力或富裕程度有关。一般来说，当地人口众多、物产丰饶、经济水平较高的地方，赛会相对较多。清光绪《广安州新志》："观音阁场，旧名古兴，州东九十里，界接邻水大竹，近山多材木富石炭，上岸盐商总店驻此，庙观皆壮丽，俗竞神会多。积田谷数百亩或金钱巨万富户环居，服食华侈。"例如成都平原，域内平畴沃土，物阜民丰，古来被称为天府之国，相对地，农乡里各类赛会多，规模亦大。不完全统计，旧时成都周边各县市之乡镇，仅"春台会"的数量就近百个，其中较大规模的就有十多个。

细考赛会的名称，也是很有意思的。关帝会，亦称关圣会，见于旧时巴蜀多地，这与旧时民众崇拜忠勇兼备的武圣关羽有关。手持青龙偃月刀，蜀汉大将关羽的威武形象，深入人心。因此，一些地方将关帝会称为"单刀会"或"磨刀会"。清乾隆《蒲江县志》：五月十三日"谓之单刀会，在城及乡镇俱演戏庆祝关帝圣君"。清嘉庆《温江县志》："五月十三日，俗传关帝单刀赴会之期，民间演戏庆贺。"清同治《彰明县志》："兴隆场祀关圣君，寄农器、骡马，会事极繁。"清同治《安县志》：五月十三日"为单刀会，会于邑南塔水场，四方货马者皆集于此，以数千百匹计。"各地之关帝会，多繁盛壮观，但礼俗不尽相同。农历五月十三，一些地方正值插秧季节，盼水求雨或为当地赛会主题。清道光《德阳县新志》："磨刀会，俗谓关圣磨刀之辰，前后数日必有雨，以为验，各市村有斋像处，莫不演戏礼敬焉。"清道光《乐至县志》："五月十三日关圣会，俗名磨刀会，不演戏，杀牛以祭，是日必雨。"

农历每年三月初三日，为传统的上巳节，古人在这一天里会安排游春踏青、祓除畔浴、祭祀宴饮、摘荠戴花、曲水流觞等活动。各地习俗大同小异。这一天，也是农乡举办圣母会、娘娘会和三婆会的日子。关于圣母、娘娘和三婆，渊源久远，其人其事，说法不一。广泛和比较集中的三种说法，一是指高禖之神，即远古时期的句芒女神；一是指女娲，即"炼石补天、化生万物"的娲皇圣母；一是指东岳大帝之金霄、银霄和碧霄三位娘娘。三婆神信仰，唐宋时期就流行，时各地广建圣母庙或娘娘庙，或专设三婆殿供之。宋《唐会要》："天地三婆父皇道君太古天皇中古伏羲娲皇等，祠堂并置。"至今，巴蜀各地还保留着众多的娘娘庙，以及圣母庙或三婆庙。清道光《新津县志》："三婆殿，县东二十五里，乾隆十八年建。"圣母、娘娘或三婆，都是传说中司管婚姻和生育，驱灾辟邪，保

东岳会　崇州锦江乡（2014）

平乐寺大庙会　郫都唐昌镇（2016）

佑子孙繁衍的女神，因此，圣母、娘娘或三婆崇拜，也属于古代的生殖崇拜范畴。清嘉庆《邛州直隶州志》：“圣母庙，在县北七里，三月三，邑人庆祝媒神圣母诞日，演剧求嗣者众。”清同治《大邑县志》：“圣母庙，【宋志】三月三日，邑人庆祝高禖之神，圣母诞日演剧酬神，邻郡州县求嗣者咸来敬香。”

需要特别说明的是，巴蜀地区还有另外几个时日的“娘娘会”，即三月十八日的“痘麻娘娘会”、三月二十日的“送子娘娘会”和三月二十三日的“天后圣母会”。痘麻娘娘，又称痘疹娘娘、天姥娘娘，传说为主管和救治天花的女神。送子娘娘，也称注生娘娘，即道教之“慈航真人”女神。天后圣母，即妈祖林默，为东南沿海一带所信仰的海神。妈祖信仰于明末清初时由闽粤移民引入四川，四川大多数地方都建有祭祀天后妈祖的宫庙，天后圣母会也因此成为巴蜀地区旧时多有的赛会。

成都北文殊院旁有一座“娘娘庙”，传说原庙为蜀汉时期诸葛亮督造的皇家宗庙。刘禅降魏后，其子刘谌拒从，刘谌宠妃崔氏娘娘以死赴义。为纪念崔氏，后人将该庙改名为“太乙广生宫”，庙内祀奉“送子娘娘慈懿育慧元君”。从此，

街口的土地夫妇　邛崃夹关镇（2015）

娘娘庙香火不断。因求子灵验，每年三月初三日，庙中都会举行“娘娘出驾”和“抢童子”的活动，吸引着远近信众与客人。崔氏娘娘，可谓是巴蜀地区的“本土”娘娘。

三月三，也是举办童子会的日子。童子会，主要流行于川西坝子诸乡，应是娘娘会派生或衍化而来。童子会，依然是以拜神求子为主题，但其意思更加直白。乡人将木制童子当做神物，以求应验。民国《简阳县志》：“三月初三日，谓之踏青，人多鬻农器于白塔寺，且于是日打童子，俗呼童子会。”民国《雅安县志》：童子会期中，“得子者酬还木刻童子，游人争夺之，其夜又以箫鼓送往亲友艰嗣之家，谓兆宜男。验则复以木刻童子酬还，转转相夺，遂成风气”。

城隍会，为许多农乡里最为热闹的赛会。清道光《蓬溪县志》：“地方以城隍诞辰为会，蜀郡县多有之赛会，亦古风。”城隍，俗称城隍爷，为各地普遍崇祀的神仙。城隍，原指城墙、城池，后演化为神仙。唐及五代时期，城隍信仰流行各地，至宋元时，城隍更被列为国家祀典，奉为神圣。扬惩善恶，掌管生死，城隍爷受到官民极度推崇。明清时期，四川各地城乡广建城隍庙。城隍出巡，为城隍会中表演的主题节目，由于涉及较多的人物与故事，故城隍会的表演内容复杂，场面宏大。与其他赛会固定时日不同的是，城隍会举办的日子各地不尽相同。有早于春夏季举办的，也有晚于秋冬季举办的，但大多是在农历五月之中举办。各地旧志中有关城隍会的记载很多。民国《邛崃县志》：“骑龙山有城隍庙，会期在三月，有出驾回驾胜事。”清道光《德阳县新志》：“四月初八为浴佛会，释子于各寺敲钟击鼓，以香汤浴佛躯，乡村叟妪云集，而礼拜焉，此日又为城隍会，俗传为城隍夫人生辰，故妇女敬香尤多。”清道光《新津县志》：“邑中每逢神会，必演戏庆祝，祈福还愿者皆携香楮酒殽，致敬尽礼焉，日久而繁盛者，则以五月之城隍会为最。”民国《崇宁县志》：“五月二十八日为城隍会，是日城乡小儿装扮鬼卒百余，随神游街，观者云集。”清光绪《崇庆州志》：“每一会远近咸集，其最胜者惟八月十五城隍会。”德阳孝泉镇，每年农历五月初一至初五也要举办城隍会，但当地之城隍不同于其他地方的城隍。孝泉城隍，姓韩名城，实为本乡本土人氏。据记载，韩城为元末义军首领朱元璋的部将。一次在与陈友谅为首领的另一义军交战中，朱元璋被围困，韩城与朱元璋互换衣衫，帮助

朱元璋脱险外逃，后韩城被俘死于乱刀。朱元璋称帝后，下旨封韩城为孝泉城隍并享受帝王待遇。

土主，为巴蜀地区民众信仰的土地保护神，多地建有土主庙，西南川滇交界一带尤多。关于土主之神，各地所奉有所不同，但都是历史上的福佑百姓、伟绩丰功之人。三皇五帝、东汉的冯焕、隋代的姚苌、唐代的韦皋、陈子昂等，以及一些地方旧时的长官等，都被奉为土主。民国《渠县志》：“正月二十八日为渠县冯公生日，集会庆祝，称为土主会。”冯公，即东汉巴西宕渠人氏，曾任“尚书侍郎河南京令豫州幽州刺史”的冯焕。至今渠县还保留有汉代冯公阙和清代冯公庙。由于所奉之土主各异，各地的土主会期自然也不相同。例如，清嘉庆《夹江县志》：“正月初三日土主会。”清道光《荣县志》：“正月初十日土主会，士女云集。”清光绪《青神县志》：正月“二十一日青衣土主会，老幼妇女以帚拂神尘以为饲蚕之兆”。清道光《重修昭化县志》：“巡检赵杰率土人殴之因建土主庙于此山，土人岁于六月二十四日为土主会。”旧时，川滇交界一带民众对土主会尤为重视，例如清光绪《续修白盐井志》中记载有：“三月二十六日作土主会，迎神于行台，迎花四日，走马三日，演戏十日，寿期官民同祝。”

最接地气的大概是土地会。土生万物，地发千祥，人类对土地的崇拜来自其对土地的依赖，土地的神化亦由此而来。巴蜀地区，为土地神崇拜较为兴盛的地区，典型的标志就是农乡处处皆建有的土地庙，以及乡人经常性的祭祀土地神的活动。民国《崇宁县志》：“各乡村设立土地庙，岁逢六月初六或七月初七，乡人置办香烛鸡酒，诣庙祭赛，以祈秋稔。”土地，又称土地爷，其形象为一或石雕或木刻或泥塑的老者，通常以土地夫妻二人并列供奉于庙中。土地夫妻被称作土地公、土地母。土地神，也称社神，故土地夫妻又被称作社公、社母。清光绪《黔江县志》：

祖师会　西昌礼州（2018）

“二月二日，俗谓社公生，治酒杀鸡以赛，是月治农器，浸稻种下秧。”与其他诸神不同的是，土地神有多个名称和化身，祭祀时日也相应有所不同。清光绪《名山县志》：“土地不一，有花园土地，亦为灾于小儿，祀之花园者也；有青苗土地，农人所礼；有长生土地，家堂所祀；又有拦堋土地、庙神土地等，皆随地得名。青苗土地，主农事者也，山农祀以七八月，平地农祀以四五月，以白纸钱供于田塍，谓之田工老。”民国《简阳县志》：“土地，在家者曰家神土地，又曰长生土地，即古中霤[liù]；在山者曰山神土地，又曰七郎土地；在田间者曰秧苗土地；在堋口者曰堋颈土地，盖古八蜡司啬之神也，乡民祀以七月七日或二月二日，犹是春祈秋报之遗。”民国《雅安县志》：“土地会，神诞七月七日，村巷里闾，罔弗致祝，有所谓花园土地、庙门土地、街坊土地，随地得称。”旧时一些地方的土地会，也是很隆重的。例如，清乾隆《井研县志》：“六月六日，赛社神祈谷也，曰秧苗土地，社中人咸在焉，扮影戏，燕饮醉饱，亦一日之泽也。”清光绪《广安州新志》：“二月二日及八月二日，为社公社母诞辰，城市临街搭台演剧，乡村桥梁山宅有庙处所，皆醵金祀神聚饮，曰土地会。”一些地方，将青苗土地或秧苗土地与谷神，即稷神混同。例如，民国《潼南县志》：“四月，稻苗逾尺分插之，醵钱演傀儡乐稷神，曰青苗会神，曰秧苗土地。”

巴蜀各地之各种赛会，真正本土发源起始的应是川主会。川主信仰，为巴蜀地区重要的民间信仰。传说中的夏后氏首领大禹、古蜀国王杜宇与开明，以及秦蜀郡太守李冰及其子二郎、蜀汉国皇帝刘备、隋朝嘉州刺史赵昱、唐朝忠州刺史李鸿渐、五代后蜀孟知祥等，都曾经被尊为“川主”。农耕社会，依靠天时，尤惧水灾，民众对治水的要求和愿望强烈，故川人对精通水利要害、治理江河水患的李冰父子敬仰有加。广建于巴蜀各地的川主庙，主奉对象多为李冰或李冰父子。川主、土主和药王，被并称为傩坛“三圣”，很多乡场庙堂里，都同时供奉该三圣。农历六月二十四，为川主诞辰日，旧时这一天很多地方都会举行川主会。很多地方，对川主会的规模与排场非常重视和讲究。清乾隆《井研县志》：六月“二十四日川主会……李公鑿离堆引江水溉田有功，故蜀人处处祠之，是期演戏或三五日。”清同治《南溪县志》：六月“二十四日为川主会，祀蜀太守李冰及其子二郎”。清光绪《广安州新志》：“川主会，农家最重。”民国《峨边县志》：“六月二十四川主会，则各场自为风气，要皆力竞繁华，极一时之盛云。”六月二十四日这一天，一些地方也同庆青苗土地即青苗会。

除了前面提到的迎神酬神、戏演娱乐与商货交易外，筹集资金，也是赛会的重要功能。赛会收入包括场地出租、香蜡销售、商民捐赀等。抵扣会事成本开支的结余款项将留作庙会基金孳息，其中一部分将用以维持当地学堂开支，保障义桥义渡运营，修缮公共建筑，以及弥补村乡其他经费不足等。例如，清同治《续修金堂县志》记载有：“同治三年，民人文鸿典等，禀请每年捐出春台会息钱贰拾肆千，并施田贰亩，零碎收租谷三石，合为关聘修赀。”以供省身义塾之用。

清明会　崇州元通镇（2018）

另外，赛会还有一个重要的功能，即社会交往。平时里忙于农活，或其他劳作诸事，乡民们相互间的来往与交流并不多，特别是老幼及妇女。赛会，给远近乡民提供了机会和场所，即能使乡民们在更大的范围里进行交往。不同于平时里的赶场，乡民们在赛会中可以得到更多的见闻，图享更多的回报，自然也会得到更满足的享乐。

农乡赛会，是传统文化继承和集中展演的场合，直到今天，仍旧能在一些农乡赛会里看到很多的传统文化元素。新时期里，有必要从历史学、人类学、宗教学、区域学等多个方面对农乡赛会进行深入的和广泛的研究，去之糟粕，取其精华，让农乡赛会为社会经济发展服务并得以持续健康地进行下去。

川主庙

巴蜀地区，留存着众多的、各色各样的古代宫观寺庙，其中，最具本土特色的就是川主庙。

川主庙，另有川主寺、川王宫、二郎庙、清源宫、惠民宫、万天宫等多种称谓，遍布巴蜀城乡各地，包括一些偏远少数民族地区。清嘉庆《罗江县志》："二郎庙，城西北十五里，有川主古铁像，嘉庆十年重修。"清光绪《奉节县志》："二郎庙，即川主庙，在城外莲花峰下。"民国《邛崃县志》："炭市巷内之猪市坝有川王宫，即川主庙。"民国《潼南县志》："川主庙，岁于春秋仲月辰日致祭，在县治正兴街，一名惠民宫。"川主庙相关地名，更是多不胜数。这些地名皆来自旧时建在当地的供奉川主的庙。例如，《四川省南充县地名录（1989）》对和平乡"川主庙"地名的注释为："清代建，庙内供奉李冰神像。"《四川省什邡县地名录（1981）》对湔底乡"川王宫"地名的注释为："清初建，供李冰像，祈求免旱涝灾害。"川主信仰及其影响之深远，由此可见。不过，川主庙地名虽多，但留存下来的庙宇却已很少并且多已破败凋敝，或是一搭两用，或是改换门庭。逾年历岁，屡变星霜，川主信仰正在迅速地从人们的视野中和记忆中消失。

川主信仰，为巴蜀地区重要的民间信仰。传说中的夏后氏首领大禹、古蜀国王杜宇与开明，以及秦蜀郡太守李冰及其子二郎、蜀汉国皇帝刘备、隋朝嘉州刺史赵昱、唐朝忠州刺史李鸿渐、五代后蜀孟知祥等，都曾经被尊为"川主"。清《蜀典》："今蜀人皆呼李冰为川主，颜其庙曰'川主庙'，然川主之名远矣……蜀人称其地官之最尊者曰川主耳。"古时有"川主五神"之说。清人陈怀仁所撰的《川主五神合传》："治水者，皆称神。"书中将大禹、李冰、李冰之子李二郎、赵昱、李鸿渐并称为"川主五神"。古时帝王君主对川主亦是推崇备至。

聚圣宫　岳池顾县镇（2005）

李冰的历代封号有："崇应护国救民大帝""英武昭惠灵显威济忠赞王崇应大帝""圣德广裕英惠王""敷泽兴济通佑王"等；李二郎历代封号有："赞智昭贶勇应侯""英烈昭惠显灵仁佑王""承绩广惠显应王"等；赵昱历代封号有："神勇大将军""赤城王""川主清源妙道君"等；李鸿渐则被尊称为"海山使者"。上述诸神中，李鸿渐少为人知，传其为琅琊人，系李冰之裔孙。李鸿渐担任涪州刺史期间治理水害有功，后为百姓所崇奉。各地对川主的认定中，不尽相同，例如，清咸丰《天全州志》："川主庙，祀隋赵昱，各乡村场市多有。"清光绪《广安州新志》："川主庙乃赵昱。蜀雅隋赵昱，青城人，炀帝征为嘉州太守，时州有蛟为害，昱自披发仗剑入水斩之，蛟害遂除，唐太宗封为神勇大将军，宋封川主，清源妙道真君，世谓川主祀秦蜀守李冰者误。"民国《泸县志》："川主宫，祀宋封清源妙道真君李二郎，城厢有二。一在小市上码头，明时古庙，乾隆十四年重建，光绪八年培修；一在道署左侧，明嘉靖中为佛寺，清康熙七年改修川主宫，乾隆二十四年重建。"另有一些地方则将传说中的水神江渎视为川主，例如，清康熙《顺庆府志》载："川主庙，治内，祀江渎。"

川主庙　崇州燎原乡（2018）

大禹治水的故事，广泛流传于华夏各地，川西北羌族地区民众对大禹的敬奉更是有着久远的历史。汶川、北川等地被认为是羌族祖先大禹的出生地及其活动区域。《蜀王本纪》："禹本汶山郡广柔县人，生于石纽。""岷山导江，东别为沱"，治理岷江为大禹治水之首功。唐代及以前四川各地即广建禹庙、禹祠，其中忠州（今重庆忠县）、石泉（今北川）等地的禹庙历史悠久，颇为著名。《史记·夏本纪》："天下皆宗禹之明度数声乐，为山川神主。"大禹被奉为川主，每年农历六月六，羌族民众都会举行各种各样的祭祀和纪念活动。大禹也被奉为道教神仙——"三官"中的水官大帝，成为道家宫观中供奉的主祀对象之一，道教重要发源地之四川，大禹崇拜自然更为普遍。

农耕社会，依靠天时，尤惧水灾，民众对治水的要求和愿望强烈。岷江为四川之大江，流域广阔，故川人对精通水利要害、治理岷江水患的李冰父子敬仰有加。《川主五神合传》载：五神奉祀中，"祀秦蜀太守李公父子为尤"。清光绪《叙州府志》："蜀人呼李冰为川主，颜其庙曰川主庙。"古蜀域内非涝即旱，有"泽国"之称，百姓长期深受其害。秦灭蜀后，晓知天文地理的李冰被委以蜀郡守之重任赴蜀治理岷江水患。李冰主持了灌县岷江出山口处的都江堰灌溉工程，"凿离堆，辟沫水"，"壅江作堋"，"离堆分岷江水，一派溉彭蜀，而支流道郫县以入于府江"。此外，李冰还主持修建了岷江流域的其他多项水利工程。如宜宾、乐山、什邡等地的水利工程。从此，蜀地"水旱从人，不知饥馑，时无荒年，天下谓之天府"，"蜀地于是盛有养生之饶"。四川平原岷江灌区的百姓能够丰衣足食，安享天成，多受益于都江堰。治水灌口，泽被后世，李冰父子为民谋利造福之宏恩大德，必定会受到永恒的怀念与崇敬，必定会得到千秋俎豆的尊荣。“公之功，在西陲，其志专，故蜀人历久而不能忘。”“岷山导江，大禹之功在天下；离堆錾堰，李公父子之功在全川。”唐宋及以后，李冰父子被奉为治水之神。明·范时儆《重修灌口二郎神祠碑记》：“江水发源岷山，山之下即灌口，以其滥觞也。昔者禹抑洪水，导江而患始息。然灌溉之利尚未兴焉。继秦蜀守李冰錾离堆，然后沃野千里，号称陆海……实其子二郎以神力佐之也……民思其德，神其功……立祠偏境内，历代因之，遂封为川主崇仁之神。”清道光《邻水县志》：“秦蜀守李冰使其子二郎除水怪，錾离堆，穿内外二江，灌县都江堰口庙祀李二郎，雍正五年川督题准，封李冰为敷泽兴济通佑王，李二郎封为承续广显应王，地方官春秋致祭。”清《蜀故》中称：“祀李冰或祀冰之子二郎，又曰川主。”清乾隆《大邑县志》：“二郎庙，在县治北郭山口堰上，雍正五年敕封蜀守李冰为敷泽兴济通佑王，其子李二郎为承续广惠显英王，令地方官制造神像，每岁仲春仲秋致祭，大邑遵照奉行，共一庙。”清嘉庆《汶志纪略》：“川主庙在县西，祀蜀守李冰及太守之次子二郎。”因都江堰位于川西灌口，传说李冰父子治水斗牛，具有降妖杀魔之神功，于是民间还将李冰父子尊称为西川“灌

二郎庙　绵竹广济镇（2018）

口神”。四川一地传统文化中的数十位神中，李冰在很多行道里被尊奉为第神。清光绪《灌县乡土志》：“每岁插秧毕，蜀人奉香烛，把李王，络绎不绝。”李王，即李冰，也指李冰之子李二郎，因此蜀地一些供奉川主的寺庙又称“李王庙”，由此可见古时奉祀李冰父子之风习的兴盛。

源于九顶山的洛水与章水汇流（称石亭江）后注于什邡高景关处的瀑口，该瀑口的水流畅导治理，为晚年的李冰与其子二郎主持建设的又一项福泽川西平原的伟大工程。“凿瀑口，导洛水”，奔腾不羁的洛水经高景关瀑口后，鱼嘴分水，右分朱家桥堰，另分李家碾堰，导流进入什邡和绵竹，灌溉下游十多万亩良田。明万历年间，在高景关外“烧山钻石，开凿堰口”，修建了火烧堰，至此，有了高景关“朱李火堰”之称。治理洛水期间，积劳成疾，李冰病逝，葬于距高景关不远处的章山。明《蜀中名胜记》：“章山后崖有大冢，碑云：秦李冰葬所。”什邡民众感念李冰父子，先后修建了十余处祭祀李冰父子的神祠，建祠密度之大当为蜀地之最。至今，高景关旁的大王庙、下游不远处的二郎庙和川主庙，仍是当地人崇奉和祭祀李冰父子的大庙。当地还流传有李冰“礼斗上苍”“羽化飞升”的说法。

李冰陵　什邡洛水镇（2018）

关于“二郎”之身份，历来有三种说法。一是李冰之子李二郎；一是嘉州刺史赵昱赵二郎；一是传说中的神仙杨戬杨二郎。民间将这三者都称为“川主”，与传说中三人都是治水神人有关。这也进一步说明了古人对治水的重视，以及民间信仰产生的根源所在。李二郎与其父亲李冰也是道教崇奉的神仙。治浊流、理清源，二郎后来被尊称为“清源妙道真君”。因此，与设川主庙一样，旧时很多地方建有二郎庙或清源宫以供奉和祭拜之。如成都的崇州、大邑、都江堰、德阳的绵竹、绵阳的江油、乐山的夹江等地都建有二郎庙；另如泸州合江县的顺江镇、白鹿镇、佛宝镇、成都大邑的新场镇等地都建有清源宫。

二郎神的影响遍及巴蜀各地，甚至远至沿海与外域。福建厦门集美的灌口镇，有一座建于明末的凤山庙。传说明代时有一西川灌口（今都江堰）人到当地任驿丞，这里遂有了灌口之地名。凤山庙祀奉“李府清源真君二郎神”，即李冰之子李二郎。庙里青石窗雕描绘了李冰父子伏龙降妖、驾云升天的场景。凤山庙有两副楹联：“灵昭蜀下，藉驿吏而传炉，肇湮前代；庙建国初，化指挥以著像，垂镇此邦。”“灵镇凤山，棋峰圃岫舒丹翮；炉传夔峡，灌水岷江带锦文。”楹联将凤山庙及其祀奉神灵的起根发由简明道来。明末清初，凤山庙香火从这里传至台湾，庙宇多达160多座。随着移民的迁入，东南亚多国也建有灌口凤山庙的分炉。“清源真君大使公”成为这些地方重要的信仰神灵。

最早的“川主庙”建于何时，未见有文献详细记载，估计应该在唐代以前就已经有了。什邡洛水镇朱家桥村有一座“大王庙”，该庙应在唐初武德二年（618）以前所建。《新唐书·卷四十二》：“什邡，武德二年析雒置，有李冰祠山。”有关二郎庙的记载，也早在宋代就有了。宋《朱子语类》：“蜀中灌口二郎庙，当初是李冰因开离堆有功立庙。”宋《二程全书》：“汉时神君，今日二郎庙皆有之。”

西汉《史记·河渠书》中记有：“蜀守冰，凿离堆，避沫水之害，穿二江成都之中……”，这是关于李冰治水最早的文字记录。然而，关于李冰治水是否真有其人其事，历来有争论和质疑。1974年，灌县（今都江堰）迁建安澜索桥工程中，出土一尊巨大的石像，石像衣襟中间和左右袖上有题记，分别是：“故蜀郡李府君讳冰”“建宁元年闰月戊申朔廿五日都水椽”“尹龙长陈壹造三神石人治水万世焉”。该石像的出土，证实了战国末期蜀郡守李冰组织治水一事为真实的历史。建宁，为汉灵帝年号；建宁元年，即公元 168 年。李冰石像出土处附近，还发现有建筑基石，考古专家认为这里应是东汉时“李公祠”的遗址。这样看来，东汉时的“李公祠”应是最早有记载的祭祀李冰的“川主庙”。

旧时的四川各地城乡，几乎都建有川主庙。清雍正《四川通志》：“川主庙，在府西三里，各州县多有之。”清时华阳县（清代成都府辖三州十三县，华阳县为其中之一，现为成都地）域内就有 7 个记载于县志中。如今仍然可以在很多地方看到供奉川主的寺庙，其中成都平原地区较为密集，如郫县新民镇、温江区天府镇、金堂县淮口镇和三溪镇、大邑县新场镇和东关乡、邛崃市油榨乡、青白江区龙王乡和人和乡等地，都可找寻到川主庙古迹旧址。成都以外一些地方，如自贡市仙市镇和狮市镇、绵阳市涪城区杨家镇、隆昌县响石镇、达州市通川区盘石乡、荥经县新添乡、甘孜州丹巴县格宗乡、阿坝州桃坪乡等地都有川主庙。一些地方的川主庙名传四方，成为著名的旅游景点，如什邡县洛水镇的大王庙、都江堰市的伏龙观和二王庙等。

旧时的地方志中，有较多的关于川主庙的记载。例如，清嘉庆《夹江县志》：“川主庙，城内，原在治北五里，以神工在水故于堰口祀之，乾隆四十三年，邑人因其地狭，迁于城内察院街行台旧址。”清嘉庆《直隶叙永厅志》：“川主庙，离城一百六十里，明初建，乾隆十七年重建。”清嘉庆《双流县志》：“川主庙，在县治东门外，祀秦太守李冰，嘉庆元年邑绅民公建。”清道光《新津县志》：“川主庙，县西七里，旧有寺名钟庙子，乾隆间众建更今名，嘉庆中重修。”清道光《安岳县志》：“川主庙，在城外小西街，即明察院行台旧址，康熙五十七年，邑令郑吉士修正殿三楹，东西两厢四楹，戏楼三楹，康熙五十八年，署邑令姚孔鏞修后殿三楹，康熙六十年，复修东廊五楹，道光九年重修。”清同治《富顺县志》：“川主庙，在县署后，创自国朝，邑人请于宫以三清殿隙地数丈，拓其基址。”清同治《嘉定府志》：“川主庙，城北一里，祀秦守李冰，明正统中知州冯志学建。”清同治《续增什邡县志》：“川主庙，治北四十里铙家场，场久废，嘉庆时，土人掘得神像数尊，建庙祀之，同治元年，附近绅粮培修厢房三间。”清同治《嘉定府志》：“县署中川主庙有三，一在县南门外御屏山，一在县东鸭

川主庙　富顺狮市镇（2018）

子滩，一在县西王家场。”清光绪《越嶲厅全志》：“阿补塘川主庙，治南三十里。大屯川主庙，治北十五里。”清光绪《兴文县志》：“川主庙，在建武东关外，明游击李栋题川主行舟四字匾额，祷雨辄应，合乡皆祀之，文印乡之庙，其神尤灵。”民国《潼南县志》：“川主庙，县南塘坝场，明万历时郑姓倡修。”

巴蜀地区现在能看到的早期的川主庙，多为元明时期所建，数量不多。这个时期修建的川主庙，为地域性色彩浓厚、功能单一的祭祀场所。清代中期与晚期，为修建川主庙的兴盛时期。据不完全统计，巴蜀地区清代所建的祭祀川主的庙宇，数量超过 400 个。大量修建川主庙的原因，除了川人敬奉水神，盼望风调雨顺外，与移民填川运动也有着很大的关系。清初，外省多地移民先后迁至四川各地插占落业，外省籍移民勤劳奋进，志坚行苦，很快就在新居地站稳脚跟，家兴族旺。外省籍移民注重团结互助，并通过兴建会馆以联络同乡，壮大势力，原本因战乱影响而导致人口骤减的本地土著，则面临着越来越多的竞争压力。各省籍移民的同乡会馆都有其主祀神灵，如湖广会馆（常用名禹王宫）主祀大禹；江西会馆（常用名万寿宫）主祀许逊（注：许逊为道教净明派祖师，传说中的斩妖除魔治水能人）；福建会馆（常用名天后宫、天上宫）主祀妈祖（注：妈祖，又称天后娘娘、天上圣母，传说中护佑百姓的海神）；广东会馆（常用名南华宫）主祀六祖慧能（注：六祖慧能，佛教禅宗大师）；陕西会馆（常用名关圣宫、武圣宫）主祀关羽（注：关羽，三国蜀汉名将，以忠义仁勇著称，被奉为武圣人），等等。为整合力量，抗衡外省籍移民，本地土著和四川籍移民也共同修建会馆。川主为巴蜀地区本土至高无上的神圣，自然成为四川会馆中的主祀对象，川主庙则成了四川会馆的常用名。清道光《石泉（今北川）县志》载："四川会馆，在城内，供二郎神，嘉庆年建。"

川主庙，旧庙古寺改建改名而来的也不少。广元的皇泽寺，原名"乌奴庙"，始建于南北朝时期。清乾隆《广元县志》记载有："乌奴山，县城河西二里，嘉陵江岸，峭壁如削。西营有李乌奴于此修庙，因名。"李乌奴，南北朝晋寿（今广元）人氏，曾在川北一带起兵并建立临时政权。唐朝武则天执政时（690–705），乌奴庙改建为"皇泽寺"。皇泽寺后来又改建为川主庙。明《蜀中广记》：广元"今之临清门川主庙，即唐皇泽寺也。"清嘉庆《华阳县志》："川主庙，治南城内盐道街，旧名白衣庵，明万历间建，祀观音大士，国朝康熙六十年总督岳钟琪增修续增后殿，祀秦太守李冰，雍正八年敕赐封祭易今名。"清光绪《资州直隶州志》："川主庙，在州西一百三十里，即古回龙寺，明成化时建。"清光绪《叙州府志》："川主庙，在北门内，本旧县城隍庙改，各乡多有之。"

人们对川主的敬仰，有久远的时间跨度，还有广博的地域跨度。四川以外的很多地方都有川主庙或四川会馆留存，如陕西的西乡、城固、镇巴、宁强等地，云南的云县、昭通、大理、瑞丽等地，重庆的忠县、涪陵、梁平、巫溪、石柱、开县、永川、酉阳等地，湖北的利川、恩施、沙市等地，贵州的贵阳、铜仁、遵义、毕节、思南等地都有不同时期建造的川主庙或四川会馆。清光绪《湄潭县志》："万天宫，川人祀之，在本城回龙山下财神庙东。"民国《兴仁县志》："四川会馆，一名万天宫，兴仁有三，治城一，平安村一，狮子坟一。"民国《镇宁县志》："川主庙，即四川会馆，在城内西街，原名万天宫，清道光元年川人叶春扬倡募建。"民国《宣威县志》："财神庙，原在善庆寺左，后废。光绪中蜀人卜地黉街建以奉川主，号曰四川会馆，县属此项庙宇建于川帮者居多。"民国《续遵义府志》："惠民宫，在西门内，即四川会馆，光绪二十六年己亥川商建。"可谓

万天宫墙砖　盐源卫城镇（2019）

是川人到达的地方，几乎都有川主庙或四川会馆，就连京城也少不了四川会馆。据史料载，清乾隆年间，京城四川会馆新建落成时公开征集楹联，时蜀中才子、诗人李调元递送的对联被选中。该对联曰：“此地可停骖，剪烛西窗，偶语故乡风景：剑阁雄，峨眉秀，巴山曲，锦水清涟，不尽名山大川都来眼底；入京思献策，扬鞭北道，难望先哲典型：相如赋，太白诗，东坡文，升庵科第，行见佳人才子又到长安。”联句将四川之美景与名人分别道来，给四川会馆添辉增色，亦让他乡之川人豪情壮志，砥节砺行。

四川一地，还有众多的村乡以川主、川祖、川主庙、川祖庙为名。例如，设有川主村的乡镇有宜宾县普安镇、苍溪县桥溪乡、威远县镇西镇、资阳市回龙乡与南薰乡、自贡市李桥镇与莲花镇、蓬安县银汉镇、绵竹市兴隆镇、三台县刘营镇、江油市义新乡、安县安昌镇、内江市大治乡、安岳县南勋乡、峨眉山市罗目镇、岳池县鱼峰乡、达州市马家乡等；设有川主乡的县市有大竹县、峨眉山市、峨边县等；设有川主庙村的乡镇有绵阳市杨家镇、三台县凯河镇、阆中市鹤峰乡与合丰乡、南充市小龙镇、岳池县九龙镇、资中县公民镇、乐至县回澜镇、达州市盘石乡、达州葫芦乡、丹巴县格宗乡等；设有川祖村的乡镇有营山县济川乡、三台县里程乡、南溪县南溪镇等；设有川祖庙村的乡镇有西充县祥龙乡、三台县凯河镇等。此外，四川多地还有川主庙街的地名，典型的如成都曾经就有川主庙街，位置在九眼桥北头，川主庙街后来在城市改造中消失了。如此众多的冠以“川主”或“川祖”的地名，足以说明古时四川各地川主崇拜的广泛。

川主因治水而被感恩和崇拜，此外，一些地方还流传着川主显灵的故事，这更增添了川主的神秘。清光绪《江津县志》中记载了当地石蟇场（今石蟆场）清源宫内川主“独著灵异”的故事，说当地合江木广场山下古寺侧有一龙王塘，明万历五年五月一日，塘中漂浮起一“光彩异常”的大木，寺僧拾得将其截为三段并雕刻成川主老爷像，云明时将神像迎至寺中，“遇旱祷雨，必具仪仗”，一日里，将神像迎至塘侧由道士面向山岩祷祝，“忽岩隙中清泉流出”，道士用瓶接住泉水迎神返回旱处，“凡瓶水洒及，甘霖立沛，历试皆然。环庙数十里鲜有旱”。清嘉庆十六年夏至次年夏，当地大旱，知县李宝“城中设坛，屡祷不应”，后进清源宫祈愿，“即雨泽沾濡，连绵数日，始栽插”。为感恩川主，李宝题作匾额“于庙中以彰灵异”。

众神和谐一堂，彼此相安无事，是各地川主庙之显著特色。走进任何一川主庙，或其他供奉有川主的庙殿，都会看到庙里同时供奉有众多的神仙。例如重庆江津中山镇的双峰寺（原名景德寺）里的三殿分别供奉了弥勒佛、川主、如来佛；再如四川南充双桥镇的九岭寺里，不同殿里分别供奉了观音、川主；另如浙江武义俞源的洞主庙，庙中李冰父子和沉香童身神像的两边供奉着观音、周文王、文曲星及土地等。一些以“川主庙”为名的庙祠，实际则是以多位道教仙圣或佛教神佛为主祀对象。西南诸省，川主、土主和药王，并称为傩坛“三圣”，清道光《遵义府志》载：“歌舞祀三圣曰阳戏。三圣川主、土主、药王也。”旧时傩戏和阳戏班子在各地演出时，都会设三圣神位，川主也是剧目中的常见形象。西南地区乡间的很多庙堂里，一同供奉了川主、土主和药王。其他一些神圣或先祖，如文昌、玉皇、财神、大禹、刘备、关公、张飞等也都常见于供奉川主的庙堂里。

大邑新场镇的川王宫，始建于明代。该建筑群远观气势宏伟，近看结构精巧，青山绿水之中，如若琼楼玉阁。该宫保留完整、规模宏大，是为成都地区供奉川主的最为精美的庙祠。殿堂里神、圣、佛共存，世世代代，来人都能在此找寻到自己的心灵皈依。其正殿大门上写有对联：“入此门不分三教；到这里都是一家。”游人至此，相信定会对“和谐”“共存”有更深的认识和感悟。

川王宫　大邑新场镇（2018）

民以食为天，万天川主为大，这便是四川人之祖庙香火延绵不断的原因。旧时，各地川主庙都会于每年的春分、秋分时举行祭祀川主的活动。清嘉庆《华阳县志》载："川主庙，每岁春秋致祭。"至今，四川乃至周边其他一些地方，川主庙会仍是一年一度的盛会。农历六月二十四，为川主诞辰日，过去但凡有川主庙的地方都会在这一天举行"川主会"庆典。如什邡的洛水镇、江津石蟆镇、塘河镇每年农历六月都会举办川主会，其间，街市张灯结彩，游人如织，虔诚的人们在川主庙里或祭礼或祈福，观戏、设宴，场面十分热闹。很多地方的川主庙和川主会已然成了观光旅游的重要看点。各地"川主会"会期中，除举行祭拜等仪式外，还有戏演、杂耍、舞龙舞狮等各种民间文艺表演，以及农商物资交易活动，此外，一些地方还会举办酒宴，以飨众人。也许，只有这样的"川主会"，似能将川主信仰和传统感恩文化或多或少地传继下去。

薅草锣鼓

直到20世纪七八十年代，四川多地山区农村里还能看到“薅草锣鼓”的场景。和着锣鼓乐节，高亢激越的说唱声，荡响在山田野地里。俗野粗犷之中趣味横生，这种原始古朴的说唱形式——薅草锣鼓，给劳作中的农人带来了欢悦，也给山乡增添了生气。

“薅草锣鼓”，通常是由一人，或多至两三人，跟着横排在田地里劳作的人群后面，敲打着乐器并断续说唱的一种表演形式。劳作以薅草为主，乐器则多用锣鼓，故这种表演形式有了“薅草锣鼓”之俗称。

“薅草锣鼓”，也称作“薅草鼓”，不同地方其称谓有所不同。例如，有称作“打锣鼓”的，还有直接称作“打闹”的，等等。清同治《来凤县志》：“四五月耘草，数家共趋一家，多至三四十人，一家耘毕，复趋一家，一人击鼓以作气力，一人鸣钲以节劳逸，随耘随歌，自叶音节，谓之薅草鼓。”清光绪《黔江县志》：“是月插秧，比长五六寸，相约薅草，鸣钲鼓更唱迭和以趣工，曰打锣鼓。”清光绪《彭水县志》：“四月，秧长五六寸，农人通工栽插……以二人司钲鼓，田歌相应，以节劳而趣工，曰打闹。”民国《荥经县志》：“栽插击鼓，曰长腰鼓。”名称各异，形式略同。显然，这种伴之于锣鼓的说唱，其目的或作用，就是通过娱乐的形式，使劳者乐而忘疲以提高工效。清嘉庆《犍为县志》：“初夏，农人结伴薅秧，以一人击鼓先歌，众人齐声属和，谓之催功，用力甚齐，瞬息一畦，浑忘劳倦。”

击鼓而进，鸣钲而止，以击打鼓钲来指挥与策励兵士作战或役夫事田之法，古来有之。《诗经·邶风》：“击鼓其镗，踊跃用兵。”《周礼·地官》：“鼓人，掌教六鼓四金之音声，以节声乐，以和军旅，以正田役。”“薅草锣鼓”，可以说是远古传留下来的化石级别的遗风旧俗。

新石器时期，我国南北方农业先后从“刀耕火种”阶段进入到了“耜耕”阶段；至战国时期，农业更是进入了“精耕细作”阶段；两汉时期，巴蜀多地种植水稻及其他农作物，稻田耕作成为主要农业。先后出土的汉代画像中，田间农作题材不少。1972 年，郫县新胜乡东汉墓葬中出土一件画像石棺（现藏于四川博物院）。该石棺画像刻制精细，内容丰富，其中一幅画面中有四人并排弯腰将两手插于地中，他们的后方站立一人作击鼓状。根据画面中人物的形态与其动作判断，该画像石棺画面所表现的内容应该是田地劳作场景。这样看来，至少在东汉时，“薅草锣鼓”已经出现在蜀中。唐宋时期，稻麦菽粟等作物的规范化种植更加普遍；元明清时期，随着玉米、红薯、土豆等适应山地生长的高产作物的引入，轮种多熟制农业发展到了高点。农业发展中，提高土地利用率与劳动生产率一直是非常重要的，督工催工之“薅草锣鼓”的采用，也就自然而然了。

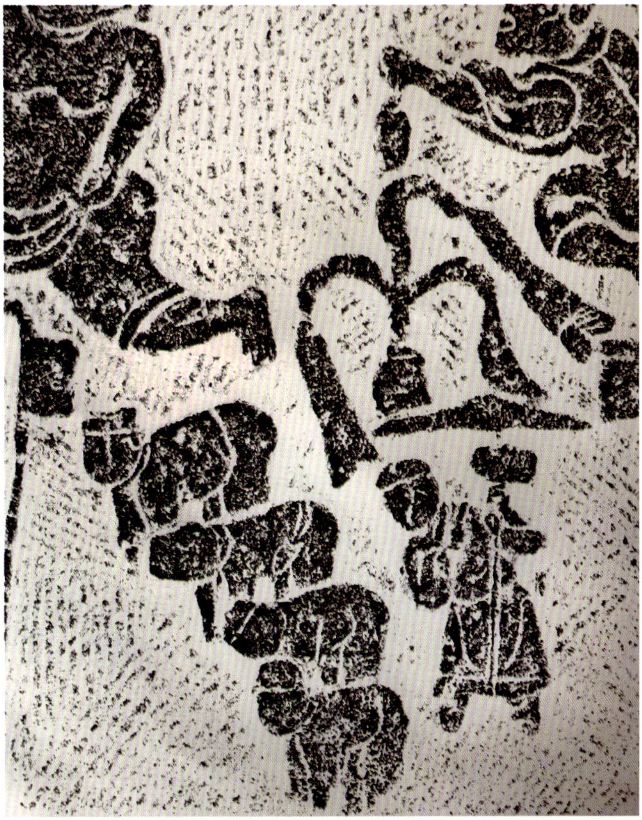

汉代画像石棺上的薅鼓场面（拓图） 郫县新胜出土

“薅草锣鼓”，古称“薅鼓”，宋代时已经普遍见于农作之中，南北各地皆有，其中尤以巴蜀楚等地为多。元《王祯农书·薅鼓》中引宋代《曾氏农书》序云：“薅田有鼓，自入蜀见之。始则集其来，既来则节其作，既作则防其笑语而妨务也。”宋时有关“薅鼓”的记载很多。宋·曾慥《类说》中辑录有五代蜀僧、丹棱人氏可朋作的《耘田诗》：“农舍田头鼓，王孙筵上鼓。鼓兮鼓兮皆为鼓，一何乐兮一何苦。上有烈日，下有焦土。愿天公降之以雨，桑麻熟，仓廪富。不饥不寒，上下一鼓。”宋·赵蕃《淳熙稿·田家行二首》中有：“江东闻田歌，湖北听田鼓。鼓声于以相疾徐，歌调因之慰劳苦。”宋·李新《跨鼇集·铜鼓道中所见诗》中有：“麦秋场圃面颜光，蚕月丝车茧水黄。豆饭饷田薅鼓住，田塍收水妇翁忙。”

早期的“薅鼓”，也称“耘鼓”，鼓放置在田头地边，或挂于近旁的树枝上，一人击鼓，以节奏督促劳人。后来的“薅鼓”形式中增加了乐器“钲”。《说文》：“钲，铙也，似钟，柄上下通。”宋人吴芾有诗句：“何事深村赤脚妇，亦闻钲鼓出篱间。”再后来，“薅鼓”中的“钲”又演变成一种类似于钹，但中间隆起部分较小的铜质乐器。明清时期，锣的使用普遍起来，锣与鼓的组合，加配以说唱，形成了近代“薅草锣鼓”的基本形式。

谈及“薅鼓”，有必要特别解释一下“薅”。薅，即指拔、除，《诗·周颂》：“其鎛斯赵，以薅荼蓼。”《说文》：“薅，拔去田草也。”“薅”字或派生于“耨[nòu]”字。耨，古代除草的农具。《国语·齐语》：“时雨既至，挟其枪、刈、耨、鎛，以旦暮从事于田野。”《释名》：“耨，以锄耨禾也。”庄稼地里的杂草，不仅会吸收水土中的养分，也会遮挡日照，影响农作物的生长。《管子·明法解》：“草茅弗去，则害禾谷。”薅除杂草为农作中重要的和不可缺少的工序。明·谢肇淛《五杂俎》：“水田自犁地而浸种，而插秧，而薅草，而车戽，从夏讫秋，无一息得暇逸，而其收获亦倍。”一些庄稼，例如水稻、玉米等，还需根据时节进行多次除草，才能有效地保障其茁壮的成长。“薅”字，也常见于古诗文中，例如，宋·梅尧臣《送刘郎中知广德军》中有：“劭农井田桑，科薅重锄斧。”宋·司马光《又是和夜雨宿村舍》中有：“晨薅载星起，日暗未能休。”直至今天，“薅”字仍广泛使用在巴蜀各地农乡，如“薅秧”“薅苞谷草”等。

“薅草锣鼓”，并不仅限于薅草或除草的劳作，其他一些集体性的田间劳作，如插秧、割麦等，也会采用类似的鼓歌形式。清道光《荣县志》：“农夫栽秧有歌，石工辇石亦有歌，一人倡，众人和，取其可以忘劳，可以齐力。”民国《渠

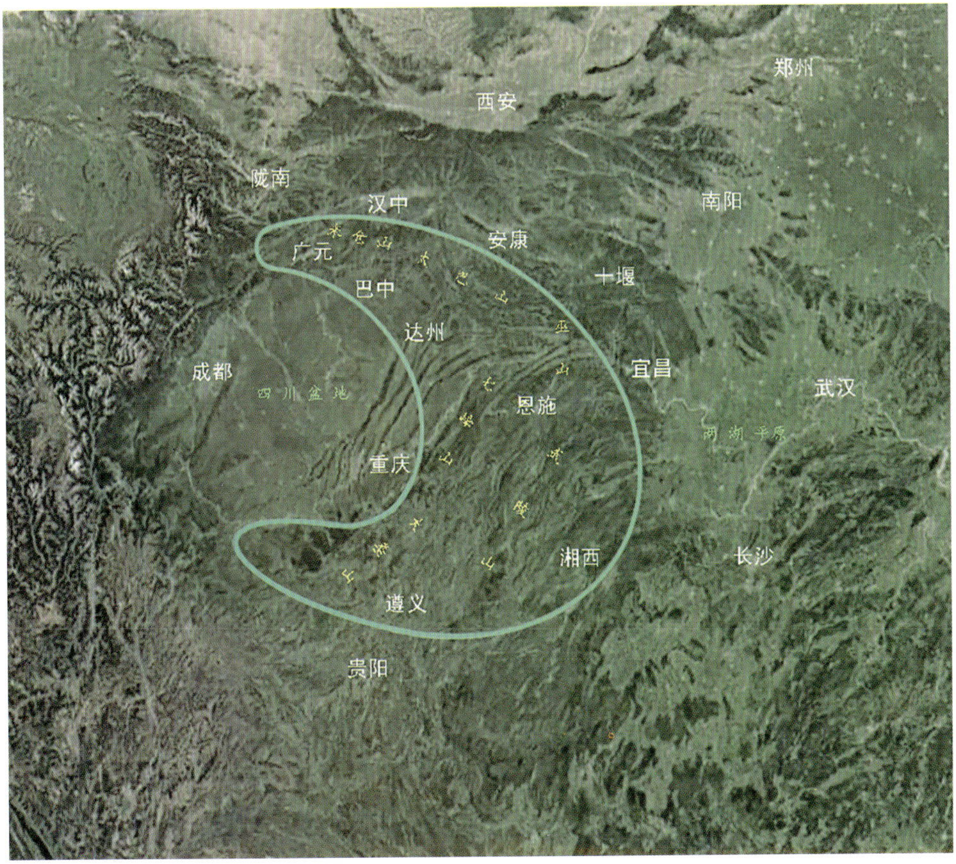

薅草锣鼓主要分布区域示意图

县志》："初夏小满，农人插秧，田中歌唱和答，名为秧歌。刈麦时，击鼓敲梆，歌以助工，则名打麦歌。"20 世纪 50 年代至 70 年代的合作社与公社化时期，山乡农村以集体劳动为主，"薅草锣鼓"因此有了持续生存的环境。笔者正是早年在川北山区插队落户期间看到了"薅草锣鼓"场景。

"薅草锣鼓"具有明显的地域性特点，比较多地分布在陇南、陕南、川北与川东、渝北与渝东、鄂西、湘西、黔西北等连片区域中。这片地域，大部分为以半高山和丘陵为主的山区，西北端有龙门山，沿东向分别有米仓山、大巴山、巫山等，由北向南则分别有华蓥山、七峰山、武陵山、大娄山等。秦陇南部山区，与巴蜀楚黔等地山区一样，早在宋代时就有鸣鼓唱歌于农作中的习俗，宋《太平寰宇记》记载：成州（今甘肃成县）"风俗与凤州（今陕西凤县）同，每耕耘之时，即鸣鼓唱歌以乐之。”自古以来，秦陇文化、巴蜀文化、荆楚文化在这片多民族聚居的区域中相互影响和融合，加之山地区域相对闭塞与封闭，保留有更多的遗俗流风，从而形成了此域特有的山地文化。

相当长的时间里，“薅鼓”多与水稻栽插耘薅相关，保留有古代秧歌遗风。宋·宋伯仁《夏日》中有：“农事正忙三月后，野田齐唱插秧歌。”宋·周紫芝《插秧歌》中有：“家家趁水秧稻畦，共唱俚歌声调齐。”清道光《巴州志》：“春田栽秧，选歌郎二人，击鼓鸣钲于陇上，曼声而歌，更唱迭和，纚纚可听，使耕者忘其疲以齐功力，有古秧歌之遗，夏耘亦如之。”“薅鼓”，其实就是秧歌和以锣鼓而形成的一种说唱表演形式。前述“薅鼓”分布区域的东西两边，分别为两湖平原和四川盆地。两湖平原彭头山文化遗址与四川盆地宝墩文化遗址中，均发现有水稻遗存，说明了距今数千年以前的新石器时期，古人已经开始了水稻种植。唐宋时，南方水田农业超越北方旱地农业，南方成为最重要的粮食产区。明清时期，先后的“江西填湖广”与“湖广填四川”的移民运动中，两湖平原与四川盆地两个区域的水田农业得到进一步发展，与此同时，湖广、四川、陕西等省的山田（梯田）与旱地农业也发展到新的高度。清光绪《太平（今万源）县志》载：境内“诸粮俱产，低处惟冷水谷、旱谷产，半高处大麦、小麦、燕麦、莜麦、御麦，亦名苞谷，山民倚以为粮，十室而九”。清初移民进入四川及周边地区后，遍处插占与开荒，山区里的田地数量陡增。清人詹应甲《赐绮堂集》中有诗句：“一村鼓响一村锣，拔草分秧各唱歌。

清《钦定授时通考》薅鼓图

抛却篝车无用处，山田终比水田多。”山区里，水田与山田以水稻、小麦轮作为主，旱地则以玉米、小麦或豆类轮作为主。玉米，或玉蜀黍，蜀地多称“苞谷”“包谷”“玉麦”。清·吴其濬《植物名实图考》：“玉蜀黍，本草纲目始入谷部，川陕两湖凡山田皆种之，俗呼苞谷，山农之粮，视其丰歉酿酒、磨粉，用均米麦瓢煮以饲豕，杆干以供炊，无弃哂。”清光绪《叙州府志》：“雷马屏三属，山地较多，多种玉麦。”清光绪《大宁（今巫溪）县志》：“山乡日食以包谷、洋芋、红薯为大宗。玉蜀黍，释名玉膏粱，即今俗呼之包谷也，四乡皆种以作粮饭，兼可酿酒熬糖。”薅秧之外，薅苞谷草以及薅黄豆草等成为山地农作中的主要活动。清光绪《长乐（今五峰）县志》：“以苞谷为主，每夏耘时，择善讴者一人击鼓而歌，锣钹应之，谓为薅草鼓，盖欲耘者乐而忘疲也。”

田多人少，即田地多而劳动力少，是“薅鼓”施行的重要条件。平坝区域，典型的如川西坝子，沃土良田，雨足水丰，历朝历代都是人居选择的上佳之地，其常态必然是田少人多，即人均占有的田地较少。一般人户，自家劳动力即可满足田地耕种的需要，而给自家做活大概是不需要催工督工措施的。极少数拥有田地较多的地主，则可出钱雇佣那些无田户或少田户的多余劳动力，地主与所雇之短工（季节工）或长工之间形成的是一种契约关系。山区里，田多人少的家户较多。这些田多人少的家户，仅凭一家之力，很难在一两天内完成自家的农活。而农时不可违，庄稼的生长须及时应令。于是，农家互相帮助，即“换工”成为必要。明嘉靖《洪雅县志》：“邻里交易而作，谓之换工。”民国《叙永县志》：“田多人少，倩人助己而还之者，曰换工。”也有将“换工”称作“换功”和“打暴工”的，民国《苍溪县志》：“共力合作，互相为助，名曰换功，此田间乐事也，多有唱插秧歌以助兴者。”清道光《大竹县志》：“四月初，秧长尽栽插，乡人通工，彼此相助，曰打暴工。薅秧去稗以养嘉禾。”山乡里的换工劳作，“数家共趋一家，一家耘毕，复趋一家”。关于换工安排，以及督催劳作中的一些情况，史志中有不少记载。宋·苏轼《眉山远景楼记》：“四月初吉，谷稚而草壮，耘者毕出。数十百人为曹，立表下漏，鸣鼓以致众。择其徒为众所畏信者二人，一人掌鼓，一人掌漏，进退作止，惟二人之听。鼓之而不至，至而不力，皆有罚。量田计功，终事而会之。”明《皇明大政记》：户部“令民每村置一鼓，凡遇农种时月，清晨鸣鼓集众，皆会田所，及时力田，其怠惰者，里老督责之。”明·徐光启《农政全书》：“其北方村落之间，多结为锄社，咸十家为率，先锄一家之田，本家供其饮食，其余次之。旬日之间，各家田皆锄治。自相率领，乐事趣功，无有偷惰。间有病患之家，共力锄之。故田无荒秽，岁皆丰熟。”不同家户的田地与劳动力的多少有所不同，若换工不能相抵，则田多者可付钱或用实物偿之。

农家换工，安排上有先后之顺序，这个顺序直接影响着各家各户的庄稼生长与收获。山地的立体气候，很好地解决了这个问题。立体气候，即同一区域里分布着不同类型的气候，为“薅鼓”中的换工成为可能。这也是“薅鼓”多分布在山地的重要原因。山地高低海拔不同，加之还有阴地阳坡的区别，因此山地上下各处的温度与湿度不一，此外，各家户在耕种时间上也有些许差异，以及田土肥瘦的不同，相应各家户的农作物生长与成熟便各有早晚。换工自然也就有了合理的先后顺序之分，约定俗成，乡邻之间，言信行直，世代如此。

日晒雨淋，弥日亘时，田间劳作其实是很辛苦的。“锄禾日当午，汗滴禾下土。谁知盘中餐，粒粒皆辛苦。”唐人李绅的《悯农》诗，千古传诵。清人田泰斗《竹枝词》中唱道：“农人随口唱山歌，北陌南阡应鼓锣。莫认田家多乐事，可怜一锄汗一窝。”忙月中的换工，需要充足的饮食补给。按照惯例，换工劳作中，盖由本家提供饮食。即便平时舍不得吃喝，此时本家也需慷慨大方，酒肉往往是不可缺少的。清光绪《广安州新志》：插秧时，“日三酒三饭，曰劳酒。”清光绪《青神县志》：“四月，栽稻秧，凡栽秧之工必饷以酒。农夫唱栽秧歌，亦庶乎情怡而神不疲焉。”清光绪《名山县志》：“薅踏时，饷佣者酒肉，丰则众皆悦乐，手苏足践，歌唱不绝。”

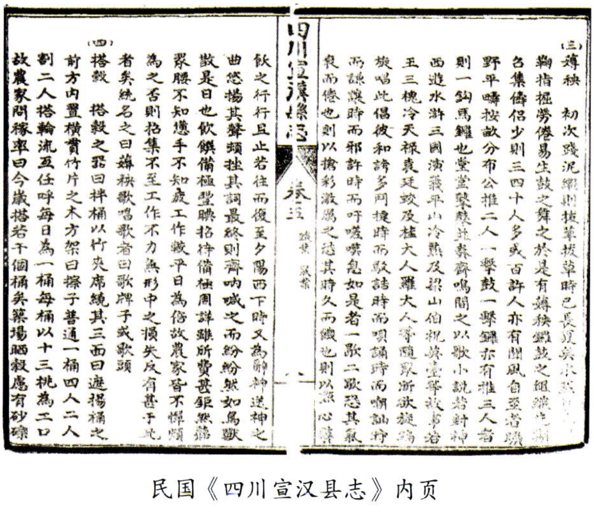
四川宣漢縣志　卷三

(三)薅秧　初次踐泥謂則拔草拔草時已長夏矣水或田
鞠指掘勞倦易生鼓之舞之於是有薅秧鑼鼓之組織
名集儔侶少則三四十人多或百許人亦有幽風自益者
野平疇按畝分布公推二人一擊鼓一擊鑼亦有推三人者
則一鉤馬鑼也堂堂鼕鼕並發齊鳴間之以歌小說若封神
西遊水滸三國演義平山冷燕及梁山伯祝英臺等故事若
五三槐冷天祿袁廷蛟及楊大人羅大人等隨聲漸欲旋為
旋唱此倡彼和詩多両捷時而駁詰時而唄誦時而嘲訕時
而謔謔時而邪許時而吁嗟嘆息如是者一歌二歌恐其氣
衰而倦也則以擒彩激厲之恐其時久而饑也則以點心餐
飲之行行且止若往而復至夕陽西下時又為酬神送神之
曲悠揚其聲頓挫其詞最終則齊吶喊之而紛紛然如鳥獸
散是日也飲饌備極豐腆招待備極周詳雖所費甚鉅然藉
衆勝不知應手不知疲工作數乎日為倍故農家皆不憚煩
為之否則招集不至工作不力無形中之損失反有甚于此
者矣統名之曰薅秧歌唱歌者曰歌牌子或歌頭
(四)搭穀　搭穀之器曰拌桶以竹夾席繞其三面曰遮揚桶之
前方內置橫貫竹片之木方架曰搽子普通一桶四人二人
割二人搭輪流互任呼每日為一桶每桶以十三挑為工口
故農家問稼率曰今歲搭若干個桶矣築場曬穀慮有砂碌

民国《四川宣汉县志》内页

“薅草锣鼓”中的说唱，最是风味所在。有一人独自说唱，也有两人唱和或多人唱和，你叫我接，你唱我和。被推选出来的善唱者，时而亢声高调，时而婉转清音，不仅谙熟固定歌词，还能根据即事即景随编随唱，调侃讥讽，插科打诨，俚辞方言，风趣横生，让人忍俊不禁，倦意全无。关于“薅草锣鼓”的说唱，一些旧志中有细致的介绍。清同治《增修酉阳直隶州总志》：“打闹之事，行于插秧者少，行于耘苗者多，水田山土，薅茶去蓼之际，所在皆然。司钲鼓者亦不必为众信服之人，但视其能歌与否。彼等所歌皆盲词、小说、七字成语，此歌彼和，嬉笑谐讹，互相酬答，盖不惟用以督众，亦所以节劳也。”民国《四川宣汉县志》：薅秧“劳倦易生，鼓之舞之，于是有薅秧锣鼓之组织。先期召集俦侣，少则三四十人，多或百许人，亦有闻风自至者，旷野平畴，按亩分布，公推二人，一击鼓，一击锣，亦有推三人者，则一钩马锣也。堂堂鼙鼙，并奏齐鸣，间之以歌。小说若《封神》《西游》《水浒》《三国演义》《平山冷燕》及《梁山伯与祝英台》等，故事若《王三槐》《冷天禄》《袁廷蛟》及‘桂大人’‘罗大人’等，随众所欲，旋编旋唱，此倡彼和……听众腰不知惫，手不知疲，工作较平日为倍”。

随着新时期里农业人口的转移与传统农作方式的改变，“薅草锣鼓”渐渐消失，很多地方已经绝迹。值得欣慰的是，一些地方将此列为当地的非物质文化遗产而加以保护。2006 年，青川县的“川北薅草锣鼓”入选国家级非物质文化遗产名录；2008 年，宣汉县的“川东土家族薅草锣鼓”入选国家级非物质文化遗产扩展项目名录。在保护与传承、整理与研究中，渊源古远且根植于山乡的“薅草锣鼓”，或能成为让人耳目一新的说唱艺术，被更多的人所青睐与喜欢。

中秋节旧俗

提及中秋节习俗，让人首先联想到的大概就是吃月饼。其实，旧时的中秋节习俗，还有颇多讲究。

中秋节，亦称“秋节”，对于旧时的川人而言，这是一个重要的节日。清咸丰《云阳县志》：“中秋，蜀俗颇重此节。”旧时各地都会在中秋日举行祭拜与庆祝活动，一些地方的活动甚为隆重。清嘉庆《直隶绵州志》：“中秋节，城市灯火如昼，歌管遏云。”清道光《夔州府志》：“夔府颇重此节，晚间玩月先祭之，饼果罗列，灯烛辉煌，爆竹之声不绝，与除夕相似。”民国《大邑县志》：“八月十五，城市拜节，亦如端午，具糕饼酒馔赏月。”城市如此，乡村亦热闹。清光绪《江油县志》：中秋节，“乡村收获毕者少休息，燕饮为乐，祠庙钟声倍常清越。”一些相对偏远的地方，也极为重视中秋节。清同治《会理州志》：“中秋，置酒夜饮，爇 [ruò] 香烛炉拜月，糕饼铺前，前半月即搭灯棚，各种酥饼山积。”

中秋节，源自古老的日月崇拜。出土物表明，这种人类对自然的崇拜，早在新石器时期就已出现。祭祀日月，后来成为一种规制礼仪。《汉书集解音义》：“天子春朝日，秋夕月。”农历八月十五日，为秋半月圆之日，宋《梦粱录》：“八月十五日中秋节，此日三秋恰半，故谓之中秋。此夜月色倍明于常时，又谓之月夕。”唐代时，中秋拜月即已成风俗，是夜赏月玩月，更成为文人之雅好。唐代文学界欧阳詹《玩月》诗中有：“八月十五夕，旧嘉蟾兔光。斯从古人好，共下今宵堂。”宋代，赏月之风不减。宋《醉翁谈录》中记载当时京城的风俗：“中秋京师赏月之会，异于他郡，倾城人家子女……登楼或于中庭焚香拜月，各有所期。男则愿早步蟾宫，高攀仙桂。女则淡泞妆饰，愿貌似嫦娥，圆如皓月。”寄情于月，寄望于月，文人雅士更留下了众多的咏叹诗词。元代史学家、成都华阳人氏费著《岁华纪丽谱》中记载了成都府城的风俗："八月十五日中秋玩月，旧宴于西楼，望月于锦亭，今宴于大慈寺。"明清及以后，中秋成为重要的节日，活动内容也更加丰富了起来。

"月饼"之语，最早出现在宋代。宋《梦粱录》：京城"市食点心，四时皆有……荷叶饼、芙蓉饼、菊花饼、月饼、梅花饼……"显然，当时的月饼是以其形如月而得名。圆饼暗合圆月，团团圆圆之寓意明显，明代时，月饼成为中秋祭月中最具象征意义的物品。明《熙朝乐事》："八月十五日，谓之中秋，民间以月饼相遗，取团圆之意，是夕人家有赏月之。"清代，月饼的概念，扩展至中秋时日制用的饼，清乾隆《遂宁县志》：八月十五日，"家家作糖饼，捏成花样，亲友互相馈遗，谓之月饼。"清嘉庆《汉州（今广汉）志》："中秋拜贺如端阳，以胡麻粘饼宵月，谓之月饼，亲友相馈。"民国《阆中县志》："中秋节，饼铺作圆饼，大小层累而上，谓之月饼。"

中秋节用月饼，相沿成为蜀中普遍的习俗。清道光《荣县志》："中秋用月饼，循为成例。"不少地方志中记载有当地中秋节制用月饼的习俗。例如，清乾隆《井研县志》："中秋前半月，铺户卖月饼为玩月供。"清乾隆《郫县志书》："中秋作月饼馈亲朋。"清乾隆《资阳县志》："中秋设案，燃香烛，献月饼。"清乾隆《温江县志》："十五中秋，士庶皆制造月饼或易之市廛，互相馈遗，聚族赏玩，不减谢之庭前，亮之楼中。"清道光《新都县志》："中秋，俗以月饼相馈遗。"清同治《璧山县志》："中秋节，送月饼，饮酒赏月。"清同治《增修酉阳直隶州总志》："中秋夜，士民设香烛，供月饼，鸣金鼓，达旦。"清光绪《盐源县志》："中秋日，土人以为盛节，月饼交相馈遗。"清光绪《太平县（今万源）志》："中秋节，亲友以月饼为礼。"民国《简阳县志》："中秋节，祀先祖，馈亲朋，均以月饼。"

圆月，象征着团圆、圆满，故旧时祭月拜月选用圆形食物果品来表达愿望。明《帝京景物略》："八月十五日祭月，其祭果饼必圆，分瓜必牙，错瓣刻之如莲华。"圆饼之外，瓜、梨、藕、石榴等，常用作祭月之物。清同治《南溪县志》："中秋节，亲友以瓜饼梨藕相馈。"民国《绵竹县志》："中秋节，供石榴梨子胡桃果饼拜月，月下备肴核群饮。"

明清两朝，先后有南方及西南多省移民迁至四川。湖广、江西、广西等地流行的中秋打糍粑的习俗也带入了四川。实际上，四川大部，特别是川东川南等地农乡，盛行中秋时制作糍粑。糍粑，旧时称“餈粑”，即将蒸熟的糯米放至石臼（碓窝）中用木杵打制出的一种食物。餈粑又粘又软，易成团状，做成圆形的称作“餈饼”。中秋制用餈粑或餈饼，也是用其表达团圆之意。清同治《高县志》：“中秋月升时，设果品月饼餈粑祀月。”民国《泸县志》：“贺中秋，以餈粑月饼为多。……中秋节，今称秋节，人家制餈粑，配以月饼相馈遗，夜分陈瓜果饼饵，祀先礼月，卑幼拜尊长，予以饼果，谓团圆也。”民国《新修合川县志》：“八月十五中秋，市民多买饼果麻糖橙糖，又以糯米作餈饼陈于月下，燃香烛以供，卑幼依次拜尊长，尊长必予以饼果，为团圞 [luán] 也。”

祀先礼月，赏月玩月，自是中秋主题。主题活动之外，一些奇风异俗也被引入节日中，典型的就是“摸秋”与“送瓜”。所谓摸秋，即中秋夜，妇女去园中摸索摘取瓜豆的活动。送瓜，则是指将园中摘取的瓜送至亲友或妇女家中的活动。种瓜得瓜，瓜瓞绵绵，古人认为瓜象征多子，送瓜即送子，故得瓜者有诞子或宜男之兆。摸秋与送瓜之习俗，不知始于何时何地，清人有诗句：“满街儿女窃瓜豆，怪哉此事谁开端。”清早期，南方诸地即流行这样的习俗，清《金陵锁志》：

金劍娘娘偶像前焚香燭擲盃珓衣冠羅拜然後擡神像排旗旗鳴金鼓於前遍遊通街以求雨澤各鄉亦如是然亦有應有不應又或用黃荆樹葉紮成龍形遊行郊野人多蓄水以澆自頂至踵淋漓盡致謂之淋黃荆龍七月初旬民間包封楮帛分書祖宗姓名於上供以酒餚供一二日届時送至城外或惜字亭或新堤舊堤化之謂燒袱子十五為中元擡城隍像至純陽山焚化楮錢然香燭供若果僧道建設法筵謂之給孤中元夜各家於門外燒楮錢謂之施孤八月十五中秋市民多買餅果麻糖橙糖又以糯米作餈餅陳於月下然香燭以供卑幼依次拜尊長尊長必予以餅果謂團圞也此節人家多不茹葷故諺謂之素節是夕用黃橙一枚置諸高竿插香百餘支齊然豎於門外謂之燒天香兒童多以黃橙置竿頭用篾紮成龍頭糊以五色紙張點紅燭玩於街巷謂之橙子龍少年摘瓜以送艱於子嗣者是夜燕飲為樂謂之送瓜城內外街衢巷口及各寺觀山門外均有土地廟市人於中秋節醵金備香燭供果或演影戲或唱圍鼓或打洋琴謂之鬧土地中秋節後男女多攜香燭結伴買舟至東山古佛寺燒香自節後至二十四日止

合川縣志卷三十五風俗　十

游人上下如蟻東津渡夫攬載上下以此時為旺月凡上會還願均在此謂之朝古佛各處入廟朝會男女相邀多至百餘人供大燭九品大香九炷擡香亭金鼓旗幟沿途唸佛至寺禮拜者謂之駕香八月二十七日為至聖誕辰各學堂學生醵金備牲醴祭獻祭畢羣飲謂聖人會亦謂大成會九月初一至十二或晴或雨人多筆之以爲明年十二月

民国《新修合川县志》内页

“金陵俗，中秋月夜，妇女有摸秋之戏，以得瓜豆为宜男。”《清稗类钞》：“中秋夕，衡州有送瓜之俗。”清中期及以后流行于四川多地的摸秋与送瓜习俗，应也是明清时期南方移民引入。清代方志中记载了一些有关当地中秋夜摸秋与送瓜活动情况。例如，清嘉庆《华阳县志》：“好事者潜摘园瓜以鼓乐奉遗亲友，谓之送瓜，为诞子兆。”清嘉庆《定远县（今武胜）志》：“旧俗于是夜张鼓乐，率子弟窃人园瓜送至乏嗣之家，曰送子。”清道光《綦江县志》：“妇女相率入园莆探瓜，得者为弄璋之兆，曰摸秋。少年取瓜以鼓乐送嗣艰者，彻夜奔驰，相为娱乐。”清同治《隆昌县志》：“妇人相率入园探瓜，以得瓜为美璋兆，曰摸秋。”清同治《璧山县志》：“乡村取瓜鼓乐以送艰嗣者，谓之送瓜。”清同治《筠连县志》：“是夜以红绫裹冬瓜，置彩亭中，鼓乐仪仗，送至少子之家，取瓜绵之兆，谓之送瓜。”清光绪《太平县志》：“好事者摘园中大瓜，畀以彩舆，鼓乐齐作，送至亲友家中，名曰送瓜，以为宜男之兆。”

古遗之“镜听”风俗，也见于个别地方的中秋节活动中。清咸丰《天全州志》：中秋日，“妇人多于黄昏时候拈香，潜听人家言话，以卜休咎，名曰镜听。”镜听，亦称听香，即持香抱镜藏于门后，偷听他人之第一句话，以占卜姻缘吉凶的做法。该占卜之法，唐代即有，传至清代，仍在不少地方留存，多是在除夕或正月十五夜施行。清光绪《叙州府志》中即记载有当地人于除夕夜“以镜听卜来岁吉凶”的活动。

中秋夜明月高悬，观之赏心悦目，古人认为“见月有喜”，并以此时气象来卜算次年元宵节的晴雨。清道光《蓬溪县志》：“八月十五，夜不寐，守看月华以为瑞，又以是夜无月，次年上元节必多雨。故人以有月为喜。”清咸丰《云阳县志》：“是夜月见五彩，名月华，见者有喜，故人恒通宵不寐伺之。”清同治《筠连县志》：“八月十五日，民间以果饼相遗，置酒赏月，即以此夜卜元宵晴雨。”清同治《安县志》：“蜀常苦雨，以此夕月色卜来年灯节盛衰，谚云：八月十五云遮月，准备上元雨打灯。咸以无月为恨，是月穑事成。”

东南西北，百里异习，旧时的合川等地还会在中秋节举行“烧天香”“橙子龙”等传统民俗活动。这些活动将节日气氛营造得更加浓烈。民国《新修合川县志》：“是夕，用黄橙一枚，置诸高竿，插香百余支齐燃，竖于门外，谓之烧天香。儿童多以黄橙置竿头，用篾编成龙头，糊以五色纸张，点红烛玩于街巷，谓之橙子龙。”节日中“烧天香”的习俗，早在宋代时即流行于南北多地；玩耍“橙子龙”的习俗，也有着悠久的历史。中秋时日，举行这些民俗活动，亦表明了古人对中秋节的重视。

传说八月十五日为土地爷即社公得道升天的日子，谓之“社日”，此日祭拜土地神，也称“秋祭”。清同治《璧山县志》：“八月秋社，称土地诞（注：通常认为农历二月初二日为土地生日），奉祀维谨。”古人认为，日为天，月为地，祭月拜月即祭拜土地。《周礼注疏》：“祭天谓祭日，祭土瘗[yì]者也，祭月。”早期秋祭土地神的活动，被认为是中秋节的起源。由此看来，古人对中秋节的重视，也是农耕社会中人与土地关系密切的表现。旧时，一些地方在该日举行隆重的祭拜或赛会活动。清嘉庆《汉州志》：“是日街巷土地会各演剧，夜间供月宴。”清同治《增修万县志》：“祀社公社母，春以二月二日，秋以八月望日，城乡报赛极盛。”民国《新修合川县志》：“城内外街衢巷口及各寺观山门外，均有土地庙。市人于中秋节醵金，备香烛供果，或演影戏，或唱围鼓，或打洋琴，谓之闹土地。”

城隍，也是旧时四川城乡普遍崇奉的神祇，然而各地的城隍爷不尽相同，因此举办城隍会的日期也就有异。旧时的崇州、邛崃等地在八月十五日举办大型的城隍会活动。这样的活动，也给中秋节增添了热闹。清光绪《崇庆州志》：“每一会远近咸集，其最胜者惟八月十五城隍会。……州民男妇老幼送往迎来，接踵联肩，喧填道路。”

时移俗易，旧时中秋节的一些讲究，随着岁月的流逝荡然无存。然而，吃月饼、打糍粑的习俗，却多少保留了下来。或旧或新，或移或易，文化的传承，大致都是这样。

元宵节旧俗

农历正月十五日，为元宵节。旧时巴蜀城乡各地，都会举行各种各样的节庆活动。

元宵，即上元之夜。清·郑泰《月令精钞》："上元，一岁夜节之首，故曰元。"清光绪《太平（今万源）县志》："十五日为上元节，其夜为元宵。"新年初始，元日是农耕社会极为重视的日子。成书于汉代的《礼记》中记载："孟春，天子以元日祈谷于上帝。"上元、中元、下元，本道家之语，始见于唐《白氏六帖》，后来，"三元"之称屡见不鲜。

南北朝时期，正月十五日即成为有着特别意义的日子，是日举行活动庆祝。唐·李延寿《北史·卷二十二》："正月十五日，百姓大戏。"唐·李百药《北齐书·卷四十八》："魏氏旧俗以正月十五日夜为打簇之戏，有能中者即时赏帛。"民间的一些活动还很特别。南北朝·宗懔《荆楚岁时记》中记载："正月十五日，作豆糜加油膏其上，以祠门户。"

正月十五日行乐隆庆，大致始于隋代。唐·魏征《隋书》："每岁正月十五日，于端门外建国门内，绵亘八里列为戏场，百官起棚夹路，从昏达旦，以纵观之。"宋·司马光《资治通鉴》："风俗，每正月十五日夜，燃灯游戏。……（隋炀）帝以诸番酋长毕集洛阳，丁丑于端门街，盛陈百戏，戏场周围五千步，执丝竹者万八千人，声闻数十里，自昏至旦，灯火光烛天地，终月而罢，所费巨万，自是岁以为常，丁丑正月十五日。今人元宵行乐，盖始盛于此。"

唐宋时期，燃灯、舞龙等活动，成为正月十五日的固定节目并流传下来。唐·韦述《两京记》："正月十五夜，前后各一日以看灯。"唐代诗人张祜《正月十五夜灯》诗云："千门开锁万灯明，正月中旬动帝京。三百内人连袖舞，一时天上著词声。”宋·吴自牧《梦粱录》：“元宵之夜……草缚成龙，用青幕遮，草上密置灯烛万盏，望之蜿蜒如双龙之状。”至明清时，正月十五日的庆会成为法定活动。

天官，本是古代官名。周时即设有天、地、春、夏、秋、冬“六官”。道教崇奉天、地、水三神，尊称为“天官”“地官”“水官”。按道教说法，上元日为天官诞辰，又称天官赐福之辰。《梦粱录》：“正月十五日元宵节，乃上元天官赐福之辰。”良辰吉日之正月十五日，于是就被更加地看重了。宋代诗人彭永《元宵》诗中有：“巴人最重上元时。”自宋以来，上元日燃灯祭祀神祇成为传统。《明史》载：“正月十五日，大祀天地神祇。”清嘉庆《汉州志》：“上元，天官会，演剧于城隍庙。”

元宵节，古时又称作“传柑节”。传柑之名来自唐时宫廷遗风。明·顾充《古隽考略》：“上元夜登楼，贵戚例有黄柑相遗，谓之传柑。”清·郑泰《月令精钞》：“上元灯夕，传柑节，明皇时上元夜御灯楼贵戚例有黄柑相遗。”宋时，延续此风。宋·祝穆《方舆胜览》：“上元灯夕，上御端门，以温州所进柑分赐从臣，谓之传柑。”关于传柑，古人还留有不少诗作。宋代文人苏轼有句：“归来一点残灯在，犹有传柑遗细君。”元代诗人许桢有句：“良辰修禊，元夜传柑。”明代诗人林熙春有句：“最是阳春称盛事，丰年已兆胜传柑。”

清·王栋《天官赐福图》

宋·陈元靓《岁时广记》中记载有正月十五日“偷灯盏”的习俗。书中记载：“偷灯盏者，生男之兆，又【本草】云，正月十五日灯盏令人有子，夫妇共于富家局会所盗之，勿令人知，安卧休下，当月有娠。”偷窃灯盏是否能令人有子，姑且不论。但就此习俗看，至少有两点是可以肯定的。一是正月十五日偷人灯盏，不会被论罪；二是被偷人家要么是放任自流，要么就是有意安排。不管怎么说，在今人看来，此习俗多少有着一些“亲睦和谐”的意味。

元明清各朝，外省多地移民先后迁至四川，五方杂处，南北习俗相融相合，四川城乡各地故而有了多种多样的元宵节活动。归纳起来，节日中这些活动主要有祭祀祈福、饷元宵、闹元宵，以及求卜礼愿等。旧时志书中对此多有记载。

祭祀，源于人类与天地诸神和谐共生的原始信仰，祭祀活动也反映了古人报本反始、慎终追远，以及自然淳朴的精神世界。道教将正月十五日定为“天官赐福之辰”，这天的祭祀则有了更多的意义。清乾隆《遂宁县志》：“十五日为传柑节，又为上元，俗谓灯节，入夜，各庭堂挂灯，室隅燃烛，祀天地、家神及祖先，若除夕守岁然。”清道光《忠州直隶州志》：“望日，十二望之首，为传柑节，又为上元，道家以此日为天官赐福之辰，入夜燃灯祀天地、家神及祖先。”

饷元宵，亦称“过元宵”。是日夜里制作汤圆，家人合食，称作“饷元宵”；以汤圆相馈，则称“送元宵”。清早中期，汤圆多被称作“糖圆”“粉团”“餈团”。至清中晚期，“汤圆”之称才渐渐多了起来。民国《简阳县志》：“汤圆，一名粉团，用糯米磨成粉，或调水搓成，或洒水团成，内包糖霜，入釜水煮，俟浮水面始熟。”元宵食汤圆，故“汤圆”与“元宵”成了互代之语。清道光《綦江县志》：“上元入夜，市中燃灯结彩，用米粉作团，名曰元宵，即汤圆也。”民国《新修合川县志》：“蜀人谓汤圆曰元宵。”正月十五日吃汤圆送汤圆，清时成为巴蜀各地普遍的习俗。清乾隆《巴县志》：正月十五“用米粉作粉团，名饷元宵。”清乾隆《遂宁县志》：“用米作粉团，曰元宵，合家食之，谓之过元宵。”清同治《重修成都县志》：“十五日，谓之元宵，亦曰灯节，人家以糖圆相馈遗。”清同治《彰明（今江油）县志》：“十五日以汤元相馈，曰送元宵。”据清嘉庆《华阳县志》记载，正月十五日食汤圆或糖圆之风俗始于明时。志云：“十五日，俗谓之元宵。人家碎米为丸，曰糖圆，以相馈遗。……永乐十年元夕，听臣民赴午门观鳌山，三日以糖圆、油饼为节食。岁以为常。”元宵节食汤圆之风俗，延传至今。

制作与食用汤圆，也是元宵夜祭祀活动中的重要内容。嘉庆《直隶绵州志》：“十五日为传柑节，入夜燃灯祀天地、家神及祖先，用米粉作粉团，曰元宵。祀后合家食之。”民国《新修合川县志》：“是夜作汤圆，祭天地、祖宗后分食家人，取合家团圆之意，谓之元宵汤圆。”清同治《南溪县志》：“入夜后，以米粉作团，渍糖其中，祀天地家神，然后男女合食，谓之饷元宵。”

张灯结彩，鼓乐歌舞，增添了元宵节的热闹，元宵节因此还有“灯节”之名。正月十五日夜，城市乡村，处处张挂彩灯，营造出了浓烈的节日气氛。清乾隆《郫县志书》：“元宵，结棚张灯，城乡各作鱼龙之戏。”清乾隆《遂宁县志》：是夜，“其街市则张棚结彩，无灯不备，如火龙、竹马、麒麟、狮子之属，皆剪纸为之，燃灯于腹，借人力而跳舞如生，彻夜鼓乐喧阗，人海沸腾，谓之耍灯。”清嘉庆《华阳县志》：元宵夜“市井祠庙，结棚张灯，光明如昼。”清嘉庆《什邡县志》：“元宵，张灯门首，儿童扮采茶歌灯，客民扮演龙灯，亦有鲤鱼、狮子各色灯不一。”清道光《大竹县志》：“正月上元日，各户张彩灯，扎龙鱼狮象人物花草故事，童子扮演歌舞庆祝太平，又放花筒爆竹，谓之闹元宵，士庶嬉游，会饮行乐，前后数日乃止，各村市如之。”清咸丰《云阳县志》：“是夕灯火最胜，有龙狮戏，火树、星桥，不减古昔，极为佳节。”清同治《隆昌县志》：“入夜燃灯祀天地、家神，及鼓乐迎纸彩，各家张灯，名闹元宵。”清同治《大邑县志》：“十五日为天官赐福辰，预于初八九日城乡各竖二丈余灯杆，悬点树灯三十三盏，亦有五七盏者点于田间，曰五谷灯，或独竖一灯于家，则曰天灯，拜献惟谨，复扎龙灯狮子，扮演杂剧，逐户盘绕，钲鼓喧阗。”清光绪《广安州新志》：“城市乡场划竹蒙纱，五彩龙形，虚中纳火，长数丈，节次续之，人持一节，屈蟠夭矫，星流电掣，有虾灯三人舞之，狮灯三人，二人藏于狮腹，一人装笑和尚，跳跃角逐为戏，其彩裱飞走鳞介，花卉、人物皆奇巧生动。”

演剧唱戏，通常是元宵节中必不可少的节目。清道光《新津县志》：“广福寺有上元会，演剧数日，百戏杂呈，为赛会之极盛者。”清光绪《太平县志》：“城市乡村各演龙灯杂戏，钲鼓喧阗，名曰贺元宵。”

一些地方还在元宵夜舞灯耍灯中放爆竹、打铁花，火树银花，璀璨夺目。清道光《新都县志》：“灯所过处，皆助以硫星爆竹……火树烟花，在在映带。”

清光绪《射洪县志》："是夜观灯，阖城燃巨烛如白昼，民间以龙灯狮子杂剧，遍游街市，观者以铁末合火药贮竹筒中，喷烧之。其焰冲出现花形无数，璀璨可观，谓之放花。"清光绪《叙州府志》："龙灯所至，悉以铁屑合火药实竹筒中燃之，铁花灿烂，光焰飞腾，有水仙花、滴滴金等名目。竟夕乃止。"正月十五日这种火花喷烧龙灯的习俗，至今还留存在四川不少地方，例如射洪青堤镇、中江积金镇、开江甘棠镇、达川石桥镇等地。

明·仇英《游春图》

请紫姑神占卜，也是旧时元宵节的活动之一。请紫姑卜，早在南北朝时即已流行。据《显异录》记载，紫姑为莱阳人，姓何名楣，人称三姑，由天帝命为司厕之神，能占卜众事。《荆楚岁时记》："正月十五日……其夕迎紫姑以卜将来蚕桑，并占众事。"明清时，巴蜀各地亦有此俗。清乾隆《巴县志》：上元日，"妇女多占请紫姑，卜蚕桑杂事。"清嘉庆《华阳县志》："妇女迎紫姑神卜休咎。"清咸丰《云阳县志》："妇女有七姑娘卜，即《岁时记》所谓紫姑神也。"清光绪《广安州新志》："无子者、妇女卜紫姑。"

早期的"偷灯盏"风俗，也或多或少地流传了下来。民国《泸县志》："好事者窃天灯之首灯，名玉皇灯，或人家之檐灯，送与艰嗣者，谓可生子，曰送红灯。"民国《新修合川县志》："艰嗣者窃邻居多子之家以啖之，谓之偷元宵汤圆。又或窃别人檐灯，糊以红绫，鼓乐灯彩，送至艰嗣之家，谓之送檐灯。"

旧时的元宵节，还流行"走百病"的活动。走百病，又称"游百病"，即节日里出游，以消除疾病的风俗。该风俗应源自唐宋时期即流行的正月十五日"游春"活动。清嘉庆《金堂县志》："十五为灯会，十四日起十六日止，鼓吹喧阗，士女踏灯嬉游，谓之走百病。"清道光《綦江县志》：正月十五日，"妇女或携

明·周臣《舞狮图》

幼孩持香出游，谓之游百病。”民国《绵阳县志》：上元日，“街市张灯，观者杂沓，小儿女则执香沓游，曰游百病。”民国《泸县志》：是日，“男妇携手游行，曰游百病。携来攘往，达旦乃已。”

农耕社会里，各种节庆活动都浸染着农耕文化，元宵节中，自然也所在多有。例如，一些地方会选择正月十五日祭祀蚕神，或买卖蚕器。清同治《大邑县志》：“是日，祀先蚕，饲蚕者即以是月浴蚕种。”此俗由来已久。清·张宗法《三农纪》：“养蚕者宜元宵夜半，以香灯、茶果、白粥于蚕室，祀之吉。”清同治《重修成都县志》：“是日，邑西北土地堂乡人于此市农器蚕器，三日始散。”歌唱表演中，也能见有与农业活动有关的内容。清乾隆《盐亭县志》：“上元日……唱秧歌采茶歌，儿童作走马戏。”清嘉庆《洪雅县志》：“十五元宵节，自九日至此，夜办灯火，唱采茶纺棉等歌，跳狮子龙马诸戏。”清嘉庆《温江县志》：“子弟巧扮女妆，携灯唱采茶歌，或童稚作傀儡，扮各色故事，不可枚举。”

按照传统说法，正月十五日为春节，也即年节的最后一天。故元宵节之庆，还含有辞旧迎新之意。清同治《彰明县志》：是日，“夜燃香烛，曰送年”。民国《新修合川县志》：“元宵具香烛、焚门钱，谓之送年。”关于旧时的一些送年活动，民国《泸县志》中有更详细的介绍，“人家送年，亦有年十五夜即送者，先是上年吃年饭时宿一杯置于神橱，及是日始启，视其霉变之各种颜色孰多孰寡，如黄多为谷丰，白多为棉茂之类，以定五谷之收成。……自送年后，各就各业。”

正月十五日，一直是传统的节日，古往今来。遗风余俗，或多或少，所谓年味儿，其实就是这些。

辣椒入川史

辣椒，对于嗜好辛香、无辣不欢的四川人来说，几乎是不可或缺的食材，以麻辣调味，更成为当今各派川菜之主流。辣椒本属外来之物，但却极大地影响和改变了四川人的膳食习惯。本文根据旧志以及其他有关文献中的记载，寻根究底，对辣椒传入四川的历史进行一番梳理与考证。

辣椒，品种繁多，植物分类上为茄目茄科属，一年生草本较多，亦有多年生灌木类。辣椒属的果实形状多样，成熟后颜色以红色的最为常见。15 世纪末，哥伦布发现美洲新大陆，其航海日志中记录了当地所产的“椒”，即后来被称为“辣椒”的植物。原产于中美洲热带地区的辣椒，由西班牙人与葡萄牙人引入欧洲及亚洲等地。印度，因有适合辣椒生长的热带气候，自引入辣椒后就成为主要的辣椒种植国，欧洲与亚洲大部分地区，历史上主要是从印度引入辣椒原种并开始栽培的。

关于“椒”的记载，很早就出现在中国古代的文献中。《诗经·周颂》：“有椒其馨，芬香之物。”《离骚》：“杂申椒与菌桂兮。”早期所记载的“椒”，即花椒，其中“秦椒”与“蜀椒”尤为出名。秦、蜀之称，皆为花椒生长地域指代，北魏《齐民要术》引《范子计然》：“蜀椒出武都，秦椒出天水。”宋《本草衍义》：秦椒，“秦地所产者，故言”。明《正字通》：“椒，生汉中者曰汉椒，蜀中者曰蜀椒，巴中者曰巴椒。”四川黎州（今汉源）所产的“黎椒”，历史上一直为花椒之上品，宋《太平寰宇记》中即有“贡黎椒”的记载。明代以前相当长的时间里，花椒、姜、茱萸，以及葱、蒜、韭、芥等为一直为辛香食物所用之调料。

辣椒，因其果实多呈长锥形，故也俗称“辣角”。明嘉靖《南宫县志》中记载：

“蔬圃生……辣角。”这是目前所发现的最早记录辣椒的中国古代文献。此外，明嘉靖《清流县志》中记载：“椒，有花椒、红椒，味辛辣。”将花椒与红椒分列，该记载中之“红椒”，恐也为辣椒。早期，辣椒多被称作“番椒”。番，同“蕃”，古代中原称外域为“蕃邦”，唐宋及以后，常将边外地区通称为“番”。唐·高适《贺哥舒大夫破九曲》诗中有：“遥传副丞相，昨日破西蕃。”宋·释省回《偈》诗中有：“南番人泛船，塞北人摇舻。”西蕃，也特指印度，明·宋应星《天工开物》中记载：“西蕃用贝树造成纸叶，中华又疑以贝叶书经典。”从印度，以及欧洲等国引入中国的植物，常被冠以“番”字，以区别于本国所产。例如，番麦、番薯、番茄、番瓜等。明代晚期钱塘人高濂，为最早记述“番椒”的学者。高濂《遵生八笺》载：“番椒，丛生，白花，子俨秃笔头，味辣，色红甚，可观，子种。”高濂所著的《草花谱》中也有相同的记载。高濂，先后生活于明嘉靖、隆庆与万历三朝，爱好广泛，曾在京城为官，大多时间在家乡隐居。明代晚期，南宫县属真定府；清流县属汀州府；钱塘县属杭州府，根据上面引述的这些明代文献记载可推知，辣椒最早引入中国的时间应在明嘉靖时期，最早引入地区则为东部与东北部沿海一带。

青辣椒

与中国一水之隔的日本，大致在稍晚时期引入了辣椒。日本明治《古事类苑·植物部》载：“番椒，出于南蛮，庆长（注：日本国年号，1596-1615）年中此与烟草同时将来也，中华亦大明之末始有之。”《古事类苑》为日本国神宫司厅于明治时期组织编撰的一部百科全书，引经据典，其记述内容较为翔实可靠。关于日本国产辣椒，明天启《平湖县志》中有这样的记载：“县东南鄂阳山，林木翳荟，有鸟从南海来遥集于上，秋来春去。初至，剖其腹犹有青椒，当是日本国所产。”

海路，为早期辣椒进入中国的主要通路。刊行于清乾隆十二年（1747）的《重修台湾府志》中有辣椒由国外引入的相关记载。当时台湾称辣椒为“番姜”。《重修台湾府志》载：“番姜，木本，种自荷兰，开花白瓣，绿实尖长，熟时朱红夺目，中有子辛辣，番人带壳啖之，内地名番椒。”清乾隆时人朱仕玠撰写的《小琉球漫志》中也有类似的记载：“番姜，木本，种自荷兰，开花白瓣，实绿，熟则赤，形尖而长，中有子辛辣。”16世纪早中期时，葡萄牙、西班牙等国就与中国有贸易往来，后来欧洲航海强国纷纷在远东各处建立贸易基地。1602年，荷兰建立“荷兰东印度公司”，自此，通过荷兰商人，欧洲物产，以及自鸣钟、目镜、布匹、纱缎等工业品进入印度及周边国家，印度、中国，以及邻近国家的香料、茶叶、丝织品、瓷器、黄金等，则销往欧洲各国。

辣椒或也通过西南陆路进入中国。曾先后任职于云南与广西的钱塘人周裕，追忆往事写成了《从征缅甸日记》。日记中写道：乾隆三十二年，当地“食物有冬瓜、南瓜、芋艿、青菜、辣椒、酸笋、生姜、黄豆、腌鱼、盐、烟之类，此缅地大略也。”根据该日记所述，辣椒在当时已经为缅甸的普通蔬菜。位于中国西南域外的缅甸，与印度等国共享海域。陆海相邻，印度与缅甸两国间的交往极为方便，且均为热带气候，同种同质植物多。历史上，缅甸也是盛产辣椒的地区。云南，以及贵州、广西等地早期的辣椒种植，其部分原种极有可能通过西南陆路由印度、缅甸等地引入。

明代晚期，中国对外交往比较频繁，时有广州、泉州、北港、宁波、登州等多个对外通商港口，外国商货则可通过陆海多个口岸进入中国。辣椒也应是这段时期多途径进入中国，由点及面，从沿海地区先后传播至内陆各地的。

《遵生八笺》与《草花谱》之后，关于辣椒的记载多了起来，明万历年间农学家徐光启与王象晋的著作中均有所表述。徐光启《农政全书》中记载：“番椒，亦名秦椒，白花，子如秃笔头，色红鲜，可供观，味甚辣，椒树最易繁衍，四月生花，五月结实，生青熟红。”王象晋《二如亭群芳谱》中记载：“番椒，亦名秦椒，白花，子如秃笔头，色红鲜，可供观，味甚辣，子种。”可以看出，这些表述与前面高濂的记载大致相同。值得注意的是，在徐光启与王象晋的植物释名中，均将“番椒”与“秦椒”等同了起来。显然，此“秦椒”非前面所述之秦椒。清康熙年间敕撰的《广群芳谱》，沿用了明《二如亭群芳谱》中相关内容，云：“秦椒，以产自秦地故名，今北方秦椒另有一种，盖即番椒也。”后来的一些地方志中也有相关记载，清雍正《陕西通志》载：“番椒，俗呼番椒为秦椒，结角似牛角，生青熟红子白，味极辣。”该记载与陕西省山阳县旧志内容近同。清康熙《山阳县初志》载：“番椒，结角似牛角，生青熟赤子白，味极辣。”

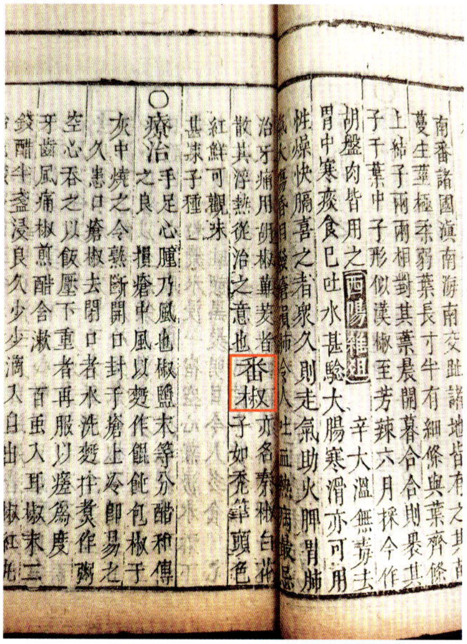

明《二如亭群芳谱》内页

清初，不少地方志中记载了辣椒。例如，清康熙《阳春县志》：“番椒，枝茎柔弱，高可一二尺，结角深红色，中有子如麻大，其角最为辛辣。”清康熙《仁和县志》：“当地春时做‘春盘’，用丝芥、辣椒、蒜为之。”辣椒，也被称作“辣茄”，严格地讲，辣椒属于茄目茄科，“辣茄”之称应该更合适。清康熙《德安县志》载：“辣茄，紫白二色。”清康熙《山阴县志》载：“辣茄，红色，状如菱，可以代椒。”明清之际，阳春县为肇庆府辖；仁和县为杭州府辖；前述之德安县为九江府辖，山阴县为大同府辖。康熙时期，思州、宝庆、铁岭、介休、南皮、新河等地的志书中也有辣椒的记载。这些记载表明，清初康熙时期，不仅沿海，内陆部分地区也已开始种植辣椒。

清代，农学或植物学相关著述中对辣椒也有一些记录。清初园艺学家陈淏子《花镜》中记载：“番椒……本高一二尺，丛生，白花，秋深结子，俨如秃笔头，倒垂，初绿后朱红，悬挂可观，其味最辣，人多采用，研极细冬月取以代胡椒，收子待来春再种。”清嘉庆植物学家吴其濬《植物名实图考》中记载：“辣椒处处有之，江西湖南黔蜀种以为蔬，其种尖圆，大小不一，有柿子、笔管、朝天诸名，《蔬谱》《本草》皆未晳，惟《花镜》有番椒，即此。”清光绪农学家杨巩《中外农学合编》中记载：“番椒、辣子、大胡椒，皆辣椒之称也，种类有大小之分迟早之别，至于种名，不能屈指以数。”从这些记述中可以看到，至清中晚期时，辣椒的种植地更加广阔，辣椒的种类及其名称也多了起来。

辣椒来自海外，以及由沿海地区进入内地，因而又被称作“海椒”。“海椒”之称，最早出现在清康熙时期，清康熙《宝庆府志》：“蔬之属，芥菜……茄子、大禾椒、海椒。”清康熙《思州府志》：“海椒，俗名辣火，土苗用以代盐。”宝庆府，清康熙时属湖广行省，治地今湖南邵阳；思州府，清康熙时属贵州布政司。由这些记载看，湖南西部与相邻的贵州东部地区，应是最早称辣椒为“海椒”的地方。清乾隆以后，四川等地也常称辣椒为“海椒”。例如，清嘉庆《温江县志》：“海椒，一名辣椒、番椒，有大小圆三种，嫩绿老红，味最辛辣。”海椒，也常称作“辣子”。清乾隆《黔南识略》：“海椒，俗名辣子，土人用以佐食。”清嘉庆《犍为县志》：“辣子，有尖圆二种，其味最辣，俗名海椒。”辣椒，也曾称作“广椒”与“黔椒”，盖因辣椒由沿海两广地区与贵州传入而得名。清道光《鹤峰州志》：“番椒，俗呼海椒，一呼辣椒，一呼广椒。”清道光《城口厅志》：“黔椒，以其种出自黔省也，俗名辣子。”还有地方将海椒称作“萆椒”与“醢[hǎi]椒”。例如，清光绪《永川县志》：“永地多种萆椒，味辛辣如火焊人故名。”清光绪《水城厅探访册》：“醢椒，俗曰辣角，亦曰萆花椒。”民国《大竹县志》：“醢椒，即辛椒，味辛，开胃散寒，竹地多种，周家场一带最盛。”

辣椒进入中国后，早期不是以食用为主，而是多用来观赏。前面引述明代高濂、徐光启、王象晋等人有关辣椒的描述中，都提到辣椒“可观”或“可供观”。明代的这些著作中，均将辣椒列入花类。生青熟红，或垂挂或朝天的辣椒果实，点缀于青枝绿叶中，很是好看。至清中晚时期，仍有一些特别的辣椒种被培育用

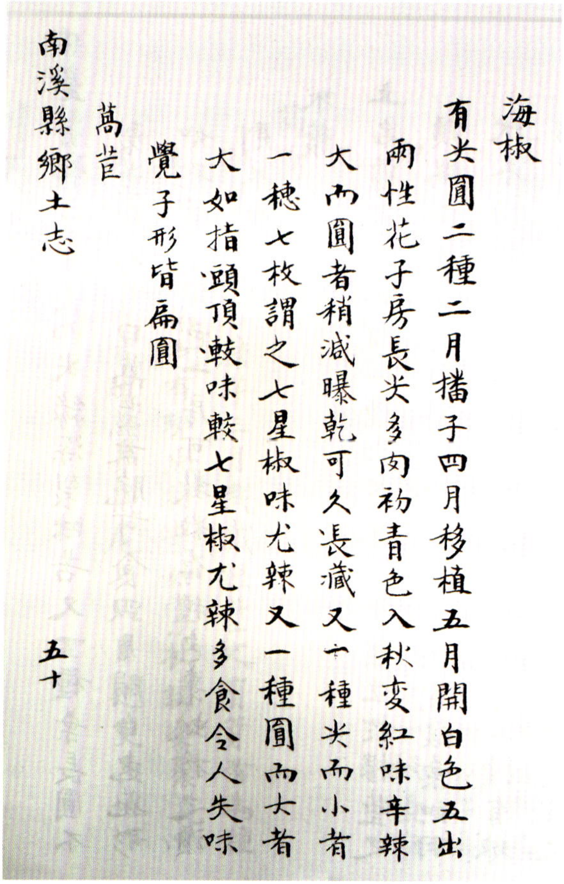
海椒
有尖圓二種二月播子四月移植五月開白色五出
兩性花子房長尖多肉初青色入秋变紅味辛辣
大而圓者稍減曝乾可久長藏又一種尖而小者
一穗七枚謂之七星椒味尤辣又一種圓而大者
大如指頭頂較味較七星椒尤辣多食令人失味
覺子形皆扁圓
萵苣
南溪縣鄉土志　五十

清光绪《南溪县乡土志》内页

来制作盆景。清嘉庆《黄平州志》：辣椒，“又有结实甚大，或似金橘形者，名灯笼椒，味不甚辣，并可以供盆玩。”清同治《郫县志》：“辣椒……郫野园中又有一种小仅如指，圆如弹丸，红如珊瑚，高尺许，乡人有以作盆景者。”民国时期，一些地方还将“观赏辣椒”作为园艺花卉进行培育。

其味辛辣，辣椒被认为可除湿解毒，故古时常用辣椒入药。明·李杲、李时珍《食物本草》载：“番椒，性辛温，无毒。主消宿食，解结气，开胃口，辟邪恶，杀腥气诸毒。”清乾隆时期医学家赵学敏《本草纲目拾遗》载：“辣茄，人家园圃多种之，取以熬辣酱及洗冻疮用之，所用甚广，而纲目不载。”清乾隆《柳州府志》载：“辣椒，味辛辣，生食之可消水气解瘴毒，又取以作酱，每日生服三钱治痔，大有神效。”关于辣椒，一些地方还有着特别的风俗，例如，清康熙《杭州府志》载：“辣茄，不可食，今人于花时采叶布路间，令过者践之，则子繁，谓之嫁茄。”

清中晚期，辣椒已经遍种于中国大多省地并渐渐转变成为当地的传统种植作物，辣椒之品类更加繁多。青椒红椒之称外，根据其果实之大小与形态，辣椒有着多种名称，如灯笼椒、金瓜椒、柿子椒、牛角椒、羊角椒、竹叶椒、朝天椒、鸡心椒、七星椒、纂椒，等等。辣椒不仅被当作调料，更成为不少地方常食之蔬菜。贵州、湖南等地，尤以食辣著名，旧时地方志中多有记述。清道光《遵义府志》："番椒……郡人通呼海椒，亦称辣角，园蔬要品，每味不离。"清道光《上思州志》："辣椒，味辛辣，消水气，解瘴毒，乡人每食必需。"清道光《永州府志》："番椒，永州谓之海椒……土人每取青者，连皮生啖之，味辣甚。诸椒亦称辣子，性散气动火，人以其爽。"晚清民国时期，各省基本形成了当地特有之饮食习惯。清末民初文人徐珂汇编的《清稗类钞》中记载："北人嗜葱蒜，滇黔湘蜀人嗜辛辣品，粤人嗜淡食，苏人嗜糖，即以浙江言之，宁波嗜腥味皆海鲜，绍兴嗜有恶臭之物，必俟其霉烂发酵而后食也。"

辣椒引入四川的时间相对较晚。明代与清代早期四川各地志书中，均未有见辣椒的记载。至清中期嘉庆、道光年间，仍有一些地方未种辣椒，或将其列入蔬菜属。例如，清道光《富顺县志》所载之蔬菜项仅有"萝卜、胡荽、韭、葱、蒜、菠菜、白菜、牛皮菜、莴苣、苦荬、芹、芥、苋"，而不见辣椒。清乾隆十四年（1749）刊印的《大邑县志》为四川地区最早记录辣椒的本地文献。清乾隆《大邑县志》载："秦椒，又名海椒。"清乾隆十六年（1751）刊印的《郫县志书》"蔬类"中也列有"红椒"。由文献记载来看，相对于沿海地区，四川引入辣椒有上百年的时间延迟，与邻近的陕西、湖南、贵州等省地相比也有数十年的时间延迟。四川与邻省水陆通达，交往甚便，加之辣椒属有较强的环境适应性，故引入与种植辣椒应为易事。文献记载相对较晚，或有其原因。明末清初，先后的李自成与张献忠起事，以及清初的"三番之乱"，使四川久遭兵燹而元气大伤，城乡各处，人烟几灭，衰草连天，至清康熙晚期，百业始有复兴。相当长的时间里，辣椒未能引起重视，亦未作为花卉或蔬菜普遍种植，不被四川各地志书所载，也就合乎情理了。

清乾隆以后，嘉庆道光时期，四川各地开始广泛种植辣椒，相关记载多见于地方志。例如，清嘉庆《金堂县志》："辣椒，亦名海椒，有长圆大小数种。"清嘉庆《温江县志》："海椒，一名辣椒、番椒，有大小圆三种，嫩绿老红，味最辛辣。"清道光《新都县志》："海椒，土人谓之辣子，出繁阳山，形似金瓜，有红黄二种，土人谓之金瓜辣子。"清道光《新津县志》："辣子，有大小二种，山野遍种之。"清中期，四川各地广种与食用辣椒，应与先期的"湖广填四川"移民运动有着密切关系。清初，陕西、湖广、福建、江西、广东、贵州等多省地移民先后迁入四川，辣椒及其种植技术也随之被引入四川，移民食辣之旧俗成了四川食辣之新习。清晚期，有关辣椒的记载更多。例如，清咸丰《天全州志》：“辣椒，大者力平，小而朝天丛生者力大，又一种如豆大，其辣更甚。”清同治《郫县志》：“辣椒，子嫩绿老红，有大小二种，大者名灯笼辣，小者名朝天辣，其子尖，头朝天直上，故名，北人谓之青椒。”

因含有辣椒素，辣椒能够增进食欲，为开胃下饭之佳选。各种辣食制作中，辣椒酱尤为典型，可以说辣椒酱的普及与四川食辣风习的最终形成有着很大的关系。中国造酱的历史非常悠久，《周礼·天官·膳夫》中有：“凡王之馈，酱用百有二十瓮。”用辣椒造酱，历史相对较短。明初著名人士刘基所撰写的《多能鄙事》一书中，介绍了各类酱，如熟黄酱、生黄酱、小豆酱、甜面酱、豌豆酱、大麦酱、肉酱以及豆豉等，当时辣椒尚未引入中国，所介绍的这些酱中自然不会使用或添加辣椒。食用辣椒酱或是早期药用辣椒酱演变而来，其精细制作大致产生于清乾隆时期。清乾隆时期吴江文人郭麐[lín]《樗园销夏录》载：“辣椒，吴人谓之辣虎，又谓辣茄，亦止用为酱，仅食少许耳。”清乾隆美食家袁枚所著《随园食单》中记载：“喇虎酱，秦椒捣烂和甜酱蒸之，可屑虾米掺入。”清乾隆二十八年（1763）进士、官至左都御史的吴省钦，曾担任四川省学政，对川地风习有所了解，其《白华前稿》书中辑有《辣茄酱》一诗，诗云：“柔尖悬马乳，红影绽初秋。辣爱连皮捣，匀宜著面溲。尝新谁欲问，辟瘴尔何忧。蒟酱夸西蜀，辛芳得似不。”根据上面这些记述可知，清乾隆时期已有食用辣椒酱，而四川早期的辣椒酱，或曰辣茄酱，即连皮捣碎的辣椒和于面酱中发酵而成。

晚清民国时期，四川各地辣椒酱的制作与食用，已经非常普遍，辣椒酱还成为馈赠佳品。清末民初学者孙宝瑄《忘山庐日记》中记载：“是日，同僚王君石孙赠余蜀中椒酱一瓶，晚遂以为下酒物。椒之为物，性最辛辣，而人辄嗜之至每食不可离，亦有畏之竟不敢入口者。”在酱中放入胡豆瓣或称蚕豆瓣，为酱作古法，元明时期即已出现。掺入豆瓣的辣椒酱，称为“豆瓣酱”，俗称“豆瓣”。清光绪《广安州新志》：“酱……以蚕豆折瓣置其中，曰豆瓣酱。”民国《简阳县志》：“豆瓣酱，胡豆和海椒制。”旧时的郫县、崇宁、资阳等地，以产豆瓣酱出名，亦有经营者立此业以发家。清光绪《郫县乡土志》中记载：“胡豆瓣，川人常郁豆瓣去性，和椒以盐渍之，咸辣异常，以佐食味。邑有陈姓酱园所造最佳，远近驰名，凡官商之经郫者，必多购之，归以相馈遗，而陈因以致富。”豆瓣酱历来为川菜选用之调料，也可作蘸料，即四川人所说的“蘸水”，广受欢迎，为家庭所必备。民国《简阳县志》载：“酱品，惟豆油、麦醋、胡豆瓣、麦酱，城内及各场岁约售货钱四万串。”

四川以辣椒为食材或调料制作菜食的习惯，大致始于清中期，乡风土俗对此有很大的影响与促进。清乾隆七年（1742）进士，先后任多地知县、知府的李化楠，祖籍四川罗江，写成《醒园录》一书，书中记述了当时的食作与烹调技术，然而书中所介绍的各类酱，以及菜食等，却未见使用或添加辣椒。当时的主流菜肴多以清淡为主，兼容南北各味。五方杂处的四川各地城乡，这时也未形成明显的食辣风习。清中期，特别是到了清晚期，辣椒种植普遍起来，时人制作菜食可根据辣椒的肉质与辣性进行选择，辣椒成了常见蔬菜或园蔬要品，每餐可见，每味不离。泡辣椒，制豆瓣，做咸菜，成为普通人户之家常。清末，一些添加有辣椒的菜肴，例如“回锅肉”“宫保肉丁”“麻婆豆腐”等，则成了传统川菜的经典与代表之作。川人嗜辣，名声在外，清末民初南通人徐心余在其《蜀游闻见录》中写道：“辣椒一种，各省皆有，惟川人食辣，须择极辣者，且每饭每菜，非椒不可。”一些地方志中也有当地食用辣椒的相关记载。例如，民国《华阳县志》：“海椒，草本丛生……县人嗜之，每食必需，制法极多。”民国《新修合川县志》：辣椒，“味辛辣爽口，消食小品也……各物所必需。”民国《合江县志》：“蓽椒，实圆而末尖，色赤味辛芳，煎食或生腌食，为调和要品，干者为末入酱油，拌诸蔬食之。柿子蓽椒，大蓽椒，实大如柿，色赤味微甘，煎食或生腌食。七星椒，朝天椒，似蓽椒而小，味极辛辣，和蓽椒食之，城市餐馆用者尤众。”

清末民初，食辣之风渐盛，各地农乡亦广种辣椒。清末文人傅崇矩《成都通览》一书中介绍了当时川省各地特产之辣椒，如双流的线辣椒、金堂的高树海椒、新津的细红海椒、简州小海椒子、什邡的大朱红辣椒、内江的七星海椒、南部的牛角红椒、南江的满天星辣子、梁山的蜜海椒，等等。经过选种培育，相当多的辣椒品种具有水土与气候适应能力强的特点，四川山地与平坝皆宜种植，时一些偏远的山地，也开始种植辣椒。例如，地处川西北高原的松潘，时也种植有辣椒。

民国《松潘县志》载："海椒，番椒也，俗呼辣子，产南坪小河。"辣椒也可与其他农作物间种或轮种，清光绪农学家、三台县人陈开沚《裨农最要》书中载："豌豆地，本年种棉花、花生、海椒、黄豆等浅苗之物俱可。"三台县为丘陵地区，清晚民国时，当地盛产辣椒并销往外地。民国《三台县志》载："干辣椒，（销往）近省各县，成庄者惟西路观音场，近年有商人来此贩运。"

清末民国时期的成都与邻近州县，辣椒种植与经销两旺，旧志中有相关记载。民国《华阳县志》："椒秧、茄秧，十羊镇、吉庆、义和、三合、同济四团中，有专蓄椒秧、茄秧者，境内及旁近县，皆就彼分种，综计每年所出茄秧值二万鉟以上，椒秧二倍之。"民国《简阳县志》：当地海椒种植与经销，"两乡最饶，为境大宗，东乡产者薄淡，杨马河、贾家场、龙泉驿、镇子场等处产尤盛。……杨马河产者，销下河资内，岁约二百万斤，龙泉驿、镇子场、贾家场等处山中产者，销省城，岁约八十万斤"。成都东部与南部丘陵地带，为旧时辣椒主要生产地，省城则成了辣椒最大的销售或转销地，今之东门外的"海椒市"街名，即来自旧时的海椒市。

红辣椒

辣椒中的"二金条"种，尤为川人所爱。"二金条"，亦称"二荆条"，为一种果实细长，尖部有小回钩，生时碧绿如翠，熟时鲜红油润的辣椒。四川地区，特别是成都及邻近地区，制作辣椒面、辣酱、豆瓣酱，以及多种家常菜肴，主选这种辣椒。以"金条"称作辣椒名，可想见其受人喜爱之程度。"金条"之名始见于清光绪时期。清光绪《增修崇庆州志》载："海椒，一名秦椒，有大细、泡头、金条、纽子等种。"

《成都通览》一书中，介绍各地农产时也提到“彭山县的长金条海椒”。“二金条”之称，则是因为该种辣椒性温不燥而来。清晚民国时期，成都周边的新都、华阳、双流、彭山、仁寿、简阳、崇庆、温江等地，均产这种辣椒，其中成都东部龙泉山与南部牧马山丘陵地带所产较为出名，时辣椒种植还有专门培育椒秧者。椒秧专蓄与分种，为旧时辣椒种植专业化与规模化的重要标志。

市场上售卖的干辣椒与辣椒面

近几十年来，川人辛辣之好，可谓是有增无减。特别是“火锅”的兴盛，更让辣食引领风潮，一些新创菜肴，也多以辣见长，似有无辣不川菜之势。辣椒传入四川，不过三百年的历史，然而却可以说，川人已与辣椒结下不解之缘。如今，辣椒种植地遍布全川，省内辣椒消费也是逐年上升，多省地，以及国外的辣椒也源源不断地进入四川市场。新时期里，有了更多关于辣椒的话题。

豆瓣酱

豆瓣酱，即俗称的“胡豆瓣”，古来蜀中多地有造，并作为当地土产。清光绪《郫县乡土志》：“胡豆瓣，川人常郁豆瓣去性，和椒以盐渍之，咸辣异常，以佐食味。”民国《简阳县志》：“豆瓣酱，胡豆和海椒制。”海椒，即辣椒。因辣椒为酱中主料，故豆瓣酱亦称“辣豆瓣”。清时，蜀中辣豆瓣即名声远扬，时见于宴席之中。晚清学者、江浙人氏叶昌炽《缘督庐日记抄》中记载：“今日为黄荛翁百五十岁生辰……席有蜀中辣豆瓣。”

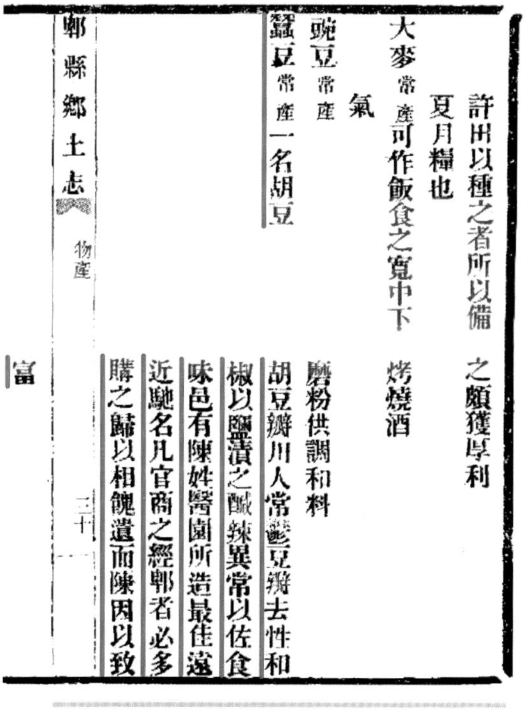
許田以種之者所以備
夏月糧也
大麥常產可作飯食之寬中下
氣
豌豆常產
蠶豆常產一名胡豆
之頗獲厚利
烤燒酒
磨粉供調和料
胡豆瓣川人常鬱豆瓣去性和
椒以鹽漬之鹹辣異常以佐食
味邑有陳姓醬園所造最佳遠
近馳名凡官商之經郫者必多
購之歸以相餽遺而陳因以致
富
郫縣鄉土志　物產　三十

清光绪《郫县乡土志》内页

食用酱，早在先秦周时即有记载。《周礼·天官·食医》：“凡食齐眡[shì]春时，羹齐眡夏时，醬齐眡秋时，饮齐眡冬时。”汉·郑玄《周礼注疏》：“酱，即豆酱也。”豆酱制作，历史久远。豆类蛋白质会在曲霉菌作用下分解并产生多种酶，而这正是豆酱形成及其风味突显的重要原因。豆酱，多以大豆，亦称黄豆，为主要原料。明·韩奕《易牙遗意》中记载有豆酱的做法：“豆酱，用黄豆一石，晒干拣净去土磨去壳，沸汤泡浸候涨，上甑蒸糜烂停如人气温，拌白面八十斤……摊芦席上约二寸厚，三五日黄衣上，翻转再摊罨[yǎn]三四日，手挼碎盐五六十斤，水和下缸拌抄，上下令匀……”

豆酱佐餐，不仅生津开胃助消化，而且富有营养。古人十分看重豆类食物。清末民初《清稗类钞》载：“豆类为大豆、小豆、豌豆等，皆富蛋白质，大豆所含之脂肪多于牛肉，故为廉价滋养品中之第一。豆腐、豆酱均属滋养之美品，且易消化。”民国《叙永县志》：“大豆，即黄豆，富于滋养料，他物无有能比拟者，凡豆腐、豆乳、豆油、豆饼、豆酱、酱油，均可制造。”

豆酱制成后，酱中保持着瓣状的黄豆呈现出一种特别的口感和味道。当人们有意识地采用保留或添加豆瓣的方式制酱，早期的豆瓣酱于是就产生了。可以说，豆瓣酱是在偶然的发现中发明出来的。一些古籍中透露出的零碎信息表明，至少在金元时期，已经有了豆瓣酱的成熟做法。例如，元《金史》：“酱瓣桦者，皮斑纹，色殷紫，如酱中豆瓣也。”马齿苋，又名酱瓣草，盖因马齿苋的叶片状如酱中黄豆瓣。明《汝南圃史》：“马齿苋，一名五行草，以其叶青茎赤根白花黄子黑而得名也。其叶似豆瓣，故吴俗又呼为酱瓣草。”清同治《新宁（今开江）县志》：“马齿苋，一名酱瓣草，皆野生。”酱瓣之称，显然指的是酱中的黄豆瓣。

胡豆，也称蚕豆。以胡豆或蚕豆为原料制作的豆酱，出现较晚。从目前所能搜集到的资料来看，胡豆瓣酱，在清代中后期才渐有记载。有关胡豆瓣酱的做法，大同小异，不仅四川，其他一些地方也有制作胡豆瓣酱的习惯。清光绪《广安州新志》：“酱，以豆麦蒸为饼，阴置使干，煮药水和香渍之，重以盐，值三伏日晒之，饼融为屑，至立秋节置瓮中，味香浓，清者为油，故家重伏酱秋油，以蚕豆析瓣置其中，曰豆瓣酱。”民国《西乡县志》：“胡豆拌辣子制成者，曰胡豆瓣酱。”民国《吴县志》：“以蚕豆瓣和以面麸，拌以盐水，经日曝之而成，曰霜降酱。”

清光绪《黎里（今属江苏吴江）续志》中还有胡豆瓣酱制作的详细介绍：“蚕豆一升，用干面一十六两，择初伏始热之日，将蚕豆剥去青衣煮烂，以干面和匀扭透，制成糕式，切作小方块摊至筐内，微覆稻草，闭于室中，须择干燥无风之处，约七日即成黄子，以出毛为度，其毛愈长愈妙。其制酱法，凡黄子一十六两，用盐五两五钱，水一十二两，同储坛中，粘蒻封口，置向阳屋上，约晒一月，自然成酱，即可取食。”该《续志》中所记载的做法，与今四川地区豆瓣酱之“翻、晒、露”的做法，几近相同。

谈及胡豆瓣酱，这里还要特别地说说胡豆。

胡豆，古名戎菽。清《公羊义疏》载：“戎菽，谓克戎之菽。齐侯此时克山戎并得胡豆。”清《尔雅义疏》载：“戎菽，布之天下，今之胡豆是也。”据宋《太平御览》载，胡豆为西汉时由张骞引自西域，即“胡人之地”。胡豆，或蚕豆之来源与得名，也有其他说法。明·曹学佺《蜀中广记》：“戎菽，蜀人所谓胡豆也，《志》云，蜀人得种于羌戎，故名，又云，即蚕豆。”明《本草纲目》：“蚕豆，释名胡豆，豆荚状如老蚕，故名。《王祯农书》谓其蚕时始熟故名。”胡豆，也常写做“葫豆”。清乾隆《中江县志》：“蚕豆，荚如老蚕，故名，即葫豆也。”清光绪《永川县志》：“蚕豆，俗呼葫豆。”秋播春收，胡豆为一年生越冬植物，元·王祯《农书》：“蚕豆，百谷之中最为先登，蒸煮皆可。”因其具有耐寒特性，一些地方则称胡豆为“寒豆”。

据记载，胡豆大约在明代中期由云南引入并广泛种植于四川各地。清嘉庆《金堂县志》：“蚕豆，亦名寒豆，俗名胡豆，成化中邑令何泰自云南携种来。何泰，云南举人，成化中任，贤声远著，尝携蚕豆以遗民，自是广播原野。至今咸食其德，崇祀名宦祠。”明《本草纲目》：“蚕豆，南土种之，蜀中尤多。”

胡豆也被称为“佛豆”。宋·宋祁《益部方物略记》：“佛豆，豆粒甚大而坚，农夫不甚种，唯园中莳以为利，以盐渍食之，小儿所嗜。”清·刘宝楠《释谷》中解释：“宋祁《益部方物略记》佛豆一类，秋种春敛，此即胡豆。”若宋祁所称之“佛豆”即后来所称的胡豆的话，宋代时蜀地就已经种植胡豆了。当然，前后的品种可能是有差别的。

胡豆耐寒，亦喜温湿环境，农人常栽种胡豆于田塍地边，或房前屋后的隙地。也有成片大面积种植，以及与其他农作物间种的情况。四川多地的一些地名，保留着旧时种植胡豆的历史。例如：胡豆湾、胡豆坪、胡豆塝、胡豆冲、胡豆咀、胡豆沟、胡豆园、葫豆坝、葫豆山、葫豆田、葫豆地、葫豆塆、蚕豆湾，等等。旧志中关于胡豆的记载很多。清嘉庆《犍为县志》：“蚕豆，一名胡豆，霜降种清明熟，农家呼为小春，最赖之。”清嘉庆《什邡县志》：“胡豆，一名蚕豆，大小二种，先百谷熟，可接新，九十月种多，宜谷田收后，不碍插秧，叶可代粪，子可熟食。”土质与种植方式，对胡豆的生长及其特质有一定影响。清咸丰《资阳县志》：“邑种蚕豆，以城中者良，皮薄实粉，入市人争货之。”清同治《理番厅志》：“蚕豆，俗名胡豆，杂谷产者大而白。”清光绪《资州直隶州志》：“胡豆，资土最宜，农人收获后即种之，以备春粮。”清光绪《简州续志》：“胡豆，一名蚕豆，城南花园地种者，色白皮薄而大倍常，易地则变。”民国《潼南县志》：“大蚕豆，产县属下县坝，较他处所产为巨，远近争购之。”

自引入起，胡豆就是四川地区常见的杂粮，人畜皆可食用。民国《三台县志》：“蚕豆，可作酱作豉，又有以之饲牛马者。”关于胡豆的种植与食用，民国《重修广元县志稿》中有很详细的介绍，志云：“蚕豆，俗称胡豆，一作佛豆，乃豆科越年生草本农作物。晚秋下种，入春长成，苗高一二尺，方茎中空，羽状复叶，小叶椭圆形，叶腋开紫色蝶形花，三月成熟结荚果，内藏大粒种子三四枚，即胡豆也。本县各地均产之，用途亦广。除直接佐食外，常用于制豆瓣酱，又可磨为胡豆粉，用以浴面能去垢。其种子嫩时，俗称嫩胡豆米，和米为炊，尤饶香味，嫩叶亦可轧酸菜为食。”

胡豆，与大豆一样，蛋白质含量高并富集多种微量元素，可新鲜食用，也可晾晒干后储藏备用，故很受人喜爱。旧时不少地方还专设有售卖胡豆的市场，例如清嘉庆时期，汉州（今广汉）城中即设有“葫豆市”。一些地方胡豆及其制品的销售，也颇有规模。民国《简阳县志》载：“胡豆，岁约销二千石，饲牛马，作酱料。酱品，惟豆油、麦醋、胡豆瓣、麦酱，城内及各场岁约售货钱四万串。”

自古以来，酱，一直是食作中常用之品，也是佳肴上品。唐·颜师古《急就章注》：“酱者，百味之将帅，酱领百味而行。”以胡豆和辣椒为原料制成辣豆瓣酱，当是胡豆食用的经典之作。清末民国时期川菜味型的最后形成，与辣椒和辣豆瓣的普遍食用不无关系。清代晚期，四川多地生产豆瓣酱，豆瓣酱成为当地的土产特产。清晚民初文人傅崇矩编著的《成都通览》中，所列清宣统年间劝业会送展豆瓣酱的地方就有犍为县、南部县、邛州、温江县、眉州、郫县、彭山县、成都县、通江县、射洪县、雷波厅、合江县、青神县、资阳县、巴县等。各地之

豆瓣酱晾晒　郫都战旗村

豆瓣酱的名称叫法也是多种多样，如豆瓣、酱瓣、酱豆瓣、豆瓣酱、胡豆瓣、胡豆酱、辣豆瓣、黑胡豆瓣、红胡豆瓣、五香胡豆瓣等。由此可见，至清末时，豆瓣酱已成为四川地区家喻户晓、人皆爱之的佐餐之物。实际上，那时的普通人家几乎都有制作豆瓣酱的习惯。清晚时期，生产豆瓣酱的一些名家大号渐渐形成并驰声走誉，例如郫县的“益丰和”、彭县的“元丰源”等，其中一些商户因其酱质好味道佳而产销两旺，进而成为当地富豪。清光绪《郫县乡土志》中记载：“邑有陈姓酱园所造最佳，远近驰名，凡官商之经郫者，必多购之，归以相馈遗，而陈因以致富。”

保持着传统风味的豆瓣酱，备受嗜辣之川人的喜爱，从古至今。正是因为有着大众的喜爱，豆瓣酱保持着其旺盛的生命力，相应地，文化传承也就有了稳固的基础。

成都平原古代水稻种植

水稻，为中国南北各地广泛种植的一种谷类农作物。气候温和且水源充足的成都平原，自然是盛产之地。先后发掘出土的一些远古遗存表明，成都平原种植水稻有着悠久的历史。

水稻种植，是人类适应自然环境的生存选择，也是一方农耕文明诞生与发展的重要标志。可以肯定地说，古人一定是在长时间里对野生水稻的观察中，发现了水稻的生长特点与其可食特性，进而有目的地种植水稻以满足摄食需要。在不断的摸索中，古人对水稻的种植方式与技术有所认识与掌握，相应地，水稻产量及其品质也得以不断提升。水稻种植，增加了人类的食物品种，更重要的是，对区域的经济发展，以及人居聚落的形成与社会化形态的出现也有着决定性的影响。

蜀中各地，特别是成都平原，土肥水丰，非常适合包括水稻在内的多种农作物生长。而这应该就是古蜀先民落居于此地的重要原因。成都平原多处远古聚落遗址中，先后发现了水稻遗存。例如，新津宝墩古城遗址中，发现了炭化水稻遗存；都江堰芒城遗址中，发现了水稻硅酸体物质的存在。广汉三星堆遗址中，也发现了炭化水稻种子。这些发现，说明了在距今四千多年前的新石器晚期，古蜀先民已经开始种植、食用与储存稻谷。成都平原古来种植水稻，应与之有着一定的历史传承关系。

由于没有文字记载，早期古蜀人的农作方式不得而知。然而水稻种植中的一些环节是必不可少的，例如造田、用水、播种、收割等。先秦时期，关于中原地区水稻种植有了一些记载，例如，关于用水导水，《周礼·地官》："稻人掌稼下地。以潴畜水，以防止水，以沟荡水，以遂均水，以列舍水，以浍泻水，以涉扬其芟作田。"不同的田地，其适用性亦有不同，《诗经·周颂》："丰年多黍

东汉陶水田　石羊场出土

东汉陶水田　新津宝资山崖墓出土

多稌（稻），黍宜于高阜，稻宜于水田。”《孝经》：“分地之利。”郑玄注：“分别五土视其高下，若高田宜黍稷，下田宜稻麦，邱陵阪险宜种枣栗。”

两汉时期，蜀地水稻种植已经非常普遍，平畴沃土、溪流如织的成都平原更是水稻的主要种植区。汉《扬子云集·益州牧箴》：“梁州华阳……有粳有稻。”成都及周边先后出土的汉代陶制品与画像砖中，水田耕种与稻谷加工等农作题材的不少。例如，成都石羊场与新津保资山先后出土了东汉陶水田模型；新都、广汉、彭州、邛崃等地先后出土了有薅秧、收割、舂碓等画面的东汉画像砖。出土的一些汉代画像石中也有类似题材，例如，成都曾家包出土的东汉画像石上有水稻田畦画面；郫县新胜出土的汉代画像石棺上有秧田“薅鼓”画面。这些汉代砖石刻画，内容丰富，形象逼真，给今人提供了当时的水稻农作实景信息。

由这些砖石上的画面还可看到，汉代时，成都平原的农业已经进入精耕细作阶段，水稻种植成为有范可循的农事。例如前面提到的石羊场东汉陶水田模型中，有了注水沟渠的设置；新津宝资山东汉陶水田模型中，水田有了功能分区，而行列整齐的秧窝，则表明了当时已经有了育秧移栽技术。实际上这个时期，蜀地之外其他很多地方的水稻种植业，也有了很大的发展。

水稻种植，还需注重及时应令与因地制宜。辑录西汉著名农学家氾胜著述的《氾胜之书》中记载：“种稻，春冻解，耕反其土。种稻区不欲大，大则水深浅不适。冬至后一百一十日可种稻。稻地美、用种亩四升。始种稻欲温，温者缺其塍，令水道相直；夏至后太热，令水道错。三月种粳稻，四月种秫稻。”东汉农学家崔寔《四民月令》中记载：五月，“是月也，可别稻及蓝，尽至后二十日止。

霖雨将降，储米、榖、薪、炭，以备道路陷淖不通”。

粮食出自田地，故田地乃民安国治之本。为了表示对农事的重视，古时历代皇家会举行籍礼，即天子亲耕籍田的仪式。《汉书·文帝纪》：“夫农，天下之本也，其开藉田，朕亲率耕，以给宗庙粢盛。”双流县的籍田镇，旧称籍田铺，为古陵州（今仁寿）籍县治地，该地名即因蜀汉皇帝刘备亲耕籍田而有。宋《太平寰宇记》：陵州籍县“沐马川，在州北一百二十五里，蜀先生于此置籍田，牧马于此江中，俗因名沐马川”。清道光《仁寿县新志》：“籍县城在治北一百十里，本汉武阳县地，因蜀昭烈帝籍田地为名。”籍田一带，水流充沛，土地肥沃，古来为种植水稻的上选之地。

东汉画像石　庄园生产　曾家包

都江堰水利工程的建成，以及各水系上众多的堤堰修筑，大大促进了蜀中各地水稻种植业的发展，水田开垦与培育因此而成为流域中的主要农事。晋《华阳国志》：蜀中各江汇流，“皆溉灌稻田，膏润稼穑……蜀于是盛有养生之饶。”广都县“有盐井、渔田之饶。……江西有好稻田，穿山崖过水二十里。”繁县“有泉水稻田。”晋《广志》中记载：“青芋稻，六月熟；累子稻、白汉稻，七月熟。此三稻，大而且长，米半寸，出益州。”汉唐以来，蜀中各地，特别是成都的富饶，正是因水田众多、农产丰硕而致。唐·卢求《成都记序》：成都平原“溉水开稻田，于是沃野千里，号为陆海”。经过秦汉及以后时期先后的大规模水利工程建设，蜀中岷江、沱江等江河流域稻作农业进入持续稳定的发展时期，至唐宋时期，蜀中各地皆有水田，水稻种植面积进一步扩大，成都周边各县丘陵地带也广开山田和冲田，稻谷成为成都平原居民的主要食源。

明清时期，成都平原水稻种植更加普遍。清咸丰《郫县志》：“五谷之中，稻为最贵，郫邑皆水田，故只稻无他谷。”平川广袤，水源充足，成都及周边各县以坝田为多。坝田，也称堰田，土壤肥厚，便于耕种与护理，且能轮种两季，故尤被农人所看重。明天启《成都府志》：“成都田土分山田、坝田……坝田能

东汉画像砖　薅秧　新都出土

东汉画像砖　收割　广汉北外乡出土

东汉画像砖　舂米　彭州太平乡出土

东汉画像砖　舂碓入仓　邛崃出土

种二季，收获后放水，另种菜籽、烟、麦之类，名曰小春，三四月引堰水灌田，不忧旱暵，故坝田之价值倍于山田也……”明末清初，大量移民入川，成都平原当然是首选佳地。人口的增多，加之对田地产出最大化的追求，更多的土地被改造成坝田。清初的填川移民，大多来自主产稻谷的南方诸省，这进一步促进了成都平原稻作农业的发展，以及先进农业生产与加工工具的普及。至清中期时，成都平原周边丘陵及半山地带，山田整理与冲田垦造进入高潮。凡能引灌或蓄水之田地，种稻成为首选。至清晚民国时期，成都平原坝区与丘陵山地，稻田处处可见。

水稻广泛种植，稻谷种类也在本地培育与外埠引进下，多种多样。清光绪《新繁县乡土志》载：新邑“膏泽浸润，沃壤纵横，百谷殊名”。成都平原的稻谷，通常分为粳稻、糯稻、香稻等类，或分为饭谷、酒谷、香谷等类。按照生长期、形状、色泽与口感分类，稻种之细目众多。清光绪《温江县乡土志》：当地“稻分粳、糯二种，粳为饭谷，糯为酒谷”。饭谷有“六十早、百日早、云南早、香米、乌米、薏子、红脚粘、青竿稻”等品种；酒谷有“虎皮糯、蛇眼糯、燕口糯、猪油糯、红酒糯、黄丝糯、尖刀糯”等品种。清光绪《增修灌县志》：当地晚熟类饭谷有“盖草黄、黄草盖、贵阳粘、白麻粘、青秆粘、红花谷、红脚谷、毛香谷、薏子谷”等品种；早熟类饭谷有“六十早、七十早、八十早、九十早、一百早”等品种；酒谷有“红糯谷、白糯谷、弯刀谷、虎皮谷、猪油糯、江西糯、卑卑糯、金线黄”等品种。显而易见，上面所列名目中的“云南早”“贵阳粘”“江西糯”等，皆为外省地引进的稻谷品种。

“时雨及芒种，四野皆插秧。家家麦饭美，处处菱歌长。”这是南宋诗人陆游《时雨》诗中的句子。稻田农作，为古时农乡中常见的景观，文人骚客之田园文章中自然少不了描写与赞美的诗句。旧时光景，定格在这些作品中。感谢古人，让我们多少还能知道那些有关水稻种植的故事。

蜀中八景

景，即风景、景物，通常指别有意趣，令人赏心悦目、兴致盎然的自然环境或人文景观。景，冠以数字，如“八景”，则指一个特定区域里的八处名胜，或也表达着其地景象别致。八，八方，即四方四隅，或四方四维，古来用以表达方位，也泛指不同方面。“八景”之称，应有赞颂美景尤多之义。

古代文献中，关于“八景”“十景”等的记载颇多。例如，宋《方舆胜览》中记载的“万川八景”：岑公洞、西山、秋屏、鲁池、江会泉、天生桥、峨眉碛、古练石；“龙阳十景”：朝阳洞、龙门峡、瀑布、明月潭、溅珠泉、太白台、月泉、巢云阁、蹑翠亭、云根亭。一些地方，风光优美，自然与人文胜景众多。宋《记纂渊海》：“青城县形胜，白沙一百八景。”明《蜀中广记》：“杨用修《蜀志补罅》云，青城山有一百八景。”

“八景”之称，早在宋以前即见记载，但作为一种文化现象，“八景”之称的泛化，则始于宋代，时以“八景”为题材的题咏很多。例如宋代诗人赵汝鐩的《八景歌》：“晚日放晴雨脚收，楚山千里江吞秋。上水风生荻花渚，漠漠幅蒲天际浮。轻云骤掩目力断，云消似过芳洲半。危樯逐乌惟恐缓，燕子争飞先到岸。”宋代诗人李堪的《玉田八景·翠屏朝雨》：“翠屏山下雨霏霏，云掩冈峦草树微。一段丹青谁解写，画家惟有米元晖。”

两宋时期，追求雅致，讲究趣味，蔚成风气。用“四字雅词”命名景观的做法，也是从宋代开始出现的。宋《叠山集》中记载有“长生书林十景”：书林笔锋、仙亭暖翠、龙湖春水、南山修竹、岱嶂寒泉、龟岭暮霞、云冲夜月、仰寺踈钟、宝应朝阳、华峰霁雪。宋《梦溪笔谈》：“度支员外郎宋迪工画，尤善为平远山水，其得意者有平沙落雁、远浦归帆、山市晴岚、江天暮雪、洞庭秋月、潇湘夜月、烟寺晚钟、渔村落照，谓之八景，好事者多传之。”宋迪，字复古，为宋代著名的山水画家。明《蜀中广记》：嘉州“太守吕昌朝以宋复古所画八景图，皆天下名胜”。《梦溪笔谈》中提及的宋迪所绘之“八景”，即著名的“潇湘八景”。

荥经八景之晒经晚照　乾隆《荥经县志》

宋及以后，“潇湘八景”一直都是才子题咏和画家绘作的常见题材，平远山水画法更是影响深远。《永乐大典·方志辑佚》：“八景之作，始自潇湘。”语词精妙，辞致雅赡，朗朗上口的“四字雅词”，不仅给景观“增光添色”，亦有助于这些景观的宣扬与传颂。

流风遗韵，约定俗成，此后元明两代，“八景”之作仍然是体现和反映一地历史与文化的重要内容。有关记载，一直为后人所津津乐道。例如，元代诗选《元风雅》中记载的“神州八景”——太液秋风、琼岛春阴、居庸叠翠、金台夕照、卢沟晓月、西山晴雪、玉泉垂虹、蓟门急雨。八景，自然也是名人争相题咏的对象。明代井研县教谕许祯有诗句：“八景遗踪快览观，一时名笔争题咏。”明代御史卢雍写有《罗江八景诗》。清嘉庆《直隶绵州志》记载：卢雍，“吴县人，官御史，奉差至蜀，巡察罗邑，留恋山水，因作八景诗刻石”。清光绪《广安州新志》：“明知州吴寅写有《龙台八景记》。”朱让栩，明蜀藩王，曾作诗《成都十景》，诗云：“古柏森森碧叶齐，春城日暮草堂西。岷山雪霁排银壁，浣水烟笼锁翠堤。橘井香浮金盏注，墨池色润采毫题。济川舟送钟鸣远，官柳桥边匹马嘶。”

明代中期，关于“八景”的记载开始频频出现在书文之中。及至清代，冠名“八景”的记述与绘画，更加多见。其中较为经典的，如清康熙时期著名画家黄鼎（字尊古）绘制的《蜀中八景》，“纸本凡八帧，皆设色山水，每高八寸六分，阔一尺一寸四分。”该画册被收入清代《虚斋名画录》中。黄鼎的《蜀中八景》，描绘的是川北古蜀道上的八处名胜，分别是五丁古峡、七盘峻岭、龙洞伏流、朝天峭壁、嘉陵夕照、孔道翠柏、剑阁雄关、七曲仙踪。

清代历朝，各地志书几乎都将当地重要的名胜以“八景”“十景”为名列出，此外还会附加绘画、图说、题咏等。清道光《蓬溪县志》：“各志多八景十景图，几成故习。”清咸丰《资阳县志》：“八景之目，相沿已久。”清咸丰《天全州志》：“凡编志乘者必铺张八景，以侈其地之胜，稽之往籍，不得其源，惟《金华志》载齐沈约出为东阳太守作八诗题于铉畅楼，后人更为八咏楼，八景之说或滥觞于此。抑以京师首善之地，先有八景之名，而诸志亦各以其地之胜编景以仿。”清人吴兰庭在其《胥石诗文存》中对此现象评述道：“每见州县之志类有所谓十景八景者，夫一室之内，朝曦夕照，风廊月栏，无不可标，以四字饰为美称，此固大雅，所弗尚然，而生长其地耳目所熟。”明末清初，战乱稍息，许多文献或毁或失，对当地名胜风景考证与渲染，也应是重振河山与建设家园的重要方面。清康熙《顺庆府志》：“宕渠八景，古人题咏最多，兵燹后搜罗入志者，仅十之一，数十年来，志复遗缺以致名山胜迹仍归文献之无征矣。乙酉郡侯袁先生来抚，兹土民安物阜，百废俱兴，独慨郡志一书止存断简，簿书之暇亲为校订，不越月补旧增新，复汇成帙，俾按图以索，而八景遗迹依然可考，虽皆榛莽丘墟，终不至荒烟湮没也。”清乾隆《中江县志》：“凡邑之名胜，或迹称奥异，地以仙传；或景实神奇，久难泯没。其间高人登眺，哲士留题，无之不能昭天地之灵，有之足以壮山川之色。”

毫无疑问，万千风光中选出的几处景观，应是当地最为著名的景观。当地官员的喜好与文人的趣味对这些景观的选定有着很大的影响。此外，古往今来，景观的选择也在发生着变化。清乾隆《威远县志》：“旧志十景，今定八景。”清嘉庆《直隶叙永厅志》：“旧有十景，自康熙五十九年知县虞景星以桐林夜雨无考，并合鱼逢春跳与宝珠春眺为一，曰宝珠春跳，为八景，厅县同。万寿朝霞、双桥夜月（旧有西湖夜月，今更名）、铁炉晚渡、定水晓钟（旧名定水响钟）、红岩霁雪（旧名红岩积雪）、漫岭腾云、宝珠鱼跳、流沙悬练（旧名流沙挂榜）。”清嘉庆《汶志纪略》：“汶邑八景之说，言人人殊，前邑令黄俞有凤岭飞沙、虹桥夜渡之说，前松茂副使薛曾有东山夕照、苏村春晓之说，邑生董敏德亦开列八景之名，以示余，凿凿可听，因采其尤雅者列为八景，若夫凤岭虹桥，其险已甚，层台天巧、灵峰呈霁之说，虚渺难窥，而屏山远钟，似涉于诡，磨溪文石，又近于俗矣，故未敢从众。”清光绪《内江县志》：“中川旧有八景，明宣德间李给事蕃增为十景，崇祯初邑令雷应乾复增以化龙石笋，共为十二景，曰醮坛晓月，曰龙洞朝云，曰华萼春晖，曰书楼画锦，曰雁塔秋香，曰桂湖澄碧，曰圣水灵湫，曰葛仙胜迹，曰三堆耸秀，曰东林晚眺，曰龙山挹翠，曰石笋参云，前人颇多题咏。以胜地不常有，空存其名，殊无异致者，姑并列其名，惟今江外西林高刹凌云，远胜东林，旧志不列景中，今酌改东林晚眺为二林晚眺，以配三堆云。”旧志中记载的“十二景”也不少见。例如清道光《新津县志》中记载了“新津十二景”：堰堤春涨、牧马秋成、驿路桑阴、花桥蚕市、西溪晓渡、南港晚渔、修觉诗碑、宝华钟梵、莲华接翠、稠绠出云、琴堂古柏、凤尾丛篁；清道光《荣县志》中记载了“荣县十二景”：凤鸣朝阳、龙湫夜月、荣德晴岚、筠山夕照、清富登临、啸台游赏、万景岑楼、双溪书阁、龙头竖笔、翠壁凌霄、

崇庆八景之市桥官柳　光绪《增修崇庆州志》

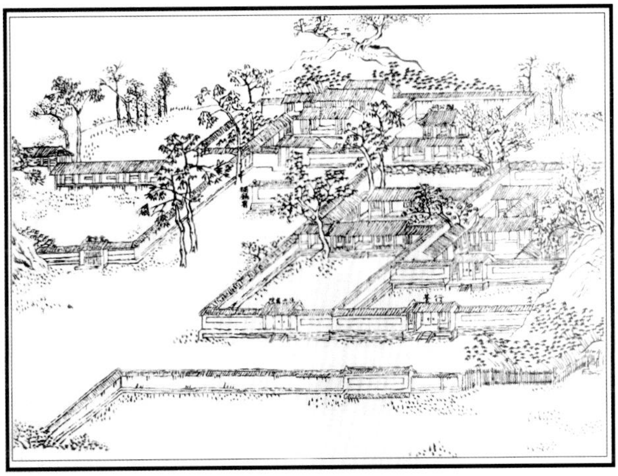

中江八景之三台续脉　乾隆《中江县志》

渔矶垂钓、石笋排空。

山水优美，风光秀丽，得天独厚的四川，州县各地，处处有景，然而志书中所载之当地的“八景”“十景”等，未必特色独具、景致绝佳，大做文章似乎有跟风或泛滥之嫌。对此，批评者多有微词。清嘉庆《眉州属志》：“八景之作，起于前明中叶，其后凡郡县志中无不牵强造作，编为八景者，命题既俗亦鲜佳制。”清道光《巴州志》：“郡县志所列十景八景，摹为图绘，作为歌词，用以铺张景物，往往大同小异，数见不鲜。”清道光《邻水县志》：“江上清风，山间明月，成声成色，何处不可共适，况蜀多山水，随在皆觉鱼鸟亲人，应接不暇，而各府州县之志顾沾沾滥觞八景。”另有一些批评，更是措辞严厉。清道光《新都县志》：“潇湘八景图，宋人偶一为之，厥后志家转相蹈袭，十景八景之目，无地不有，是处可移，但一开函已使人攒眉捉鼻矣。”清光绪《叙州府志》：“各属志多有八景，或十景、十二景诗，地非潇湘，美逊燕山，空立名目，徒令阅者生厌。”

尽管有这样那样的一些议论，清中期及以后时期各地志书中仍多见“八景”“十景”。定式形成，很难改观。民国《巴中县志》：所见各州县志书，“十景八景，摹图作诗。”一些地方，还特地在当地的名胜中另外列出“八景”“十景”。例如，成都县有“草堂八景”；广安州有“龙台八景”；岳池县有“华银八景”；仪陇县有“大仪山八景”，等等。造景添景之事，屡见不鲜。清道光《保宁府志》中记载：“治平园，在县东北二里故城内……久废。嘉庆二十四年，川北道黎学锦即园址建书院，复仿其意，构池引水，重建四照亭，置楼阁台榭、泉石竹木诸胜，别为十景，园林结构，遂成巨观。十景附，星台远眺、螺塔晴波、莲塘贮月、蓼岸渔舟、楼阁交辉、虹桥溪涨、竹榭笼云、稼亭牧笛、治平缉古。”

双流县八景图　嘉庆《双流县志》

有历史典故的地方，往往被列入名胜景观。清嘉庆《江安县志》：“石刻，在县东四十里金鞭滩，嘉庆初永宁观察使余延良镌‘道祝遗迹’，明永乐中邑人熊尔致仕，结庵于此，有留题八景曰‘道祝叠翠’。”一些自然神奇的景象，当然要被列入“八景”中了。清乾隆《雅州府志》载：“罗城朝瀑，在治东罗城山顶，晴，瀑则雨；雨，瀑则晴，邑人朝望以定晴雨，万无差错。”

旧时描写景观之“四字雅词”，毫无疑问都是文人雅士们绞尽脑汁、苦思冥想而来的。然而，总的看来，仍然会发现一些词语使用频度很高，其中一些让人耳熟能详。以“夜月”为例，清嘉庆《达县志》所列“八景”中有“北岩夜月”；清嘉庆《纳溪县志》所列“八景”中有“清溪夜月”；清嘉庆《直隶泸州志》所列“八景”中有“东岩夜月”；清道光《通江县志》所列“八景”中有“包台夜月”；清同治《营山县志》所列“十景”中有“朗池夜月”；清光绪《叙州府志》所记各县之“八景”中分别有“镇澜夜月”“龙潭夜月”“隆桥夜月”，等等。

旧时之光景，或已不存，或已面貌皆非。然而，这些留下来的以名胜景观为题材的绘画与题咏，却是后人怀乡寻古的重要线索，其史料价值非同小可。这些名胜景观，包括绘图、题咏、题记，传递出古人对美好世界的向往，以及对友好环境的依恋，而这也应是后人继续与努力的追求。因此，可以说，旧时记载的“八景”，具有重要的文化意义。

四川码头场镇

码头，本指船只停靠，以及人员上下与货物装卸的临靠江河的建筑，即通常所称的水码头。对应的，不临靠江河的码头，则称作“旱码头”。一些码头处，既是水路要冲，也是陆地要口，舟车辐辏、商货集散，这样的码头又被称作“水陆码头”。本文所述之码头，指水码头或水陆码头。

码头，旧称马头。宋《资治通鉴》：“……于黎阳筑马头，为度河之势。”胡三省注：“附河岸筑土植木夹之至水次，以便兵马入船，谓之马头。”宋代诗人董嗣杲《马头渡》诗中有：“千里晚沈鸿翼信，片帆凉卸马头风。”明代诗人陶安《过马头》诗中有：“暖日轻风过马头，石矶重叠锁江流。”旧志中也常见“马头”之称，例如，清乾隆《遂宁县志》：“下马头场，县东里许。”清嘉庆《华阳县志》：“苏马头场，治东南五十里，交仁寿县界。”

四川境内，大小江河众多，旧时东来西往，上通下达，商货多靠舟船运输于两地之间。例如，嘉陵江就是历史上的一条重要的水路。民国《阆中县志》：“嘉陵江，水量虽小，足以供扁舟之驶，木船溯江而上，可至陕西略阳，若从上游之昭化溯白水河而上，可达甘肃之碧口，沿江而下至合川，会渠涪二江之水，顺流至重庆入于大江，此江源远流长，不特陕甘边境及嘉陵江上游诸货物赖此川以便运输。”另如岷江、沱江、涪江、渠江、金沙江、大渡河等江河，也都是四川古时重要的水路。

《周易·系辞下》：“舟楫之利，以济不通。”人员流动与商货转移主要依赖水路运输的旧时，码头自然成为人员往来频繁和商货集散经常的地方。因此，码头所在处发展成为街市，或设镇建场，也就相当普遍。存续下来的滨水场镇，大多有着设置渡口或码头的历史。例如双流的彭镇，清嘉庆《双流县志》：“彭家场，西北源杨柳江，东南入黄水河，为商泊要津，旧以舟渡。”类似的码头场镇很多，如金堂的五凤镇、邛崃的平乐镇、遂宁的龙凤镇、南充的龙门镇、蓬安的周子镇、广安的肖溪镇、武胜的沿口镇、彭山的江口镇、青神的汉阳镇、乐山的西坝镇、内江的椑木镇、叙州的横江镇、古蔺的太平镇，等等。

码头与渡口有着关联。渡口，指陆运与水运的转换地，通常指可利用舟船连接江河两岸交通的地点。渡口可以是单纯的上下船的地点，也可以是码头的一部分，即码头设施，而码头则有着更多的设施。由早期的渡口而成小码头，后又由小码头而成码头大场的古镇很多。例如富顺的狮市镇。狮市，旧名狮子滩，宋元时期仅为摆渡过河的小渡口，上下游来船偶有停靠。元末明初，湖广移民来此落户自业，或农或商，先后开设磨房、盐店、米店、面坊、糖坊、酱园、布庄、酒馆、茶肆等大小商铺，码头成为邻近乡人常来常往之处，来往船夫也在此歇脚补给，至明中后期，码头形成了街市。清中晚期，井盐外运成为沱江水运主要商事，借助其紧邻县城与舟船停泊的优势，狮市一跃而成繁荣的码头大场。一些场镇的名字及其变化中，也包含了其由渡口到码头大场的发展历史。例如，蓬安的周子镇。周子，旧名州口，另有舟口、舟镇等名。清光绪《蓬州志》：“州口在城东，溯行五里渡嘉陵而达，在龙角山之隈……与州夹水而当通衢，故曰州口；舟所泊，故曰舟口；市易所集，故曰舟镇；……镇今有濂溪祠，曰周子镇者，存芳躅也。”

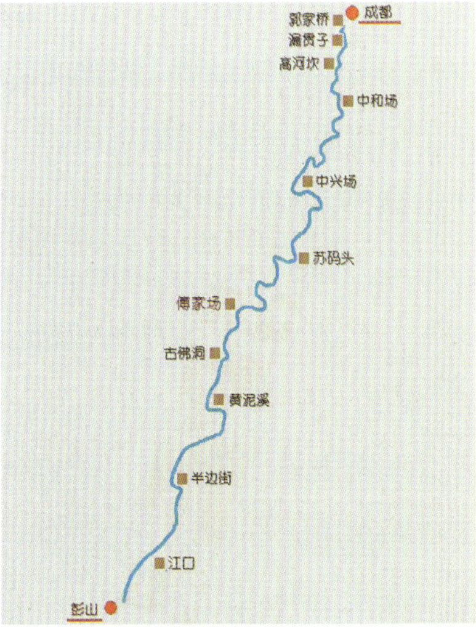

清代锦江水道码头分布图

一水两隔，渡口成了两岸民众出行、聚集与交往的地方。因交往之需而有渡口，有渡口则人众聚集，人众聚集而渐成街市，滨水场镇与渡口之关系，大致都是如此。例如，简阳的石桥镇，由旧时沱江上的石桥渡发展而来；大安的牛佛镇，由旧时沱江上的牛佛渡发展而来；射洪的青堤镇，由旧时涪江上的青堤渡发展而来；巴中的恩阳镇，由旧时恩阳河上的恩阳渡发展而来。通江的毛浴镇也是如此。毛浴，旧名毛峪，由旧时宕水上的渡口发展而来。宕水，

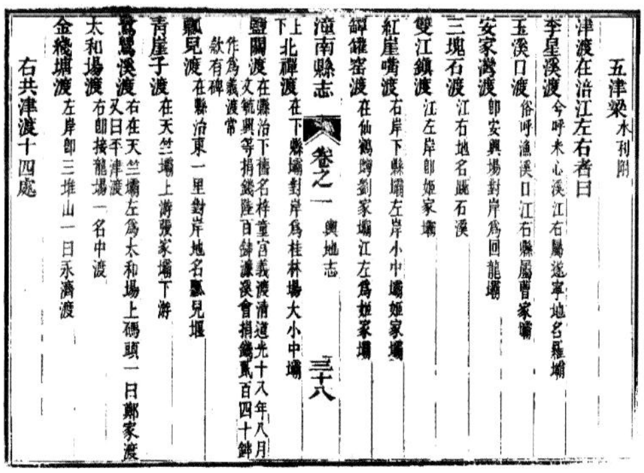

五津梁水利附
津渡在涪江左右者曰
李星溪渡今呼米心溪江右屬遂寧地名羅壩
玉溪口渡俗呼漁溪口江右縣屬曹家壩
安家灣渡即安興場對岸爲回龍壩
三塊石渡江右地名鼠石溪
雙江鎮渡江左岸即姬家壩
紅崖嘴渡右岸下縣壩左岸小中壩姬家壩
羅罐窑渡在仙鶴鄉劉家壩江左爲姬家壩
潼南縣志 卷之一 輿地志 三十八
上北禪渡在下縣壩對岸爲桂林場大小中壩
下
鹽關渡在縣治下舊名梓潼宮義渡清道光十八年八月文毓興等捐錢陸百餘濂溪會捐錢貳百四十釧作爲義渡常款有碑
瓢兒渡在縣治東一里對岸地名瓢兒堰
青崖子渡在天竺壩上游張家壩下游
鸕鷀溪渡右在天竺壩左爲太和場上碼頭一曰鄭家渡又曰平津渡
太和場渡右即接龍場一名中渡
金積壩渡左岸即三堆山一曰永濟渡
右共津渡十四處

民国《潼南县志》内页

亦称通江，北接陕南、南达川东，早在秦汉时期，巴中及川北一带所产的粮食、牲口、桑、蚕、麻、盐、漆、茶、蜜，以及矿产等，就是通过这条水路和其他陆路运至外埠的。唐宋时期，推行“茶马互市”，这条水路成为“通茶要道”的一段。明清时期，军防要地的毛峪渡，发展成繁荣大场。今通江的很多场镇，旧时都是渡口所在处，如涪阳镇，旧称符阳渡；板桥口镇，旧称板桥渡；平溪镇，旧称平溪渡；烟溪镇，旧称烟溪渡；沙溪镇，旧称沙溪渡；泥溪镇，旧称泥溪渡等。类似的，古蔺的马蹄镇、兴隆镇、二郎镇与太平镇，也分别是由旧时上通赤水下达合江河的马蹄滩渡、兴隆滩渡、二郎滩渡与太平渡四个渡口发展而来。水系发达的渠县，旧时渡口众多，民国《渠县志》中即列出了 46 个渡口。这些渡口中，其中有不少的后来发展成乡场或市镇，例如，旧时的林坝渡，发展成今时的临巴镇；旧时的青龙渡，发展成今时的青龙镇；旧时的李馥渡，发展成今时的李馥镇；旧时的土溪渡，发展成今时的土溪镇。有意思的是，渠县李渡镇与鲜渡镇，还保留着旧时的名字“李渡”与“鲜渡”。建于清雍正八年（1730）的李渡场，名字大有来头。民国《渠县志》：李渡，“初名太白渡，建自明代，因唐李白曾游此地得名”。

水运带来了码头市场的兴盛，水码头成了水岸市场的代称。民国《简阳县志》：湖广方言，“濒水市场曰水码头”。殖货于市场，经营以逐利，水陆通衢的码头必然是商贾聚集之处。清同治《新宁（今开江）县志》：“凡富商大贾云集，必于水陆通衢。”清光绪《资州直隶州志》：“苏家湾，在州东二十五里，为水程要冲，商船络绎不绝。”清光绪《广安州新志》：“西岩渡，州北九龙山下，

三滙在渠北九十里其北爲巴江自通江南江巴州流入其東爲渠江
白太平東鄉達州流入其南爲清江自梁山大竹諸山流入皆滙於鎮
前而鎮以名焉鎮之上舊建有官署邑之丞嘗分駐於此其間商賈輻
輳財物殷繁通闤帶闠鱗次數甲許其下則舳艫數十百艘緣巨江游
上下艤船往來如織亦衝要區也居是官者非輯睦其人民懷柔其賓
旅譏察其關隘偵緝其盜賊而顧欲百廢之俱舉也豈不難哉余自辛
卯夏蒞任茲土利者興弊者革晨興夜寐惟以此意爲兢兢署之東有
衙神祠爲嘉慶甲子前任沈秀水宗惠所創建歲久傾圮制亦卑狹而
樂樓廊舍尤闕焉未備意欲張大之未遑也去年秋徇里人之請乃因
舊址而拓新之重修大殿三間樂樓一座東西兩廊各一間且塗以丹
漆砌以磚石金碧輝煌煥然改觀則庶乎可以妥神靈奏夫力役每思
渠縣志 卷十二 文徵志八上 七十四

民国《渠县志》内页

由岳赴邻之要津，凡棉花矿炭，诸船由此起运，骆驼捆载，终日不绝。”民国《巴中县志》：“州西恩阳场为商贾辐辏之区，闾阎鳞次，其聚而居者，不下千有余家。”民国《新修武胜县志》：沿口场“商务繁盛，为河东冠场”。旧时，水路贩运也是带来厚利的营生。清光绪《增修崇庆州志》：“商贾旧多江浙闽广山陕各省人为之，今土人于务农之外，大者贩油麻杂货，由船运至叙泸重及湖广一带售卖，转贩百货归家，多获重利。”

码头所处的地理位置，对于码头场镇的形成及其发展有着重要影响。历史上很多码头场镇的兴起与繁盛，就得益于其对外通达的便利。例如，永川的松溉，清光绪《永川县志》：“松溉镇，县南九十里，水陆通衢，历朝旧镇街市断续。”双流的彭镇，清光绪《双流县乡土志》：彭镇，“南通黄河，东临县治，西控崇庆州。水陆交通为双流第一口岸”。广安的肖溪镇，清光绪《广安州新志》：“萧家溪渡，州北百里，在竹节滩下，为渠县入州要津。”宜宾的李庄镇，民国《南溪县志》：“李庄镇，宋以前为县治地，滨大江又当叙南孔道，故商业繁盛，居民千余家，与宜宾交通极便。”大安的牛佛镇，民国《富顺县志》：“牛佛渡，在沱江左，属上东，距县七十里，水陆交通最为繁镇。”

因地理位置优越而发展成大场巨市的码头场镇很多，典型的如渠县的三汇镇。民国《渠县志》：三汇场“明建，地处宕、巴、渠三水总汇，商务最盛，号小重庆”。宕、巴、渠三水，为川东北连接多地农乡的三条河流，“三汇”之名，即因三水相汇而来。简阳的石桥镇，也是占尽地利的大镇。清咸丰《简州志》：“石桥渡，州北七里，通中江金堂，要津。”石桥镇处也是成都东南方向通往巴渝与滇黔之必经道口。清康熙至乾隆时期，即有众多来自湖广、江西以及闽粤、山陕等地的移民来此定居，经商、航运、开厂者众多。民国抗战时期，隆盛至极的石桥镇，被誉为“小汉口”。

舟船运输与停泊，给码头场的贡献是多方面的。舟船调度与补给、舟船修理与维护、商货屯集与装卸等，需要大量的工人与民夫，即直接服务于船运业的人员就很多，特别是一些规模较大的码头。江面上百舸争流，码头边帆樯林立，船运业带动下，商业与服务业也兴旺起来，码头场上，客栈、饭馆、茶馆、酒馆、烟馆、五金店、杂货店、票号、当铺，以及其他各类工坊与店铺等，应有尽有。

例如，清晚民国时期，双流的黄龙溪场仅王爷坎码头处，每日停留的船只就在百艘以上，船运的繁忙，自然带来码头场镇的兴隆。

特有资源，以及因输运与周转而兴的诸业，也是码头场镇形成与兴隆的重要原因。前面提到的简阳石桥镇，旧名石桥井，其名因盐井而有。清咸丰《简州志》："石桥井，州北七里，产盐，州判分驻于此，雁江绕其左，舟楫往来，系引盐批验要地。"资中罗泉镇，旧名罗泉井，其名也是因盐井而有。清光绪《资州直隶州志》："罗泉井，产盐之区也，井灶聚焉，商贾通焉，山泉下泄，为东西南北要津。"乐山牛华镇，旧名牛华溪，一名油华溪，盛产盐煤。民国《乐山县志》："牛华溪，濒江，明时设，界乐犍之间，距城南二十里，场期一四七日，居民约三千余户，井灶林立，盐煤汇萃，商业富庶之区，此为县中第一，盖水陆通衢也。"自贡的仙市镇、大安的牛佛镇、富顺的狮市镇等川南码头大场，则是因为旧时盐运业的隆兴而繁荣起来。另有一些码头场镇的繁盛，则是因为当地特色产业而兴。例如夹江的木城镇。旧时，邻近木城的各乡均产竹纸，码头场木城依靠其舟船捷

沐川箭板镇（2016）

运之利，竹纸生意兴隆，竹纸销售产业形成规模。邛崃的平乐镇，旧时也是纸市繁荣。民国《邛崃县志》：“平乐坝，濒河，水陆通道，市口繁富，纸市尤大。”

武胜沿口镇（2016）

旧时的一些码头，或设驿铺，或置军防，或驻官署，这也在一定程度上促进了码头人居与建筑规模的扩增。早在汉代，蜀地的一些水道上即设有水驿，至唐宋时期，各水路上皆设有水驿。《新唐书·百官志》：“阻险无水草镇戍者，视路要隙置官马，水驿有舟。”至明清时期，四川各水路上仍设有众多的水驿。这些水驿，当然首选在地处要津的码头或渡口。例如，明代时，叙州府属水路上设有汶川水驿、牛口水驿、真溪水驿、月波水驿、宣化水驿、龙腾水驿、李庄水驿等。很多旧时设置水驿的码头，后来发展成码头大场，如宜宾李庄镇。设置有军防与官署机构的码头场镇也不少。清嘉庆《直隶绵州志》载：“丰谷堡，治东三十里，即今丰谷井，嘉庆五年乡镇士民公筑，直隶州盐捕州判潼县营驻防额外外委两署在焉，北达松维，南通重庆，东走巴剑，西赴省城，四达通衢，水陆要冲，县左第一重镇。”清道光《龙安府志》：“中坝场，在县南三十里，界接彰明太平场，水陆通衢，商贾辐辏，为江油门户。雍正七年设有巡检司。”民国《渠县志》载：三汇镇，“雍正八年设分县以县丞补署，民国仍驻分知事”。一些津渡要口，为设防重地，例如金堂的淮口、通江的毛浴等，古时为屯兵驻军之地。码头场上的官设机构，承担着查验、缉私、课征，以及处理各种民事的任务。例如射洪的青堤镇（古称清平渡），清乾隆时即设有“清平渡盐课大使署”，还在码头外修建了江防工事，专司产场管理、盐税征收、运务稽查、私盐缉拿、民事案审等工作。一些大的码头，还设有官家金融机构。清《治平通议》：“各州县及码头较大舟车孔道之处，设立官银号。”例如，前面提到的石桥、牛佛等码头大场旧时都设有官家银号，专司当地汇兑融资等事项。

人员的聚居与商业的繁荣，也促进了码头场镇的基础设施建设，相应地，码头建筑规模也不断地扩大。码头场镇的建筑设计与规划，古人充分考虑了自然地形条件和不同建筑的使用功能，以亲水就市、水陆交通方便为主要特点。例如处于文井江、味江、泊江三水合流处的崇州元通镇。清光绪《增修崇庆州志》："元通场，崇庆大集也。秦皖商人来蜀贸迁者，咸首驻焉。清道咸间盛时，城中商货咸仰给。南北人多住此贸易，江中船只赁货通州城。"清中晚期时，元通场上已有人户千家，建成了半边街、东盛街、双凤街、麒麟街、增福街、涌泉街等多条街道，各街道或可直通码头，或通过小街、水巷子与河道相连；河道上还建有多座桥梁供两岸乡人来往；民居建筑鳞次栉比，其中不少高堂华屋，场上还建有江西会馆、陕西会馆、广东会馆和湖广会馆等多个移民会馆。场镇规模的扩大，也进一步提升了当地的商货输运与屯集的能力，一些滨水场镇，舟运繁忙，分布有多个码头，相应各类商货市场数量也大为扩增。例如，富顺赵化镇，至清晚民初时，建有永济桥码头、肖家码头、正码头、七十二梯码头、中渡口码头、沙湾码头等6个码头。邛崃的平乐镇，清晚民初时，设有菜市、米市、糠市、薪炭市、石灰市、茶叶市、纸市、竹篾市、鱼市、猪市、牛市等十多个草市，布店、鞋店、盐店、药铺、杂货铺、剃头铺、纸火铺、裁缝铺、铁匠铺、酱铺、烧坊、染坊等各类商铺更是多不胜数。一些大镇，甚至形成了多个集场。例如巴中的恩阳镇。清道光《巴州志》：恩阳镇，"三场并列，对河鼎立，人烟稠密，州中场市此为最巨。"

人员密集，行业纷杂，各码头场上以同乡、同业关系设立的帮会或行会组织也多了起来。这些帮会行会，为民间自发性组织，联络同乡、同业，以规范交易行为与维持商业秩序为其主要目的。例如，码头大场简阳石桥镇旧时组建有驳载帮、炭帮、揽载帮、囤载帮等帮会。因糖运与盐运兴隆起来的大安牛佛镇，旧时各类行帮也是为数众多，诸如船帮、盐帮、糖帮、菸帮、米行、药行等，还有同乡互助形式的"堆金会"等。船运为码头场之主业，一些大码头场甚或建有多个船帮。通常这些船帮按照籍贯、航道、渡口、商货种类等分设。帮会行会，各自多有活动和庆会，场上的一些会馆祠庙因此更加热闹起来。例如，水陆两通的新津太平场（今宝墩镇），旧时当地以花纱贸易为主业的"花帮"，每年都定期在帝主宫即黄州会馆里举行"演大戏敬财神"的活动。可以说，码头场的帮会行会，

射洪青堤镇（2020）

简阳石桥镇（2014）

也在一定程度上推动了当地的经济发展与文化隆兴。

随着住民的不断增多与场镇规模的不断扩大，大小宫观寺庙也先后在码头场上建了起来。除大众心理需求与神灵信仰之外，宫观寺庙的建成往往也得益于码头场上绅商富户的倡率与捐赀。可以看到，相对富裕繁荣的码头大场，相应的宫观寺庙也多。例如，岷江与沫溪河交汇处的乐山西坝镇，至清末时，场内外分布有圆通寺、正觉寺、魁星阁、文武宫、川主庙等多个宫观寺庙。再如，涪江上的射洪青堤镇，至清末时，场内外分布有灵官庙、顶顶庙、青霞观、真武观、三皇宫、火神庙等多个宫观寺庙。宫观寺庙，为码头场镇建筑中的重要配置，自然也是聚人聚气之处。

提到宫观寺庙，尤其要说说码头场上的镇江寺。镇江寺，亦称镇江王爷庙、王爷庙。清光绪《奉节县志》："镇江寺，在县东北二十五里，俗呼王爷庙。"镇江王爷，即传说中能斩除孽龙、平定水患的杨泗（也常写作"杨四"）将军，故王爷庙也叫"杨泗将军庙"。杨泗将军封号"紫云统法真君"，被道教尊为水神，故王爷庙又称紫云宫、水神庙。清同治《合江县志》："水神庙，县西五十里先市镇江岸，嘉庆元年知县张金铭率众新建。"清光绪《叙州府志》："紫云宫，即王爷庙，又名杨四将军庙。"杨泗信仰，早先流行于两湖地区，《中华全国风俗志》中记载：两湖地区，"各船户最信奉杨泗将军，公立庙，各船开到，例必至庙敬之"。明清时期，杨泗信仰随着移民进入并盛行于四川各地。依靠江河和水运的码头场，大多建有王爷庙。清道光《重修昭化县志》载："王爷庙，在桔柏渡北岸，乾隆四十六年立。"清光绪《彭水县志》载："紫云宫，亦称王爷庙，祀镇江杨泗将军神，舟行者祷之，各乡市镇多有。"另有一些地方，则将大禹、李冰、赵昱等传说中的神仙，或当地的城隍奉为王爷。对于普通民众而言，所祀王爷究竟为何人并不重要。清光绪《蓬溪县续志》："六月六日，称王爷生日。王爷者，秦蜀守李冰，载在祀典之通佑王。然不知其谁何也，曰王爷而已。近水业贾必祭之。"

邛崃夹关镇（2015）

镇江王爷，为船帮奉祀的主神。盼望风平浪静与出行安全，从事船运业的人员将镇江王爷视为护佑神仙，王爷庙则成了码头场上船帮集会与祭祀的主要场所。例如，双流黄龙溪场王爷坎上的镇江寺，旧时就是船夫们上岸后必去之处，烧香叩拜，许愿祈福。传说每年农历六月三日为镇江王爷得道升天之日，六月六日为镇江王爷寿诞，这两天里码头场镇尤其热闹。清咸丰《南充县志》："凡村市建有王爷庙者，是日率演戏酬神，醵饮而散。"清光绪《广安州新志》："六月三日，杨四将军斩妖得道封镇江王，各乡市码头立庙处，皆赛神演剧，紫云宫为最。"

滨江临水，旧时的码头场镇盛行五月端午节期间划龙舟，或曰龙舟竞渡。清光绪《江油县志》："五月端午，悬艾叶菖蒲于门，食角黍，饮雄黄酒，午后士女出游，龙舟竞渡，县城东关外西坪渡及中坝场渡口尤盛。"民国《新修合川县志》："州踞三江，各有码头，各有龙舟，然以方家沱为最。"民国《新修武胜县志》："人人家门悬菖蒲、陈艾，裹角黍饮雄黄酒，县治及傍江之乡市，午后并作龙舟竞渡。"龙舟竞渡活动，为很多码头场的重大节庆活动，这样一些盛大

遂宁龙凤镇（2020）

而热烈的活动，也是码头场繁荣昌盛的文化表征。

“江湖舟楫千帆市；烟火人家两岸声。”这是宋《舆地纪胜》中辑录的时人钱守的桥亭题联，联中所描写的应该就是因水运而兴的码头场镇。通过这简略的联句，我们似乎还能联想到关于码头场镇的更多方面。历史与文化、发展与变迁，每一个码头场镇，都有着自己的故事。这里录邛崃夹关镇万福桥上的旧联一副，作为文章结尾。“安步自江上行来，喜春日踏青，夏风祛暑，秋宵对月，冬岭探梅，肘后背行囊，槛旁排酒具，游目骋怀，漫道此间无乐土；举首向楼头望去，看群峰拱璧，双虹卧波，一水中流，两街并立，门前植垂柳，桥下数归舟，山光浪影，庸知是处即秦淮。”

四川蔗糖小史

蔗糖，即以甘蔗为原料，榨汁熬制而成的糖。四川有着悠久的甘蔗种植与蔗糖生产的历史。

甘蔗，古名诸蔗。用以制糖的甘蔗，旧时多称荻蔗。因其形似竹竿，另有竹蔗、竿蔗之称。清《蜀典》：“竿蔗，今蜀谓之甘蔗。”甘蔗属于外来物种，有记载表明，早在先秦时期，甘蔗已从海外传入中国南方。其后，甘蔗种植渐渐本土化，北魏《齐民要术》引《异物志》：“甘蔗远近皆有，交趾所产。”至少在唐中晚期时，蜀中已有多地种植甘蔗并生产蔗糖。《元和郡县志》与《唐书·地理志》中即有成都府、蜀州、梓州、绵州等地“土贡”蔗糖或沙塘的记载。

因熬炼过程与提取方式的不同，蔗糖呈现出不同的物态，因而有着不同的称谓。结晶态的蔗糖，唐宋时期多以“糖霜”“蔗霜”“糖冰”相称。明清及以后，有了更多的叫法。明《天工开物》：“凡荻蔗造糖，有凝冰、白霜、红砂三品。”清嘉庆《金堂县志》：“蔗有大小红白各种。糖，俗名红糖、水糖。糖霜，俗名白糖、冰糖。”

宋代，蜀地涪江流域广种甘蔗，所产糖霜遐迩闻名。北宋博物学家、遂宁府小溪县人氏王灼，写成《糖霜谱》一书。该书凡七篇，记叙了糖霜缘起，梳理了古来糖霜记载，并依次介绍了种蔗之事、造糖之器、结霜之法等。南宋著名学人洪迈，再写《糖霜谱》。洪迈之《糖霜谱》，内容精炼扼要，后来文献中广泛引用。前后之《糖霜谱》，记载了糖霜相关各事，古代蜀地种植甘蔗与熬制蔗糖的历史，于此可知晓一二。

王灼《糖霜谱》中，说明福唐、四明、番禺、广汉、遂宁五地均产糖霜，辨其形与色味，“独遂宁为冠”“遂宁专美”。为此还引用了大文豪苏东坡的诗句——

“冰盘荐琥珀，何似糖霜美。”以及文学家黄庭坚的诗句：“远寄蔗霜知有味，胜于崔浩水晶盐。”书中还写到，遂宁府小溪县一带，种蔗者与制糖户众多，“山前后为蔗田者十之四，糖霜户十之三”。该书为中国古代第一部系统地叙述甘蔗制糖术的著作，十分珍贵。关于制糖之法何时引入蜀地，王灼在书中讲述了唐代大历年间，邹姓和尚在遂宁府小溪县农乡教民制糖的故事。

酸棗 即爾雅所謂樲形如棗核大作數孔皮裹肉如脂
味後土人去皮取肉和糖搗爲羔曰酸棗羔亦有滴蜜
之者
甘櫧 通志蔗有三種赤崑崙蔗白竹蔗亦曰蠟蔗小而
燥者荻蔗抽葉如蘆可充果食可作沙糖邑產最佳昔
號名品因有糖霜之號
糖霜譜 宋 洪 邁 邑人
糖霜之名唐以前無所見自古食蔗者始爲蔗漿宋玉
招魂所謂腼炰羔有蔗漿是也其後有蔗餳孫亮使黃
遂寧縣志 土產 十四 卷四
門就中藏吏取交州所獻甘蔗餳是也後又爲石蜜南
中八郡志云榨甘蔗汁曝成飴謂之石蜜本草云糖[illegible]
和乳爲石蜜是也後又爲蔗酒唐赤土國用甘蔗作酒
雜以紫瓜根是也唐太宗遣使至摩揭陀國取熬糖法
即詔揚州上諸蔗榨瀋如其劑色味愈於西域遠甚然
只是今之沙糖蔗之技盡於此不言作霜然則糖霜非
古也歷世詩人摸奇寫異亦無一章一句言之惟東坡
過金山寺作詩送遂寧僧圓寶云涪江與中泠共此一
味水冰盤薦琥珀何似糖霜美黃魯直在戎州作頌答

清乾隆《遂宁县志》内页

唐大历邹和尚引入糖霜制法之说，早在《糖霜谱》写成之前就广泛流传。北宋学者乐史所著《太平寰宇记·遂州》中即有记载：“唐大历间，有僧跨一白驴，至伞子山下。山民以植蔗凝糖为业，驴食蔗，民咎僧。僧曰，汝知蔗之为糖，而不知糖之为霜，其利十倍。因示以法，遂成蔗霜，色如琥珀，称奇品。”后来多以此说为据，南宋史地学者王象之所著的《舆地纪胜》中，以及南宋地理学家祝穆所著的《方舆胜览》中，均有引用。《舆地纪胜》中还辑录了时人马咸《遂宁好》词：“遂宁好，胜地产糖霜。不待千年成琥珀，直疑六月冻琼浆。”明清时期很多著作与地方文献中，也多引用唐大历邹和尚的故事，例如明代学者陆应阳的《广兴记》与清代学者茹铉的《王会新编》等。

邹和尚授诀之说，颇为神秘。洪迈在其《糖霜谱》中也引用了邹和尚的故事：“唐大历中，有邹和尚者，始来小溪之繖山，教民黄氏以造霜之法。”然而文中说明："糖霜之名，唐以前无所见"，凝糖之法，系"唐太宗遣使至摩揭陀国"取得。摩揭陀国，天竺古国。糖霜制法于唐贞观时期从印度传来的说法，影响深远。《本草纲目》：糖霜煎制，"法出西域，唐太宗始遣人传其法入中国。以蔗汁过樟木槽，取而煎成清者为蔗糖，凝结有沙者为沙塘。"

唐之前，虽没有"糖霜"之名，实际上制糖之法早已引入，早期以"石蜜"称之。清·顾炎武《天下郡国利病书》："《南中巴郡志》曰，榨甘蔗汁曝成饴，谓之石蜜。"《齐民要术·甘蔗》中记载：甘蔗，"煎而曝之既凝而冰，破如砖，其食之入口消释，时人谓之石蜜也"。南宋学者、眉山人氏史绳祖在其《学斋占毕》中考证道："煎糖始于汉，不始于唐。煎蔗为糖，已见于汉时，甚明。"《华阳国志》中即有宕渠郡（治今四川渠县土溪城坝）出石蜜的记载。《华阳国志》写成于东晋永和年间，其作者为蜀郡江原（今崇州）人氏、史学家常璩。

唐宋时期，蜀中所产蔗糖声名远扬。北宋著名药学家、成都人唐慎微所著之《证类本草》中有记载："荻蔗出蜀及岭南为胜，并煎为沙糖。今江东甚多，而劣于蜀者亦甚。"可以说，唐时，特别是宋代，为蜀中蔗糖生产的辉煌时期。

元明时期，上承唐宋古法，甘蔗种植技术与蔗糖生产技术进一步提高和完善。元《农桑辑要》中有制糖法的详细介绍。明《天工开物》中还着重介绍了蔗糖生产的专用工具——糖车，以及造糖提炼流程等。后来文献中记载的制糖之法，大同小异。清光绪《叙州府志》："种蔗之家碾蔗汁而熬之，贮于皇桶，俗名大木桶，曰皇桶，曰糖清，又熬之使酽，色遂赤，贮于桶，曰水糖，即红糖，亦曰沙糖，将取霜者则贮于瓦盎，谓之漏盎，底有小孔，以草塞之，此皆糖房所为也。取霜者置漏盎于瓦罐上，俗呼漏罐，去其塞，以池中淤泥和水藻盖之，则水自下漏于罐者，曰漏水糖，于是刮去盎面白霜二寸许，谓之白糖。又以淤泥盖之，如是者三四次，乃止。"民国《新修合川县志》中也有土法记载："熬糖，去蔗之皮而糖出。渠河小河一带多产，甘蔗可造水糖，其法用牛力碾甘蔗，取汁入釜熬之，一灶连安五釜，将蔗汁入釜，次第煎熬，转入五釜后水分渐尽，倾木盆中，微和石灰即成。黄沙塘，俗呼水糖，一次约百觔间，亦有制片糖者，系将熟水糖倾入席上，划成长方片形。"明代，以小农经济生产方式为主的四川种蔗制糖业发展较为缓慢。

明末清初长时间的战乱，对四川地区影响很大，百业萧条，种蔗制糖业也一落千丈。清乾隆时期及以后，四川种蔗制糖业逐渐恢复元气，一些地方还形成了甘蔗种植与蔗糖加工的产业集聚。

甘蔗的生长，与气候、土质关系密切。清《农学纂要》：“甘蔗，宜热带之地，宜夹砂之地，不宜粘土。”气候温热、土质疏松之处，适于甘蔗种植，故甘蔗种植地多集中在四川中南部沿江沿河地区。蔗糖生产，自然也就主要选择在这些地方。清《续文献通考》：“四川产蔗糖，遍扬子江、沱江、嘉陵江及岷江四大河川之沿岸各地，沱江流域自简阳至泸州为主要，内江首屈一指，资中、资阳、简阳、富顺，荣县、泸州等次之。”清嘉庆《直隶泸州志》：“取汁熬糖，大江滨多有之。”清嘉庆《定远县志》：“甘蔗有红白二种，白者造糖，邑江岸所产最多。”清道光《内江县志要》：“沿江左右，自西而东，尤以艺蔗为务。”清道光《蓬溪县志》：“甜甘蔗，以蓬南谢坝、鸡心坝二处为最，长丈余，可以为糖，谓之蔗霜。”清咸丰《开县志》：“甘蔗，邑境皆产。”清光绪《广安州新志》：“州东北有市，地多甘蔗，居人以凝糖为业。”民国《南溪县志》：“滨江两岸，土宜种蔗。”民国《潼南县志》：“甘蔗，产县童家坝、回龙坝、大小中坝、姜家坝、夏县坝等处。”也有少数地方，历史上为种蔗制糖地，甚至名声在外，但因种种原因减产或歇业。清咸丰《重修梓潼县志》：“蔗糖，《唐志》梓州贡，今种少。”

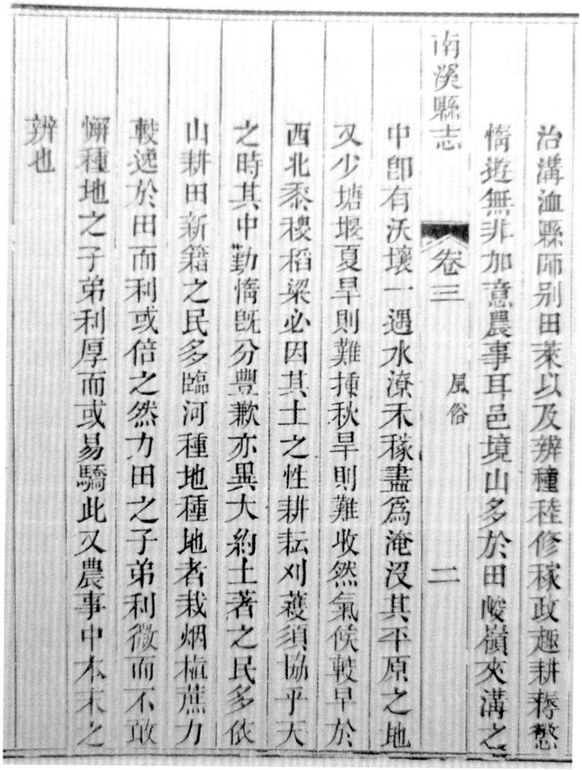
治溝洫縣師别田萊以及辨種稑修稼政趣耕穫憖
惰逛無非加意農事耳邑境山多於田峻嶺夾溝之
南溪縣志 卷三 風俗 二
中郎有沃壤一遇水潦禾稼盡爲淹沒其平原之地
又少塘堰夏旱則難插秋旱則難收然氣候較早於
西北黍稷稻粱必因其土之性耕耘刈獲須協乎天
之時其中勤惰既分豐歉亦異大約土著之民多依
山耕田新籍之民多臨河種地種地者栽烟植蔗力
較逸於田而利或倍之然力田之子弟利微而不致
懈種地之子弟利厚而或易驕此又農事中本末之
辨也

清同治《南溪县志》内页

相比稻麦等粮食作物，

棉花、烟叶、花生等，获利较丰，为农人更愿意种植的农作物，而种蔗制糖，其利更厚。旧志中对此有很多记载。清嘉庆《会理州志》：“嘉庆初年……男携女负，十百为群，不数年新户增至八九千家矣，饥饱相形，勤惰互见，或梯山以作田，或滨河而谋产，垦地焚林，其利十倍，莳菸种蔗，其利百倍。”清同治《南溪县志》：“土著之民多依山耕田，新籍之民多临河种地，种地者栽烟植蔗，力较逸于田，而利或倍之。”种蔗制糖，成为致富之路。清乾隆《简州志》：“沿江之民植蔗作糖，州人多以此致富，其品甚多。”清光绪《广安州新志》：“甘蔗产渠江一带，种皆白。萧家溪、梭罗溪均以糖为业。利常十倍。”民国《南溪县志》：“县中富室之户，多以制糖起家。”所获颇丰，种蔗者也敢大胆贷款以购种和雇工。清光绪《叙州府志》：“种蔗者皆以春初贷钱。”清末富顺籍文人陈崇哲《种蔗》诗中有：“种得万挺千挺蔗，预贷十千八千钱。”

清初迁入的大量外省移民，对四川城乡的重建与振兴，贡献巨大。多种高产粮食作物与经济作物的引入，也在很大程度上改变了四川农产品的结构。福建、广东、江西、浙江、湖广等省，历史上也都是植蔗产糖大省，元明时期，特别是明代晚期到清代早期，这些地方总结出并掌握了更加成熟的甘蔗种植与蔗糖生产的技术，岭南地区则成为蔗种与技术的主要输出地，影响到海内外。四川沱江下游、长江流域沿江地带所形成的连片化甘蔗种植地，以及当地兴盛的制糖业，与这些外省籍移民的迁入落业密切相关。民国《南溪县志》：“清初粤人迁来者众，始由故乡携种来蜀，百年递衍，遂为大宗。”

清代中晚期，四川蔗糖产业再度辉煌，所产蔗糖畅销国内外。据日本糖业家河野信治考察，每年“蔗糖产量，四川三百万担，每担百斤”。时四川蔗糖产量占全国蔗糖产量约三分之一，领先于闽粤赣等省。清《续文献通考》：“蔗糖业，南方各省以四川两广江西福建为最著，近惟川省因交通不便，尚保持相当势力，其余多以洋糖充斥，有一蹶不振之势。”民国《南溪县志》：“制成之白糖，上运嘉眉，下销渝万，结糖则运销湖北宜昌、沙市，红糖则贩销附近。当道咸同光时，本区糖清产额达五六百万觔。”糖业兴隆，商家陡增，民间帮会组织亦纷纷出现。民国《新修合川县志》：“合州向有糖帮，买卖白糖、水糖、糖漏水，白糖出内江为多。”

清咸丰年间，受“李蓝之乱”的影响，四川蔗糖业集中的川南地区，一时生意清淡，但很快得到复兴。清晚民国时期，四川蔗糖业整体上发展态势良好，资阳、内江等地尤其旺盛。民国《潼南县志》：“今白、冰各糖，蜀中以资内为最盛。”甘蔗广种，作坊遍设，川南糖业集群规模进一步扩大，由此也带动起省内其他一些地方的发展。

蔗糖作坊，即糖房，俗名漏棚。清光绪《叙州府志》：“业此者有三，曰糖房，曰漏棚，曰冰橘房。”沱江下游沿江一带，糖房密布。例如，仅简阳境内就有糖房二百余所，时石桥场设有批发与零售市场，来往商人，络绎不绝。该市场每年销售蔗糖制品三万余斤，上运金堂，下销富顺，生意兴隆。民国《简阳县志》中还详细介绍了蔗糖作坊：“糖房之式，建一大茅亭，曰八角亭，环十六柱，中设二巨圆石于中，一雄一雌，上下插以竖木，曰车脚，曰头筋，旁竖二石，曰将军柱，上为天盘，下为地盘，承以铁丸，箍以铁马，系以犁辕，用二水牛曳行，如驴磨然，雄石环转，雌石随动，其蔗节由磙而过，浆汁流出，由石砚流入石坑，曰地黄亭。外长廊三楹，掘地为灶，排釜七口，前三口曰泡锅，去秽浊，后四口曰出糖锅，以次递转，愈练愈醪，以沸作牛眼为候，成糖挹注大木盆，搅数百周，令冷作砖块乃置桶中，置桶时不杂一物。”

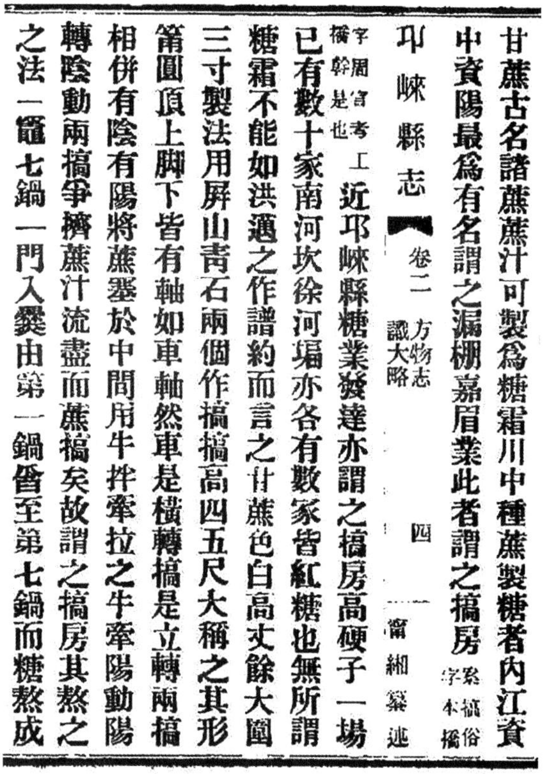
邛崍縣志 卷二 方物志 識大略 四 甯緗纂述

甘蔗古名諸蔗蔗汁可製爲糖霜川中種蔗製糖者內江資中資陽最爲有名謂之漏棚嘉眉業此者謂之搞房俗搞字本槁字周官考工槁幹是也近邛崍縣糖業發達亦謂之搞房高硬子一場已有數十家南河坎徐河壩亦各有數家皆紅糖也無所謂糖霜不能如洪邁之作譜約而言之甘蔗色白高丈餘大圍三寸製法用屏山青石兩個作搞搞高四五尺大稱之其形箭圓頂上脚下皆有軸如車軸然車是橫轉搞是立轉兩搞相併有陰有陽將蔗塞於中間用牛拌牽拉之牛牽陽動陽轉陰動兩搞爭擠蔗汁流盡而蔗搞矣故謂之搞房其熬之之法一竈七鍋一門入爨由第一鍋晉至第七鍋而糖熬成

民国《邛崃县志》内页

一些地方将糖房称作“搞房”。民国《邛崃县志》：“川中种蔗制糖者，内江、资中、资阳最为有名，谓之漏棚，嘉眉业此者，谓之搞房。近邛崃县糖业发达，亦谓之搞房，高埂子一场已有数十家，南河坎、徐河塥亦各有数家，皆红糖也。”民国《邛崃县志》中还介绍了搞房制糖之法：“用屏山青石两个作搞，搞高四五尺大，称之其形筩圆，顶上脚下皆有轴，如车轴然，车是横转，搞是立转，两搞相并，有阴有阳，将蔗塞于中间，用牛拌牵拉之，牛牵阳动，阳转阴动，两搞争挤，蔗汁流尽而蔗搞矣，故谓之搞房。其熬之之法，一灶七锅，一门入爨[cuàn]，由第一锅舀至第七锅，而糖熬成。”

糖房建造，一本十利。民国《简阳县志》：“县中前百年有曾姓者于江岸创修漏棚，以糖沙过细折阅，光绪末，陈姓于杨马河潴窝沱诸处复建，制造得法，糖沙亦粗，遂获厚利。”其他一些地方也纷纷引入蔗种，营建糖房。清光绪《新津县乡土志》：糖房，“自光绪初年始，由岳姓家女适简州某姓归宁，新邑始在岳家店建筑房舍，雇简州人创办，今已添至十余所。自十月起熬糖，至冬腊月止，每糖房出五六万斤、七八万斤不等”。民国《眉山县志》：“糖业自清光绪初由简州移入蔗种，姜家渡以下沿江渐有糖房。”

远年近岁，起起落落，四川之蔗糖业，在历史上留下了厚重的一笔。

龙门子与花龙门

光华村西南方向约十里处，有地名“机投桥”，笔者早年曾多次到此游访。那时，机投桥还大致保持着传统乡场的风貌。场北不远，有一个名叫“花龙门”的地方。

花龙门，是当地旧时一大宅院的俗称。与旧乡大多居民一样，该家也是几代人在此安生服业。含辛茹苦，努筋拔力，清晚光绪时期，该姓家族终成一方富户。人丁兴旺，自不待说，最为光耀的，则是修建起一座华丽的宅院。该宅院，砖墙环围，玉阶彤庭，高大的朝门上还彩绘了一对门神。这般光景，周围并不多见，自然让邻里乡众非常羡慕，“花龙门”的称谓不胫而走。后来，所在村落也因之有了“花龙门”的名字。

陈家大院　崇州元通镇（2017）

朝门，原指皇宫正门，即由此门入正朝，故称。宋《仪礼经传通解》：“正门谓之应门，谓朝门也。”后来，泛称大户宅院正门为朝门。民国《简阳县志》：“施侍郎故宅，在施家坝境内施氏祠左，尚有朝门一座，上书‘器重瑚琏’四字”。龙门，原指两山相夹、状若大门的自然地貌。古有禹凿龙门疏九河之说，《尚书·禹贡》：大禹“导河积石，至于龙门”。明清时期及至以后，四川大部地区，尤其是川西坝子里，多称高大气派的朝门为龙门，习称“龙门子”。龙门，或龙门子，渐渐成了华宅大院的代名词。

刘文辉公馆　大邑安仁镇（2017）

以龙门比喻德隆望尊之人的府第，其历史久远。《后汉书·党锢列传·李膺》：“膺独特风裁，以声名自高。士有被其容接者，名为登龙门。”唐·李白《与韩荆州书》：“一登龙门，则声誉十倍。”龙门，含有高大、尊显之意，用指宅院，也表达着外人对其主人的仰慕。龙门子，绝对是一个美称。

龙门子，即宅院正门，指可通往厅房的大门。四川域内的合院式民居建筑，大致可分为两大类，一类是宅院前门即正门，开门即可见内庭；另一类是前门与正门之间有一过道，或过厅，正门为厅房内院大门。以崇州元通镇公馆大院为例，永利桥头陈氏兄弟的“陈家大院”，属于前一类；麒麟街南头的罗家大院，属于后一类。不过，在普通乡民眼中，高大气派的宅院各门，都可称作“龙门子”。

旧时，宅院正门，即龙门子的修建，尤为讲究，正所谓“千斤门楼四两屋”。宅院正门，即宅院之门面，其规格、制式与装饰，不仅反映了主人的殷实富有，也传递出主人的文化修养与审美情趣。但凡有条件之家，都会尽量把龙门子修建得华丽大气。四川各地被称作“龙门子”的宅院，大多修建于清中晚期及民国早期。这段时期，崇洋之风甚浓，砖石垒砌，中西元素配搭的龙门子，屡见不鲜。一些富贵人家，还会炫异争奇，在装饰上与格调上凸显自家龙门子的特色。这种

罗家大院　崇州元通镇（2017）

情况在川西坝子里的大邑安仁、崇州元通、郫都唐昌等不少场镇上，随眼可见。

大户高门，显姓扬名，龙门子很容易地就成为当地的地理标志，相关的地名也就留存了下来。例如崇州江源的张家龙门子、郫县晨光的胡家龙门子、邛崃白鹤的圆龙门子、梓潼潼江的八字龙门、汉源富乡的龙门子头，等等。川西坝子里各地农乡，这样的地名尤其的多。一些地名还有着特别的来历，例如，修建于清咸丰年间的蒲江五星镇的邓黑龙门子，因宅院大门满刷黑漆而得名；郫都安靖镇林湾村的红龙门，因宅院大门漆色红艳而得名；广汉连山镇的石梯子龙门，因宅院地势较高，门前有石阶梯而得名；广汉万福镇的谭家狮子龙门，相传为清乾隆年间武举谭腾蛟的府宅大门，因门前有石狮子一对而得名。

或房屋联排，或庭院叠进，一些民居宅院设有多道高门，从而有了多道龙门子的称谓。至今还有不少地方留存有“双龙门”“三道龙门”“五道龙门”“七道龙门”等地名。20 世纪 80 年代编撰的四川省各市县地名录中对此有一些记载，例如，新都桂湖乡的穿龙门，“该院较大，有互通的两道龙门，故名”。温江公平乡的三道龙门子，“原宋姓的大院前面有三道大门，故有此名”。安县白溪乡的郑家三道龙门，“郑姓人建的大院，开有三道龙门，故名”。青白江祥福乡的张家五道龙门，“张姓聚居，五个庭院相连，故名”。广汉北外乡的七道龙门，“又名陈家花龙门，建于清代，因陈姓人所建瓦房大院，在同一方向修建七个龙门，故名”。异名同实，邛崃拱辰乡的“王三间龙门子”，即当地王姓人家的三道龙门。

高大宽敞，只是龙门子的基本特征；华美富丽，才是龙门子的显耀所在。龙门子的建造，与宅院建设中的动土上梁一样，要看风水择吉日，形样上与装饰上的设计安排更是有颇多讲究。精雕细刻，画龙描凤，一些龙门子，还门额嵌匾，门柱刻联，华贵之中不乏典雅。例如，崇州怀远镇张子良故居的龙门子，匾额题有“隐居”二字，门柱阴刻对联：“卜重良邻，风追晏子；图明太极，学慕濂溪。”再如，崇州元通镇黄氏宗祠的龙门子，匾额题有“贵本备文”四字，门柱阴刻对联：“功烈著旂常，名姓千秋昭史篇；宗祊树支本，子孙百世在江原。”

祥麟瑞凤，雕文绘彩，这些精美的宅院之门于是就有了“花龙门”的称谓。色彩错杂，形样奇异，一个“花”字，尽皆概括，真是妙不可言。旧时四川省地名录中有关花龙门的记载也很多。例如，大邑斜源乡春茗村的花龙门，“百年前刘姓在此修一大院，门上雕龙刻花，形象逼真，远近闻名，故名”。青白江祥福乡天星村的徐家花龙门，“徐姓庭院，门饰雕刻彩绘，故名”。新津龙马乡大林村的赵花龙门子，“以赵姓的龙门上饰有图案花纹得名”。广汉新丰乡西城村的庄家花龙门，“民国初年，庄姓人所建瓦房大院，龙门上有雕绘彩画，故名”。

何家大院　大邑新场镇（2018）

什邡红白乡柿子坪村的花龙门，“清代刘姓建院，龙门绘龙凤花鸟”。中江兴隆乡芦花村的袁家花龙门，“袁姓住宅朝门上绘有花纹，故称”。绵竹孝感乡黄河村的牌坊龙门，“院门高大，刻有花纹，形似牌坊，故名”。江油城塘乡五通村的叶家花龙门，“叶姓大院，原大门上有花草、人像，故名”。

花龙门地名，川西坝子里各县市都有分布，且数量不少，其中北部的德阳、广汉几地，相对较多。例如，德阳有肖家花龙门、巫家花龙门、易家花龙门、钟家花龙门、钱家花龙门、徐家花龙门、谢家花龙门、雷家花龙门，蔡家花龙门、段家花龙门等；广汉有陈家花龙门、王家花龙门、罗家花龙门、湛家花龙门、曾家花龙门、黄家花龙门、张家花龙门、宋家花龙门等。不难看出，这些“花龙门”，都是旧时聚族而居的院落。其实，某家花龙门，与某家大院、某家院子等，并无实质性的差别，不过是宅院门头华丽多彩，更加突出了而已。

城乡变迁中，老宅旧院或拆或损，渐渐消失。让人欣慰的是，一些新设行政村或社区的名字，即由当地旧时的龙门子衍生而来并保留了下来。例如，原机投乡花龙门村的得名，即来自本文开首提及的花龙门，现在则又演化成了花龙门社区。实际上，四川域内一些冠以“花龙”的行政村、社区，不少的也是因由当地旧时的“花龙门”而得名。例如，金堂云绣的花龙村，以境内李家花龙门得名；双流胜利的花龙村，以境内的向家花龙门得名。类似的，彭州调露的花龙村、都江堰向峨的花龙村，仁寿龙正的花龙村、彭山新丰的花龙村、北川永庆的花龙村等，也都是因其境内的“花龙门”而得名。以这些村名、地名为线索，也许我们还能寻找到一些远去的有关龙门子的故事。

清《四川全图》中的“塘”

《四川全图》，又称《四川通省山川形胜全图》，为清乾隆年间官员兼画家董邦达领衔绘制，现珍藏于四川大学图书馆。该图全套共150幅彩图，四川各府州县之山川地貌、道路、关要、城邑、坛庙等，林林总总，绘制精细，各地的四至里程、常平仓储等内容也在图中进行了标示。特别的是，《四川全图》中还绘有与标示了大量的关守机构，这些关守机构，大多以“塘”命名。不完全统计，《四川全图》中所绘制与标示的塘，数量接近1000个。

塘，现在多用来表示水池，例如池塘、荷塘。其实，塘的本义为堤，例如河塘、塘坝。南唐《说文解字篆韵谱》：“塘，堤也。”明《正字通》：“筑土垒壁，曰塘。”因袭旧制，明清时期，各交通要道上分段驻防设卡，以保障官书往来与军情传递。根据兵员配置、值守等级，以及所在地域等情况，这些关守机构有不同的称谓。塘，即是其一。《清史稿》：“凡置邮曰驿，曰站、曰塘、曰台、曰所、曰铺，驰驿者验邮符，泄匿稽留者论如法。”清嘉庆《南溪县志》：“铺递，清制官文书之往来，各省腹地所

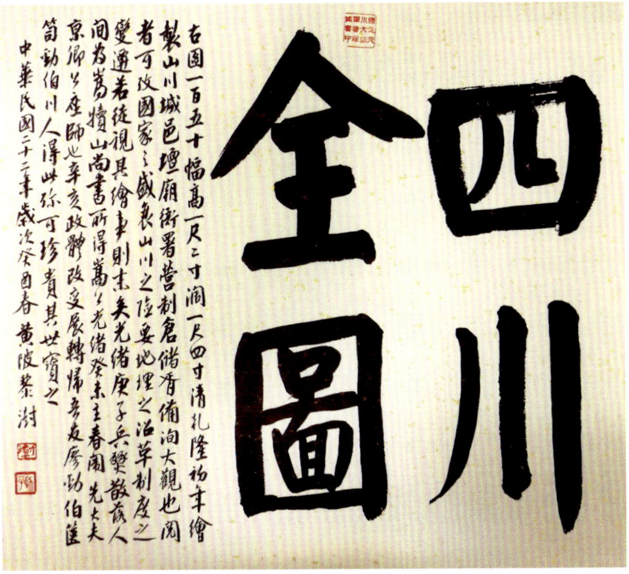

《四川全图》 四川大学图书馆藏

设曰驿；军报所设曰站，边地曰塘，西北两路所设曰台；各省腹地厅州县所设曰铺。”实际上，明清时期，特别是清早中期，各省腹地也多设塘。

《四川全图》中绘制与标示的“塘”，即清早期于四川各地官道上或主道上所设置的驻兵防卫与军报传递的机构。早在宋代，设铺为邮驿的制度即已广为施行。元代时，其制更加严密。《元史·兵志》：“元制，设急递铺，以达四方文书之往来，其所系至重，其立法盖可考焉。”时各地要道，凡十里一铺。明代延续元制，于城乡要道置铺设塘。《南明史》：“塘汛之制……十里立塘，以次验票稽察，无者以奸细论。”清早期，强化了驿递的军事化管理，在旧时机构布设的基础上增设塘。因所设塘多与旧时的驿铺同在一处，故而图中各地“某某驿塘”或“某某铺塘”之名甚多。例如资阳县，就有南津驿塘、石桥铺塘、冻青铺塘、新添铺塘、老君铺塘、石梯铺塘、清泉铺塘、杨柳铺塘、拱辰铺塘等塘。

在人员配置与辖制管理上，塘与铺有所不同。塘，增设了塘兵，由绿营镇标派兵，即武职配备。递送军报任务之外，分防合守，御敌缉盗，加强了查验与巡逻等方面的军事行动。清乾隆《中江县志》：“康熙四年，中江县城改设驻防领哨，外委千总一员，隶潼绵营辖，额设马步战守兵十九名，分塘防守。”此外，各塘还承担一些迎来送往的任务。清道光年间官员丁嘉葆在其日记中有这样的描述：“五里过清镇塘，五里过白杨塘即油榨关，凡过一塘，塘兵皆鸣砲迓送。”

清代兵制，凡千总、把总、外委所统率的绿营兵，都称汛，驻扎之地称为汛地或营汛。塘，即汛之下设机构，故有塘汛或汛塘之统称。旧时还有“十里一塘，百里一汛”之说。《大清会典·营制》：“凡营制，相都邑之冲会，山川之险要，设戍置兵。”清早期，四川各地要隘之区，皆设塘汛。《四川全图》中还标示出一些汛。例如绵州有魏城汛；富顺县有自流井汛；雷波卫有菁口汛；盐源县有白盐井汛，等等。现在一些含有“塘”或“塘汛”等字样的地名，即为历史上设塘或塘汛的遗留。例如，阆中的柏垭塘村、通江的洪山塘村、南部的铁佛塘镇、绵阳的塘汛镇、松潘的新塘关、巫山的塘坊垭与塘坊坪，等等。一些地名发生了变化。例如，宣汉的君塘镇，旧名老君洞，清初设塘，时名老君洞塘，后来又先后改名为老君塘与君塘；广安的观塘镇，旧名观音庙，清初设塘，时名观音塘，后改名为观塘。会理的大屯塘，则完全保留了旧时的名字。

一地之所设各塘，旧时也有用序列数称名的，即称之首塘、一塘、二塘、三塘，等等。这样一些地名至今还在一些地方保留着。例如重庆沙坪坝区的三塘院子与四塘村、璧山县的六塘镇、七塘镇与八塘镇，以及合川区的十塘场等地名，即因明清时期在巴县西北路重庆府至合州道上所设各塘而有。类似的，还有云阳县的头塘沟、叙永县的头塘村等地名。

塘，也即一小型的营兵驻扎地。房屋几间，另有哨楼或望楼、烟墩等，为塘的基本设施。路口竖旗杆一支，日则悬旌，夜则挂灯。关于塘房配置，旧志中有一些记载。清乾隆《南川县志书》：“每塘驻汛兵二名，塘房三间，牌棍房一间，哨楼一座，烟墩三座。”清乾隆《资阳县志》：“每塘，房一座，烟墩三座，排架房一座，哨楼牌坊各一座。”清同治《郫县志》：“郫县境内共设塘汛三处，每处塘房三间，牌架房一间，烟墩三座，哨楼一座，旗杆一根。”《四川全图》中所绘，形象地表达出塘的一般配置。汛，则有更多的营房和人员配备。清代地理学家，曾任汉中知府的严如煜，在其所著的《三省边防备览》中，记载了清乾嘉时期重庆镇绥宁营与酉阳营汛地官兵配备情况：“绥宁营分防城汛兵九百六十五名，酉阳营分防城汛兵四百七十名，并安各塘兵四十五名，共兵一千四百八十名，隶副将管理，隶四川重庆镇总辖。”民国《苍溪县志》：“乾隆间……设高桥水塘、贺渡水塘、东岳庙塘，三塘归苍溪汛拨兵派守外，尖山子塘、元马铺塘、一碗水塘、金针铺塘、施店驿塘、洗脚溪塘六塘俱在苍溪境内，另归保宁府中营拨兵派守。”人员或多或少，《四川全图》中也标注有一些地方的协标官兵配备数量。例如，清溪县“泰宁协标两营，并所属黎雅、峨边、阜和各营，官共贰拾陆员，马步战守兵丁共贰千叁百名。”

《清溪县图》

塘的具体设置点位一般选择在道路的要口，这些地方往往也是人来人往较为频繁的地方，旧时的腰店、驿铺，或者村市也多设在此处。一些大场巨镇，更是设置塘汛的主要地方。从图中标示的很多塘名上可以看到这种情况。例如德阳县的孟家店塘、新都县的蓝家店塘、剑州的武连驿塘、璧山的来凤驿塘、顺庆府的龙门铺塘、巴州的柳林铺塘、成都府的天回镇塘、内江县的椑木镇塘、新津县的花园场塘、郫县的犀浦场塘，等等。清嘉庆《郫县志》：“犀浦场，在城东二十二里，属徐村一甲，场期二四七十，大市，有塘房铺递。”

十里一设，只是大致的距离安排。实际上，一些地方分布较为密集，两两间距离较短；一些地方分布松散，两两间距离较长。短的仅区区几里，长的则可达几十里，甚至百里以上。清乾隆《屏山县志·兵防》中记载有当地设塘的情况：“自县东至福延塘三十里，至书楼塘三十里，至黑坎塘三十里，每塘汛兵二名，交宜宾汛地。自县西至结发塘三十里，至改基塘三十里，至平夷塘三十里，每塘汛兵二名，交马边营汛地……自平夷塘至蛮夷塘三十五里，汛兵四名，至黄葛塘三十五里，至沙湾汛二十里，至新溪塘二十里，至麻柳塘三十里，至流中塘二十里，至沙沱塘二十里，至菜坝塘二十里，至西宁汛二十里，每塘汛兵二名；自蛮夷塘至青杆塘三十里，汛兵二名；至中都塘二十里，塘卡兵四名；至观音塘二十里交陇胜汛地，沐川守卡兵六名。自蛮夷塘至乾溪塘三十里，至邓溪塘四十里，塘兵各二名，安阜营汛地。”相对来讲，要道或战事紧张之区域，设塘较多。例如，图中可以看到，川东的巴县与合州、川东北的达州、川北的广元县与昭化县、边地清溪县、冕宁县、松潘镇与南坪营等地，都是设塘较多的地方。

《重庆府附郭巴县图》

一些府州县设有底塘，底，即底止的意思。底塘，一般设于城关或近城处，即塘报终到处。底塘设置数量，通常取决于城市规模与道路通达情况。大多数州县设置有一处底塘或不设底塘。成都府城市规模较大，附郭成都县与华阳县，城西北两面各设有成都县属底塘，城东南两面各设有华阳县属底塘。各府州县地图中均标有四至及里程，例如，成都府图中，城北经欢喜庵塘、天回镇塘“二塘共三十里交新都县界”；城东经沙河铺塘、红门铺塘、大面铺塘“三塘共三十五里交简州界”；城南经迎江场塘、中兴场塘、菩萨岩塘、新场塘、黄龙溪塘、苦竹庵塘“水塘六处共八十里交彭山县界”；城西至土桥塘“十五里交郫县界”。水塘，即水道上安设的塘。例如，彭山县有江口水塘；顺庆府有李渡水塘；泸州有龙溪口水塘；永川县有松溉水塘；南溪县有广福门水塘、石笋镇水塘，等等。相对于水塘，陆地上的塘，则称之为旱塘。旱塘又分为步塘与马塘。

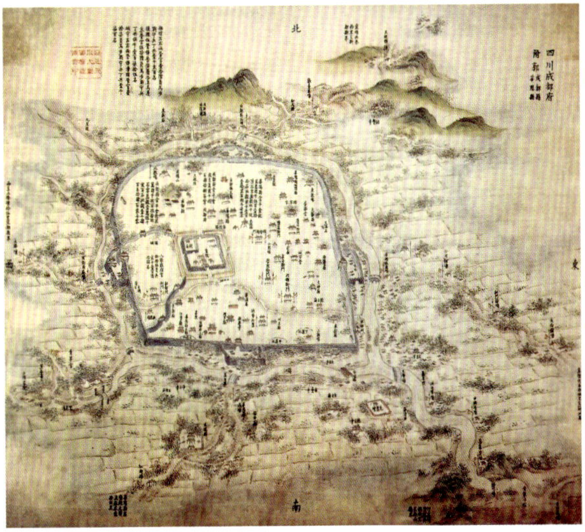

《成都府附郭成都县华阳县图》

《四川全图》绘制于清乾隆初年，其依据应来自前面康雍时期的有关资料。塘汛之名称、设置道路与地点，以及数量等，应是据实而有。相关记载可以给出证明。例如，前述巴县西北路重庆府至合州道上的各塘，图中所绘依次有佛图关塘、白岩塘、金刚坡塘、高滩桥塘、青木关塘、温塘驿塘、杨家场塘、青石镇塘、凉风丫塘。清乾隆《巴县志·塘汛》中记载：巴县“西北路旱塘，三圣殿、十里佛图关、三十里白岩镇、二十五里金刚坡、十五里高滩桥、二十里青木关、二十五里温汤驿、二十五里杨家场、二十五里青石镇、十里风垭塘交合州界，俱右营，每塘兵二名”。对照旧志记载，可以看到，图中所绘的大多数塘，其名称、位置与文献记载相符。清乾隆年间及以后，四川各地设塘在数量上有增有减。例如，至清乾隆中期时，涪州境内的塘已由乾隆初时的几处增至20处；资阳境内的塘也由乾隆初的9处增至14处。旧志中记载了一些增减情况。清同治《富顺县志》：“乾隆十八年，邑令袁锡夔详请邑东牛佛渡、邑南长滩坝、又县城东门外设立水塘三处。”

塘，也是粮食与补给物资存放与转运之地。安设塘汛的各地道路，自然以官道为主。可以说，设有塘汛，特别是密集设有塘汛的道路，即当时的战略要道。例如，陕西通达四川之一段的广元县经昭化、剑阁、梓潼、江油、绵阳、罗江、德阳、广汉、新都等县至成都府的官道，即为重要的战略要道。图中标示出，广元县北朝天关至成都县北底塘这段道路上，共设有64塘。通藏边地各道，亦是设塘众多。水陆冲要，绘制详细，故《四川全图》被认为是清乾隆初用兵金川之时所绘。清康雍乾各朝，在元明时期所建驿路的基础上，以安设塘汛的方式，巩固边防。例如，冕宁、懋功（今小金）等地，广设塘汛。清乾隆《冕宁县志》：“靖远营塘房壹拾贰处，冕山营塘房壹拾叁处，嘉顺汛塘房壹拾陆处，怀远营塘房壹拾贰处，泸宁营塘房壹拾陆处，以上塘房共计陆拾玖处。”从四川进藏，沿途均以塘汛相互支援与接应。清嘉庆《四川通志》：“直通西藏一路，广袤数千里，俱安设塘汛，要隘处设重兵镇守。”清·姚莹《康輶纪行》中记载：“自康熙五十八年安设塘站，以炉为始，而里塘、巴塘、乍雅、昌都、洛隆宗、说板多、拉里，以抵前藏，官兵塘汛地，计八十七站。”

清代早期四川各地安设塘汛诸事，旧时文献中有关记载不多，清乾隆年间绘制的《四川全图》恰好给予了补充。《四川全图》不仅精细地描绘了四川各地之山川地貌，还标记有大量的地名。可以说，该图包含了丰富的历史信息与地理信息，对于研究地名的语言风格及其演变史，以及了解旧时的自然与人文地理景观、区划与沿革等，都有着重要的作用，其史料价值极高。

闲话苏坡桥

江河纵贯，溪流各分，成都古来大小桥梁众多，其中不乏建造年代久远、遐迩闻名者，如驷马桥、万里桥等。古桥自有故事，这里来说说城西清水河上的苏坡桥。

苏坡桥，亦称苏波桥，旧时属成都邻县温江。清雍正《四川通志》："苏波桥，在温江县东三十里。"关于苏坡桥的称呼，多种多样，如娑波桥、莎坡桥等。清末文人傅崇矩《成都通览》中记载："苏坡桥即莎坡桥"。

清水河，又名清水江，上源为岷江支流走马河。相当长的时间里，清水河一直为温江县与郫县、成都县的界河。从温江县北部流向温江县东部苏坡桥处的这一段清水河上，清时建有三座桥梁，一是田家桥，因地处温江、郫县与成都三县交界处，该桥亦名三邑桥；一是位于马家场的戚家桥，该桥亦名清溪桥；一是下游的苏坡桥。苏坡桥处河面较宽，加之此处又为温江县跨河与成都县通往的要口，故三桥中，苏坡桥的桥身最长，体量最大。

苏坡桥位于两县交界处，明清时期这里设铺置塘，差徭驿递，营兵值守。清雍正《四川通志》："苏坡桥铺，在县西南二十里。"清乾隆年间绘制的《四川全图·温江县形胜图》中，即绘制与标示有"苏波桥塘"。清嘉庆年间，设苏坡场，后更名为苏坡桥场。清中晚时期及以后，温江县经文家场与成都县的通道，主要有两条，一条从马家场出境入成都界；一条从苏坡桥场出境入成都界。来往人多，货物山积，这两个场因此而成为成都西郊的跨境大场，热闹非凡。水路相通之外，在清水河右岸，马家场另有陆路经黄田坝与苏坡桥场相连，车水马龙，攘往熙来，二场之间的关系非常密切。马家场与苏坡桥场的繁荣，大大促进了清水河两岸农乡的社会经济发展。

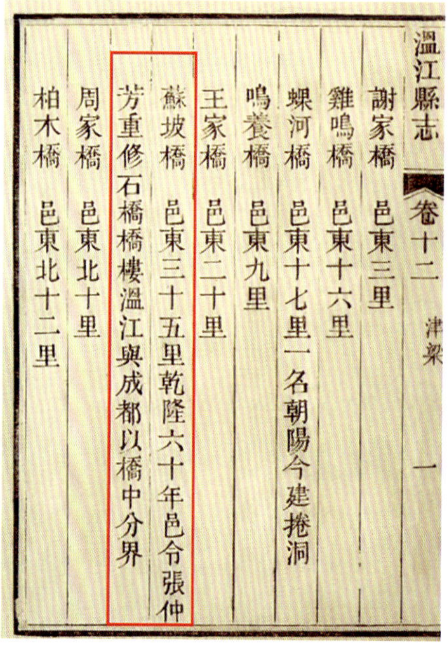
温江縣志 卷十二 津梁 一

謝家橋 邑東三里

雞鳴橋 邑東十六里

螺河橋 邑東十七里一名朝陽今建捲洞

鳴養橋 邑東九里

王家橋 邑東二十里

蘇坡橋 邑東三十五里乾隆六十年邑令張仲芳重修石橋橋樓溫江與成都以橋中分界

周家橋 邑東北十里

柏木橋 邑東北十二里

清嘉庆《温江县志》内页

苏坡桥所在处的河面上，最早于何时建桥，未见有文献记载。相信应该很早就有桥了，毕竟这里是旧时府城成都与属县温江的通达要口。温江为都江堰首灌区“上五县”之首，大江流经，水系发达，颇得舟楫之利，桥梁自然也多。当然，早期所建之桥，或是石桥，也有可能是竹木桥。大诗人杜甫，曾在金马河（古称皂江）上观看造桥并作诗《陪李七司马皂江上观造竹桥……》，诗中写道：“伐竹为桥结构同，褰裳不涉往来通。”唐之后宋元明历代，均有建桥之事，自不待说。只是一年一度夏秋季的洪水泛滥，考验着河桥的坚实与否。清代，大概是温江县桥梁修建数量最多的时期。据旧志记载，清乾隆时全县仅 30 余座桥梁，而在清末时，境内桥梁数量就超过 200 座了。

如果说舟渡也能形成通达，那么至迟在明代，苏坡桥处河面上已经建有桥，时名“娑波桥”。明末清初荒乱期间，该桥毁于洪涝，后在清康熙时期得到重修。这个说法可从旧时零散的记载中得到印证。《顾氏宗谱》载：“温江三甲罗家村，往来孔道有娑波桥者，圮不治，（顾家）独力任修，请于大府改为坡仙桥。”该宗谱所记顾家修桥一事，旧志中也有记载。清嘉庆《华阳县志》：“国朝顾諟，邑人，国初贡生，性严正，寡言笑，见者咸肃然起敬。所居四壁书格言，往来无杂宾。蜀罹兵燹后，人罕言学，諟倡明经义，多士宗之，子侄俱列胶庠。城南苏坡桥圮，独力任修，并市药饵以济贫病。”华阳顾氏，明代世为显宦，清康熙年间，顾諟在成都办学，弟子众多，清嘉庆《四川同治》：“顾諟……为人孝友方正，毅然以风俗人心为己任，远方来学者，不惮数百里，负笈相从。”

娑波，或是表达“娑婆”之意，形容乡野中枝叶扶疏之貌。枝叶轻飏，清波之上的石桥掩映其中，娑婆挂影，自是一番风景。清康熙文人董新策常住此地，其《早赴苏桥待中美》一诗中有句：“彼美迟迟日，予怀渺渺秋。苏桥西畔路，十里半掩留。”坡仙，为蜀中才子苏轼，即苏东坡的雅称。宋代诗人曾几有诗句：“忆昔坡仙此地游，一时人物尽风流。”顾氏家人修桥后，拟改名“娑波桥”为“坡仙桥”，其意明显，即尊敬与仰慕宋代大文豪苏东坡先生。

苏波桥，或苏坡桥，疑是其俗名“娑波桥”的谐音字。如此雅化，符合称呼习惯。实际上，至今当地一些老人仍以“娑波桥”称之。清乾隆《温江县志》与清嘉庆《温江县志》中均未提及苏坡桥的名字来由，清晚时开始有了该桥与苏东坡有关的传说。清同治《重修成都县志》：“读书台，县西南十五里苏坡桥，相传东坡先生读书处。其遗址或云即粤东会馆，内塑东坡像。桥之名因之。”民国《温江县志》：“苏坡桥场，在治东三十五里东太平乡，以苏东坡尝游其地故名。街后有东坡亭，久废。”苏东坡曾游历过很多地方，因此各地冠其名的胜地不少，例如宜宾的“苏波溪”。清嘉庆《四川通志》：“苏波溪，《名胜志》以苏子瞻尝游于此故名。”

清康熙年间重修的苏坡桥为三孔石桥，清乾隆、道光年间又先后对该桥进行了重修和培修，桥上加建了桥楼。清乾隆《温江县志》：“苏坡桥，东三十里，十二年新建桥楼。”清嘉庆《温江县志》：“苏坡桥，邑东三十五里，乾隆六十年邑令张仲芳重修石桥桥楼。”清光绪《叙州府志》：“钟馨，字明德，岁贡生，历任南充、温江儒学，品行端方，雅好施与，道光六年，倡修邑考棚，工坚费约，十四年署温江时，捐五十金修启圣宫，又捐六十金培葺文昌、武圣两宫及古苏坡硚。温人德之，悬匾镌碑以志不朽。”

后面各个时期，应该还有多次培修。关于苏坡桥的较为详细的介绍，清同治《重修成都县志》中记载：“苏坡桥，县西南十五里，架木为桥，上覆以屋，长十余丈，宽丈许。”带有桥楼的苏坡古桥，直到20世纪20年代还保留着。民国《温江县志》：“苏坡桥，长十六丈，楼十四间。”民国《温江县志》出版于民国十年（1921），关于建有桥楼的苏坡古桥之状貌，以及其桥身的具体长度和桥楼间数等，这大概是最后的文字记载。20世纪20年代与40年代，成都通往温江的马路先后两次进行了翻建，苏坡桥的桥面被拓宽，桥上原有的桥楼也因路面改造被拆了。

苏坡桥的故事还有很多。清同治《重修成都县志》："浣花溪，源自灌县之都江，分水经郫温界至成都苏坡桥，下为栏杆堰，又下为和尚堰，下至华阳龙爪堰，绕少陵草堂为浣花溪。"宋代诗人苏洞《浣花溪》诗中有句："抱郭清溪一带流，浣花溪水水西头。"苏坡桥一带，风光秀丽，与府城西之风景胜地浣花溪一水相连。明蜀王休闲度假的浣花庄，即建在这里。清嘉庆《温江县志》："浣花庄，邑东三十里苏坡桥西南，明蜀王游观处。"

清代，达官贵要们更把这里视为宝地，或建公馆，或修华屋。这里要特别提及三位人物，一位是清康雍乾三朝名将岳钟琪；一位是前面提到的曾任多地高官的董新策，还有一位是文采风流的黄霖。岳钟琪，功高盖世，受封"威信公"，成都寓居期间，常去苏坡桥一带闲游散心，为珍藏御赐书卷和阅读方便，特在苏坡桥旁修建了高规格的御书楼。清同治《重修成都县志》："玉皇楼，县西南五甲十五里苏坡桥东，旧系岳威信公御书楼，乾隆二十八年改建，同治七年重修殿宇、乐楼。"董新策，字樗斋，进士出身，曾入翰林，为散馆编修，主持过《泸州志》的编纂，著有多部书集。民国《温江县志》："苏坡桥场……清水江流贯场中，桥中与成都县分界。场西南

苏坡桥场老街（2019）

有樗斋草堂遗址，为董新策流寓故庄。”苏坡桥居住期间，董新策常与四方名流聚首一堂，曲水流觞，议论风生。路过苏坡桥的一些朝客高流，也会在樗斋草堂小憩，或吟诗作画。桥边景物自然是来者唱和与描画最多的题材。清乾隆年间，夔州知府乔铎“蒙恩归里”，过温江访樗斋草堂后作诗：“走马来寻郭外村，苏桥南去是柴门。斜阳影里方携手，杜宇声中欲断魂。”黄霖，什邡县贡生，祖籍浙江鄞县，著有《蜀纪略》《山鸡集》《归农百咏》等书。黄霖善画菊花，其诗词写作，亦是人中龙凤。清嘉庆《四川通志》：“黄霖……工诗善画菊，自号菊花老人，年八十余，犹吟咏不辍，其诗以丰韵胜。五言如，‘雪消春水阔，野旷夕阳低。’七言如，‘有酒方知春梦稳，不穷安得晚吟工。’皆佳句也。”浣花溪为其所爱，遂移家成都。清嘉庆《什邡县志》：“国朝黄霖，字玉符，号菊花老人，邑贡生，嗜酒工诗画，后移家成都苏坡桥。”

风光这里好，引得贵人来，前前后后，还有不少文人骚客，或来此小住，或路过一停。华阳县人潘文锦作诗《冬日晓发锦城应试温江》：“早出锦城南，行人恰有三。孤村朝日上，野店晓烟含。笔健文思富，诗成酒与酣。苏坡桥畔过，小憩一停骖。”

20世纪40年代抗战期间，苏坡桥迎来了大量的客人，其中有很多的知名人士，如英籍科学家李约瑟博士，国内学者罗忠恕、何文俊、李方训等。博通经史，先后于成都多所高校任职的庞俊先生，为避日机轰炸，也与家人来此。居留期间，庞俊先生写下了很多诗词。这里以庞俊先生诗作《暂往苏坡桥归作》中的句子作为本文的结尾：“褰裳十里苏坡桥，聊趁秋光弄萧索。更须风雪放溪梅，桥上村醪还一酌。”

地名篇

坝

四川各地，地名中带有“坝”字的特别多，其中一些地名或能成为很多川人长久的乡愁记忆。笔者幼时生活在广元，曾多次乘坐宝成铁路线上的绿皮火车出行。宝成铁路线仅广元至江油这一小段里，就有上西坝、下西坝、白田坝、沙溪坝、东坝、竹园坝、马角坝、厚坝、小溪坝、老坪坝、中坝等十多个带有“坝”字的火车经停站地名。这样一些地名给幼时的笔者留下了深刻的印象。

这些带“坝”字的地名，很多有着悠久的历史，也包含着丰富的文化信息。成都的金牛坝、皇城坝和华西坝，即为三个颇有来历的地名。“金牛坝”之金牛，典出“石牛粪金”，《蜀王本纪》：“秦惠王欲伐蜀，乃刻五石牛，置金其后。蜀人见之，以为牛能大便金。牛下有养卒，以为此天牛也，能便金。蜀王以为然，即发卒千人，使五丁力士拖牛成道，致三枚于成都。秦道得通，石牛之力也。后遣丞相张仪等，随石牛道伐蜀焉。”据称石牛曾放置于金牛坝处，金牛坝由此而得名。“皇城坝”，即旧时“皇城”所在地。明朝首任蜀王朱椿在成都城中心修建了巍峨气派的“蜀王府”，百姓称之为“皇城”，皇城坝也因此成了成都一处响亮的地名。“华西坝”之地名出现较晚。1905 年，英、美、加三国的基督教会选址四川，确定在西南重地成都城内建一座高规格的学府，时英国建筑专家设计了精美的校院建筑群。1910 年，华西协合大学正式设立，华西协合大学所在地则有了“华西坝子”的新地名。

坝，古体写作“壩”“垻”，字义大致有二，一是截河拦水的河堰，宋《集韵》：“坝，堰也。”二是平地，清·阮元《揅经室续集·八西台诗》有句：“登台万丈列苍岩，远见层坡近平坝。”四川各地，古来称地势平坦的地方或河谷地带为坝。清康熙《遂宁县志》：“蜀人谓平原曰坝，吴越之间谓水堤为坝。”这样的关于坝的概念形成，或与四川的地形地势有关。四川之地理特点，周围高峻而中间低平，故有四川盆地的称呼。具体讲来，四川之地势，包括四周的大山、川北的浅丘、川南的微褶，以及川西的平原等不同地势。也正因为四川各地的地形地势不同，坝作为一种人居聚落选择地在不同地方有着不完全相同的概念。如在大山地带，坝表达的是峰峦之间的平坦区域，通常，相邻两坝距离较远。而在平原地带，坝则表达的是可辨识界限相互分割的平坦区域，这个可辨识界限可以是溪沟河渠，可以是竹木林带，也可以是其他的标志，通常，坝与坝，即聚落与聚落之间的距离较近。清陆箕永《绵州竹枝词十二首》有句：“村墟零落旧遗民，课雨占晴半楚人。几处青林茅作屋，相离一坝即比邻。”此外，丘陵和山区里的河谷地带或水流冲积地带，也被称为“坝”。这一类坝，伴生于河流，含沙量高，往往根据坝的名字，就能判断出来。如毛河坝、宋沙坝、潮水坝、堰水坝、水打坝、水冲坝、溪坝、响滩坝等。

显然，地名中的“坝”是一个表达地理形态与特征的字。梳理四川各地各种地名，我们会看到有很多的可以表达地理形态与特征的字用在地名中，如山、坡、坝、坑、墩、埂、坪、坳、咀、坎、塘、冈、岗、碥、梁、垭、豁、坰、峪、塿、塝、塆、溪、

大坝　布拖大坝乡（2013）

河、湾、滩、沟、漕、冲、凼，等等。其中含有“坝”“坪”“湾”等字的地名尤其多。诸如此类的地名，以山水风物为标志，便于祖居地的识别和记忆，也反映了人类对自然的适应和融合。根据使用频度统计，2017 年全国各地有 5000 多个含有“坝”字的行政村名，其中相当多的集中在四川，以及周边的重庆、陕西、云南、贵州等地。值得提及的是，在描述和表达地理特征上，“坝”与“坪”“坑”等的区别并不是很明显。坪多指山腰、山顶上的平坦地方，通常至少有一面呈坡状或台状；坑则多指处在丘陵中较低处，如山底的平坦地方。一些地方对坪、坝不做区别，直接使用坪坝来表达，如地坝坪、坟坪坝、壶坪坝、盐坪坝、老坪坝、徐坪坝等。

宋《资治通鉴》记载：唐将李晟“大胜吐蕃、南诏联军，东川出兵，自江油趋白坝，与山南兵合击吐蕃、南诏，破之”。宋元史学家胡三省作注：“利州管下景谷县西北有白坝镇城……蜀人谓平川为坝。”这段话，提供了两个重要事实，一是坝之地名很早就出现在蜀地，同时也说明了，至少在宋代时，“蜀人谓平川为坝”已被天下人所熟知。

20 世纪 50 年代修建宝成铁路时，曾在广元皇泽寺旁挖出一块刻于后蜀孟昶广政二十二年（959）的《大蜀利州都督府皇泽寺唐则天皇后武氏新庙记》石碑。该碑背面刻文内容为“则天圣后新殿并买置常住庄田”诸事项，文中有“则天坝白沙里”，以及“山坝壹段计叁拾贰亩”“坝田三契合为一段计叁拾亩”“白沙里百姓侯景重处绝价买得坝田壹段”“何黄处绝价买得坝田壹段”等字样。该碑记中提到的“则天坝”，是以皇帝名字命名的坝，可谓是大有来头。通过该碑记中的文字，亦可确认两个重要事实，一是以坝为地名，在唐时的蜀地已经很普遍；二是“山坝”“坝田”等称呼已经成为习惯。

一些坝名，记录了久远的史实，也留下了耐人寻味的故事。广元昭化有一地名“战胜坝”，这个地名记录了三国蜀汉时期的故事。传说马超进犯葭萌关，刘备督阵下，张飞挑灯夜战马超，后马超不敌张飞而败降。后人将张飞战胜马超处的坝子取名为“战胜坝”。泸州江阳有一地名“董允坝屋基”，董允与诸葛亮、蒋琬、费祎并称为蜀汉“四相”，名闻遐迩。传说“董允坝屋基”为董允之衣冠冢所在处。达州有一地名“诸葛坝”，位于万源县东北约四十里处，相传为武侯屯兵处。广元昭化还有一个地名“摆宴坝”，记录的则是唐明皇的故事。《旧唐书》载：唐明皇“渡吉柏江，有双鱼夹舟而跃，议者以为龙”，唐明皇闻此言大悦，于吉柏渡东岸驻跸摆宴三日庆贺，后东岸摆宴处因名“摆宴坝”。温江永宁有一地名曰“大坟坝”，传此处为白马将军唐节度使韦皋的墓。大邑有一地名“唐旺坝”，亦称“逃亡坝”“唐王坝”，清光绪《大邑县乡土志》：“县之西……一百二十里则唐旺坝，密林深菁，旧无居民。相传明末有知县徐姓率县民逃避于此，无食皆死，故名逃亡；一名唐王坝，因唐王二姓争垦山地……”当地百姓口中还有另一传说，即唐初有杨姓豪族因守边有功受封百顷氐王，此处为其驻地，故称“唐王坝”。

将“坝”看作是具有四川地域特点的地名，不仅仅是说四川含有“坝”字的地名多。重要的是，坝的概念十分宽泛，形成了文化意义上的“坝”，有关坝的词汇成为四川人生活语言中的一部分。例如，田坝、村坝、乡坝、院坝、晒坝、操坝、场坝、坝子、坝坝，等等。当人们说看“坝坝戏”“坝坝电影”，或者说吃“坝坝宴”、喝“坝坝茶”时，彼此间都能心领神会。典型的，乡坝、乡坝头，表达的意思就是乡村。

必须说明，四川之外，还有不少地方古今也多用“坝”字作为地名的。典型的如云南、贵州等地，其他地方如福建、广东、江西、湖北、陕西等也能查到不少的坝名。一些族谱与其他史料中记载了有关事项，如上杭《丘氏族谱》中记载，其始祖三五郎兄弟三人宋时避乱入闽，“由宁化石壁迁上杭胜运里城前坝奠居”；黄冈《黄氏族谱》，“始迁祖自政，原籍江西饶州府瓦屑坝，明初徙楚省落籍黄冈县郑城之南庶安乡”；湘潭《廖氏宗谱》，其始祖爽公，因功由南阳迁衡山，“至清尚智公由衡徙湘潭，落籍十五都九斗坝”；荣县《吴氏族谱》，明洪武时，吴家先祖洪道、仁道兄弟携家眷“自湖广麻城县孝感乡尖山子堰塘坝入蜀”；营

梨园坝　通江泥溪镇（2013）

山《唐氏族谱》，其先祖入川前居“湖广麻城县孝感乡千担坝”；客家人李氏一支，于“清雍正乙巳年冬月二十二日在长乐县锡坑坝”启程入川。很多带“坝”字的地名保留了下来，如广东梅州一带有上河坝、下坝、丰坝里等地名；福建武平一带有羊古坝、李树坝、傅家坝、廖屋坝等地名。

坝，平坦之地，相对的，坝之土地具有土质均匀肥厚，便于引流浇灌和田间管理，自然灾害影响较少，农作物收获更高更稳定。农耕社会里，坝地，或称坝田，属于优质土地，具有更高的经济价值，加之坝地便于形成聚落和场市，自然更是人居首选上善之地。自古以来，农乡中的坝地，都是形成自然村落和市镇的主要地方。坝上、坝里、坝坝头，则成了坝之外的乡民对坝中村市和镇场的习惯称呼。旧时，一些地方志中直接将“坝”单列出来，与市、镇、场一样。例如，清乾隆《富顺县志》中，即将市、镇、场、坝分别列示。

得益于都江大堰各流及西北山中诸水灌溉，川西平原域内多坝田。旧时多称坝田为坝。民国《邛崃县志》：“凡田之有堰水灌耕者，谓之坝田，否则谓之山田。如三里坝、七里坝、万石坝、东乡坝、凤仪坝、茶坪坝、马岩坝、消水坝，著姓多者谓之某姓坝。”

元末明初和明末清初，四川先后遭受战乱影响，人口骤减，继而有了大规模的移民填川运动。四川各地很多坝名及其变化，反映了战乱和移民运动的影响。正如前面谈到的，坝田或坝地，更易于开垦种植，相对容纳居民数量多，人类活动的聚集性和趋利性，使得移民更愿意选择平坝地带居住落业。其结果是平坝地带优先被占有，其地因移民到来而被重新命名的概率也相应增加。这些新地名中所包含的信息，最为明显的就是迁入者祖籍地、迁入者的族姓，以及当时当地发生的事件等内容。

新津新平镇的“广东坝”，就是清初广东籍移民来到后取用的新地名；荣县的“江西坝”，就是清初江西籍移民来到后取用的新地名；彭州的“衡州坝”，则是清初湖广衡州籍移民聚居于此后取用的新地名。宣汉南坪《李氏族谱》记载，当地李姓一脉，早于明洪武时期入川，后人一支于清顺治年间迁至现住地，由于人口众多，仅李芝先一家留下，此地便改名为“留家坝”。以族姓来命名坝，是为最多的情况。“地以氏称之”为地名成因重要原则，来源于族群聚居，以及地权申告的古代社会，以族群迁徙为主要方式的移民们自然广为采用。现四川各地的坝名中，相当多的为姓氏开头，如董坝、谯坝、杨田坝、张沟坝、唐河坝、李庄坝、周家大坝、王石桥坝、陈家地坝、石家烂坝、何家干坝子、王经手坝上，等等。清光绪《金堂县乡土志》：“金堂易氏，康熙时自楚粤诸省迁来，住居在东路故治东有易家河坝之名，子孙颇众。”“金堂熊氏，康熙时自楚省迁来，住居在治北熊家坝。”清光绪《大邑县乡土志》：“县之北距城五里则赵家坝，八里则车家坝，十里则龙坎门、但家坝……”以姓氏命名的地名中，双姓氏的也不乏其名，如邛崃高埂镇的“陈银坝”，旧为陈银二姓两个族群的聚居地。据渠县杨氏族谱记载，当地土溪乡杨姓一族，清顺治年间由湖广省麻城辗转迁来此地，落业于“青神乡大青山”，时与鲁姓族人划界占地，此地因名“鲁杨二坝”。此外，类似的还有金堂的“谢杨坝”、彭州的“罗杨坝”、宜宾的“江余坝”、乐山的

“罗李坝”、万源的“邓徐坝”、通江的“姚唐坝”、南充的“戴周坝”等坝名。

不仅内地，四川少数民族地区也有着悠久的取用坝名的历史。《大清一统志》：“大田山在清溪县西南三十里，下有大井水田，明万历二十四年改立黎州土千户所于司南大田坝，坝在山之东麓。”明代时，甘孜道孚县就设置有“上渣坝土百户”“中渣坝土百户”和“下渣坝土百户”；明洪武时期，于昭觉“蒿姑坝”处置建昌卫指挥使司美姑利美甲谷的分衙门。清初，四川各边地逐步被收复一统，清廷承继明制，在今甘孜、阿坝等少数民族地区设立土司管理制度，今甘孜稻城，曾名“稻坝”“稻成”，《清史稿·地理》：“稻成要。里塘土司地。旧名稻坝。光绪三十二年改流。三十四年设县。县丞一，驻贡噶岭。”清康熙四十二年（1703），于松潘县热务沟（热务寨）置“热务作坝土百户”；清乾隆十八年（1753）在今马尔康党坝乡处置党坝（丹坝）长官司。由此可见，四川使用坝名，时间久远，地域广阔。

纵观四川各地的“坝”，可以看到一个非常有意思的现象，那就是坝名的密集分布区域并不在平原地带，而是在大山区里，其中尤以川东北山区里为多，其次是川北、川南丘陵地区。清乾隆《温江县志》中以“坝”为词条专门记录了当时温江县的四个坝，“骡子坝，东二十里；颜家坝，西七里；谢家坝，西十五里；水草坝，北十里。”清乾隆《大邑县志》中记录了明代大邑县依仁、沐德、栢林和思安四乡所辖各村，其中有郭家坝、月坝、鄘坝、茅香坝、烂泥坝、楼耳坝、后河坝、但家坝、赵家坝等9个坝名。至清乾隆初，大邑县东、西、北、上南、下南五乡所辖乡村名目中有潘家坝、

农乡坝地　昭觉谷曲镇（2013）

郭家坝、七里坝、烂泥坝、乾江坝、糊坝、后河坝、茅香坝、唐旺坝、赵家坝、车家坝、但家坝、严家坝、三元坝等14个坝名。清乾隆《富顺县志》所列富顺县里镇目录中，列示了宿滩坝、易家坝、韦村坝、冯村坝、长滩坝、尹市坝、久泰坝、富家坝、马顺坝、周石坝、先市坝、板桥坝、喻家坝、杨家坝、镇溪坝、张村坝、贺家坝、细土坝、义庄坝、辏坝、海棠坝、丁家坝等22个坝名。清道光《通江县志》记载的通江县五里场市中有草市坝、新昌坝、涪阳坝、朱家坝、坝溪场、碑坝场、程家坝、祭坛坝、庙坝场、苦草坝等10个含坝字的地名。五里各甲则有熊家坝、赵村坝、大黄坝、麻坝寨、路家坝、草石坝、东君坝、冉家坝、陈家坝、新场坝、李家坝、何家坝、邓家坝、底坝、官田坝、金家坝、张家坝、潮水坝、朱家坝、坝溪场、水田坝、鲁坝、陈家坝、西坝、庙坝、碑坝场、莎草坝、东坝溪、碓郰坝、永安坝、蕨村坝、梁舟坝、冉家坝、梨园坝、蒙坝、滥井坝、空山坝、囤子坝、熊家坝、刘家坝等40个坝名。通江一带，为“极为幽险”之“巴山老林”。清·严如熤《三省边防备览》所绘通江县北部与陕西省南郑县、镇巴县交界处的地图中，就列出有黎坝、简池坝、空山坝、细辛坝、松树坝、海口坝、广居坝、迴军坝、庙坝等地名。

山区里不仅坝名数量多，而且由于地质地貌和人文风俗的多样化，也使得坝名多种多样，千奇百怪。这里仅以巴中各县现存的部分坝名为例，就能让人略知一二。姓氏类：杨坝、李氏坝、王阴坝、王三坝、何仁坝、柳坝子、张南坝、张春坝、熊鞍坝、陈村坝、王童坝、罗儿坝、罗魁坝、阎兴坝、胡渡坝、赵塘坝等；溪河类：响滩坝、忍滩坝、通水坝、寒水坝、后坝沟、三溪坝、纳溪坝、对溪坝、中坝河、戏子河坝、柏树河坝、老洪坝、笕池坝、草池坝、流坝、龙池子坝里、关坝河、海渊坝、黑潭坝、龙潭坝、清潭坝等；植物类：柳树田坝、蒿枝坝、桩子坝、白果坝、松油坝、梨园坝、梨树坝、李子坝、桔子坝、杏子坝、竹园坝、柏杨坝、白果树坝、栀子坝、黄连树坝、檀木树坝、麻坝、棕树坝、茶坝子、野茶坝、叶子坝、甜竹坝、枫香坝、菜园坝等；人文遗址类：牛市坝、老爷坝、五童坝、厂坝里、皮匠坝、石缸坝、碑生坝、碾山坝、碾盘坝、碑坝、锅尖坝、罐子坝、甑子坝、窑岭坝、老屋基坝、土墙坝、旧院坝、新家坝、砖房坝、店房坝、牌坊坝、桅杆坝、学堂坝、瓦子坝、坟坪坝、较场坝、盐井坝、拱桥坝等；地理特点类：长岩坝、大石坝、长石坝、中岭坝、红岩坝、红石坝、二台子坝、小元山坝、方坝、右垭坝、银子石坝、上石坝、烂坝子、破石坝、碓窝坝、碓窝石坝、扇子坝、天井坝、石坝子、园坝子、团鱼坝、高坎坝、高坑坝、马蹄坝、空山坝、锅尖坝、尖场坝、窝儿坝、洞岩坝、拱挺坝等；田地属性类：官田坝、祭田坝、学田坝等；大小方位类：上兜坝、上田坝、上头坝、正坝里、上坝里、中坝里、小坝子、小田坝、小井坝、二里坝、东井坝等。此外还有砥坝、乐坝、关坝、井田坝、花田坝、土龙坝、黄金坝、铜钱坝、五福坝、带皇坝、小雪坝、凉水井坝里、改井坝、永安坝、涪阳坝、湾田坝、太阳坝、黄连寨坝、罐子寨坝、寨脚坝、帽坝、洋火坝、老地坝、什字坝、吼坝里等坝名。

可以看到，这些留存下来的坝名或村落名中，包含了非常丰富的信息。从中我们可以了解历史上这些地方的地质地理、资源物产、人文遗存、风物习俗等多方面的情况。例如，四川使用天然气和多地产盐的历史，就记录在一些坝名中。民国《邛崃县志》："明成化以后，移火井坝巡检于夹门关。清乾隆以来，又徙夹门关巡检于火井坝。"县志中提及的"火井坝"，早在汉代时就开始使用天然气熬盐制铁。天然气井俗称"火井"，至今四川多地保留有"火井"的地名。清光绪《隆昌县乡土志》："周姓，康熙间由湘省入蜀，隶隆邑本乡之西里盐井坝，计传十四代。"地名"盐井坝"，四川邛崃、大竹、宣汉、仪陇、西充、盐亭、内江、威远、蓬安、苍溪、阆中、自贡、绵阳、叙州等多地有之，均以开采盐井而得名。类似的各地还有大井坝、九井坝、千井坝、海井坝、穿井坝、塩海坝、坝坝井、团坝井、金井坝、藤井坝、盐坪坝、盐水坝、盐坝、盐坝子、盐坝上，等等，这些地名昭示着当地曾经为产盐地，由此也可对四川历史上产盐地的分布略知一二。类似的还有石矿坝、铁矿坝等。

乡邑聚落的变迁，也可以在很多坝名中看到。例如，泸州有"大驿坝"、绵阳有"御营坝"；渠县有"军营坝"；宜宾有"军田坝"；万源有"固军坝"；通江有"建营坝"；南江、旺苍、梓潼、南充等地有"大营坝"，另多地有"寨坝"、"塘坝"的地名，这些地方历史上曾经都是设置驿铺或安营扎寨之处。再如，开江、仪陇、青川、江油、万源等地有"旧县坝"；通江有"县坝"；宜宾有"旧州坝"、"府堂坝"；渠县有"城坝"。这些地方在历史上曾经建有城邑。

农乡坝地　彭州葛仙山镇（2014）

农乡坝地　崇州怀远镇（2014）

其中，渠县的“城坝”为战国时期賨人国都、古宕渠城所在地，建制历史久远。坝名中留下的各类历史文化信息，也给后人提供了直接的和初始的考证指向。如桅杆坝、旗杆坝、字库坝、牌坊坝、库楼坝、书楼坝、桥楼坝、石尊坝、官坟坝、大坟坝、庙坝、寺坝、宝塔坝、龙神坝、汉王坝、川主坝、二郎坝、土地坝、灵官坝、观音坝、罗汉坝、玉皇坝、太公坝、老君坝、三仙坝、千佛坝、古贤坝、都尉坝、秀才坝、学堂坝、县学坝、量州坝、黄旗坝、公馆坝、牛寨坝、中寨坝、天堂坝、屯粮坝、铁钱坝、铜鼓坝，等等。

古有“百工”之说，即指各类工匠艺人。人居集聚地之乡坝，往往也是各类作坊工场即手工业生产的集中地，而一些特定的农商市场（草市）也多集中于平坝之处。留存下来的很多坝名反映出当地历史上的制匠作坊情况和农商市集情况，如画匠坝、木匠坝、解匠坝、铁匠坝、作坊坝、对厂坝、金厂坝、银厂坝、琉璃坝、王伞坝、郭丝坝、丝萝坝、纸厂坝、纸筋坝、槽房坝、铁炉坝、染房坝、靛缸坝、烧房坝、糖房坝、麻糖坝、油榨坝、油坊坝、清油坝、窑灰坝、瓷窑坝、瓦窑坝、瓦子坝、瓦厂坝、铧厂坝、罐子坝、箩筐坝、筲箕坝、米筛坝、筛子坝、甑子坝、草鞋坝、轿子坝、水磨坝、磨子坝、磨房坝、碾子坝、碾砣坝、筒车坝、水车坝、水碓坝、打船坝、店子坝、猪市坝、牛市坝、马市坝、鸡市坝、柴市坝、草市坝、炭市坝、茧市坝、米市坝，等等。

自古以来，蜀地物产丰富，《汉书·地理志》：“巴蜀广汉，土地肥美，有江水沃野、山林竹木、蔬食果实之饶。”明清两朝南方多省移民的迁入，带来了先进的农耕技术，四川农副业得到了进一步的发展。四川各地存留的很多坝名反映了历史上不同地方农作物种植的情况。例如，谷坝（武胜）、米坝（木里）、米粮坝（古蔺）、晒谷坝（仁寿）、挞谷坝（邛崃）、稻子坝（南江）、稻场坝（合江）、糯米坝（安岳）、麻秧坝（珙县）、秧田坝（江油）、麦子坝（合江）、大麦坝（宜宾）、荞坝（马边）、荞子坝（广元）、豆地坝（江安）、菜子坝（金堂）、苕坝（叙永）、地瓜坝（盐亭）、花生坝（兴文）、甘蔗坝（富顺）、花椒坝（南充）、椒园坝（屏山）、芝麻坝（叙州）、菜坝（宜宾）、韭菜坝（西昌）、靛蓝坝（马边）、桑树坝（通江）、桑坝（泸县）、茶坝（青川）、茶园坝（宣汉）、木耳坝（蓬安），等等。

同一坝名的分布与集中，也能反映出特定的区域文化现象。例如，四川很多地方都有“庙坝”的地名，其中有些地方如达州一带就有很多。“庙坝”名字，来源于旧时建在坝中的“宫观寺庙”。四川乡人对各类宫观寺庙皆习称为“庙”，包括明清时修建的各省移民会馆等，也多以“庙”称。农乡中的宫观寺庙，以及移民会馆，多建在人居聚集的坝里，有“庙”的坝子自然而然地成为乡人赶集赶会的地方，显然，“庙坝”已不再仅仅是地名的概念了。再如，今自贡地区及其周边各地，有数十个“灯竿坝”的地名，此外还有“灯窝坝”“灯树坝”“杆坝”“点灯坝”等类似的地名，这样一些地名来源于旧时盛行的灯会，每年元宵节前后，以及其他特定日子里，旧时的富顺、荣县、南溪、隆昌等地农乡都会举办灯会，届时在坝子或开阔地里立灯杆，挂灯笼，张灯结彩，高高的灯杆成为显著的标志，也成为人们最为深刻的记忆，“灯杆坝”则作为一种特有的地名传留了下来。

“官田坝”，是一个有着特别意义的地名。四川各地分布着数量众多的“官田坝”地名，此外，不少地方还有“官仓坝”和“官地坝”的地名。所谓官田，也称公田，古来有之，通常指为官府所有并由官府征收地租的田地，包括职田、营田、官庄、仓田等。官田通常招募佃农耕垦。明代时官田种类极多，军屯田、民屯田、商屯田等也属于官田一类。清代鼓励移民耕垦落业，部分官田转为私人所有，另外一些官田则形成族田。族田，即宗族所有的土地，会馆田、祠堂田、寺庙田、墓田、祭田、学田等皆为族田。族田的形成与旧时同宗族群集中居住有关。学田，也称义学田，属于官田的一种，即用来维持学堂、书院开支而购置的农田。如邛崃临邛的官田坝，清晚时属于临邛中心保国民学校的校产。旧时的学堂、书院会刻碑专门记录购置义学田与纳租等事项，如清乾隆时温江县“万春书院”内曾立有《置买义学田亩碑》，碑记中写有：“每年纳租四十八石，以两石变价输赋，下余四十六石送归义学，以供膏火饩廪之用。岁以为常，从兹可垂永久。”

“烂田坝”，也是一个分布广泛、数量众多的地名，类似的地名还有烂坝、烂坝子、烂井坝、烂水坝、烂冲坝、烂槽坝、烂泥坝、烂沟坝、烂草坝、烂坝坪，等等。“烂”字，也有写成“滥”字的，如大滥坝、小滥坝，“烂”或“滥”，简略而形象地对当地田坝的地质情况进行了表述。俗称之“烂田坝”，通常指那些有低洼不平处、泥层厚薄不匀，土质贫瘠且易受水流淹浸的田坝，也包括一些

下坝　邛崃下坝乡（2012）

荒芜的坝地。当然，经过若干代农人的整治，很多这样的田坝得到了改善，但旧时的名字却保留了下来。

截至目前，四川各地含“坝”字的大小地名仍存有数千个之多，其中有不少的在明代及以前就存在。明清两次大的移民运动对地名的形成有着很大影响，即一些地名保留了下来，一些地名发生了变化。新地名的产生标志着移民运动告一段落，即从“插占垦荒”转至“安居落业”。川北《吴氏宗谱》，后明时，“正祖公由吴之抚州府金溪县乃入蜀之保宁府广元县罐子坝，居于斯而卜葬于斯。”南部县神坝镇冯家湾冯氏祠堂清光绪十七年（1891）的《碑记》载：“先父当明季之灾，兵燹飘零，举家避难，屋舍家具俱毁，携妻带子，随脚而奔，沐阳西下，来至神坝。”现存的大多数坝名为明清两朝，特别是清中晚期时产生的，地名反映了众多的移民运动情况。伐木砍林，插茅为界，旧坝子得以复垦，新坝子烧荒而生，一些地名记录了移民的垦占和落业过程，如刺猪坝（青川）、鹿子坝（岳池）、麂子坝（大竹）、虎啸坝（犍为）、猫儿坝（宜宾）、野鸡坝（安岳）、茅草坝（南部）、楠木坝（宣汉）、老林坝（宜宾）、野坝埝（绵阳）、老荒坝（广元）、荒田坝（江油）、火烧坝（万源）、火掌坝（宜宾）、老屋基坝（南江）、安居坝（合江）、落业坝（叙州）、落家坝（内江）、落田坝（蓬安）、四房坝（盐亭）、七姓坝（绵阳）、七井坝（叙州）、九家坝（青川），等等。清嘉庆邓氏《坟山禁约碑记》记载：先祖邓仕捷“离粤来川犍为，生父兄弟四人……置业落江坝、黄花冲二处。”

逾年历岁，斗转星移，一些坝名保留了下来，一些坝名消失或发生了变化。明清时期坝名的变化，主要来自移民的迁入。新津县《岳氏宗谱》，“迁邑始祖系明诰授明远将军凤鸣宋武忠王十八世孙，明末由安徽合肥县迁居来川，居新津长乐乡金华坝，今通称岳家店。”坝名消失和变化的原因大致有三，一是基层行政机构（村、乡、镇）设立或分合中改换新名，如广元的三堆坝，因场旁白龙江中三堆礁石而得名，后改名为三堆乡、三堆镇；再如三台的古井坝，因有古井而得名，后改名为古井乡、古井镇。这种在原名上去掉“坝”字的地名相当多。也有保留坝字的情况，如大邑有上坝、中坝和下坝三个自然村落，后来三个村子合并设三坝乡。二是谐音换名，如南江县曾有“清花镇”，名字来源于流经当地的清花江，后改名为“镇子坝”，民国晚期又改名为“正直坝”；江安的“军坝”，因古时在此驻军而得名，后改名为“均坝”；大邑的“郲坝”，名字来源于流经当地的郲水，后因“郲”字生僻而改名为“邮坝”；江油的“马阁坝”，名字来源于当地的马阁山，后来讹写成“马角坝”。再如彭州的“荒田坝”改名为“黄田坝”；新津的“乾（干）坝子”改名为“甘坝”。三是直接改名，如邛崃的“铁屎坝”改名为“铁花社区”。邛崃一带，早在汉代时就为冶铁基地，多处发现汉唐以来的冶铁遗址，铁屎坝处曾发掘出西汉冶铁遗址和宋代冶铁炉。铁屎坝的田地里常能见到早期的铁渣和铁锈色泥土，色块如屎，人称“铁屎”，“铁屎坝”因此而得名。再如，古蔺的锅厂坝，因当地旧时有锅厂而得名，清晚民初时改名为傅家乡，后来又改名为护家乡。另如，通江的毛浴场，因其地形若似一长舌，故有“龙舌坝”的老地名，明洪武晚期建制在此设毛峪镇，民国初，改设毛浴乡，毛浴之名沿用至今。当然，地名的变化或更改，还有其他一些因由，这里就不逐一细述了。

四川各地留存着大量的坝名，梳理和查考这些坝名的来龙去脉，可以了解四川的地域文化，了解四川农商诸业的历史变迁，了解明清移民居地选择，以及移民经济活动对生态资源的影响。进深一步，还可了解其他更多的信息。毫无疑问，对四川各地坝名的研究有着重要的意义。

冲

本文讨论以“冲”为地理特征的地名。为叙述方便，下面将这类地名称为“冲名”。冲名在四川的分布，具有局部性和区域性特点。具体说来，四川域内的冲名，集中分布在不多的一些地方，而其他大多地方没有或仅零星存在。

冲，本作“沖”，多义。带有水旁，“沖”字与水流或流状地理形态有关，山谷中的狭长地带，包括平坦地带或坡状地带，因此而被形象地称为“沖”。这些“冲”状地带，往往是土质较为厚实、便于耕垦和排灌的地方。依垦地而落，就耕田而居，慢慢地，因于当地称谓习惯，当然也是一种明了的表达，而将“冲”用作聚落或自然村落的称名了。

显然，以“冲”为名的地方，一定多在丘陵褶皱地区，即有山谷沟壑的地方。否则，所说之“冲”就是另外的含义了。四川域内的冲名，集中分布于川南丘陵与褶皱地带，以及少量其他一些丘陵地方。冲名的使用与分布，除了称谓习惯外，与所在地之地理形态是密切相关的。

四川之地形，多山地与丘陵，盆地北部、西部与南部为地域辽阔且地势高峻的山地。适宜耕垦种植的丘陵地区，主要分布在盆地边缘地带和川南、川东一带，四川域内的冲名也分布在这些区域中的局部地方。冲名分布较为集中的县市有资中、内江、威远、隆昌、富顺、自贡、荣县、乐山、眉山、犍为、宜宾、开江、大竹、会理等，以及成都周边的邛崃、蒲江、新都等。此外，重庆的大足、荣昌、梁平等县市也是冲名集中分布地。

川南的资中、内江、威远、隆昌、富顺、自贡、荣县、乐山、宜宾等地，冲名分布尤为密集，在这些地方，冲名被广泛使用，一些村镇中的冲名出现频度之高，远超其他各类地名。这种情况在四川其他地方难以见到。

李大冲　蒲江大兴镇（2019）

分析四川各地的冲名，可以看到，这些地名的命名也是多种多样的。大致可以将冲名分成以下类别：一、因姓氏为名，如徐冲、张家冲、范大冲、魏家大冲、小杨家冲、郭儿冲、杨里冲、杨岔冲、高角冲、黄马冲、张保冲、卢毛冲、刘杠子冲等；二、因住户而名，如三家冲、五家冲、七家冲、百家冲等；三、因地形地貌为名，如铧头冲、鞍子冲、猪嘴冲、薄刀冲、铜钱冲、棋盘冲、红岩冲、长岭冲、尖山子冲等；四、因植物为名，如黄桷冲、黄荆冲、楠木冲、蜡树冲、白果冲、柏树冲、杨柳冲、枇杷冲、桃子冲、李子冲、桂花冲、毛栗冲、马桑冲、桐麻冲、葛麻冲、斑竹冲、芭茅冲、芦稿冲、席草冲、蒿子冲、芋头冲、莲子冲、菱角冲、蓼子冲、黄连冲、薄荷冲，以及秧田冲、饭米冲、麦子冲、菜果冲、油菜冲、胡豆冲、豌豆冲、南瓜冲、韭黄冲、辣子冲、花椒冲等；五、因动物为名，如豹子冲、马儿冲、羊子冲、猴长冲、猫猫冲、毛狗冲、鸭子冲、鸡公冲、燕子冲、鹞子冲、鸽子冲、老鸹冲、雅鹊冲、鲫鱼冲、蜂子冲、蚂蟥冲等；六、因寺庙而名，如庙子冲、新寺冲、大寺冲、观音冲、金刚冲、土地冲、龙神冲、二郎冲等；七、因建筑或古旧遗存而名，如白塔冲、古墓冲、棺材冲、生基冲、古井冲、石马冲、石桥冲、老房冲、官房冲、库楼冲、牌坊冲、烟房冲等；八、因农用器物而名，如石缸冲、磨子冲、碾子冲、滚子冲、简槽冲等；九、因工匠作坊而名，如金匠冲、银匠冲、铁匠冲、木匠冲、铧匠冲、瓦窑冲、烧瓦冲、染房冲、铁炉冲、高炉冲、油房冲、琉璃西冲等；十、因冲地土质水况而名，如干冲、白水冲、流下冲、大水冲、淤河冲、滥冲、烂冲、烂田冲、烂泥冲、黄泥冲等；十一、因大小方位而名，如瘦冲、长冲、长田冲、大冲、大田冲、大山冲、半冲、半截冲、小里冲、五里冲、七里长冲、百里冲、东边冲、南冲、上冲、横冲、下华冲等；十二、因塘堰而名，如堰塘冲、大堰冲、堰口冲、四堰冲、幺塘冲、西堰冲等；十三、因冲与冲之关系而名，如三边冲、六角冲、七角冲；十四、其他杂类，如三伏冲、九爷冲、十高冲、天堂冲、外郎冲、打鱼冲、白玉冲、排儿冲、草堂冲、和尚冲、茶罐冲、苦力冲、鼓雷冲、锣鼓冲、铁箭冲、闹子冲、猓猡冲，等等。

每一个冲名，都有其来历。内江的“二甲冲”，相传此地曾出“二甲进士”而有其名；内江的“光王冲”，来源于当地旧时的燃灯寺，佛教称燃灯佛为“光王”，故有光王冲之名；内江的“烂包冲”，因田土夹沙、石多泥深而得名；内江的“牛角冲”，因冲地形弯如牛角而得名；内江的“荒草冲”，因早期无人开垦，谷内荒草丛生而得名；隆昌的“长龙冲”，因该冲长而曲，如龙一般，故名；隆昌的“糖边冲”，因有熬糖的漏棚建在冲田边而得名；隆昌的“黑冲子”，因冲长沟深、树多林茂，显得阴暗而得名；自贡的“灯冲”，因冲内多水田，皓月当空，映在水田里如灯照，故名；富顺的“五冲虎”，因五条山冲汇合，遇在洪水季节时水势凶猛而得名；富顺的“花儿冲”，原名“花六冲”，因村落位于六条山冲汇集之处而名；荣县的“温席冲”，因此地旧时有温姓族人种植席草而得名；荣县的“瞒洞冲”，因此地崖壁上有古时“蛮人”居住过的“蛮洞子”，故名；蒲江的“猪咀冲”，则因冲上有“猪咀坝”而得名。有些地方的冲名，历史久远，古人还在岩壁上留有地名刻字，如内江的“伏龙冲”和“文星冲”，当地冲旁岩壁上有旧刻“伏龙冲”和“文星冲”大字。

田冲　清光绪《内江县志》插页

逾年历岁，加之住民迁转和语言习惯的影响，一些冲名发生了变化。如内江的“夕冲”，原名“瘦冲”，“细”与“瘦”有类似的意思，当地人渐渐以“细冲”称之，后来又改名为“夕冲”，不过另有一些“瘦冲”“瘦冲子”的冲名，则是因为土地瘦瘠而得名；内江的“鼓眼冲”，因“眼”与“堰”音近，后来就改称“鼓堰冲”了。类似的，富顺的“铁箭冲”，原名“铁匠冲”；富顺的“毛毛冲”，原名“猫猫冲”；富顺的“周山冲”，原名“竹山冲”，都是因谐音而改变的。还有其他一些变更的情况，如内江的“卢家冲”，得名于清初，后因当地遍布桃林而改名为“桃子冲”；蒲江的“鲫鱼冲”，原名“干鱼冲”，传说清时有秀才路过，认为“干鱼冲”不雅而更其名为“鲫鱼冲”。

四川域内用以表达地理形态的地名中，用的频度较高的字有“坝”“湾”“沟”等。值得特别说明的是，“坝”“湾”“沟”与“冲”这几种地理特征，相互间往往有着包容关系，即沟内有冲，冲内或有湾，或有坝，广义地讲，冲本身就是山谷中的一种“沟”，或者说冲是沟的一部分。例如，金堂土桥《夏氏族谱》载，其先祖于“康熙三十五年”从“湖南邵阳西乡马鞍岭”迁入四川，其中一支“居金堂县长乐乡十甲四单陈家沟凤形湾芹元沟正冲”。显然“芹元沟正冲”中的正冲为芹元沟的一部分。再如，泸州丹林乡的“长冲”，原名“皂泥坝”；隆昌龙市的“彭家湾”，曾名“彭家冲”；资中的“汪洋冲”，旧名为“梨儿湾”。不同称谓，更多的是因由于当地住民的语言习惯。一些地名，诸如内江的“干坝冲”、自贡的“田坝冲”、会理的“张坝冲”、荣县的“烂冲坝”、邛崃的“干冲坝”，资中的“干冲湾”、隆昌的“沙湾冲”、内江的“横冲湾”、会理的“秧冲湾”，以及威远的“大冲沟”、仁寿的“长冲沟”、井研的“干冲沟”等，明显地表达了“坝”“湾”“沟”与“冲”之间的关系。有意思的是，在川东一些地方，冲田就叫做“沟田”。

作为地名或自然村落名的“冲”，通常指的是一种特定类型的田地，即冲田。关于冲田的概念，清光绪《富川县志》中有这样的记载：“富邑……旧垦田地，随地所宜。西山流高，偕势开渠灌溉，为冲田；其流远崖高者，筑堰灌水，为坝田；东山泉涌，分流灌润，为井田；平冈污泽，筑堤蓄水，流杠以时泄润，为塘田；至若江流岸高，堰水不及，则塞坝激水、架筒转车以灌润，为车田；又有高旷之处，垦殖稻谷旱禾，乘春多雨，早种早收。”

冲田，也称田冲、山冲，很多时候就简称为冲。冲又可分为正冲、侧冲（边冲、横冲），冲还可以分成冲头、冲尾、冲腰、冲上、冲下等部位。清嘉庆《宜宾县志》载：“农田多居两山之间，狭者曰狭沟田，阔者曰正冲田，回环委折长或十数里，其形如梯，随地上下。”位于径流区，正冲即依顺山谷而形成的较易汇水的水田，根据坡度的不同，正冲可开垦成不同叠层的梯田。侧冲则指正冲两侧山谷间的坡地或坡田。

冲田的出现，标志着农耕时代土地开垦和利用进入了一个较高级的阶段。冲田，特别是层叠连片的冲田，往往需要若干代人的开垦和培养才能形成。这个过程，包括烧林垦荒；开辟成坡地并逐渐改造成梯状平地；垒堰蓄水或灌流引水，改造成冬水田和屯水田。水田开发和水稻种植有关。四川种植水稻的历史久远，大量出土物表明，古蜀先民早在商周及以前时期就将稻谷作为农业的主要生产物，例如金沙遗址中就发现了稻谷占比较大的谷物种子遗存。汉代及至魏晋时期，水稻种植已很普遍。东晋《华阳国志》中提及“稻田”就有 12 处，记载蜀郡之“涪县，有宕田、平稻田。广都县，江西有安稻田，穿山崖过水二十里。”书中提到的“宕田”与“穿山崖过水二十里”的“安稻田”应是早期的冲田。冲田多开辟成冬水田，冬水田即水稻收割后，蓄雨水或溪水过冬至次年再插秧的田。清乾隆《荣县志》载："东路冲田农民素蓄冬水。"冲田上游也常常修筑堰塘来蓄水，这种堰称之为冲堰，例如清光绪《资州直隶州志》"水利"一节中记载有："安乐里：十二井；松林冲堰、丁家冲堰、汤家堰……安贤里：十六井；梯子堰、冲腰堰、棕圆坝、堰高粱堰、川主冲堰……"志中还记载有高舍冲堰、长冲堰、白石冲堰、水磨冲堰、下水磨冲堰等众多的冲堰。显然，利用冬水田和堰塘可以更好地给连块冲田配给和调节水资源，同时避免和减少了旱天影响，正如唐代诗人朱长文的诗句所说："潮满沟塍稻满田，暑天不雨自丰年。"

冲，有干冲和水冲。所谓干冲，即缺水或无法蓄水的冲地，例如荣县的"干谷冲"，即因该冲水源缺乏、石骨子多而名。丘陵地带缺水的冲地很多，因此"干冲子""干冲坝""干冲湾"等地名很多，尤其是"干冲"地名特别多。再如，荣县的"大水冲"，则是因为冲长，洪期水大而得名；内江的"淤河冲"，该冲原为小溪，因水土易流失而泥淤得名。

冲，有大有小，有长有短。例如隆昌的"大田冲"之名，就来自于该田冲"田大冲宽"；各地有很多"大冲"，有些大冲内有几个村落、上百户人家。川南地区还有很多"长冲"，例如前面列举的"五里冲""七里长冲""百里冲"等。

冲田，大多为土质厚实肥沃、便于农作的上等好田，但仍不乏存在着一些"烂冲"。所谓"烂冲"，即那些或土质不好，或土层厚薄不匀，或泥泞成凼一类的冲田。这样一类冲田也常被称为"烂田冲""烂泥冲""烂包冲""滥冲""滥田冲""滥包冲""滥沟冲"，等等。

前面介绍了地名"冲"的含义、"冲"的地理形态、冲名在四川域内的分布和冲名的类别，以及冲田的概念等，现在有一个重要问题需要探究，即四川域内的"冲名"出现于何时，源自何地。

宋代以前的众多史籍中很难见到冲名的记载，开始有冲名的记载，则是在宋元及以后时期。如《元丰九域志》，潮州府海阳县有"横冲、黄冈、锦田三锡场。"《元史·地理》："顺元等路军民安抚司……（分治）木窝、普冲、普得等处。"明·钱桓《按蜀疏草》中记载："……各番贼朝夕出没，东西抢掠，势甚猖獗，恐稍迟缓，益难收拾。又查前贼俱系白宿瓦、阿都、阿尾、坝险等寨番夷，屡年劫害，巢穴在于麻科等一十六村寨，路通宁番卫，地名白鹿冲。”明·王缜作诗《柘皋祖营与王鳌王玘宗族夜酌在巢县三十里地名九冲屯》。上面提到的横冲、普冲、白鹿冲、九冲屯，分别为宋代广东、元代贵州、明代四川和明代安徽的小地名。明清及以后的一些家族谱牒中，记录的四川冲名相对较多。如富顺《余氏族谱》：“始祖德兴，明洪武初自楚之麻城县孝感乡迁蜀之荣县龙潭场……四子子福迁富顺之大冲大塆。”自贡《钟氏族谱》：“始迁祖凤舞、凤龙、凤雷三兄弟，清康熙五十三年甲午岁率家眷，从湖南省郴州宜章县长宁乡十四都笆篱堡青石祠大半星，迁四川省下南道叙州府隆昌县桐梓园，住九年，雍正元年癸卯岁迁四川省上南道嘉定府威远县西乡杨家冲大房子。”

清代四川多地县志和乡土志中也能见到有关“冲”的记载，如清乾隆《威远县志》：“威远：正西四十里至荣县雅雀冲界”；清光绪《隆昌县乡土志》：“富隆场，场西有双龙桥并无河，计一十八洞，因十余冲来会之口。春水涨时不便行人，故里人修造此桥。” 当然，冲名，大多属于小地名，正史或官书中少有提及不足为奇。

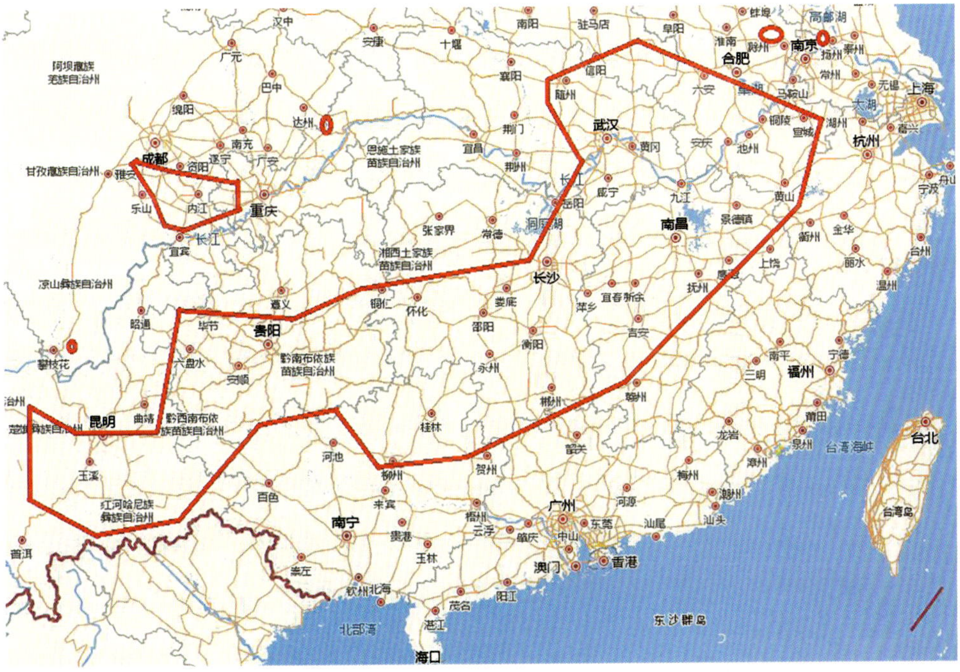

地名冲分布区域示意图

我国冲名密集且广泛分布的地区主要是湖南，以及湖北、江西、广西、贵州、广东等地，相邻连片，这个区域面积广大。相对地，四川域内冲名密集分布地的面积很小。因此，有必要分析一下这些地区冲名的来历，以及这些地区与四川在冲名使用上的可能存在的联系。

黔东、湘南、赣西、桂北等地，均为冲名密集分布的地区，其密集度远远大于其他地方。大量数据分析后会发现，这个区域里的一些地方的冲名除了密集外，与前面列出的四川几地的冲名有着两个不同，一是以姓氏命名的少，这种情况在贵州和广西的一些地区尤其明显；二是名称上更多地表达自然风物。总的看来，越接近西南、东南少数民族地区，则这些地方的冲名就显得更加原始古朴。例如这样一些冲名：大板冲、界板冲、鹅涧冲、屯翁冲、三支冲、八分冲、勒猪冲、同古冲、毛山冲、古斗冲、棹筛冲、黑石冲、鱼赛冲、蛇落冲、窝倮冲，等等，此外，出现一些特定的用字，如广东、广西的一些地方习惯用“六”来表达山谷幽深的意思，如六步冲、六茶冲、六海冲、六合冲、六七冲、猪六冲口，等等。观察到这种情况是很有意思的。

上面所说的这个冲名密集地区，为山谷沟壑较多的丘陵地区，元明之前这个地区被称为俚僚聚居区，其中瑶族、畲族、壮族、侗族为几个主要的民族。唐宋时不断有汉人进入这个地区，汉人与少数民族部落间的争斗时有发生。这些汉人中的一部分为后来所称的客家人，客家民系的形成中，客家人与当地土著也在不断融合，表现为少数民族的逐渐汉化和客家人对少数民族风俗习惯的承继，以及语言的近同。相当长的时间里，客家人的南迁扩散和少数民族族裔的迁徙流动间有着路线上的一致性。例如旧时瑶族的分布地区十分广泛，包括云南、广西、广东、湖南、江西等地，明清时期，政府一直在这些地方屯兵、屯民，设置机构专理瑶务，其中一些地方设立营寨、屯堡并按照当地人称之为“排”与“冲”的基层聚落组织来进行管理。明时在云南石屏宝秀设有“九冲十二营”；在云南红河虹溪设有“九冲十八寨”；在广西荔浦设有“九堡十三冲”；清时在广东连南设绥瑶把总，管理当地的“八排二十四冲”。至今，一些地方还保留着古时的营寨地名和排冲地名。类似的，云南、贵州、广西等地的哈尼族、彝族、傣族、苗族、布依族、壮族、侗族聚居地，也广泛地使用着冲名，而这些地方也是元明清历朝

冲田　邻水汤巴丘（2015）

设屯建寨、抚定边民的地方。

2013年，在贵州天柱县的登鳌寨发现了4册编制于清同治十三年（1874）的“登鳌清查鱼鳞册”，该鱼鳞册记录了清晚侗族村落登鳌寨（循礼里十甲）的土地关系，包括户名、田形、坵数、四至、产量等。需要特别指出的是，该鱼鳞册以冲为属地关系记录了雷公冲、坪老冲、墓烈冲、亚戒冲、论托冲、什佑冲、登尾冲、岑夏冲、密江小冲、洞坑大冲、洞坑小冲等十余个山冲的情况，如关于雷公冲的记录有：“东抵架奇盆，西抵高古坡，南抵坪老坡，北抵墓烈坡。……以上共计中田四拾柒坵，禾把柒佰壹拾柒稨壹籽；下田柒拾柒坵，禾把贰佰陆拾叁稨整。”根据该鱼鳞册的记录，有关古时东南少数民族地区广泛使用冲名并将“冲”作为基层管理单元的情况得到了进一步证实。

从上面的介绍可看到，在云南、贵州、广西、广东、湖南、江西等地的少数民族聚居地和客家人常住地，“冲”在相当长的时间里一直作为村落名或族群聚居地名被广泛使用。结合前面的分析，似乎可以给出这样的判断，即“冲名”极有可能源发于我国西南和东南的少数民族地区，“冲”表达着地理特征和聚落形态，以及田地特质，汉字“冲”的发音则是基于这些地区土著语言的发音转变而来。冲名在民族融合中逐渐被汉人接受，并在元末明初和明末清初的移民运动中传至更远阔的地方。在这个过程中，“冲”用来表示冲田的农耕意义也逐渐得到了加强。

元末明初和明末清初，四川遭受两次大的战乱影响，其时田地荒芜，烟断火绝，在政府号召下，大量移民从外省迁至四川定居落业。清光绪《安岳县乡土志》：“明氏之扰，辄复凋敝，明洪武初招集四方之人来居。”清光绪《蒲江县乡土志》：“国初垦辟，招徕湖湘父老先负襁而至，粤赣秦继之，不远千里，愿受一尘。”民国《资中县续修资州志》：“资无六百年以上土著。明洪武时由楚来居者，十之六七；闽赣粤籍大都清代迁来。”大片冲名密集分布地区正好就在旧时的“湖湘”和“赣粤”等省地域之中。事实上，这个冲名密集分布地区的移民正是填川运动中的主要人群。

元末明初，迁川移民以湖广省的为多，而两湖地区及相邻区域正是冲名使用最多的地方。据 1984 年印制的《湖北省麻城县地名志》中的统计，麻城县古孝

烂泥冲　蒲江大兴镇（2019）

感乡区域内沿用至今的冲名就有檀树冲、柳树冲、占冲、洞门冲、熊家窑冲、七里冲、桐子冲、朱家冲、白花冲、杨畈冲、土墩冲、横冲、刘见冲、菱角冲、黄家大冲、牌楼冲、牛角冲、玉仙冲、黄泥冲、柴府冲、鸡林冲、游虎冲、长冲、管山冲、陈金冲、二五冲、九儿冲等27个之多。明末清初，入川移民的祖籍地以湖广、江西、广东、广西等地为多，而这些省地也都在冲名密集分布区域内。对移民而言，祖居地之地名是认祖归宗、感念先人和寄托乡愁的重要的记忆符号。

四川境内冲名分布区域示意图

四川的很多冲名本身就包含着旧时移民迁徙与垦占的一些信息。明末清初，遭受战乱兵燹之后的四川，满目疮痍，野荒民散，正如清雍正《江油县志》所记载："但见居人散处，仄途丛棘，或五里或十里鸡犬无闻，村落罔睹，时有怪鸟飞鸣于荒烟蔓草中。"原有的田地变成了木林草海，更多的则是无人开垦的荒坡野地，例如内江高粱镇的"荒草冲"，就是因清康熙年间移民来时，此冲无人开垦，杂草丛生而得名的；富顺板桥镇的"芭茅冲"，则是因清初插占者在此砍伐芭茅、垦荒开地而得名。林深草茂，人烟绝少，自然大片的地方成了野禽猛兽的栖居地，关于清初四川各地老虎出没的记载就有很多，例如清乾隆《富顺县志》中记载：清初富顺"数年断绝人烟，虎豹生殖繁盛，昼夜群游城郭之内，不见一人驰逐之。"内江的"猫猫冲"，就是清初此地有老虎而得名（注：四川很多乡地俗称老虎为"猫猫""猫儿"，四川的自贡、宜宾、乐山等地都有"猫儿冲"的地名）。以迁入者的姓氏命名的"冲名"很多，其中相当多的都是清初移民来到后才有的地名，这些地名也是族群聚落和田地归属的一种表达。此外，荣县、眉山等地的“三家冲”“五家冲”“七家冲”，则是以早期定居落业此地的移民人户数而得名的。还有如，内江的“牯牛冲”之名，来自清初占垦时，有人用牯牛换得此冲；富顺的“灯杆冲”，则是因南方来的移民有在节庆时于冲脚处立杆点灯的习俗而得名。

清初优惠招垦政策的推行，也是大量冲名在四川内地集中出现的一个重要原因。自顺治年间起，清廷就出台政策鼓励移民在四川各地垦荒，康、雍、乾时期一直是垦荒高潮期。《清朝文献通考》：雍正戊子诏谕“国家承平日久，户口日繁，凡属闲旷未耕之地，皆宜及时开垦，以裕养育万民之计。”移民会因其垦荒的成绩得到不同程度的税赋优惠，以及耕牛和种子的提供。这期间，大量的荒谷野沟被开垦，改造后的冲田数量也在逐步增多，自然冲名也相应地增多了起来。

元末明初和明末清初的入川移民，分布于四川各地城乡。现在有一个问题需要分析与回答，即为什么四川仅在很少的地方或局部区域出现冲名密集分布的情况。

前面谈到，“冲”表达着一种特别的地理形态和田土形式，因此，冲名只会出现在丘陵或褶皱地带，即有沟谷的地方，而且这种沟谷之地适于开垦和造田。显然，这是必要条件。除此之外，笔者认为还需要同时满足另外三个条件：一是移民原居地有冲名使用习惯，冲名作为一种文化符号留在了移民的记忆之中；二是移民原居地的地理形态与迁居落户地的地理形态近同；三是在一定区域范围内同籍同族移民众多，住民保有共同或相近的语言和习俗。

元末明初和明末清初的入川移民中，很多的其祖籍地名就为冲名，很多家谱对此有所记载。例如，资阳县雁江镇李家坝李氏，其先祖于“明洪武二年，由黄州府麻城县孝感乡西牛石红谷冲”迁川；安岳县驯龙镇李氏，其先祖“于清顺治六年，由宝庆府新化县石马三都杨柳冲”入川；资中县水南镇易氏，其先祖清初“由湖广宝庆府武岗州梨木冲”入川；安岳两板桥镇张氏，其先祖由“湖广长沙府宁乡县十都十合乡十科里胡田冲、金鸡庙、大堂冲”，于清康熙年间迁至“安岳县咸通乡五甲龙家沟楠木屋基”；湖南安化谢氏，其先祖于清乾隆年间分别由安化鄢家冲、王保冲和二都田头冲迁至四川；内江罗氏，其先祖于明万历年间“由湖南邵阳八都石门冲迁四川内江大佛寺李家冲”。

达州，地处四川东北部，地貌地形以丘陵为主，这一带的清初移民以楚籍为多。达州的开江，旧称新宁，清光绪《新宁县乡土志》："相率来此者，楚籍外，如三晋、江浙诸处，亦复有人。"清初自湖南的衡州、长沙、永州、宝庆等地迁入开江的客家人很多，例如开江县骑龙乡锣鼓冲的朱氏家族就是清初从湖南永州府零陵迁徙而来；开江甘棠镇的柏氏家族来自湖南永州祁阳；开江宝石镇的罗氏家族的祖籍则是湖南宝庆府新宁。聚族而居，至今开江的一些地方还保留着湘楚方言，形成了当地所称的"永州腔"。开江的一些地方存在和保留着冲名，应该与清初湖南籍移民大量迁入与聚居有关。

元末明初和明末清初，大量的湖广移民迁入四川隆昌。隆昌《张氏族谱》，其始祖于清康熙年间"由湖南宝庆府武岗州永丰乡第一都地名蔡山小地名马舡湾入蜀，始居川南道叙州府隆昌县地名木匠冲。"清光绪《隆昌县乡土志》，本地"彭姓，明洪武间由楚入蜀，家富顺县，迨隆庆二年置隆昌县始改隶焉，住彭家冲，计传二十二代；黄姓，明洪武间由楚入蜀，家隆邑本乡黄家冲，计传九代；唐姓，康熙间由湘入蜀，隶隆邑，住本乡菜子冲，计传十一代。"上面提到的彭家冲和黄家冲，应该是彭姓族人和黄姓族人迁入隆昌后才有的地名。

川南内江、荣县、富顺、隆昌等县市所在的丘陵褶皱区域，即前面所说的四川冲名密集分布地的主要区域，岷江与沱江二水相夹，自古为山清水秀、物阜民丰之地，明清时期，更是四川井盐和食糖的主产地域。元末明初和明末清初两次大的移民运动中，这个区域为外省移民垦占落业的上选之处。聚族而居，在大力垦荒和改造水田的同时，移民们带来了先进的水稻种植和引流灌溉技术，冲田成为水旱从人的高产的上等田地，成为农家最可靠和最稳定的经济来源。

蒲江县位于成都平原西南边缘，地貌以浅丘为主，域内水量充沛，临溪河流经的甘溪、大塘、大兴、西来等乡地古来以水稻、油菜种植为主。清光绪《蒲江县乡土志》："蒲位蜀江南地，宜农业。"明末清初，大量湖广移民，以及江西、广东等地移民来此垦占落业，许多沟谷旱地改造为水田。这一带留存下来的众多的冲名，记录了这一段历史。

四川会理，为川滇古道上的重镇，也是古时扼守蜀中、抵御边扰的冲要之地。元明二朝均在此进行军屯、民屯。明洪武时期，大量汉人迁至会理一带，在此屯垦。期间，大量旱地被改造成水田，内地先进的农耕技术和高产的水稻品种也被引入。诸如“官屯”“官冲”一类地名，就是那时产生的。明末清初，又有大批湖广、江西、广东、云南、贵州等地的移民来此定居落业，如当地黄氏，其先祖来自“湖南会同双滩房”，当地陈氏，其先祖来自“江西宁江府新余县大桥头十字口”。清初康雍乾时期，会理周边的山谷荒地被大规模垦殖，冲田数量陡增，一些冲名也在这期间先后产生。

冲名，包含着历史、文化、地理、民族、社会等多方面的信息，有着重要的研究价值。冲名与冲田有关，冲田与水稻有关，然而，有一个现象值得注意，即一些地方的冲田正在发生着本质性的变化。早期的垦殖，将山谷旱地改造成冲田，如今很多地方，例如四川蒲江、邛崃一带，则在大规模地将冲田改造成旱地，大片的种植水稻的冲田不复存在，取而代之的则是处处可见的山地果园。经济价值决定了农作物种植的选择，决定了农田的改造与利用，这是无法避免的。因此，对冲名文化的研究，也就有了新的内容。

综上所述，冲名在四川的分布与集中具有局部性和区域性特点，个别地方冲名的密集出现，与这些地方特定的地理形态有关，与早期这些地方特定祖籍移民的聚居和语言习惯有关，带有祖籍地记忆的冲名，成为能表达和寄托移民感念之情的文化符号。冲名也表达着一种特定的田地形态，因此冲名的产生也与旧时的山谷开垦和种植水稻有关。关于冲名发源于我国东南和西南少数民族地区，以及冲名在民族融合和移民迁徙中扩展至更广阔地方的看法，还需深入分析和进一步论证。

店

四川城乡各地，留存或沿用的古地名中，有相当多的含有“店”字。例如，根据《四川省中江县地名录(1987》所记载，至20世纪80年代后期，中江县域内还存约30处含有“店”字的村组以上级别的地名。含有“店”字的古地名，一些留存了下来，还有很多的则在逾年历岁中消失得无影无踪，或仅存蛛丝马迹。藏于美国国会图书馆的原刻本明代《天启成都府志》中，有一幅“府治三衢九陌宫室图”，图中标有地名“高饭店”。显然，“高饭店”在明时就应是一颇有名气或大有来头的地方。民国三十三年（1944）印制的《成都市郊外地图》中，标有20余处含有“店”字的地名，例如“曾家店”“阚家幺店”“崔家店”“槐树店”“雷打店”“黄家店”“高店子”“糕巴店”“新店子”“谢家店”“茶店子”“高饭店”“温家店”“赖家店”“火烧店”“钟家幺店”“杨家店”“唐家店”等，如今这些地名中仅“茶店子”“崔家店”“槐树店”等不多的几个还在留用。

各类含有“店”字的地名中，“店”，既有作通名使用，也有作专名使用。以中江县为例，当地就有古店、吴店、冯店、驼子店、垭口店、打卦店、桉树店、桃花店、葡萄店、馍馍店、黄坡店、石龙店、店湾、店垭等地名，以及茶店子、老店子、毛店子、茅店子、高店子、瓦店子等地名。为叙述方便，下面将这些含有“店”字的古今地名通称为“店字地名”。

毫无疑问，店字地名的来历，一定与该地历史上开店设店有关。例如，中江县的“古店”地名（旧属汉州），即因明初就在此开店设驿而有“古店驿”之名留存了下来，后改称为“古店”；双流县正兴镇的“蒋家店”，即因清乾隆年间有蒋姓人家由湖广省迁移至此开设店子而得名；通江县的“骡子店”，即因早年此地有一家专门接待骡马客商的店子而得名；万源县康乐乡的“店房坝”，则因

场镇名	俗称
永泰场	垭口店
古店场	古店垭
富兴场	高店子
太平场	瓦店子
中德场	茶店子
太和场	茶店子
双龙场	吴　店
冯店场	冯店垭
万福场	唐店垭
胖　镇	胖子店

中江县旧场俗名

坝上早年开过店房而得名。

店，俗称“店子”，即商店、店铺、店肆。晋·崔豹《古今注》：“店，所以置货鬻之物也。”早期的店，除了专卖商货的外，也有仅供行旅食宿的店，即客栈、旅馆一类，还有售货兼宿客的店，旧时常称作店舍、店家。店，其声来自“邸”，汉代及以前，将具有堆栈、售货和客舍性质的市肆称作“邸”，如“邸店”“邸舍”。唐·魏徵《隋书》：“给事黄门侍郎颜之推奏请立关市邸店之税。”晋及以后，“店”之称谓渐渐普遍起来。梁·萧子显《南齐书》：“于宅后开小店，使王氏亲卖扫帚皂荚……”后晋·刘昫《旧唐书》中记载有：“置茶盐店收税……招辑商胡为立店肆，数年间，营州仓禀颇实，居人渐殷。”宋代时，商业兴盛，城乡各地开店设铺更为普遍，例如宋·张择端《清明上河图》中就绘有相当多的以“店”称名的商铺街肆——正店、孙羊店、六陈店、杨家绸店、潞绸店、十千脚店等。宋·孟元老《东京梦华录》中，也记载了当时汴京的一些店名：李七家正店、高阳正店、潘楼酒店、徐家瓠羹店、马铛家羹店、郑家油饼店等。从无到有，设店之处，特别是在一些偏壤僻地，“店”往往成为该处之显著的或特异的地理要素与文化特征，店字地名因此而产生出来。宋《元丰九域志》中记载了成都府灵泉县（今龙泉驿一带）有洛带、王店、小东阳三镇；郫县（今郫都）有犀浦、马街、雍店三镇；中江县有临津、吴店、石臼、新安、阳平、马桥六镇。由此可见，至迟在宋代，店字地名已经广泛地出现在蜀地城乡。

店的出现，为商事脱离农耕活动而自成一业的重要标志，尽管早期的店所经营的事务较为简单，例如出售或提供单一的货品或服务。店的出现，也是人类社会化生活的必然，包括生活必需品的取得与劳动的分工协作，以及在更广阔的范围里进行资源的调剂与分配。早期的店，大致有两大功能，一是商品集散功能，即取得并集存某些生活必需之商品并将这些商品出售给邻近的居民，例如盐店、茶店，这一类店通常设置在人居相对密集或通达方便的地方；一是食宿功能，即为来往之远道行旅提供水食补给与住宿，例如客栈、马驿，这一类店多设置在交通路口或驿道上。发展到后来，随着人口的增加与集聚的规模化，相应的需求扩大，店的数量及其功能也在增加。

岁月流逝与时代变迁中，一些店字地名也发生着变化。例如上面提到的宋时灵泉县之王店镇，后又改称灵泉镇，明代又改置龙泉镇并延续下来，现在又改名为龙泉街道。宋代郫县的雍店镇，其名延续至清初，后于此地设场并改称花园场，民国《郫县志》：“花园场，在县西南三十里，旧曰甕（雍）店。”现花园镇更名为花园街道。宋代中江县的吴店镇，清晚改置双龙镇，现双龙镇与邻近的高店乡被并入龙台镇。旧时的一些县志中也有不少关于当地店字地名更改或变化的记载。清乾隆《井研县志》：“新店子场，东北二十里，今改淳发场。”清嘉庆《华阳县志》：“三圣场，即高店子，治东二十里。新兴场，即新店子，治东四十里。兴隆场，即蓝家店，治东六十里。”民国《新都县志》：“泰兴场，一名新店子，明为金安镇，清初名复兴场，在县南二十里。”不断变化中，地名中所包含的一些历史与文化信息渐渐地被人忘记。

上面关于店字地名变化的例举中，表明一个重要的事实，那就是有相当多的大场巨镇是从早期的小店发展而来

商号　宜宾横江镇（2018）

的。旧时设店之处，往往也是赶场或过往之人聚集、歇脚与休闲的地方，聚人聚气。初期也许只有店家一二，后商贾鳞集，街市渐繁，再往后来则发展成有规模的场镇。当然，场或镇的形成，还需要其他一些条件，包括人居密集、场地开阔，便于通达等。清光绪《永川县志》：“五间铺，县南五十五里，旧系茅店数间，先后增修遂成巨镇，名仍因之。”民国《达县磐石乡志·序二》中记载，磐石场，“其兴场历史，考诸碑记，在明代末叶，始仅茅店一所，位置堰坎上，继以附近人士，因地建修，于是房舍日增，而贸易亦渐发达，世代相传，迄今二百年矣。”类似的，四川各地，因早期开店设店而得名并逐渐发展成场市的乡镇还有很多。例如，中江的古店镇、冯店镇；剑阁的盐店镇、店子镇、樵店乡、公店乡；营山的新店镇；威远的新店镇；仁寿的新店镇；名山的新店镇；自贡的新店镇；宜宾的高店镇；沐川的利店镇；乐山的范店乡；南充的双店乡；蓬安的鲜店乡；苍溪的彭店乡等。

“新店”或“新店子”的地名尤其的多，且分布广泛。显然，新店是相对于旧店或老店而言的。现存的一些“老店”或“老店子”的地名，多是一些小地名，例如宜宾、蓬溪、营山等地有“老店村”；阆中有“老店子村”，此外，双流、中江、通川、犍为、仁寿、屏山等地也有“老店子”的小地名。店，本是适时应务而生，从无到有，经年历岁中，也会不断出现新的店，即所谓弃旧开新。新店开设，往往让人耳目一新，相应地，新店成为该处之识别与记忆的符号。“新店”之地名，早在唐宋时期就有，例如，《旧唐书》中记载：“嗣业与子仪遇贼于新店，与之力战数合，我师初胜而后败。”《宋史》中记载：“汉阴，绍兴二年迁治新店，以旧县为镇。”四川各地，现存的“新店”地名，相当多的产生于明清及以后时期。

旧时交通不便，跨界之间多设有驿道，这些驿道途中，或交通要口通常设有客店，专给行旅提供食宿等服务。因于其合适的地理位置，一些设有客店的地方后来被官家选用来设置驿、站、塘、铺等机构。一些店字地名留存着相关的信息，例如，茶店铺（苍溪），酒店铺（平武）、施店驿（剑阁）、冯店驿（中江）、新店塘（康定）等。古时，官家文书往来是通过递铺完成的。清嘉庆《南溪县志》载：“铺递，清制官文书之往来，各省腹地所设曰驿；军报所设曰站；边地曰塘；

腰店　沐川炭库乡（2016）

西北两路所设曰台；各省腹地厅州县所设曰铺。”一些史书旧志中有店设与铺递之间关系的些许记载。《明史》：“荥经，宋置元废，洪武十四年复置，有箐口、新店二马驿。”清康熙《中江县志》：“古店驿，治西六十里，站马二十匹，马夫十名，杠夫三十名，康熙五年设……古店驿防守兵三名。”清嘉庆《郫县志》：“高店子，在城东十二里，属徐村二甲，小市，有塘房铺递。”清咸丰《资阳县志》：“五里店，有马厩抽分，驿马至此，更换以节马力，有腰卡以资州至县较远赭衣过此驻宿，县派亲信丁役经理焉。”清·刘衡《庸吏庸言》：“城乡各栈房、饭店、腰店，设立循环号簿，注明来踪去迹。”清光绪《广安州新志》：“凡城乡市镇开店生理者，每日用簿登记其南来北往一行几人，有无行李货物，如来历不明之人，不许容留住宿。”山区里的驿道，蜿蜒崎岖，坎坷不平，行旅的疲累与饥乏可想而知，有客店一歇，自是让人舒安。孟家店，在德阳北二十里驿路中。清·彭端淑《孟家店小憩》诗中写道：“云中十八栈，回望尚唏嘘。不历崎岖尽，焉知平野舒。故乡遥在眼，小店暂停车。沽酒劳童仆，艰辛半赖渠。”

四川城乡各地，“腰店”地名也是所在多有。腰店，或腰店子，即旧时开设在路边的小店，专供马帮、挑夫，或过路人歇脚的地方。民国《简阳县志》：“路

客店　古蔺太平镇（2015）

临街门店　武胜沿口镇（2016）

边小铺，曰腰店子。”清光绪《隆昌县乡土志》中记载：“……息肩于此，商人亦多住宿此，有腰店数间以便行旅。”腰，即中途、半路的意思，四川有俗语“半中拦腰”，故途中的小店被称作“腰店”。一些地方将腰店称作“幺店”，则是因为“幺”字也有“小”的意思而替代之，幺店或幺店子，后来成了小店的泛称，这些小店多以提供茶水饭食为主。民国《新修合川县志》记有：“方溪口，有水食店数家，为腰店……沿溪行一里至黄花滩，又半里有居人数家，名腰店子，昔脚炭（注：担炭脚夫）盛行时皆水食店，今改业矣。”

盐店与茶店，需要重点说明一下。在古代，盐与茶都是政府管制下的特许经营商品。政府通过管制和特许经营的方式，控制价格并确保此类商品的分配与税收。因此，开设盐店或茶店，必须获得经营资格和专卖凭证。获得批准设置的店，称为“官盐店”“官茶店”或直称“官店”。“官店”地名因此而产生。例如剑阁和万源等地，还留存有“官店垭”和“官店”的地名。其实，在古代，盐、茶以外，很多商品的设店销售，都是需要获得官方执照的，例如酒、烟叶、布匹、生丝，等等。宋·张择端《清明上河图》中就绘有一处挂有“官盐”招牌的店，还有一挂有“官店”招牌销售“纱罗缎绢”的店。当然，也有无照经营或归于另类的店，例如一些自产自销或提供简单劳务的店。宋·孟元老《东京梦华录》：“在京正店七十二户，此外不能遍数，其余皆谓之脚店。”该记载中提到的“正店”，即获得经营执照的店，这些店需要按商按期纳税，而“脚店”则多指那些小微私店。宋·王榦《冕斋集》中记载：“钱福不赴库打酒，私下多置脚店，自造私酒出卖。”

官店的申办与设置等，史书旧志中也多有记载。清·谈迁《国榷》：“丁卯户科给事中姚宗文等……请立马店、盐店、炭厂、竹厂、山场等厂。”清乾隆《打箭炉志略》：“邛雅荥天各州县商人领引运茶，皆于炉城设店出售。”清光绪《广安州新志》：“东门街有官盐茶店，有杂货，有纸马，有食店。龙头街有官店，有客寓，有食馆，有粉面铺……”民国《渠县志》：“三汇本城各有官盐店一所，领引行销，禁私贩卖。分卖零售是曰盆户。”民国《泸县志》：“清时城内设官茶店，行销腹引三十三张，城乡设分店领销价照。”民国《新修合川县志》：“吾州清时茶有帮也。自官茶店成立，县另设茶商以生其利，分店四家，均照章程在官店领货，售销价规亦照官店章程分而利之。”

旧时，盐店、茶店分布于城乡各地，相应地，盐店、盐店子、茶店、茶店子的地名也就留存了下来。例如剑阁有盐店镇；大邑、资中、宣汉等地有盐店村；遂宁有盐店塆；南充、仪陇、叙永等地有盐店街；三台、江油、仁寿等地有盐店子；苍溪有茶店镇；资中、射洪、中江等地有茶店村。另茶店垭、茶店沟、茶店湾等地名也是众多，至于“茶店子”的地名，几乎各市区县城乡都有。

将店称作“店儿”，也是一个有意思的现象。“店儿”类地名，四川南北各地都有，其中尤以川南犍乐一带为多。例如双流有“李店儿”，乐山有“张店儿”，眉山有“汪店儿”，青神有“唐店儿”，剑阁有“店儿上”，等等。其他的如“店儿坝”“店儿嘴”“店儿包”“店儿梁”等地名也多。

四川各地，五花八门的各类店字地名，数不胜数。下面分类列举一些：

第一类，以店的性质为标志。例如，马店、骡马店、走马店、歇马店等。马店，即专供过往马帮食宿的客店。四川各地，特别是旧时所称的边地，盐茶等物资的长途运输主要靠马帮，故马店很多，相应地马店、马店子一类的地名也多。另，乐至新乐乡有地名“牛栏店”，即旧时专供牛贩子食宿、拴牛的客店。

废弃的小店　金堂土桥镇（2020）

第二类，以销售的货品或提供的服务为标志。例如，除前面提到的盐店、茶店等地名外，还有油店、布店、糍粑店、醪糟店、糖糖店、草鞋店、打卦店、赶香店、纸火店，等等。中江的“馍馍店”，即因旧时一艾姓人在该处开店卖烧饼而

骑门柜台　隆昌渔箭镇（2018）

得名；乐至的“烟火店”，即因旧时有人在该处开店出售香蜡火炮而得名。

第三类，以店主姓氏、店主身份或特征为标志，这一类地名相当的多。例如，徐店、杨三店、李店子、梁家店子、曾幺店子、吴家幺店子、张店子河坝、达家店厂、唐店儿、和尚店、端公店、哑巴店、驼子店、矮子店、娃娃店，等等。双流的兴隆场，旧名蓝家店，因早期有蓝姓人氏在此开店而得名；中江的“冯店”，原名“冯店垭”，即因旧时有冯姓人家在此山垭处开店而得名；南充的“李店山”，即因旧时有李姓人家在山上开店而得名；双流彭镇“端公店”，即因旧时有一端公在该处开店而得名。

第四类，以开店处之地理特征或人文景观为标志。这一类地名最多。例如，店子山、店子岩、店子湾、店子梁、店子坝、店子坪、店子沟、店子坡、店子垭、店子冲、店子嘴、店子坳、店子堖、店子埂、店子河、店子溪、店子石坝、店子口、店子寨、店子街，板店垭、酒店沟、店房寨、店房沟、店房里、店房垭、店房岭等等。再如，水口店、黄坡店、垭口店、石桥店、桥店子、石板店、南关店、青杠店、竹林店、桃花店、葡萄店、桉树店、板店垭、老凉风店沟、洞洞店、包包店、回龙店、骑龙店、三官店、字库店、花碑店，等等。遂宁的“窝窝店”，即因当地两山之间有一凹下处旧时开有小店而得名；遂宁拦江的“峨眉店”，即因旧时有一姓郭的在当地巍峨的山顶下开小店，时人称该山为小峨眉，故有了“峨眉店”之名；彭州的“三河店”，即因该店位于白鹿河、张家沟、冒水洞汇流处而得名；纳溪的“观音店”，即因店旁有供奉观音菩萨的小庙而得名。类似的，崇州、宜宾、巴中、南江、简阳等地的“观音店”，皆因此而得名。

第五类，以店的建筑材料、结构、形态、状况为标志。这一类地名也较多。例如，茅店、毛店、草店子、瓦店子、黄泥店、泥新店、大店、大店子、小店子、高店子、矮店子、半边店、横店子、长店子、新店子、老店子、火烧店、烂店子、破店子，等等。茅店，也俗称毛店子，指屋顶用茅草盖成的店子或简陋的店子，而瓦店或瓦店子，则通常是指屋顶用瓦片盖成的店子。清光绪《资州直隶州志》：清同治“乙亥年四月，西门河坝失火，烧百余家，嗣后禁起茅房，皆修瓦店。”旧时乡村，茅草房子多见，瓦店于是就显得格外与新奇，彭州利安的“瓦店子”，就是因其当时“与众不同”而得名的。茅店之称谓，唐代就有了，唐·温庭钧《商山早行》诗中有：“鸡声茅店月，人迹板桥霜。”高店子与矮店子，通常是指店子所处地势的高矮或店房的高矮，如中江的“高店子”和双流的“高饭店”，皆因设店处地势较高而得名。高店子之地名，见于很多地方，其中也有个别为姓氏类店字地名。三角店，或指店房形态呈三角状，或指店房所处地点为三角地形，南充会龙乡的“三角店”，则是因该店所在位置处于通往会龙、长乐、御史三地的交叉路口而得名。南充二家乡的“老店子”，因当地二家寺前有一清时修建的专卖香蜡纸烛的店子而得名。火烧店，不少地方有此地名，如金堂、简阳、广安、大竹、仁寿、犍为、威远等地，指该处有曾经遭受过火灾的店。破店，指破旧简陋的店房，宋·姜夔《昔游诗·其六》诗中有：“夜投野店宿，无壁亦无门。”明·杨慎《层台驿》诗中有：“陡坡千百磴，破店两三家。”穿心店，也是一个分布广泛的地名。所谓“穿心”，即来往之人可以从店中穿行通过路道，或店子建在通道中部的店。如崇州济协的“穿心店”，即因设店于交叉路口，行人可穿店而过而得名；双流文星的“穿心店”，即因有几条小路穿其店间而得名；双流太平的“穿心店”，则是因华阳与简阳间的公路从该店中心通过而得名。穿心店，也有被讹称或改称为“川心店”的。

第六类，以开店处早期店子的数量为标志。例如，双店子、三家店、九店等地名。南充的双店乡，其“双店”之名即因清初此处开设有两家店子而得来。

第七类，以开店处与另一地点的距离为标志。例如，三里店、五里店、七里店、八里店等地名。成都东外的“十里店”，即因旧时该设店处距离府城东门十里之远而得名。

其他的还有很多不能简单归于上面各类中的地名，如兴隆店（纳溪）、添子店（开江）、猫儿店（仁寿）、店子上（江油等地）、脚店头（广元），等等。这里就不再列举了。

店子地名中，自然隐藏着一些故事。例如，中江的仓山镇，旧名“胖子店”，传说其名来自旧时在此开店的“王胖子”。中江及近邻各县，包括三台、射洪、遂宁、简州等，都为井盐产地，旧时的“胖子店”处，为井盐及其他商货外输转运的陆地码头和来往人员的歇息地。至明晚期时，胖子店发展成为中江的著名乡场，远近闻名。清代晚期，人口众多、商贸繁荣的胖子店被誉称为中江县“第一巨市镇”。民国时，胖子店又改名为“胖镇”。可见，当地曾经的“胖子店”地名，影响深远。旧时，开店设店，往往也是很多富商巨贾初期创业的“第一桶金”，或者是其发家致富的路子。例如，旧时雅安上里五甲场的韩家，就是在当地“设茶布店数所”而富甲一方的。细数各地各场旧时的殷实人家，因开店而豪富的可以说是多如牛毛。

关于旧时的店，以及店字地名的来历与演变，还有着很多的可考究的内容，限于篇幅，暂且搁笔，留待以后另做论述。

垭 豁

各类表达山形地貌的地名中，“垭豁”显著地带有地域文化色彩。“垭”“豁”二字叠用，既与方言习语有关，也有语义强调的成分。垭豁之地名，其分布区域小，相对数量也少；广作通名之外，也多作专名使用，然而却稀见于各类历史文献记载。本文试着从分析垭豁地名的释义与其分布入手，探寻该地名中的文化特征及其所包含的历史信息。为叙述方便，下面将包含有“垭豁”二字的地名通称为“垭豁地名”。

四川境内，垭豁地名主要分布在东北部的高山和半高山地区，其中分布相对集中、数量较多的区域为巴中市下辖的南江县与通江县、达州市下辖的万源市与宣汉县，邻近的各市县也有少量的垭豁地名分布。这片垭豁地名相对密集分布的地方，正好在巍峨高大、绵延起伏的米仓山南麓和大巴山南麓区域内。由此可以有一个基本判断，即垭豁地名一定分布在山地。

“垭”，繁体字写作“埡”，指相近两山或两峰之间的底部或鞍状部位，常见词汇有“山垭”“垭口”等。“垭”字出现较晚，宋代以前的各类文献中未见有该字的记载，各版《说文解字》中也未将其收录。宋及以后，“垭”字始出现于文书中，至清代时更是所见多有。例如，宋·李廌[zhì]《德麟约游西山某自鄜来会行李阻修成此诗》中有：“梅垭排青云，四览众山脊。”宋《元丰九域志》：“……东至娄泰村一百八十里，西至鹿战垭一百里……”明《宋史纪事本末》：“帅兵迎拒于归州大垭砦，胜之，遂复夔州。”至清代，各地县志或乡土志中，有关“垭”的地名记录就很多了。如清道光《通江县志》中记录有明垭寨、凤鸣垭、庙子垭、马三垭、清齐垭、冷水垭、金垭观、双凤垭、宁死垭、乌龙垭、白雪垭、朱垭寨溪等地名。清光绪《太平县（今万源）乡土志》中记录有土垭子、

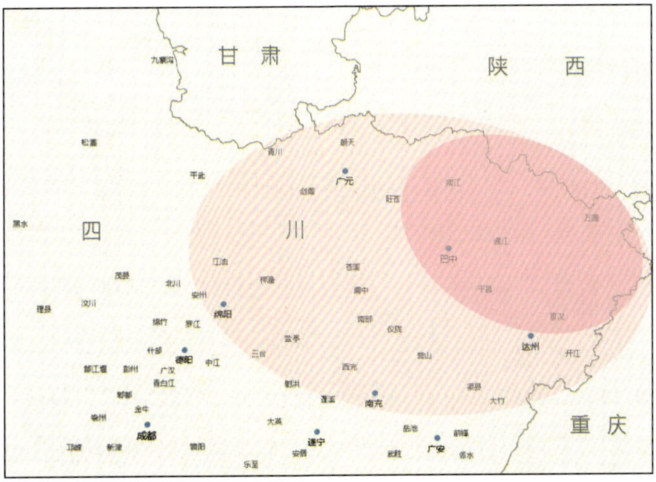

四川境内垭豁分布区域示意图

巴中境内垭豁分布区域示意图

茶垭子、庙子垭、九等垭、土地垭、鹿梯垭、黄金垭、毛垭关、烟墩垭、白杨垭等地名。很显然，这些地名中的“垭”，表达的都是地理特征，即山形地貌。

“豁”，有开裂、破缺、残缺的含义，也有开阔、敞开、通达的含义，常见词汇有“豁口”“豁亮”等。《说文解字·谷部》解释：“豁，通谷也。从谷害声。”关于“豁”字，古文献中多有记载，如晋《蜀都赋》中有：“豁险吞若巨防。”历代诗文中也多见“豁”字，如唐·李白《赠从弟宣州长史昭》诗中有：“长川豁中流，千里泻吴会。”唐·杜甫《鹿头山》诗中有：“连山西南断，俯见千里豁。”宋·陆游《野兴》诗中有：“山豁逢孤寺，林穷渡小沟。”上面引述的这些文献中的“豁”，表达的依然是山形地貌。南宋文人韩元吉《礲豁岩》诗中一句：“苍崖两分张，绝壁千丈起。”明显就是对“豁”状之地理形貌的描述。

根据上面“垭”“豁”的释义和例举，不难理解“垭豁”的含义。“垭豁”，即峰峦间之豁开处，或两山之间的开阔处，与“山垭”“山豁”“垭口”等词汇同义，表达特定的地理形貌。垭豁地名必然出现于有山峦的地方，而密集分布在特定区域里的现象，只可能与当地方言习语有关，当然，“垭”“豁”二字叠用，也有强调垭口的敞阔、通达的意思。关于垭豁的解释，民国《西乡县志》载：“山巅微凹之路口，足以扼险者曰垭，亦曰垭豁。”陕西西乡与四川通江接壤，地处秦岭巴山之间，也是垭豁地名较多的地方。

清道光《通江县志》：“大巴岭深九十里，小巴岭深四十里，俱为秦蜀间道。”大巴岭与小巴岭即现称的大巴山与小巴山。大小巴山及其余脉绵亘地带，万壑千峰，叠岭层峦，其景其状，如清光绪《太平县志·山水》：“九十九峰，圆峰圆簇，形极秀丽……六峰山，矗立千仞，四时苍翠。”峰众峦多，垭豁状山形地貌与垭豁地名自然也多。据笔者的调查统计，四川境内的数百个垭豁地名，其中大多数分布在南江、通江、万源、宣汉等大小巴山及其余脉区域。

四川境内的垭豁地名，可以分成多种类别。姓氏类，如夏家垭豁、卢家垭豁、潘家槽垭豁、陈胖子垭豁、周二垭豁、刘厂垭豁、窦家大垭豁、樊家坪垭豁、岳坡子垭豁里等；地理形貌类，如沙坝垭豁、黑山垭豁、红土垭豁、槽地垭豁、洞子垭豁、乱石头垭豁、砚台垭豁、断头垭豁、指垭豁、箭豁垭、板凳垭豁、褡裢子垭豁、拖儿垭豁、马鞍子垭豁、抱鸡母垭豁、猫儿跳垭豁、奈何桥垭豁、岩垭豁、岩门口垭豁、南天门垭豁等；植物类，如柏树垭豁、柳树垭豁、杏子树垭豁、梨子树垭豁、大松树垭豁、大枫树垭豁、大青杠树垭豁、野栗子垭豁、大林垭豁、梅山垭豁、草场垭豁、黄花垭豁、红豆垭豁口、火麻子垭豁等；作坊类，如铁匠垭豁、丝厂垭豁、笕槽垭豁、炭坑垭豁、窑湾垭豁、炉堆子垭豁等；塘堰类，如六池子垭豁、翻草池垭豁、牛窝池垭豁、堰垭豁、五口石堰塘垭豁等；构筑物类，如炮台垭豁、碾子垭豁、大碾垭豁、庙垭豁、灵官庙垭豁、双庙子垭豁、土地垭豁、坟垭豁、寨垭豁、碑垭豁、红碑垭豁等。其他杂类，如闪垭豁、填垭豁、秋垭豁、灯灯垭豁、草帽垭豁，等等。垭豁，还广泛用作专名。直接取用“垭豁”的地名就有很多，此外，还有小垭豁、大垭豁、南垭豁等地名，以及垭豁上、垭豁头、垭豁口、垭豁里、垭豁背等表达地理位置与垭豁关系的地名。

山地农乡　通江泥溪镇（2013）

大多数垭豁地名，也是人居聚落名。山地里，峰峦间之豁开处，或两山之间的开阔处，正是地势较低且较为平坦的地方。宣汉县的任家垭豁，也叫任家沟，说明了此“垭豁”与“沟”有相似之处。垭豁坪、垭豁梁、垭豁丘等地名，即表达了“垭豁”与“坪”“梁”“丘”等常用地理通名的关系。总的说来，垭豁地名，不仅形象地表达了山之形状，也能包含多种地貌，如坡、埂、坳、咀、坎、坝、岗、坰、峪、冲、湾等。垭豁之处，往往也是山区里土层厚实、土质肥沃、溪流经由，便于耕垦和灌溉的地方，自然这里也是容易形成人居聚落的地方。例如大小巴山一带有很多“田垭豁”地名，其名来源于该垭豁处有大量的田地。典型的如宣汉县的垭豁村，就有耕地近千亩。此外，还有独田垭豁、方田垭豁、新田垭豁、垭豁田、垭豁田湾等地名，也表达着当地垭豁与田地之间的关系。

山地农乡　朝天文安乡（2014）

前面列举的一些姓氏类垭豁地名，大多是旧时移民垦占和家族落户时产生的，即以族姓或大姓来命名居地地名，属于典型的祖居聚落名。也正是因为在垭豁处形成了聚落，才有了更多的社会性的事务，因此而产生了众多的作坊类垭豁地名和构筑物类垭豁地名。垭豁之处，往往也是形成通路和道口的地方，人来人去，促进了垭豁处聚落的扩展和住民的增多。南江县的米市垭豁、平昌县的场垭豁，顾名思义都是旧时开市设场处，显然这些“垭豁”处既是乡村聚落，同时也是举行农商活动和各类社会活动的场所。

明清及以后，带有“垭”字或“垭口”二字的地名记录非常的多。然而，同样用来描述和表达地理特征的“垭豁”，却鲜见于各类古代文献。更让人不解的是，

包括《辞海》《辞源》等各类近代文典中，也未将“垭豁”一词收录。1980年，我国进行了第一次地名普查，这次地名普查后印制出的各县市地名录中，四川的南江、通江、万源、宣汉等县市收录了当地的垭豁地名，其中南江县收录了14个；通江县收录了3个；万源县收录了1个；宣汉县收录了16个。

垭豁地名不被记录或少有记录的原因，大致有二，一是“垭豁”之称，属于方言习语，历来没有被视作规范地名称谓；二是在地名记录时，“垭豁”被简写为“垭”，或被改称为“垭口”“垭子”。例如，宣汉县普光镇的塌垭村，原地名为“塌垭豁”；宣汉县马渡关镇的柏垭村，原地名为“柏树垭豁”。

特别要指出的是，在四川东北部这个垭豁地名较多的山地区域里，某某垭、某某垭口或垭子的地名也较多。换句话说，在这个区域里，“垭豁”，与“垭”“垭口”或“垭子”的地名称谓，同样地被习惯性的接受。然而，这个区域之外的更广阔的山地区域里，垭豁地名就明显的少了，以至消失而完全由“某某垭”“某某垭口”或“垭子”的地名取代。例如，紧邻四川东北部万源、宣汉的重庆城口、巫溪一带，尽管还是在大巴山南麓区域内，但已经很难再看到垭豁地名了。这种情况，可以解释为局域文化的相对封闭性，以及“垭”“垭口”和“垭子”地名的更广泛接受性。

关于垭、垭豁之称的来源与演变，下面进行更深入的探析。

“垭”字出现较晚，是一个不争的事实。两山或两峰相夹之形貌，即“垭”或“垭豁”这类山地形貌，自然存在，当然古时应有相应的字词予以表达。经分析可发现，与“垭”字音义近同的古字就是“呀”“岈”或“谺”，而古时的“呀豁”“岈豁”，或“崖豁”，则与今“垭豁”同义。

“呀”字，宋《集韵》解释：“同谺。谺或作岈。谽谺，谷中大空貌。”《史记·司马相如·上林赋》载："振溪通谷，蹇产沟渎，谽呀豁閜。"唐·孟郊《石淙》中有句："磴雪入呀谷，掬星洒遥天。"清·李鼎元《蛾眉碛》中有："夜半山岈残月吐，一痕沙碛画蛾眉。""岈"，作为地名，早在北魏《水经注》中就有记载，如"南岈北岈，万有余家。"实际上，现在仍有一些地方留存着"岈"的地名，如四川南部县的"岈口"。

"呀豁""岈豁"，或"崖豁"，在古文献中多有记载。唐·王建《温门山》中有："早入温门山，群峰乱如戟。崩崖欲相触，呀豁断行迹。"唐·吴筠《秋日彭蠡湖中观庐山》中有："穹崇石梁引，岈豁天门开。"宋·梅尧臣《新安潘侯将行约游山门寺》中有："苍山自为门，呀豁异镌镵。"明·皇甫汸《玉泉亭》中有："怪石随崖豁，灵泉出涧幽。"清同治《增修南部县志》中辑录的古诗《漱玉岩晚宿回峦寺》中有："幽岩呀豁枕山限，剑破青冥面缺回。"不难看出，上面引用的这些古文献中提及的"呀豁""岈豁"，或"崖豁"，与今称之"垭豁"，音近义同。相互之间，可以说不无关系。

垭豁地名，集中分布在四川东北部，区域面积相对较小。实际上，其分布范围较广。

米仓山与大巴山北部，就是陕南。北靠秦岭，南倚巴山，陕南的山地县市在地理特征上，以及天候、语言、风俗等诸多方面与四川东北部的山地县市近同，历史上两地间人员来往也较频繁。古时秦蜀之间多路通道，如子午道（荔枝道）、傥骆道、褒谷道、陈仓道，以及米仓道等，大都经由这个区域。陕南各地，恰好也有着大量的垭豁地名，其中南郑、略阳、宁强、西乡等县市为垭豁地名密集分布区，其他县市如凤翔、扶风、留坝、周至、麟游、太白、凤县、勉县、镇巴、城固、洋县等也都有垭豁地名分布。陕南丘陵地区的垭豁地名，更多地体现出族群聚落特征，典型的，南郑一带就有大量的姓氏类垭豁地名，如张家垭豁、陈家垭豁、曾家垭豁、苏家垭豁、路家垭豁、肖家垭豁、曹家垭豁、吴家垭豁、毛家垭豁、尤家垭豁、冯家垭豁，等等。

与秦岭山脉、大巴山山脉西北部相连的就是祁连山脉和巴颜喀拉山脉。阿尔金山脉与祁连山脉、巴颜喀拉山脉相围的区域，大致为古时"河西走廊"东部之凉州辖地。这一带仍以山地为主。考察中发现，大量的垭豁地名出现在这个区域里。甘肃北部的肃南、天祝等地，以及南部的两当、成县、徽县、西河等地都密集分布着垭豁地名，其他的如康县、文县、礼县、岷县、武山、宕昌、陇西、渭源、和政、临潭、永昌、舟曲、临夏等县市也都有垭豁地名分布。邻近的青海地区，垭豁地名也特别多，大通、门源、祁连、民和、乐都、化隆、海晏等地都密集分布着垭豁地名，其他的如湟源、茫崖、湟中、共和、互助、贵德、循化、德令哈、乌兰等县市也都有垭豁地名分布。

甘肃、青海广阔的区域里，居住着汉族、藏族、回族、东乡族、土族、撒拉族、蒙古族、保安族、裕固族等多个民族的居民。垭豁地名的存在和广泛分布，可以说是多种文化相互影响和相互融合的结果。不同于四川和陕西地区，甘肃和青海的垭豁地名，更加具有地方特点，尤其是青海地区的垭豁地名中，出现了大量明显是少数民族语言的垭豁地名，例如，久依垭豁、本干垭豁、拉龙垭豁、作西垭豁、俄博垭豁、扎拉垭豁、夏拉垭豁、多曲呼垭豁、固拉垭豁、德札垭豁、吉昂峡垭豁、克前垭豁、存安垭豁、扎汉布拉垭豁、萨拉垭豁、哈勒景大垭豁、提米垭豁、加浪垭豁、扎龙垭豁、加四玛垭豁，等等。这些垭豁地名，不仅具有极强的地域风格，也进一步表明了垭豁地名的原始与古老。“垭豁”的概念，各地都是相同的。例如，以藏族为主要民族的青海玛沁县，当地藏语“克黑昏”，意即“青色的垭豁”；“桑各卡”，意为“煨桑的垭豁”。

垭豁地名分布区域山脉示意图

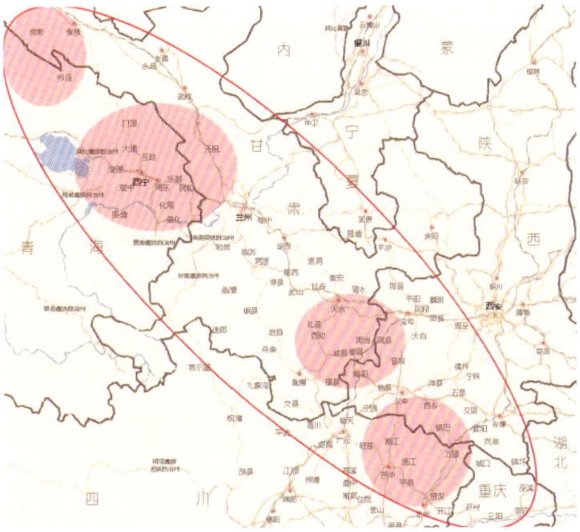

垭豁地名主要分布区域示意图

西藏、宁夏、内蒙古也存在有少量的垭豁地名。如西藏那曲的双湖县有“马背垭豁”，尼玛县有“凤翎垭豁”；宁夏固原的隆德县有“庙垭豁梁”，等等。此外，河北、河南，以及紧邻四川的重庆等地，也有少量或个别的垭豁地名，如河北涉县有“垭豁山”；河南灵宝县有“垭豁崖”；重庆开州有“派垭豁”，城口有“碑垭豁”，等等。这里就不再细列。

在梳理上述这些地方的垭豁地名中，发现两个有意思的情况。一是方言读音有所差异外，用字上也见有不同，出现了“牙合”“垭合”“丫豁”“牙豁”“岈豁”“牙壑”等与“垭豁”字异而音义近同的地名称谓。例如甘肃有“垭合里”“垭合梁”，陕西有“垭合边”“垭合上”，青海有“青巴岈豁”“垭壑湾”，等等。还有，青海门源县的牙合村，其旧名就是“垭豁”。民国《大通县志》记载当地县境内有“牙壑山”。另一种情况则是陕西、甘肃、青海等西北地区，原本就有使用“豁”来表达山形地貌的习惯。“豁豁”“豁口”“豁子”“豁岘”等叫法比较普遍。例如，陕西的宝鸡，甘肃的西河、渭源、临洮，青海的民和、湟中等地有“豁豁”“豁豁梁”“豁豁山”“豁豁坝”“豁豁湾”等地名；甘肃的灵武有“张家豁子”“木瓜豁子”的地名；宁夏的盐池有“叶家豁子”的地名；甘肃的张家川有“豁落里”的地名；甘肃的临夏、合水等地有“豁口”地名；甘肃的榆中、临洮、渭源、定西、天水、古浪、广河、会宁等地都有“豁岘”地名；内蒙呼伦贝尔市莫力达瓦达斡尔族自治旗有“炮打山豁”的地名，等等，不胜枚举。

根据上面的分析，不难看出，“垭豁”之地名称谓，西北地区方言特点明显，尤其是在陕西、甘肃、青海三省带状相连的区域里使用较为普遍。垭豁地名的源发地应该也在这个带状区域里。这个从西北向东南延伸的带状区域正是古时人口迁移、民族融合、商贸交往的走廊，也是秦陇文化与荆楚文化、巴蜀文化碰撞交融的通道。毫无疑问，大范围的垭豁地名研究，可以让我们更加深入地了解和探知其中所包含的历史的、文化的、民族的、区域的等多方面的信息。

一碗水

“一碗水”地名，看似奇异，实则寻常，四川多地有之。据不完全统计，四川的广元、绵阳、巴中、达州、南充、遂宁、广安、德阳、乐山、眉山、内江、自贡、宜宾、泸州、雅安、凉山、甘孜、阿坝等市州辖地，以及成都市辖地各县区几乎都分布有“一碗水”地名，其数量应有数百个之多。有些地方，方圆百里之内，分布有多个“一碗水”地名，该地名有着较高的重复度和密集度。

“一碗水”地名，大多为村以下的小地名。设置为村名的也不少，绵阳、资阳、南充、蓬安、内江、威远、荣县、自贡、开江、三台、岳池、井研、乐至，以及凉山的会东和阿坝的汶川等地都有“一碗水村”。此外，一些地方还有一碗水湾、一碗水沟、一碗水头沟、一碗水梁子，以及一碗水哨、一碗水塘、一碗水铺、一碗水营等不同的冠有“一碗水”的小地名。例如清乾隆《苍溪县志》：“一碗水塘，兵三名。”清同治《会理州志》：“一碗水营，兵三十名。”

邻近四川的一些省市地区，也分布有“一碗水”地名。例如陕西的镇巴、凤县、洋县等地；重庆的渝北、北碚、沙坪坝、涪陵、永川、万州、开县、忠县、云阳、巫溪、巴南、大足、彭水、酉阳、石柱、秀山等地；湖北的松滋、当阳、长阳、鹤峰、建始、宣恩、远安、宜都、咸丰、五峰等地；湖南的永定、龙山、古丈、花垣、慈利、石门、桑植、沅陵、桃源等地；云南的盐津、彝良、永善、镇雄、大关、绥江、安宁、晋宁、富民、寻甸、嵩明、元阳、蒙自、禄劝、祥云、保山、腾冲、江城、鹤庆、迪庆、香格里拉、墨江等地；贵州的黄平、余庆、桐梓、岑巩、务川、印江、习水、毕节、石阡、黔西、江口、仁怀等地，都分布有“一碗水”地名，其数量更是多如牛毛。

“一碗水”地名，古来有之，一些历史文献对此有所记录或提及。例如，明代文学家杨慎《西路杂述·其五》诗记：“哨名一碗水，坡号半边山。疲人倚石蹬，渴马饮冰湍。”明《徐霞客游记》中记载：“北竟坞中，乃北逾石岭，共半里下……北上半里，是为土地关。下关半里，凿石坎停细流一盂，曰‘一碗水’，行者以口就而啜之。”清《方舆纪要》，羊街山“山半涌泉，周围五尺，名曰一碗水，行者咸掬饮之，地名碗水哨。”清《贵州通志》：“一碗水在朗溪司东四十里。山巅有井，方圆止若一碗，不盈不涸，饮之不竭。”清康熙《鹤庆府志》：“一碗水，在府东十里大城坡顶，圆尺许，深如之，不涸不盈。”清同治《营山县志》：“杨柳沟有一碗水，平地出水。”清道光《仁寿县新志》：“一碗水，在杨柳场东，水止一碗，不竭不溢，故名。”清光绪《江津县志》：“高洞，源自骆駷一碗水，经十丈岩至汪家沟，会长寿溪，入僰溪，长三十余里。”清光绪《安岳县乡土志》：“自治地出南门西南行，一里半至高桥……凡七里至鄢家山，又五里至一碗水……”《清史稿》：“安宁河，自州北纳公母河、一碗水，西南与打冲河合，并西流入之。”清光绪《永川县志》：“复兴场东八里附近有泉，清冽不涸，名一碗水。”民国《绵阳县志》：“石鸭山，治北七十里，其洼有一碗水，

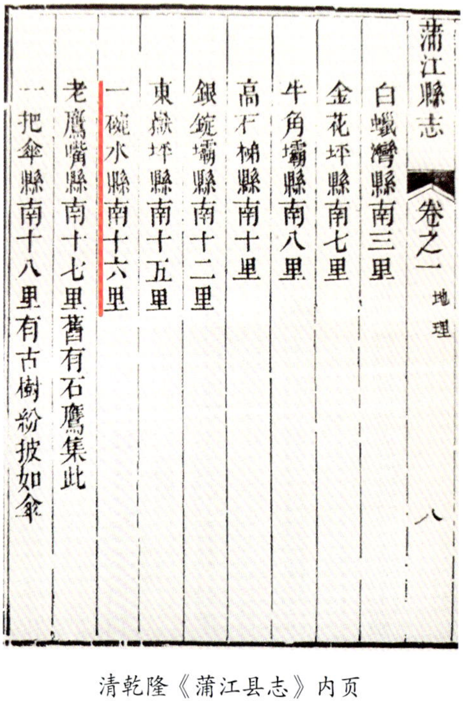
蒲江縣志 卷之一 地理 八
白蠟灣縣南三里
金花坪縣南七里
牛角壩縣南八里
高石梯縣南十里
銀錠壩縣南十二里
東嶽坪縣南十五里
一碗水縣南十六里
老鷹嘴縣南十七里舊有石鷹集此
一把傘縣南十八里有古樹紛披如傘

清乾隆《蒲江县志》内页

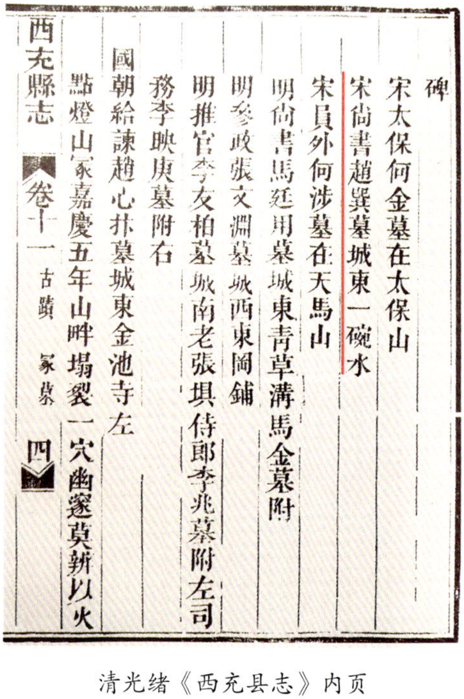
碑
宋太保何金墓在太保山
宋尚書趙巽墓城東一碗水
宋員外何涉墓在天馬山
明尚書馬廷用墓城東青草溝馬金墓附
明參政張文淵墓城西東岡鋪
明推官李友柏墓城南老張垻侍郎李兆慕附左司
務李映庚墓附右
國朝給諫趙心抃墓城東金池寺左
點燈山冢嘉慶五年山畔塌裂一穴幽邃莫辨以火
西充縣志 卷十一 古蹟 冢墓 四

清光绪《西充县志》内页

内有天生石鸭。”

明清时期的一些地理图中也能见到“一碗水”的地名，例如，明《黔记》中绘制的平越府卫形胜图中标示有“一碗水寨”；清乾隆时期绘制的《四川全图》之阆中县、中江县和清溪县形胜图中分别标示有“一碗水塘”。由此可见“一碗水”地名使用的普遍与广泛。

旧时的一些谱牒中也能见到“一碗水”地名的记载，如宜昌《积善堂覃氏族谱》载，明洪武二年，覃氏始迁祖“偕弟从四川马湖府细沙溪迁至夷陵，以渔业为职，繁衍生息。妙才葬乐天溪镇兆吉坪吴家湾马桑叶岭下，又名灯盏窝、一碗水。”仪陇《唐氏族谱》，清康熙年间，其先祖“嘉鸾后裔先后有多房入川，嘉庆十六年各宗支续谱相传。年佩、年璋胞俩入川落业仪陇县，为马鞍坝唐氏先祖；年礼，入川落业南充，地名一碗水。”龙泉驿《江氏族谱》中记载，其入川始祖玉琦公“自幼来川，丙子年买业于简州义和乡七甲，地名一碗水石门坎下。”犍为《李氏族谱》，其先祖“尧舜二公于乾隆三十四年，移居四川省嘉定府犍为县舞云场。尧公立祠葛麻湾，更名放勋堂，又名宏勋祠；舜公立祠下山一碗水。”

“行政级别”最高的“一碗水”地名，当属贵州黄平县的一碗水乡。黄平一碗水乡，历史悠久。明洪武时期，置黄平安抚司，下设卫所，时有“五哨五营”，即七里哨、深沟哨、烂泥关哨、永靖哨、打铁关哨，以及必胜营、板桥营、燕子营、归化营和一碗水将军营。清嘉庆《黄平州志》：“旧城元时为黄平府辖，上下三曲二长官司，后改属播州宣慰司，明初改为安抚司……一碗水将军营，小旗一名充把总，募兵二十名，护送往来官司并递公文。”根据有关黄平“一碗水将军营”的历史记载可以确定，“一碗水”的地名称谓，至少在明初就已出现。

关于“一碗水”地名来历的记载很多，所述内容大同小异。如明·陈仁锡《潜确类书》中记载有：“大成坡，在鹤庆府城东南，顶有泉，圆径尺许，深如之，终岁不溢，盛夏不涸。相传南诏蒙氏过此，三军无水，甚渴，拔剑插地，泉随涌出。至今行人资焉，谓之一碗水。”清同治《营山县志》：“一碗水，治北隶太蓬岩中，出水其池，仅容一碗，盈溢不竭，故名。”清道光《荣县志》：“一碗水，县西十五里，石泉虽旱不涸。”一些地名录中也有相关记载。例如，《四川省邛崃县地名录（1985）》中介绍南宝山乡“一碗水”地名：“此山路之侧，有一岩窝如碗大，山泉浸流于内，故名。”《四川省通江县地名录（1984）》中介绍赤江乡“一碗水”地名：“岩上一石凹似碗，常有一小股泉水浸入，故名。”《四川省中江县地名录（1986）》中介绍富兴乡“一碗水”地名：“山间有一小凼，常有泉水溢出，故称。”《四川省南充县地名录（1989）》中介绍青莲乡“一碗水”地名：“古庙侧有一碗大石窝，窝内浸水清凉，取后又满，故名。”《四川省宜宾县地名录（1987）》中介绍万菁乡“一碗水”地名：“村边一岩石上，有一水凼似碗，常年水不涸。”

泉水与岩窝，为构成“一碗水”地理特征的基本要素，也即产生“一碗水”地名的必要条件。因此，“一碗水”地名主要分布在山谷或丘壑地带。例如，通江县境内有三处“一碗水”地名；中江县境内有五处“一碗水”地名。清乾隆《江津县志》：“一碗水，县东一百三十里，山顶有石窪如碗其兼，不竭不盈。”清乾隆《屏山县志》：“一碗水，县东十五里，水自道旁石穴流出。”清乾隆《威远县志》：“枹桐崖，县北三十里，崖多枹桐，下有石窝，号一碗水，饮常不涸，行者利之。”清同治《嘉定府志》：“小石埳，水清不竭不溢，俗呼一碗水。”清道光《荣县志》：“一碗水，县北二十五里，生成一窝形如碗，深阔约六七寸，清泉从窝内渗出，可供一人饮，轮次不竭。”所谓岩窝，即岩石表面天然形成的溶蚀坑，包括壶穴、锅穴、冰臼等，以及人工凿掘的石坑。大多数地方的“一碗水”，为接引岩泉的天然坑洼，这些天然坑洼也有被人为改造或加工过的，以凸显其碗状即“一碗水”的特征。此外还见有纯人工制作的“石碗”或“陶瓷碗”。需要特别说明的是，个别地方的“一碗水”也被称为“碗泉”或“一碗泉”。例如旧时的通江就有“一碗泉”的地名。

几乎每一个地方的“一碗水”，都有着异闻传说。这些异闻传说中，“一碗水”的由来，或与仙圣有关，或与帝王相干，清甜甘洌的“一碗水”不仅为渴者饮，还能治病救人，或消灾免难，或福荫子孙。例如，泸县龙贯山的“一碗水”，传说与“牢落西南四十秋”的明建文帝有关；三台县芦桥乡的“一碗水”，据传可治百病，甚至有起死回生之效，泉眼旁的一块岩石被当地村民视为圣物而崇敬有加；大足县北山白塔坡下的“一碗水”，传说为孙悟空用金箍棒撬开山石而成，一旁的山岩上还有后人雕刻的唐僧师徒像。清嘉庆《峨眉县志》：“一碗水，闻旧有僧于此，以一勺济行人，遂成不涸，至今水干迹尚在。”清同治《营山县志》：“一碗水，治西五里许道旁石，相传仙人张三丰过此，遇一乞丐渴甚执碗寻水，丰夺其碗掷于道，水即流出，遂四时不涸不盈，一人食之而足，千人取之而亦足，旱亦无害，因以为名，今存。”最为神奇的则是剑阁的“一碗泉”。当地山上建有文昌庙，庙前石凹有清泉流入，人称“一碗泉”，相传此即处为文昌帝君的出生地。清雍正《剑州志》：“一碗泉，在州西一百二十里。文昌化书云，帝君父母祷神，滴血石凹中，产蛇乃帝君也。即此。”明清时期的一些谱牒中，更有不少关于移民先祖在新居地发现“一碗水”而落业定居下来的记录。如万州《张氏族谱》中，就记录了张氏先祖进入万县山中时，饥渴之中发现一泉井，族人遂在此垦占留居并将这一泉井称作“饮碗水”，后来又改其名为“一碗水”。

“一碗水”之地名，属于山水地理类地名，贴近凡俗生活且富有品读趣味，给人极强的亲切感。然而有两个问题需要进深一步思考，那就是古人为什么不用“一洼水”“一坑水”，或者“一瓢水”“一壶水”“一盆水”“一罐水”这样的地名，以及为什么在相当广阔的地域里存在如此众多的“一碗水”地名。

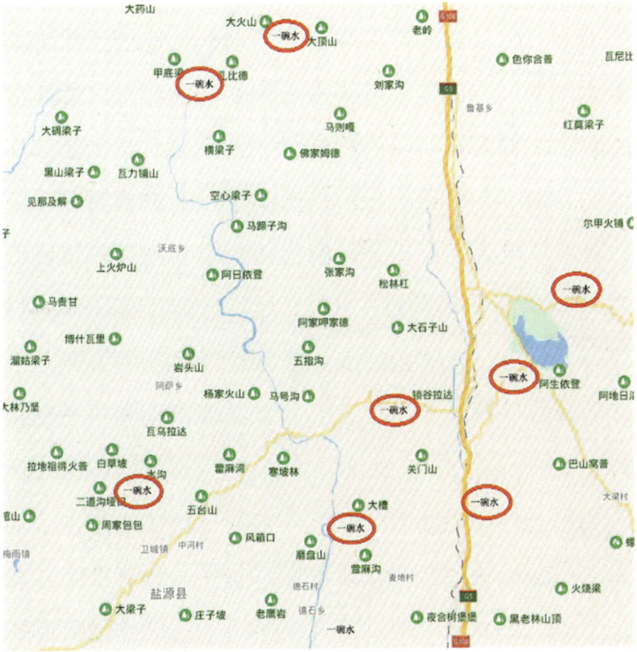

盐源一带分布的一碗水地名

"碗"字，从石从宛，其本义就是凹形石制容器。碗之形态，上大下小或上阔下窄，与很多天然形成的岩窝或石凹之形态近似，于此可以推测早期人类所使用的"碗"，极有可能就是岩石上的凹坑，后来才渐渐出现了陶碗和瓷碗等类的仿形碗。装盛食物或水，为碗的基本用途，碗最终成为人类最常用的和必需的饮食器具。因此，用"一碗水"来表达这种特定的地理形态，古朴自然，适当贴切。水，滋养万物，"天一生水，地六成之"，自古人类就将水视为最珍贵的自然资源并择水而居。一股清流或一凹岩泉，在一些山地里尤其珍贵。可以说，"一碗水"之命名也表达了古人对水的崇敬和珍惜。

传统的风水理论，或也对"一碗水"之取名有所影响。唐朝人氏杨筠松，俗名"杨救贫"，被尊为风水宗师。传说他能用"一碗水"救苦救难，或招来财气。风水理论对水的要求是"聚蓄"，聚蓄水则主富贵，即所谓"明堂一碗水，止得三年渴。"碗，显然就是一个能聚蓄水的容器，"一碗水"则成为古人寄望人丁兴旺、福泰安康、富贵荣华的一种心理表达。

佛教中有"佛观一碗水，八万四千虫"；道教中有"万病一碗水"；主产于长江流域的八角莲，因有清热祛毒疗伤之效，人称"江边一碗水"。虽然各种情景和语境下的"一碗水"之含义不尽相同，但这却强化了人们对"一碗水"三个字的辨识与记忆，"一碗水"逐渐成为人们对某些事物与现象的指代用词，或者说更熟悉和更习惯的一种表达。

综上所述，"一碗水"地名数量多、分布广，其名来历多与山泉岩窝有关，几乎每一个"一碗水"地名的背后都有着不同版本的异闻传说。"一碗水"地名中包含有地理、历史、民族、宗教、神话、习俗，以及移民迁徙与聚落等多方面的内容。此外，该地名的重复度和密集度较高，也反映了一种特殊的地域文化现象。

汤巴丘

川东等地，山乡里有不少以“丘”为通名的地名。给笔者留下印象最深的就是川东邻水县的汤巴丘。佳美的自然环境与稀有的人文景观，连同“汤巴丘”这个地名，一直留在我的脑海中。

汤巴丘，亦称汤坝丘。对于该地名，《四川省邻水县地名录（1985）》中有这样的注释：“汤坝丘，田坝中一圆形巨石，形如汤圆（方言‘汤巴’），故称汤巴丘，巴与坝音近，故演化为今名。”由此得知，汤巴丘中的“汤巴”为汤圆的俗称，而“丘”则指的是田坝。

汤巴，实应是汤粑，即方言中对汤圆的称谓。四川不少地方有这样的叫法，其中川东地区相对较多。汤粑以糯米为主料，也有掺杂籼米的，馅有荤素甜咸多种，各地的做法略有不同。汤粑之称谓，始于何时何处，尚不可考。四川之外，浙江、安徽、山东、广西、贵州、云南等地，也有这样的叫法，其中贵州尤为普遍。川东，以及黔东南与桂西北一带的土家族、侗族、壮族等少数民族地区，古来也有制作汤粑的习俗。黔东南苗族地区古时还有采用煮汤粑来解决民间纠纷的做法。见于各处的相关地名中，包含了或多或少的历史痕迹。例如，四川、重庆有汤粑寨、汤粑坳、汤粑田、汤粑石、汤巴沟、汤巴冲、汤巴山等地名。贵州有汤粑哨、汤粑铺、汤巴关、汤巴坳、汤巴沟等地名。这些地名，大多在明清时期即已存在。如贵州的汤粑哨、汤粑塘，清道光《贵阳府志》载：“汤粑哨，云贵驿道所经。……汤粑塘，安兵六人。”

丘，古时亦作坵，多义。一是指小土堆、小土山。如土丘、沙丘、丘陵、丘壑等。《广雅·释丘》：“小陵曰丘。”《说文解字》：“丘，土之高也。”一是指人居聚落，如丘里、丘落、丘园等。唐·孟浩然《田园作》诗中有句：“书

丘田　汤巴丘（2015）

农家　汤巴丘（2015）

剑时将晚，丘园日已暮。”此外，丘还表示为一块田地或一块田坝。唐《孙子算经》中记载：“今有丘田，周六百三十九步，径三百八十步，问为田几何。”笔者住成都光华村街，这里往西几里处有一老地名“十八丘”。该“十八丘”即因当地旧时有 18 丘水田而得名。

川东一带地名中的“丘”，多指田地或田坝，典型的地名如大竹县的“坝丘”，忠县的“坝子丘”。通常这种田地或田坝，位于山坳之中，一丘田地或田坝，边界较为清晰，面积在几亩至几十亩之间。含有“丘”字的地名，可分成多种类型。按当地大姓命名，如大竹县的关大丘、丁家大丘，忠县的王家丘，垫江县的余家大丘，等等；按田地或田坝数量命名，如邻水县的三丘田，渠县的八丘田，达川区的九丘田，宣汉县的五丘塝、七丘木沟、千丘田坝，广安区的五千丘，北碚区连二丘，等等；以丘田产量命名，如长寿县的四斗丘，渝北区的八斗丘，等等；按田地或田坝的形状命名的最多，如邻水县的铜锣丘，梁平县的裤裆丘，大竹、邻水、华蓥、奉节、巫溪、江津、綦江、渝北等地的磨盘丘，此外还有多不胜数的三角丘、四方丘、五角丘、六角丘、八角丘等地名。另有一些地名则是以其他的标志来命名的，如丰都县的水井丘，长寿县的石板丘，等等。

邻水县之外，别处也有汤巴丘或汤粑丘这样的地名。如垫江县曹回镇打鼓村有地名汤巴丘；江津县中山镇牛角村有地名汤粑丘。《四川省垫江县地名录（1986）》：打鼓村“汤巴丘，相传早年受灾，用一碗汤粑换取的。”《四川省江津县地名录（1987）》：牛角村“汤粑丘，此处有一块圆田，形如汤粑得名。”这些地名及其注释，当是很好的印证。

邻水县的汤巴丘村，位于铜锣山中，峰峦叠翠，风光绮丽，山坳中分布着的民居聚落原始古朴，各类明清古建筑形态完整，民风淳厚、地域特色鲜明的汤巴丘村已经入选中国传统村落名录。登界游方，寻幽探奇，推荐大家去看看山乡里的汤巴丘。

牛滚凼

牛滚凼[dàng]，是一个地域文化色彩浓厚且巴蜀地区多见的小地名，值得一番考究。

“牛滚凼”地名，广泛分布在巴蜀地区，以及邻近的湖北、云南、贵州等地。从分布密度上看，川南、川东，以及贵州，该地名相对较多。这个现象，与大西南地区的地貌、方言、农作物种植和牲畜饲养等习惯有关。

凼，字形会意，指小水坑、小水塘或小水池等，也指积水的洼地。“凼”与“氹[dàng]”同义，应由“氹”字变化而来。氹字，出现较晚，从目前所能收集到的资料来看，明代时始见于书文。明代晚期至清代早期，一些地方文献中渐渐多见。清乾隆《长沙府志》：“……前任案卷内类多难识之字，如氹等，考之《字汇》《篇海》《许氏说文》《赵氏长笺》诸书，并无此等字样。”“氹”字出现早期，多在广东、湖南等地流行，清《广东舆地图说》：“粤地俗字最多……乙水为氹。”清道光《肇庆府志》：“蓄水之地曰氹。”清嘉庆《武冈州志》：“洿下有水，谓之氹，按古人方志多载方言俗字，所以存其地之习俗。”后来，作为一类地理特征，“氹”作为通名广泛用于地名之中。至今，广东及其周边地区仍有很多这类地名，例如广州有地名“淘沙氹”；英德有地名“黄泥氹”；珠海有地名“仙人氹”，等等。

“氹”字传入四川，或与明末清初的移民运动有关。据旧时文献记载，清早中期时，有关“氹”的地名就分布于四川多地。例如，威远有“黑氹子”；井研有“柏树氹”；荣县有“螺蛳氹”；犍为有“锅底氹”；成都有“氹氹田”；江津有“龙氹子塘”“鸭子氹塘”，等等。

“凼”，字形上更加形象化地表达了有水的坑洼之处，从而得到了广泛的使用。清初及以后时期的大量书文中开始多见“凼”字，先前一些地名中的“氹”字，也多被“凼”字取代。旧志中记载了广东、湖南、江西等地相当多的这类地名，例如黄泥凼、大水凼、大凼、小凼、牛凼、凼塘、凼里，等等。至今，一些地方这类地名密集，例如湖南安化的大禾凼村，就有大禾凼、细禾凼、国习凼、猪槽凼、桃子凼、春苗凼、看牛凼、搭刺凼、云霄凼等9个以“凼”为通名的小地名。

“凼”字，也多见于自然村落名，其中以姓氏命名的尤其多。例如湖南长沙的柳家凼、湖南邵阳的文家凼、湖北黄冈的董家凼。江西九江的胡家凼，等等。显然，这些自然村落名的形成应与其族人早期选址落居地的坑洼地貌有关。

五方杂处，文化融合与言语渐同，清初以来，“凼”字被广泛接受并成为西南地区普遍使用的方言。典型的，“凼凼”一语即表达着小水坑、小水塘，或洼地的意思。口语中常见，这样的地名也很多，例如“水凼凼”“泥巴凼凼”“小凼凼”“大凼凼”等。四川德阳红雨村有一地名“凼凼院子”，即因该院地势低洼而得名。用“凼”表示坑洼、水洼之处，十分常见。四川芦山有地名“二十四凼”，就是因为当地有24个坑洼处而有其名。类似的，四川宝兴有地名“三十六凼”，则是因当地有36个坑洼处而有其名。地名中，“凼”字也常与“窝”字连用，以强调地貌的环状坑洼形态。例如，“窝凼”“窝凼凼”等。

四川，包括现在的重庆，城乡各地，各类含有“凼”字的地名，五花八门，多如牛毛。例如，窝里凼（剑阁）、深窝凼（双流）、大窝凼（盐边）、麻窝凼（邻水）、坟窝凼（城口）、碓窝凼（垫江）、麻池凼（渠县）、响水凼（武胜）、水淹凼（巴南）、烂坝凼（资阳）、弯角凼（潼南）、三角凼（岳池）、锅儿凼（汉源）、落锅凼（黔江）、筲箕凼（双流）、石板凼（高县）、石马凼（夹江）、火石凼（彭水）、石粪凼（简阳）、猪槽凼（安岳）、磨盘凼（巴县）、土桥凼（仁寿）、盐井凼（长寿）、盐水凼（泸县）、井坝凼（营山）、古井凼（资阳）、硝水凼（泸州）、椅子凼（武隆）、车盆凼（武隆）、脚盆凼（永川）、洗布凼（泸县）、摆布凼（自贡）、洗麻凼（珙县）、童子凼（南川）、黑龙凼（蓬溪），等等。

各类含“凼”字的地名中，与动物有关的很多。例如，牛毛凼（眉山）、跌马凼（渠县）、九龟凼（什邡）、螃蟹凼（南川）、虾儿凼（蒲江）、泥鳅凼（涪

耙地　广元清水乡（2012）

陵）、金鱼凼（沐川）、蚂蝗凼（大足）、花蛇凼（马边）、鸡婆凼（南溪）、金鸡凼（永川）、鸭儿凼（泸县）、水鸭凼（南川）、天鹅凼（越西）、夜马凼（南溪）、泡马凼（永川）、老熊凼（金川）、野猪凼（屏山）、鹿子凼（米易）、猴子凼（内江）、黑虎凼（垫江），等等。各类含“凼”字的地名中，涉及植物名的也不少。例如，春木凼（广安）、杨柳凼（彭山）、白杨凼（黔江）、桑树凼（峨眉）、马桑凼（荣县）、黄桷凼（荣县）、檬子凼（合江）、蜡树凼（井研）、白竹凼（邻水）、金竹凼（安岳）、苦竹凼（綦江）、葛麻凼（大竹）、活蕨凼（峨眉）、泡麻凼（犍为）、苏麻凼（武隆）、菖蒲凼（南溪）、高笋凼（合江）、马草凼（犍为）、稗子凼（梁平）、魔芋凼（筠连）、棱角凼（丰都）、瓜蒌凼（永川）、绿葱凼（大邑）、五谷凼（丰都），等等。动植物资源的丰富，以及古人想象力的丰富，由此产生了巴蜀地区诸多的这类地名。

有关“凼”的地名还很多，例如，凼湾头（广元）、小凼沟（南充）、烂凼子（大邑）、烂凼水（荥经）、烂凼沟（盐源）、龙凼坎（南溪）、黑凼湾（营山）、黑凼古（开江）、大凼鼓（犍为）、窝凼塆（潼南）、落凼塆（云阳）、落凼丘（涪陵）、凼凼田（沐川）、麻凼头（兴文）、毛窝凼子（古蔺），等等。这样的地名，数量众多，不胜枚举。

一些地名有着特别的历史。例如西昌的“西番凼”，《四川省凉山彝族自治州西昌县地名录（1986）》：西番凼“原为藏族驻地，当地习称藏胞为西番，村有水塘，故名。”威远的“雷家凼”，《四川省威远县地名录（1986）》：“村前河中一凼，清光绪年竖碑书‘雷家凼’，故名。”井研的“观音凼”，《四川省井研县地名录（1985）》：“观音凼，原水凼边石壁上有观音神像。”一些地名前后发生着变化，例如内江旧有地名“落锡凼”，后在该处建了川主庙，于是有了新地名“川主凼”；荣昌旧有地名“潮水凼”，后来改名为音近的“照水凼”；南川旧有地名“落凼沟”，后来易名为音近的“罗旦沟”；巫溪旧有地名“鸭儿凼”，后来写作“鸭儿垱”；射洪旧有地名“鸡鸭凼”，路面改造后易名为“工农路”；大足旧有地名“过路凼”，后当地建场改名为“云路场”。时过境迁，一些地名变化了，更多的地名则在城镇建设中慢慢地消失了。

凼，或坑洼之处，多是自然地貌或天然形成的，也有一些是人工造成的。例如，荣昌的“碗泥凼”，即因在当地取泥制碗，天长日久而形成了洼凼；巴县的“瓦凼”，也是因长期采泥做瓦而形成洼凼；南溪的“清明凼”，则是因清明时节挖土垒坟而渐渐形成的洼凼。

山区和丘陵地带，坑、窝之类的地貌很多。往往这些有洼凼的地方水源充足，适于人居和农作物生长，旧时聚族而居的村落，自然也多在此形成。《四川省资中县地名录（1991）》：“周家凼，相传湖广移民入川，周姓插占此地，田中有一大水凼，故名。”《四川省峨眉县地名录（1982）》：“骆挪凼，此村处望乡台山脚，呈窝凼形，因骆姓聚居故名。”类似情况的有很多，例如，邛崃有“汪凼”；郫县有“吴家凼”；丰都有“戴家凼”；大邑有“王大凼”；荣县有“张公凼”；邛崃有“黄二凼”；青神有“罗凼儿”；崇州有“徐凼凼”；米易有“周家凼凼”；绵竹有“金家窝凼”；南川有“李家老凼”；彭州有“谢家大窝凼”；简阳有“傅家窝凼凼”；都江堰有“何家泉水凼”；隆昌有“蓝家石凼凼”；营山有“罗家大凼古”，等等。

由上所述可看到，“凼”字作为表达水洼、坑窝等地理形态的一方俗语，广

耙田　邛崃水口镇（2011）

泛地使用在巴蜀各地的地名中。

巴蜀地区大多地方，古来生产水稻。一些山区或丘陵地区，水稻也是当地的主产农作物。清代，随着外省移民的纷纷迁入，人口陡增，大规模的拓荒种田，以及旱地改为水田的活动持续很久，为提高水稻产量，精耕细作也就成为必然。水稻种植中，整地是重要环节，其中犁田耙地是主要的农活。这样的农活，通常是离不开牲畜，即牛的帮助，尤其是水牛。旧时，西南水稻种植区里的农户，几乎家家都饲养着水牛，水牛成为农家不可缺少的宝贵的财产。清嘉庆《温江县志》："牛，有水牛黄牛二种，水牛任耕，黄牛任驮，邑多蓄水牛，少黄牛。"清咸丰《资阳县志》："资属耕田，以水牛为贵。"清《郫县乡土志》："郫人耕田，皆用

水牛。”水牛由远古时的野牛驯化而来。出土的水牛骨化石表明，新石器时期，中国南方就已经在饲养水牛了。水牛，腿短粗且蹄大，比黄牛更有耐力，特别适合水田劳作。旧志中对此有不少记载。清乾隆《威远县志》：“畜牛人家耕田胥用水牛，其黄牛则用以驮载。”清道光《新津县志》：“牛有黄牛、水牛二种，黄牛用以负载，水牛用以服田。”清同治《隆昌县志》：“隆邑中畜牛者多水牛而少黄牛，取其力大而便于耕水田。”一些地方，养牛者多，牛的饲养与繁殖成为当地一大产业。清咸丰《资阳县志》：“水牛多贩自泸郡山中。”民国《叙永县志》：“永牛有水牛、黄牛之分，水牛善犁田，黄牛善垦土，均以稻草为饲料，惟农家喜喂牝牛，蕃殖甚速，一年一产，每年约可增水牛二万余头。”水牛任耕耐劳，农家多购之养之，自然其价不菲。清光绪《广安州志》：“牛有二种，大曰水牛，力耕任重，其值昂；小曰黄犊，半之。”服田之外，水牛也用于其他劳役。例如四川富顺、荣县等地，旧时盐业兴盛，盐场中也多使用水牛，盐场每年都会从外地购买大量的水牛。民国《叙永县志》载：“自流井吸取盐水所用之水牛，多有出自叙永者。”

水牛，皮厚，汗腺极不发达，因此喜欢浸泡在水中，或在泥水中翻滚，以降低体温。水牛之名因其习性而来。水牛平时亦喜欢在阴湿的草丛中觅食，或呆在凉爽的树荫下休息。常常可看到，一些鸟类停歇在水牛身上捕捉虫虱。水牛性格温顺，与饲养者关系亲密，劳作之外，多见小孩骑着或老人牵着水牛外出活动。外出放牧，让水牛在水中浸泡，特别是天热时，很有必要。放牧、牧归，成为农乡一景，此题材的画作或诗作古来很多。

毫无疑问，水凼，或有水的坑洼处，为水牛所喜爱的地方。水牛与水凼有了关联，“牛”字与“凼”字组合的地名因此也就多了起来。有关这样的地名，以“牛滚凼”为多，此外还有“牛滚沱”“牛滚塘”“牛滚坑”“牛滚水”“牛滚垱”“牛滚荡”“牛滚田”“牛滚淌”“滚牛凼”等类似地名。另外还有“牛滚凼湾”“牛滚凼沟”“牛滚凼坡”等地名。旧时叙州还有一个“牛滚场”，清嘉庆《直隶叙永厅志》：“牛滚场，二百里，署知胡光瓒改名留耕。”

20 世纪 80 年代先后编纂出的四川省各县市的地名录中，对“牛滚凼”地名多有记载与注释。例如，《四川省开江县地名录（1982）》：“牛滚凼，此凼常为耕牛滚澡，故名。”《四川省荥经县地名录（1984）》：“牛滚凼，半山腰里有水凼，常有牛在凼里滚水而得名。”《四川省达县地名录（1986）》：“牛滚凼，此地有一凼水，常为牛滚水之地，故名。”《四川省彭水县地名录（1984）》：“牛滚凼，此处有口大塘，水牛常在此滚水。”《四川省黔江县地名录（1985）》：“牛滚凼，此地有一小塘，耕牛常来滚澡，故名。”《四川省城口县地名录（1986）》：“牛滚凼，有一浸水坑，牛常在此滚水。”从这些记载中可看到，“牛滚凼”地名的释义，各地近同。非常有意思的是，用“滚”字形容水牛在水凼或水塘中的活动——滚水、滚澡，生动形象且充满趣味，妙不可言。这样的用语，多见于巴蜀各地及其周边地区。意蕴略同的地名还有“滚凼”“大滚凼”“落滚凼”等。《四川省巴县地名录（1983）》：“大滚凼，此地有一大水凼，系牛滚水（即牛洗澡）的地方，故名。”一个“滚”字，也间接说明了水牛“滚水”或“滚澡”的凼小而浅。水凼或水塘里的水足够深的话，水牛会静静地浸泡在水中，或在水中慢慢游动，一般是不会翻滚的。只有在水浅时，水牛才会通过翻滚的方式弄湿全身，以最大限度地降低体温。因此，“牛滚凼”实际也表达着水凼较小的意思。

“牛滚凼”地名，将地理环境特点与家畜水牛的习性表达了出来，通俗贴切，语言使用上，体现了当地民众的文化个性，或者说具有明显的地方语言文化色彩。正是这样的普通的小地名，反映了一个区域的人文历史，成为昔人景观的客观记录和地方文化的历史记忆。相信进一步的研究，还能在“牛滚凼”地名中寻找到更多的有意思的内容。

川西坝子里的“墩”

墩，指土堆。《康熙字典》：“平地有堆，曰墩。”以“墩”作地名，南北各地，古来有之。唐代诗人李白有诗句：“冶城访古迹，犹有谢安墩。”清代学者钱大昕有诗句：“沙外平沙村外村，黄墩东望是雷墩。”显然，平坝之中，土堆，或地势较周围稍高的土地，更加显眼而容易被识别。因此，大多数的带“墩”字的地名分布在平原或平坝区域。川西坝子，不例外地也存在着一些这样的地名。

位于成都西门外茶店子的五里墩，是本地人较为熟悉的老地名。旧时，这里有大土墩一座，因该处距大西门五里，故有了“五里墩”的地名。年淹日久，土墩早已不存，相关的地名则留存了下来，如五里墩中街、五里墩东街、五里墩横街等。20 世纪 80 年代中期，笔者从外地调入成都工作，自那时起一直住居在城西光华村。巧的是，所住之地的旧名中也有“墩”，即“刘家墩”，相邻处还另有一个“刘家山墩”。城市建设与改造过程中，这样的一些老地名早已消失得无影无踪。

川西坝子地名中的墩，一般指土墩，另有少量的沙墩、石墩。沙墩，一般是近河流处的沙土堆积，或含沙量较高的泥土堆积；石墩，即凸出的墩状石质地表，或墩状大石块，相对很少。川西坝子，亦称成都平原，指的是龙门山脉与龙泉山脉相夹的大面积平坦区域。局部地看，这个平坦区域里，还是存在着一些高低起伏、坑洼不平的地貌。其中一些地方，土墩密集，例如大邑安仁的九连墩，即因当地旧时有 9 个相连的土墩而得名。另如崇州的棋盘村，旧时有大小土墩 32 个，土墩分布形如棋盘，此地因此有了“棋盘”之名。墩状地貌，即是产生“墩”字地名的由来。

惠泽于都江堰，水旱从人，川西坝子古来为人居首选的富饶之地。历朝历代的移民运动中，这片区域为移民们聚居落业、捷足先登之处。川西坝子里，大多带有“墩”字的地名，为明末清初移民填川时期所形成。聚族而居，以姓相称，聚落名即地名留存了下来。早年编印的各县市地名录中有很多的记载。例如，温江柳林镇的董家墩，“此处地势较高，董姓聚居故名。”新津花园镇的孙家墩，“孙姓住地，有一土墩，故名。”广汉三水镇的胡家墩子，“青白江支系北岸一台地，面积约 20 亩，高约两米，清初胡姓移民插占于此，故名。”

带“墩”字的地名，叫法也是多种多样。除了直接叫“墩”以外，还有墩子、山墩、墩包、墩墩等称谓。这些地名也都是早期聚落形成时产生的。例如，邛崃有陈墩子、严墩子、杨墩子、鄢墩子、黄墩子、乔墩子、孙墩子、古墩子、涂墩子、王山墩等。大邑有王墩子、皮墩子、朱墩子、杨墩子、李墩子、范墩子、姚墩子、黄墩子、鲁墩子、蒲墩子、蔡山墩、朱山墩等。据《四川省邛崃县地名录（1981）》记载：“彭墩子，彭姓人家聚居于此地黄土墩上得名。樊山墩，樊姓人家聚居于山坡上，故名。严高墩，严姓住居在较高的山墩上，故名。何墩墩，何姓聚居于土墩之上，故名。”

姓氏命名以外，还有不少以墩子的形状来命名的地名。例如土墩形似金鼓，称以金鼓墩；形似鲤鱼，称以鲤鱼墩；形似莲花，称以莲花墩；形似猪狗，则称猪儿墩、狗儿墩，等等。还有以墩子上生长的主要树木名来命名的，例如青杠墩、白果墩等。此外，还有很多特别的墩名。例如，邛崃固驿镇的桅杆墩，因名于清代张姓举人在坡前竖立石桅杆；崇州隆兴镇的马墩包，因名于旧时武官葬马于此的传说；都江堰幸福镇的刘海墩，因名于神话人物刘海在此住过的传说；罗江回龙镇的上马墩，得名则是“据传三国刘备取蜀，曾在此处上过马，石墩上留有马脚印。”特殊的墩状地貌特征，也产生出一些特别的地名，例如大墩子、小墩子、高山墩、青龙墩等。关于墩的地名，旧时地方志中也有一些记载，例如，清乾隆《蒲江县志·村落》：“左耳墩，县东三十二里。金鳌墩，县北三十三里。海棠墩，县北四十三里。书房墩，县北五十里。”

前面提到了成都茶店子的五里墩，有意思的是，崇州、新津、蒲江、绵竹等地都有这样的地名。据旧时地名录记载，崇州金鸡乡的五里墩，“位于崇庆至新津、双流古道上，以离崇庆县城五里得名。”新津花桥乡的五里墩，“距五津镇

（旧县）五里，故名。”蒲江大塘乡的五里墩，“距大塘铺五里得名。”绵竹五福乡的五里墩，“在县城东五华里，当地有土堆，故名。”这几个“五里墩”地名，都是土墩所在地距某处五里之远而得名，不过也有特殊情形，例如新津铁溪乡的五里墩，则是因为该土墩有约五里长而得名。清道光《新津县志》：“五里墩，县西十四里，地势微高如墩，约长五里。”

川西坝子里，墩之所在处，必是地势较高的地方，在此营建房屋，相对来说能更好地避免洪涝和防潮防湿。由此来看，先民们聚居选址有其道理。其实，每一个“墩”字地名，都有着久远的故事。这里讲一个地名“墩厚”的故事。蒲江县北外临溪河边旧时有一大土墩，乡民在此聚居。清嘉庆十二年，蒲江知县刘访来此地视察建场事宜。当地有大土墩之地貌，且民风淳朴厚道，刘访遂取场名为“墩厚”。一语双关，众人拍手叫好。墩厚场虽规模不大，但有舟船便利，赶场农人与来往客商依然很多。民国年间，场名依谐音改作“敦厚”，此地名沿用至今。

土墩，有自然地貌，也有人工堆砌形成。川西坝子里的很多土墩，原来是古代坟丘或早期的聚落遗址。例如，崇州集贤乡任墩子之土墩，实为古代坟茔形成的堆状高地；大邑高山乡朱山墩之土墩，实为唐代墓葬垒土。另如，崇州怀远镇的青杠墩，为战国时期的人工堆砌。先后在很多地方的土墩中发掘出古代文物。成都茶店子的五里墩，就是汉代坟丘荒落后形成的山墩。该山墩中曾发掘出石棺、五铢钱等。此外，成都清江路的张家墩、新都新民乡的胡家墩、大邑韩场的垅墩子等处，都曾发掘过古代墓葬，出土了不少随葬器物。

川西坝子里，古代人工堆砌形成的土墩，最有名的当属新津的“宝墩”。当地近1平方公里的范围内，有着很多的高高低低的土埂，也即当地人所称的墩子。这些墩子还有着胡墩子、鼓墩子、碾墩子等不同的名称。相当长的时间里，这样的地貌并未引起特别的关注。直到20世纪90年代中期，考古人员才在发掘中发现，这些“土墩”原为新石器晚期古蜀先民所建城址的遗存。古城遗址中还发现了石斧、石锛、陶器、象牙杖，以及水稻植硅体等物。以“宝墩”命名的考古学文化——宝墩文化，是川西坝子迄今为止能追溯到的最早的古蜀文化，所发现的古城遗址与水稻植硅体等物，为古蜀文明的重要证物。宝墩文化与三星堆文化，被认为有着前后延续的关系。

宝墩古城遗址　新津宝墩镇（2014）

川西坝子里，大小土墩无数。宝墩遗址的发现给人更多的联想。说不定某个时候，又一个土墩被打开，带给我们的可能会是更大的惊奇。

乡场的俗名与雅名

地名的产生，远在文字出现之前。可以想象到，图形记事符号产生，特别是语言形成后，人类即能标识和表达其所熟悉的各类自然地理实体。后来的文字标识或记录，更加方便辨认与传播。随着人类对自然环境的深入认识，加之其社会化程度的不断提高，地名更加丰富多样，其中的人文特征也显著起来。

地名中的所谓俗名，即方俗称名或时俗称名。俗名，源自生活场景，大多的言简意赅，或浅显易懂，为当地百姓惯常使用。关于乡场名的俗称，旧时方志中，有较多的记载。例如，民国《渠县志》："板桥场，俗称打鼓岭。"民国《新修合川县志》："吉安场，俗名草街子。隆兴场，一名接龙场，俗呼女儿碑，以场头有明烈女吕氏碑名之。"

不难看出，俗名有别于正名或雅名而言。俗名，多为旧名，即当地旧时或早期的称名。清光绪《重修彭县志》："新兴场，旧名海窝子，在西乡梯云鹿坪二里界，距县西北四十里。白鹿场，旧名河坝场，在西乡梯云里，距县北七十里。丽春场，旧名花街子，在西乡禾川里，距县西十五里。"相沿成俗，口口相传，根植于乡土的俗名让人铭记不忘，一些俗名甚至会取代正名或雅名。上面提到的"海窝子"地名，就是一个当地一直还在使用的旧名。类似的情况很多，如江安县的"滥坝"、新都区的"斑竹园"等，都是当地至今还在使用的旧名或俗名。清嘉庆《直隶泸州志》："滥坝场，又名古兴场。"民国《新繁县志》："忠义场，俗名斑竹园，与成都界，一场两属。"实际上，很多地方，新旧地名，即正名与俗名在相当长的时间里并用。

俗名，本就是适俗随时而生，俗也就必然。各类俗名，或描述自然现象，或表达地理形态，或反映人文历史，或附会神话传说，殊言别语，多形象贴切。例如，清早期三台县所属的部分乡场之名——槐树塝、田边场、一碗水、忠孝庵、老马梁、盛水垭、新庙子、千总坟等。再如，清早期金堂县所属的部分场镇之名——猫儿头、三皇庙、龙王庙、卷蓬寺、五凤溪、三汉河、土桥沟等。这些地名，用语质朴，指向明确。乡场俗名，五花八门，各种各样。例如，清乾隆《威远县志》："玉镇场，即牛皮场。镇西场，俗名五里壕。万年场，俗名瓦子坝。"清道光《蓬溪县志》："太和场，又名野猫溪。兴隆场，又名寒婆岭。"清同治《新宁县志》："广福场，旧名铧头场。"清光绪《江油县志》："龙泉场，一名茧市坝。"民国《大足县志》："青龙场，一名青油铺。三驱镇，一名窟窿河。"民国《新都县志》："桂林场，一名泥巴沱。"民国《渠县志》："丰乐，土著旧称张爷庙。"

俗名，必有其来历。民国《蓬溪近志》对当地荷叶溪场有这样的记载："东乡莲米溪，本名荷叶溪，光绪十九年更今名。民国分设潼南，将邻场米心溪划去，场遂为边境冲要。绅民等以荷叶溪横贯场中，呈准县署仍旧称荷叶溪，以符名实。"剑阁县旧时有下寺场（今下寺镇），清人李榕《下寺场陕西馆记》中记载："下寺场在清水西，水东有上中下三寺，相距五里，场与下寺相当，以此得名。"

俗名或旧名之由来，记载着一段人聚场兴的历史，有的还记载着一些遗闻轶事。例如，乐至县的薛苞镇（今劳动镇），清乾隆《乐至县志》："薛苞镇，治西四十里，相传唐孝子薛苞居此，石柱间向存有名，盖镇以人名也。"什邡县旧时的杜临场（今废），清嘉庆《什邡县志》："杜临场，治北三十里，昔传少陵杜公经此得名。往迹无可考。今访之，惟一残碑，有子美及不相联属数字。按，上元元年高适牧彭州，二年房琯为汉州刺史，杜甫至成都常与二公往来，曾有宿寺诗篇，或游临于此，而后人慕之，因以名场。相传至今不改。"渠县的李渡场（今李渡镇），民国《渠县志》："李渡，初名太白渡，建自明代，因唐李白曾游此地得名。"

旧时乡人多聚族而居，以大姓命名的场镇因此很多。这些冠以姓氏的场镇名，也是早期移民迁徙、聚居与繁衍的历史记录。民国《南溪县志》："宋家场，明代居民多宋姓，旧名宋家山。"民国《郫县志》："回龙场，旧名毛家桥，因清初招垦占籍毛姓居多故名。"旧时几乎每个县市都有着数量不等的带有姓氏的地名。例如，大邑县有唐家场、董家场、蔡家场、韩家场等；内江县有田家场、郭家场、张家场、凌家场、杨家场、龚家场、贾家场等。清嘉庆《金堂县志》：“三江镇，俗名赵家渡。青龙场，俗名康家渡。兴隆场，俗名姚家渡。”民国《双流县志》：“黄甲场，俗名王家场。升平场，俗名邹家场。通江场，俗名马家寺。”民国《新繁县志》：“高宁场，俗呼王家船。”

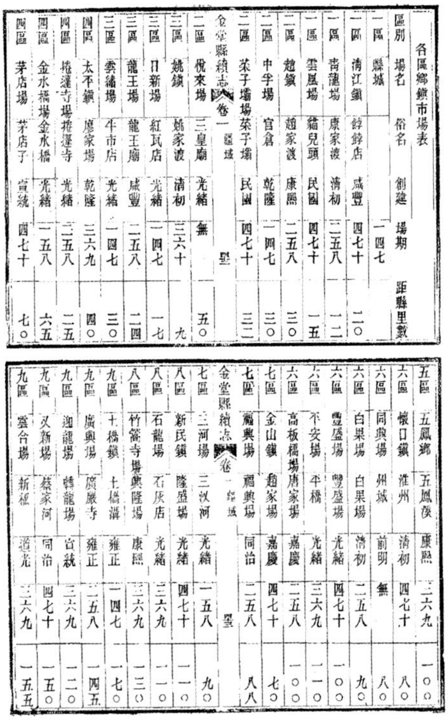

各區鄉鎮市場表

區別	場名	俗名	創建	場期	距縣里數
一區	縣城			一四七	
一區	清江鎮	餑餑店	咸豐	四七十	二〇
一區	靑龍場	康家渡	淸初	二五八	一二
一區	雲鳳場	貓兒頭	民國	四七十	一五
二區	趙鎮	趙家渡	康熙	二五八	三〇
二區	中乎場	官倉	乾隆	一四七	三〇
二區	茶子壩場	茶子壩	民國	四七十	三二
二區	悅來場	三皇廟	光緒	無	五〇
三區	姚鎮	姚家渡	淸初	三六十	九
三區	日新場	紅瓦店	光緒	一四七	一七
三區	龍王場	龍王廟	咸豐	二五八	二四
三區	雲繡場	牛市店	光緒	一四七	三〇
四區	太平鎮	廖家場	乾隆	三六九	四〇
四區	捲蓬寺場	捲蓬寺	光緒	二五八	二五
四區	金水橋場	金水橋	光緒	一五八	六五
四區	茅店場	茅店子	宣統	四七十	七〇
五區	五鳳鄉	五鳳溪	康熙	三六九	一〇〇
六區	懷口鎮	淮州	淸初	四七十	八〇
六區	同興場	州城	前明	無	八〇
六區	白果場	白果場	淸初	二五八	九〇
六區	豐盛場	豐盛場	光緒	四七十	一〇〇
六區	平安場	平橋	光緒	三六九	一一〇
六區	高板橋場	唐家場	嘉慶	二五八	一〇〇
七區	金山鎮	趙家場	嘉慶	四七十	七〇
七區	福興場	福興場	同治	二五八	八八
七區	三河場	三汊河	光緒	一五八	九〇
八區	新民鎮	隆盛場	光緒	四七十	一一〇
八區	石龍場	石灰店	光緒	三六九	一一〇
八區	竹篙寺場	興隆場	康熙	三六九	一三〇
九區	土橋鎮	土橋溝	雍正	一四七	一七〇
九區	廣興場	廣嚴寺	雍正	二五八	一四五
九區	迴龍場	轉龍場	宣統	三六九	一二〇
九區	又新場	蔡家河	同治	四七十	一五〇
九區	雲合場	新福	道光	三六九	一五五

民国金堂县志内页

很多乡场，由早期的腰店发展而来，地名中自然少不了“店”字。清道光《新都县志》：“复兴场，俗名新店子。”民国《金堂县志》：“清江镇，俗名饽饽店。日新场，俗名红瓦店。云绣场，俗名牛市店。石龙场，俗名石灰店。”旧时的中江县这类地名特别多。例如，永泰场，俗名垭口店；富兴场，俗名高店子；太平场，俗名瓦店子；太和场，俗名茶店子；万福场，俗名唐店垭，等等。

乡场名，也在不断变化中。清光绪《射洪县志》：“文聚场，县南三十里，旧名高房嘴，同治年更今名。”清光绪《蓬州志》：“州口在城东，溯行五里渡嘉陵而达，在龙角山之隈……与州夹水而当通衢，故曰州口；舟所泊，故曰舟口；市易所集，故曰舟镇……镇今有濂溪祠，曰周子镇者，存芳躅也。”民国《温江县志》“永安场，在治南二十里南维新乡，濒金马港，原名太平场，亦名柳江场，又名复兴场，即刘家濠。”

地名的变更，原因很多。朝迁市变，古来如此。然而，新名换旧名，大概不能是简单地一改了之。清乾隆《大邑县志》：“河山如故，而称谓各殊，时使然也，兹与去旧名易新名者，必取广兴记合通志而更正之，不敢湮没前徽也。”旧名或俗名中，往往包含着丰富的信息，涉及地理、历史、宗教、建筑、语言等多个方面。一地之风土人情，也或多或少包含在其中。因此，改名换名，大有讲究。

清早期，战乱停息，百废咸举，四川各地乡场渐兴渐起，新场取名或旧场改名一时热闹，场镇新名突显着安生乐业、隆兴繁荣之意。如芦山县的何家坝场改名为太平场；新津县的猫子场改名为永兴场；华阳县的傅家坝场改名为永安场，等等。改名中，最常见也是简单易行的，就是直接去掉原名中表示地理特征或其他共性特征的通名。例如，金堂县老场五凤溪场改名为五凤场；土桥沟场改名为土桥场。旧场新启或扩建迁建中，改用“新场”之名取代老场名的，就更是多如牛毛了。清光绪《蓬溪县志》：“新场，道光初更今名。”清《新津县乡土志》：“新场，原名兴义场，出北门二十五里。”旧时的四川，几乎每个县都有取名为“新场”的乡场。直至今日，仍有不少地方保留有以“新场”为名的乡场。

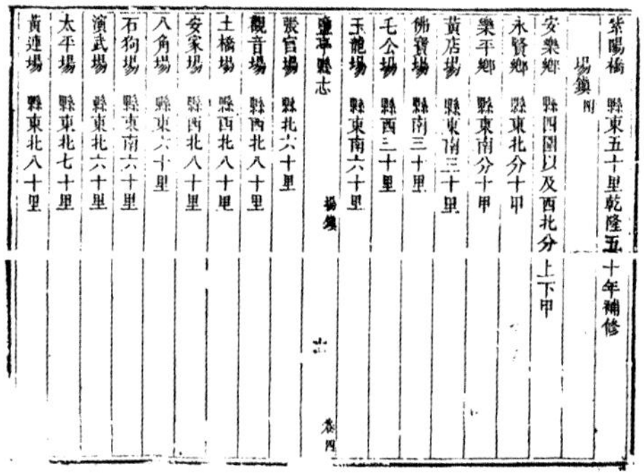
紫陽橋 縣東五十里乾隆五十年補修
場鎮 附
安樂鄉 縣西圍以及西北分上下甲
永賢鄉 縣東北分十甲
樂平鄉 縣東南分十甲
黃店場 縣東南三十里
佛寶場 縣南三十里
毛公場 縣西三十里
玉龍場 縣東南六十里
鹽亭縣志 場鎮 卷四
張官場 縣北六十里
觀音場 縣西北八十里
土橋場 縣西北八十里
安家場 縣西北八十里
八角場 縣東六十里
石狗場 縣東南六十里
演武場 縣東北六十里
太平場 縣東北七十里
黃連場 縣東北八十里

乾隆盐亭县志内页

清中期及至民国时期，仍有很多地方的乡场先后改名换名。显然，被改换的较多的就是那些所谓的俗名。俗名雅化，成为一些地方官员的案头工作。清乾隆年间两任富顺知县并编修《富顺县志》的熊葵向，为此颇费心力。在任期间，他先后对富顺的一些场镇名进行了变更。清乾隆《富顺县志》：“义和镇，治南百二十里，俗呼长滩坝，熊令改名。由福镇，治北九十里，俗呼

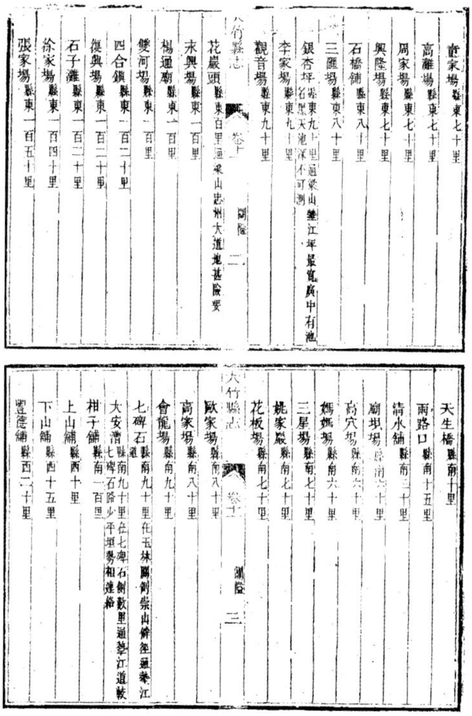
董家場 縣東七十里
高灘場 縣東七十里
周家場 縣東七十里
興隆場 縣東七十里
石橋鋪 縣東八十里
三匯場 縣東八十里
銀杏坪 縣東九十里通梁山墊江坪最寬廣中有池名黑天池深不可測
李家場 縣東九十里
觀音場 縣東九十里
大竹縣志 卷十 關隘 二
花巖頭 縣東百里通梁山忠州大道地甚險要
永興場 縣東一百里
楊通廟 縣東一百里
雙河場 縣東一百里
四合鎮 縣東一百二十里
復興場 縣東一百二十里
石子灘 縣東一百二十里
徐家場 縣東一百四十里
張家場 縣東一百五十里

天生橋 縣南十里
兩路口 縣南十五里
清水鋪 縣南三十里
廟壩場 縣南六十里
高穴場 縣南六十里
媽媽場 縣南六十里
三星場 縣南七十里
姚家巖 縣南七十里
花板場 縣南七十里
大竹縣志 卷十 關隘 三
歐家場 縣南八十里
高家場 縣南八十里
會龍場 縣南九十里
七碑石 縣南九十里在玉林關側崇山峻徑通鄰江道
大安灣 縣南九十里在七碑石側數里通鄰江道較七碑石路少平坦勢相連絡
柑子鋪 縣南一百里
上山鋪 縣西十里
下山鋪 縣西十五里
豐德鋪 縣西二十里

道光大竹县志内页

牛佛渡，熊令更名。安福场，治上南六十里，近大江，旧名石灰溪，乾隆丁丑年熊令更今名。起凤场，治下南六十里，旧名乱石滩，熊令更名。丰乐场，治下南九十里，俗呼毛家桥，熊令更名。安宁场，治上西九十里，旧名毛头铺，熊令更名。”改名不少，但有意思的是，清乾隆年间富顺县乡场的这些改名，并未实施长久，一段时间后，各场又先后恢复了旧名。

旧时的富顺，为川南大县，古来场镇众多，至清晚时其总数超过70个，其中很多场镇有百年甚至几百年以上的历史。老场镇，自然其名多是所谓的俗名。例如，高石坎、狮子滩、黑石场、牛佛渡、杜快铺、琵琶场、大坳场、天洋坪、大头城、长滩坝、黄葛滩、横田溪、兜子山、桥边场、石灰溪、仰天铺、沿滩场、毛头铺、流水沟、板桥铺、仙滩、自流井、古佛坎、瓦宅铺、三多砦，等等。这些场镇俗名，记载着与传递出一方风土，从中亦可窥见富顺各乡场移易变迁的历史。

上面提到的牛佛渡，为沱江中下游的著名渡口，元末明初时因渡口邻近牛佛寺而得名。民国《富顺县志》：“牛佛渡，在沱江左，属上东，距县七十里，水陆交通最为繁镇。”几百年里，远近民众非常熟悉并一直使用着这个俗名。很明显，“牛佛”突然改名为“由福”，确实难以让人适应和接受。

将牛佛改名为“由福”，属于俗名谐音雅化的例子。这种情况旧时多见。例如，开江的浆池坝场和八庙场，后来分别改名为讲治场和拔妙场；南江的甑子坝场，后来改名为正直场；涪陵的铜锣场，后来改名为同乐场；邛崃的倒座庙场，后来改名为道佐场。

旧时，识字知书人少，当地官员或士绅成为俗名雅化的推动者。当然，也只有他们具有这样的权威。旧志中记载了一些有关事件。清道光《新宁县志》：“甘棠铺，治南四十里，旧名添子店，嘉庆年间白莲教起事，四川总督勒保督师过此易今名。”清光绪《永川县志》：“太平镇，即古牛尾镇，乾隆四十七年郡守宋始更今名。”

前面谈到，旧时因聚族而居产生了很多带有姓氏的场镇俗名，某姓为大，其意明显。场镇发展中和各姓住户增多的情况下，这样的地名或不再合适。况且一些地方也确实因取名之事引发过宗族间的矛盾。清中期及至以后很长的时期里，不少地方采用改名来调和关系与解决问题。

仁寿，旧时亦为川中大县，乡场数量众多，清中期时仅“某家场”的地名就有十多个。例如高家场、方家场、向家场、张家场、傅家场、何家场、赵家场、余家场、曹家场、汪家场、查家场等。清道光年间任仁寿知县并主持纂修《仁寿县新志》的马百龄，非常重视这些地名的变更。在他的倡导和斟酌下，傅家场改名为富加场，何家场改名为禾加场。后来，其他一些场名也类似地先后进行了更改。例如，张家场改名为彰加场；曹家场改名为曹加场；汪家场改名为汪洋场。受到启发，其他一些县地后来也采用了同样的改名方式。例如，荣县的成佳场，旧名程家场，改名为成佳场；其他如章佳、望佳、蔡佳、杨佳、古佳、东佳、礼佳、度佳、留佳、于佳等场的取名，也是如法炮制。蒲江县的成佳场，清初名为陈家坟，清晚改名为陈家营，后来俗名雅化为成佳场。另有一些地方，则直接在改名中去掉原名中的“家”字。例如，大邑县的唐家场、董家场、蔡家场、韩家场，分别改名为唐场、董场、蔡场、韩场；宜宾县的邱家场、王家场、高家场、李家场、马家场、宗家场，分别改名为邱场、王场、高场、李场、马场、宗场。

乡场名之俗与雅，并非对立，更无好坏优劣之分。俗名与雅名，都有着其特定的产生背景。然而，正是留存下来的那些乡场俗名，让后人得以在探讨其语言特点及其文化内涵时，能够更多地了解当地的兴废沿革之历史。由此看来，俗名的保留、更改或雅化，其中必大有文章。

名胜篇

天下无双雾中山

大邑雾中山上，有一座楼式石坊，名曰“天国名山坊”。石坊正楼中柱联云：“春水夏云，秋月冬风，宝地占四时之景；西瞿东胜，北庐南瞻，京天统万法归宗。”侧柱联云：“天下无双地；雾中第一山。”这两副对联均为著名文学家、享誉明代“三大才子”之首的杨慎所撰。

雾中山，天下无双，绝非虚夸。

雾中山，又称雾山，为邛崃山脉东麓之一段，位于大邑县西北约20公里处。重山复岭，金刚山、冠子山、红岩山、天台山、牛心山、九龙山、伏牛山、龙窝山、青龙山、瓦窑山等多座山峦分布于雾山之中。雾中山之名，其来历自然与云雾烟霞有关。明·杨慎《开化寺碑记》：“山恒孕雾，故受斯名”；明·曹学佺《蜀中名胜记》：“此山常孕云雾，又名雾中山”；明·王圻《游雾中山记》：“常有云雾上覆，故曰雾中”；清《邛州直隶州志》：“大邑雾山，恒毓霞雾，故名。”

明·万安《开化寺碑记》（局部）

雾涌云蒸，烟霞缭绕，雾中山之景，早晚各异，四时不同。明代文人、官至钦差四川恤刑刑部的范汝梓，在其《游雾中山记》中有这样的描述：“时雾浓雨骤，四望群峰都没，茫茫如大海，白雾乱翔，素虬长制，涛吞浪吐，浮天无岸。余蹲危石上，若飘泊于风潮岛屿间，近处微露一二点青苍，直是李唐范宽一幅烟雨奇画。”李唐，著名画家，时与刘松年、马远、夏圭并称为“南宋四大家”，其存

“天国名山坊”残损石构件（2019）

世作品有《万壑松风图》《清溪渔隐图》等；范宽，著名画家，时与董源、李成并称“北宋三大家”，其存世作品有《溪山行旅图》《雪山萧寺图》等，范汝梓《游雾中山记》中的“直是李唐范宽一幅烟雨奇画”一句，将雾中山之景精妙道来。华阳人氏，清乾隆年间著名文人潘元音对雾中山之景另有更细致的描写：“予立高石上，四望云峦，混茫交塞，郁郁葱葱，雾色周遭，千态万状，如幢如盖，如帐如冠，如练如布，如花如絮，如阁如楼，如龙如马，浓者淡者，高者下者，起者伏者，行者止者，圆者厉者，横亘作长城者，攒簇如发髻者，欲去而徘徊不决者，欲来而逡巡不进者，出没隐现，俱入眉睫间。”

雾中山，山高峰多，层峦叠嶂，明代著名文人、曾任邛崃州判的王圻，在其《游雾中山记》中写道：“山脉发源于昆仑，有一百八盘，七十二峰。以予度之，一百八盘者，言其山梯屈曲也；七十二峰者，言其叠岫嶙峋也，而今不可指示者过半矣。”清嘉庆《邛州直隶州志》载：“雾山有一百八盘，金刚台为绝顶，人迹罕到。”雾中山，北望鸡冠山，西连雾邑山，南接鹤鸣山，千山万壑，连云叠嶂，清乾隆年间举人，曾任大邑知县的陈大文，作诗《大邑名山歌》叹咏雾中山，诗曰：“雾中之山何嶫嵥[yè jié]，天风浩荡吹尘刦，七十二峰森罗列，一百八盘恣攀援。”山中溪涧众多，长林丰草，莺啼鸟啭，其情其景，让人心怡神悦，明代按察司副使高冲在其《雾中山行》中有这样的描写：“千溪万溪响流水，五里十里闻啼莺。”雾中山，烟岚云岫，风光旖旎，美不胜收，古来赞誉不绝，明代著名画家李升，受悟达国师邀请，曾绘《雾中山图》一堵于成都圣寿寺厅壁，供人欣赏。

山不在高，有仙则名。雾中山之所以名高天下，更因这里有座千年古刹开化寺。

开化寺，曾名普照寺、显应寺，为东汉永平年间所建的弥陀佛的道场，留存下来的多个古代碑记中，记录了这段历史。明代大学士万安《开化寺碑记》：“有山曰‘雾中大光明山’，实系古佛弥陀化道之场，累有国王兴建之所。寓彼保护密严，迟后圣者来居。自后，东汉明帝永平年，果应金人梦，遣臣蔡愔向西迎请……有摩腾、法兰二尊者，皆佛嘱也，厥后尊者开住斯山，特表申朝，敕建额曰‘雾中普照禅寺’。……晋永和间，佛图澄尊者住持……敕建亦曰‘天诚山显应寺’。……正统八年，敕赐额曰‘天国山开化禅寺’。”明代四川布政司右参议胡直《开化寺碑记》：“自汉永平年间有摩腾、法兰二大士自西域来住锡，至晋若佛图澄、唐若伽护、宋若圆泽诸尊宿代为住持，山所从来远矣。逮我明兴永乐间，西域毗卢国普达舍耶大禅师行化中土人也。”明代翰林院修撰杨慎《开化寺碑记》：“雾山一百八盘，僧腾兰之所卓锡也。……开化寺者，雾中之丛林，禅教之总持也。相传西汉时，此境时有金色布地，玉砌天峦，异相无穷，庶畛惊罕。考之《列子》，称西方圣人，刘向《别录》，有西方撰集，则玉像之传，爰自周昭王而生于异域，金人之梦，不待汉明帝时已闻中华矣。至汉永平十六年，始建住持，则摩腾、法兰两尊者游历所止，晋永和有佛图澄之孤矪。初唐显庆，有僧伽僧护之双修。圆泽老宿，奉敕接住于南宋之淳熙。圆曦都纲，御赐法名于皇明之正统。前之普达舍耶，继焉铁纳星吉，同廛梵行，俱沾国恩。源远流长，遐而尚矣。”

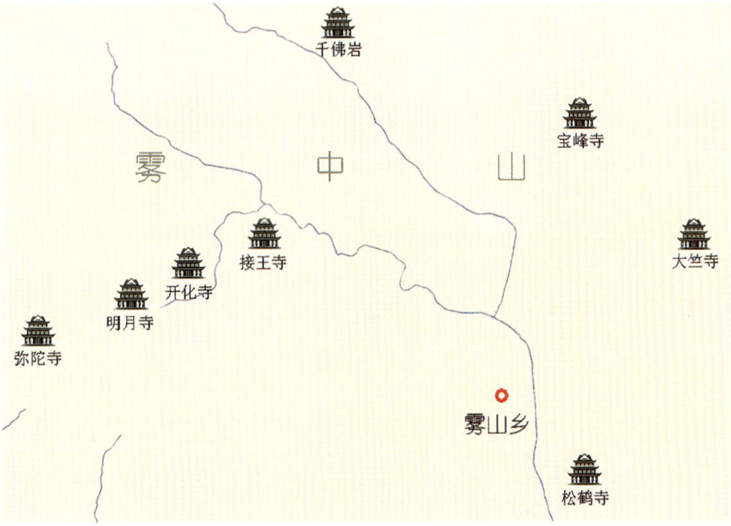

雾中山寺庙群位置示意图

透过上面这些历史记录，可看到关于雾中山和开化寺的很多信息。雾中山，曾名大光明山、天诚山、天国山，西汉时，此境就是“金色布地，玉砌天峦，异相无穷，庶畎惊罕”，气韵非凡，拥有庄严之美，为福慧双修、护法演教的佳地。弥陀佛，又称阿弥陀佛，也称无量光佛、无量寿佛，为大乘佛教之至尊，与观世音菩萨、大势至菩萨合称“西方三圣”。所谓弥陀化道之场，即规格高、渊源有自的大乘佛教修行演教的场所。佛教南传来此，年代久远。摩腾、法兰二大士于东汉永平十六年（73）被迎请来此任住持，距今已有1949年，而在两位尊者来之前，佛教或已经在大光明山兴起。梵僧摩腾、法兰来到中国，是为佛教传入之初，故大光明普照寺当为“佛教入蜀第一寺”。继摩腾、法兰之后，晋代有佛图澄、唐代有僧伽僧护、宋代有圆泽、明代有普达舍耶、铁纳星吉等多位高僧，先后来此弘法施教。古寺规格之高、名气之大，由此可见。

精美的明代石坊（2019）

有记载表明，汉代时，蜀地的细布、绢丝、绫锦、漆器、筇杖、茶叶，以及铜铁手工艺品等，西域各地的珠玑、牙角、釉料、马匹，以及瓜果等，就通过南北丝绸之路相互间进行贸易。摩腾、法兰，均为天竺国高僧，从西域来到蜀中，途经千山万水，交通不便，语言不通，其艰难险阻可想而知。佛教的传入，可以说是蜀地与西域最早且影响最大的文化交往活动，于此说来，雾中山应是一个早期的和重要的中外文化交融与传播地。

大雄宝殿（2019）

历经兵燹荒乱，起起落落，继南宋淳熙时大兴之后，明初雾中山佛教再度振兴。洪武时即在大邑县置僧会司机构，专管县中佛教诸事；正统八年（1443），皇帝御赐“天国山开化禅寺”匾额，并设都纲主事佛寺。开化，意即“开物成务，化民成俗”，开化寺之名或由此而来；成化年间，蜀王敕赐大藏经于开化寺，准允每岁征收二州八县钱粮供养山中僧众；至明隆庆时，雾中山佛教达至极盛。据记载，明隆庆（1567–1572）时山中各处有一百八十寺、四十八庵，“方数十里，栋宇错落”。明代各地之佛教兴盛，应与明太祖朱元璋早年出身于僧侣有关。洪武伊始，即在京城设立善世院，又置统领、赞教等官，掌管名山大寺主持的任免。《明宪宗实录》，至成华时，“京城内外敕赐寺观至六百三十九所，后复增建，以至西山等处，相望不绝，自古佛寺之多未有过于此时者。”雾中山，佛教根深源远，自然更被皇家看重。

与雾中山相距不远的雾邑山，也是汉代时就传入佛教的地方，同样在明代时佛教达至鼎盛。近些年来，先后在雾邑山片区发现众多的古代佛教文化遗存，包括寺基、牌坊、照壁、舍利塔、石碑、石桥、石狮等，以及大量的寺庙建筑所用的石材，特别地，还发现了上千座僧人墓葬。各种资料表明，雾邑山在明代时寺庙遍布，僧侣逾万，香火非常旺盛，其佛教文化与雾中山同源共流。雾中山与雾邑山，面域广阔，由此可见，古时这一带在相当长的时间里一直为佛教圣地。

雾中山佛教建筑群规模宏大，正如明·王圻《游雾中山记》所载，“僧厨佛宇，鳞次星斗，列寺四围，不可胜数。”据记载，修建于不同时期的各类建筑包括开化寺、接王亭、腾兰寺、七佛楼、接引殿、佛祖殿、观音殿、弥勒殿、千佛寺、蓥华院、天台寺、石佛寺、金刚殿、明王殿、大雄殿、天王殿、天国寺、盘陀殿、净土殿、金仙殿、腾兰殿、绿云庵、尊圣阁、檀香阁、藏经楼、罗汉堂、云集堂等，以及四会亭、凝翠亭、观雾亭、青霞嶂、磐陀石、飞仙石、散粮坪、龙首岩、大乘关、宝莲关等，此外，还有“青雾梵天坊”“天国名山坊”等多个石坊、照壁等。明·万安《游开化寺题壁》中描写了雾中山各处景象——“脉连灵鹫娑伽境，天马狮王正不偏。冠子金刚撑碧汉，石城千佛涌祥烟。木禅乐道盘陀阁，海马天牙净土玄。三足神僧从定出，八功德水绽金莲。……四会亭前境自幽，青霞碧玉挂银钩。众灯每夜飞来去，神虎常居恁往游。圣水龙岩风味别，接王鸾驾篆烟浮。玄鸦报晓龙蛇雨，明月池涵一样秋。”

明山伴秀水，源清流亦清。雾中山里，大小溪流众多，其中流经金刚台左右、夹绕雾中山脉、下流汇于鹤鸣山的斜源为最阔。山中溪涧各处，有记载的古时各类木石桥梁很多，例如流月桥、水月桥、太初桥、云集桥、太初桥、飞瀑桥、金仙桥、漱云桥、净土桥、火烧桥等。以水造景，更给山中增添美色。藏之雾中山的水景有明月池、大鹿池、碧玉潭、八功德水等。

开化寺前殿（2019）

雾中山明月池，被列为古时“晋原八景”之一。旧志记载：明月池，“八角形，周以石栏，中圆如月，池中时现金光，不溢不涸，祷雨必应。”清乾隆年间大邑知县宋载在其《雾山月池赋》中描写道：“池通西海阿耨达河，旱不竭，涝不溢，旁有八功德圣水。”宋载还赋诗吟咏：“水净无尘映碧空，遥从绝顶落高风。秋光夜散香随雾，尽入清池照月中。”清池照月，浮光跃金，明月池之美景总让游人迷醉。明庠生王续武在其《明月池》一诗中赞咏道：“一放金波映碧湍，婵娟影静漾沦涟。源头活泼浮光素，古殿钟声锁暮烟。”明邛州牧葛世学在其《游雾中山》中有句：“梵阁嶙峋雨后行，惊涛高下乱雷声。寻芳独爱明月池，醉倚层霄数雁鸣。”明举人曹衡在其《游雾中山》中写有：“草鞋踏破万层烟，来到千山万壑间。石上池开涵玉髓，夜深云冷浴婵娟。二弦盈处弥三岛，一脉分时映百川。想是瑶池宴王母，西方留此伴金仙。”明教授庹尚德在其《戊辰春复游雾中》叹咏：“苍山岫缺云参补，古殿霞笼日映红。明月池边借一宿，恍疑身在广寒宫。”

明末清初，雾中山佛教建筑大多毁于兵燹，留下的也多残缺破损，仅一些摩崖题刻能完整存世。雾中山里尚存五处摩崖题刻，分别为“碧玉潭”“玉龙吟”“圣泉”“月池飞瀑”和“海马石”，其中“圣泉”一处为王圻书；“月池飞瀑”和“海马石”两处为胡直书。清乾隆《大邑县志》记载了当时雾中山佛寺殿院中存留的一些器物——“铜佛，在雾中山接引殿，像高丈八，相传金顶银心铜身铁足，昔有人欲窃佛顶金，见蛇蟠其上，惧而止。开化寺亦有三尊，其高略与接引殿等，均明时铸。铜塔，在接引殿，高丈余。”清同治《大邑县志》中也有相关记载：“开化寺铁钟六，正德元年造，铜钟二，嘉靖十年造，久经风雨，莹洁如故。咸丰辛酉，防剿蓝逆，邑人毁，铸大炮。现尚存八功德水前铜钟一口，正德年铸，高约丈余。”

留存下来的两座石坊和两堵石照壁，刻工细腻，非常精美。“青雾梵天坊”，高近七米，为单檐“四柱三间”莲座楼式石质牌坊，牌坊正楼横匾刻有“青雾梵天”四个大字，左下面有“明嘉靖壬戌大邑县事贵阳杨佐立”“天官绵州高简题”和“进士杨抱鹤书”的落款；牌坊背面横匾刻有“金光蹈海”四个大字。“天国名山坊”，形同“青雾梵天”坊，坊上题刻为杨慎所撰，前面已经提及，不幸现已倾倒残损。开化寺石照壁，“四柱三间”样式，高六米余，四柱前后各有一瑞兽抱鼓石，照壁背面有明嘉靖年题记。接王亭石照壁，高近五米，系牌楼式，照壁背面有明万历年题记。

渐毁渐消，至20世纪30年代时，雾中山中仅存开化寺、接王寺等残殿破宇。20世纪60年代里，山中古寺与文物再次遭受破坏。雾中山之昔日景况，从此成为故事。这里辑录几首古人诗句，许能让人对雾中山之旧时壮观略知一二：

此山佳丽甲华封，贝阙嶒峨列上峰。

——明·王圻

万壑群山走雾中，梵天高倚碧云东。

——明·李向阳

楼阁参差倚碧空，千龛灯火万山红。

——明·高冲

几台翠草迷幽径，夹岸烟波荡古闳。

——明·王巽

大邑，旧名晋原，相当长的时间里为临邛郡所辖，古来产茶。五代·毛文锡《茶谱》载：产茶地“蜀州晋原、洞口、横原、味江、青城，其横原雀舌、鸟嘴、麦粒，盖取其嫩芽所造，以其芽似之也。又有片甲者，即是早春黄芽，其叶相抱如片甲也。蝉翼者，其叶嫩薄如蝉翼也。皆散茶之最上也。邛州之临邛、临溪、思安、火井，有早春、火前、火后、嫩绿等上中下茶。”火前、火后，指山林禁火前后。宋代时，当地设有大邑、思安二茶场，所产茶叶四销边腹各地。雾中山里，茂林深篁，古茶树簇拥成片，吸风饮露，产出的茶叶或汤色如碧、清香持久；或汤色红浓，性醇味厚。名响四方，雾山茶备受茶客喜爱。清乾隆彭山县令张凤翥作《雾山茶赋》云：雾山茶“唯神泉之奥宅，孕百草之菁英。托高天而承雾，楺厚地以播云。结阴林以垂秀，乘阳德以敷荣，笑群芳之献臭，愧百艳之交明。溢味遍乎九土，芬芳冠乎六清。”大邑雾中山所产散茶，源自蒙顶一系，“名高蜀国，品重八川”。

名山有古寺，僧人多种茶。据明·王圻《游雾中山记》所记，古来雾中山僧人“植茶树……藉以养生”。宋代词人陆游曾作诗《九日试雾中僧所赠茶》，诗云：“少逢重九事豪华，南陌雕鞍拥钿车。今日蜀州生白发，瓦炉独试雾中茶。”宋时以龙凤团茶为上品，宋·欧阳修《归田录》载：“茶之品，莫贵于龙凤，谓之团茶，凡八饼重一斤。”根据陆羽《茶经》介绍，团茶制作有“采之、蒸之、捣之、拍之、焙之、穿之、封之”七道工序。旧时雾中山亦产团茶，或曰饼茶。清乾隆《大邑县志》载：“蜀州晋原、洞口漕造茶，为饼二两，印龙凤于上，饰以金箔，每八饼为一斤，入贡，俗名砖茶。”劈柴起炉火，烹茗留客人。山中小歇，一盏香茶，便胜却尘世无数。

开化寺前明代石狮（2019）

南宋淳熙元年（1174）立石刻制的《圆泽尊者述记》中，记录了“雾中十景”——雾中明月、降龙七佛、天台圣僧、石城烟雨、青霞碧玉、瑞彩金刚、云锁三关、晓钟普应、雪停天竺、四会接圣。自然风光优美，人文历史久远，名胜古迹众多，雾中山当为蜀中之名山。信步雾中山道，似能让人有神游天外之感。于亭台楼阁中小坐，细啜雾中香茗，或又是一种雅致闲情。

幽丽奇绝药师岩

广袤延绵的邛崃山，为成都平原与西北部高原的地理分割带。大邑县众多的山峦，多属于邛崃山东南部余脉。在这些大小山峦中，有一座垂名竹帛的山，曰凤凰山。翼翼飞鸾，凤凰来仪，古人之丰富的想象力，给凤凰山增添了故事和神秘感。停僮葱翠，秀色堪餐，凤凰山一带自然也是乐山好水、闲情逸致者之游赏佳处。南宋著名诗人陆游，就曾来此采风。清乾隆年间进士，曾任邛州牧的萧惟耀，作诗《大邑郊行》："凤凰山望𨛭河西，浩荡春郊信马蹄。柳为官栽新有不，桃知谁主旧成蹊。"𨛭河，因出𨛭坝而得名。𨛭，读音 [jí]，《说文解字注》："蜀地也。"这是一个专用于大邑地名的古字，对其形声分解析义，当另有文章。山间蜿蜒，清莹秀澈，𨛭水流经之处，景色别致，"𨛭水寒雁"与"虎跳𨛭河"即为当地二景。清康熙《邛州志》记载有："临邛（注：大邑时为临邛地）八景……𨛭水寒雁，每秋深多雁。"清嘉庆《邛州直隶州志》："虎跳𨛭河，在县西𨛭水之滨，传昔日有神虎，自东岸超越西岸，至今两岸犹遗足迹，其地遂以虎跳名。"凤凰山中还有岩泉，即虎擘泉。宋《方舆胜览》："虎擘泉，在大邑县之凤凰山……有虎为之擘地出泉。"凤凰山上另有一景，即"凤凰鲸柏"，宋《方舆胜览》："骑鲸柏在凤凰山，紫柏十围，根盘巨石之上如骑鲸然。"清乾隆大邑县令宋载撰《晋原八景诗·凤凰鲸柏》云："紫柏森森不计年，凤凰遥度暮山烟。公余拾翠春相问，欲向骑鲸上九天。"

凤凰山最为奇绝之处，当为后岩。宋《方舆胜览》："后岩，在凤凰山下七八里，水尤奇绝。陆务观诗云：'在眼中飞，去无羽翼。'"宋皇佑年间邛州通判、摄大邑县令的文同，作五律诗赞之："此境又奇绝，半空生曲栏。蜀尘随眼断，蕃雪满襟寒。涧下雨声急，岩头云色干。归鞍休报晚，吾待且盘桓。"古人所称之

石刻药师佛像（2013）

后岩，即今之飞凤山。飞凤山位于郪江镇与斜源镇交界处的盘石村境内。郪江，即前面所提之郪水，“郪”字生僻，现被改成“郪”字。凤凰山所望之郪水，又称三坝河，因顺水而下分别有上、中、下三坝，故名。

陡峭的飞凤山，形若凤展双翼，四季苍翠。攀登此山，九曲七盘的石板路，数里之长，更有多处陡上陡下。茂林森篁，野草蓬生，蓊郁苍翠，沿途景致如画，让来人时而驻足四望，自然是赞叹不已，鸟语虫鸣之中，早忘了疲累。

“此境又奇绝，半空生曲栏”，文同诗中所描写的景致，即飞凤山山腰中的摩崖岩窟群。孤峰突起，石径悬空，联排的摩崖岩窟，远看若似空中楼廊，甚为壮观。登石梯走过山嘴，岩壁上刻写的“飞凤山”三个红漆大字顿入眼帘。“飞凤山”三字，为名满巴蜀的清代翰林、本邑人氏伍嵩生所题，字体浑厚，气韵流畅。岩窟群前一条长长的步道，顺山就势，伸展远去，步道前后还建有一些亭楼门洞。摩崖留岁月，尽藏野山中，尚未细细观瞻，已然让人有了不虚此行之感。

山中明代古建（2020）

危岩之上的摩崖石窟（2020）

山不在高，有仙则名。飞凤山，享名于此处的“药师佛”。此处因此又有了“药师岩”之名。明《一统志》：“凤凰山，在大邑县西八十里，有药师岩、虎擘泉、骑鲸柏诸胜。”药师岩摩崖造像开凿于唐代中晚期。唐以后有增修增刻，明代正统、弘治、嘉靖时期对部分摩崖石窟先后进行了大规模的新修重刻。据统计，药师岩长约150米的红砂岩崖壁上现存有三殿一洞、35龛，共计1032躯摩崖造像。各龛造像，包括药师佛、五佛、释迦牟尼佛、观世音佛、接引佛、韦陀等，此外，还有佛家与俗众故事，以及供养人等。药师岩摩崖造像中不乏雕刻精美、工艺精湛的作品，极具历史价值和文化价值，堪为古代蜀地石刻造像经典之作。

药师佛龛为整个摩崖岩窟群的主龛。窟高6米余，宽、深均在4米以上。药师佛像与莲花座由一整石镌刻而成。面相慈善、仪态庄严的药师佛，头戴宝冠，袒胸露臂，手捧药钵，结跏趺坐于莲花座中央。窟顶有浮雕飞天，其造型与敦煌壁画中的唐代飞天的风格相似。窟中还雕刻有力士与弟子，以及其他一些僧俗人物的造像。

唐晚五代时期，及至宋代，巴蜀各地的药师佛造像尤为兴盛。广元、巴中、夹江、安岳等地都有唐及五代时期的药师佛造像。可惜的是年湮日久，各地的古代药师佛造像大多或损或毁，完整留存下来的少之又少。大邑药师岩之药师佛造像，为现存之唐代石刻风格的精美作品。该造像，比例适当、造型生动，线条舒展流畅，背光着色艳丽，重要的是其无损无缺，保存完好。

药师佛全称为“药师琉璃光如来”，为东方药师七佛之主尊，在佛教界地位极高，与佛祖释迦牟尼、西方阿弥陀佛并称为横三世佛。此外，药师佛还有大医王佛、十二愿王等多个尊号。有实物和记载表明，药师佛信仰在西晋时从西域传入中国，至南北朝时期，药师佛信仰已经普及。隋唐五代时期，药师佛造像遍布各地，药师经变和说法图成为佛教造像的常见题材。能除生死之病，故名药师；能照三有之暗，故云琉璃光，《药师经》中详细记述了药师琉璃光如来因地所发的十二大愿，包括“无诸疾苦”“众病悉除”“身心安乐”“所求皆得”等。关于药师佛显灵的传述很多，例如，唐《北史·周书》中记载有：张元，“年

石刻释迦牟尼佛像（2013）

尚未完工的摩崖石窟（2020）

药师佛岩窟中的题刻（2020）

十六，其祖丧明。三年，元恒忧泣，昼夜读佛经，礼拜以祈福佑。后读药师经，见‘盲者得视’之言。遂请七僧，燃七灯，七日七夜转药师经。……如此经七日，其夜梦见一老翁，以金鎞疗其祖目，于梦中喜跃，遂即惊觉。乃遍告家人。三日，祖目果明。”消灾除害，治病去疾，才能得到现实的解救，药师佛自然成为人们尊崇和奉祀的对象。宋代时，各地药师佛信仰依然繁盛，及至元明清，乃至民国时期，药师佛信仰仍方兴未艾。

药师岩窟龛中的释迦牟尼佛和观世音佛等造像，亦是精美之作。释迦佛雍容大度，神闲气定，窟顶光照之下，端庄秀美。观世音佛，头顶化佛，五彩背光，浮雕千手各执法器，慈眉善目中又见神飞气扬。各窟各龛中看过去，古代能工巧匠的聪明睿智与其高超技艺，着实让人叹服。

药师佛龛右侧，有一高宽各约 1.5 米、深仅半米的小龛。龛内三尊造像，清逸脱俗，与众不同，龛侧题刻为："子瞻、鲁直、佛印造像，修能藏。"子瞻，即号称"东坡居士"的苏轼；鲁直，即号称"山谷道人"的黄庭坚；佛印，本姓林，庐山云门宗僧，号"佛印禅师"。三者皆为宋代人氏，相互间交往甚密，留下许多脍炙人口的故事。据传佛僧修能与该三人关系笃厚，对他们推崇备至，特地在药师岩处设龛给他们造像。当然，其个中因由还有待深入探究。

药师岩还有一些道教题材的摩崖造像，这是一个有意思的现象。大邑，为蜀地佛教与道教的重要发源地，由此而形成了本地特有的浓厚的宗教文化。大邑的雾中山、鹤鸣山、高堂山等处，历史上都是宗教活动兴盛的地方。凤凰山一带，也不例外。据宋·文同《凤凰山禅院记》记载，凤凰山佛教兴发于唐代，"唐有契觉道人，刈草凿址，构庵此地，日礼华严秘典，以作佛事。"后遇"会昌之厄，屋撤人遁"；五代（后唐）天成年间（926–930），"僧简栖与钱高二术士，筑坛营炉，炼丹绝顶，不设梁柱，窾石以居，药就而去，人迹乃灭。"宋初，有道士皇甫氏来此建玉皇观，其后又有高僧先后来此主理。可见，凤凰山一带，宗教源流久远。药师岩摩崖造像中佛教题材与道教题材并有，且都保存完好，可以想见到，历史上此地不同宗教间有着相互包容的关系，以及多种信仰共存发展的关系。

药师岩保留有唐宋，及至明清时期的题刻若干，这些题刻，或记录文史，或赞美风物，或感怀即事，为后人研究药师岩摩崖造像历史文化提供了依据。药师佛龛中题刻最多，龛壁上共有 9 则题刻，其中唐代两则，宋代 4 则，明代 3 则。唐代两则其一为《大像记》，记录了摩崖开凿始建经过，落款为"唐开成二年祀六月十八日乡贡进士赵珪并书"，另一则记有："修大像工毕……大唐光启四年于此种植花木。"这两则题刻，给药师岩摩崖造像初凿时间的断代提供了证据。唐开成二年，即公元 837 年，唐光启四年，即公元 888 年，其间经历了 51 年。药师岩开凿不久，就遭遇了唐会昌年间（841–846）的"会昌毁佛"事件，这或许给此地当时的摩崖造像施工产生过影响。药师岩龛中宋代题刻的落款时间，集中在南宋绍兴十九年（1149）至绍兴三十二年（1162），题刻内容包括前面提及

虎壁泉明代碑刻（局部）

虎擘泉摩崖石窟（2020）

的文同的五律诗词。另外三则分别是明正统、弘治、万历时的题刻。药师岩还有其他一些文人雅士的题刻。赏读这些题刻，亦是一种文化享受。这里辑录两副药师岩的对联，与大家共赏：

石云和梦冷；花气逼泉香。

蔡鼎镇（明晚恩贡，曾先后任沙县主簿、名山县知县，邛州知州）

洞开佛骨山吞月；法护龙泉雨落花。

祝之至（明晚举人，曾任邛州知州，著有《山庄夜话》《渔樵问答》《墨戏堂杂记》等书）

值得注意的是，药师岩中还留有一些未完工的大小窟龛。工程停顿，究竟是耽于战乱，还是困于经费，或是其他原因所致，尚不得知。但透过这些未完工的摩崖窟龛，似可让人多少了解一些古代凿窟的设计与施工过程。

来药师岩，可以顺便游览虎擘泉。虎擘泉，距药师岩约两公里，两地间有盘山石板路相连。这一段路，幽深静谧，或依崖壁而行，或穿树林而走，上上下下，曲曲弯弯，几步之内即有别景，路途中还有两处古寺遗存可观。据记载，明代时虎擘泉亦称“虎跑泉”，而现在竖立的碑牌又见写作“虎刨泉”。该处之泉水，来自山崖高处的岩缝，若飞雨落下，源源不断。泉水长流，清冽甘甜，来泉边草堂小憩，只道是：清泉翠壁互幽胜，一坐盘石欲忘归。

泉边岩壁上有多处窟龛造像，其中一个大窟，又深又阔，中分左右二龛，大小造像数百。与药师岩相同，或说是一脉相承，此处的摩崖造像与宗教活动也历经久远，曾修建有寺庙和石塔，明代时达于鼎盛。至今此处仍是四周乡人烧香礼拜的重要场所。然而不得不说的是，虎刨泉，以及药师岩的部分古代摩崖造像，前些年里被当地乡人“粉饰”而“面目一新”，这实在是一个遗憾。

藏之远山野岭，少受外界纷扰，大概是药师岩摩崖造像得以较好保存的原因，而当地乡人虔诚的宗教信仰及其世代的自发保护行为，应该是更重要的原因。唐中晚期、北宋至南宋早期、明中晚期，清代及至民国，药师岩历经多次兴盛的时期。直至现在，当地及周边的信众仍将药师岩视为圣地，随来此处烧香礼佛，祈福许愿。遇在药师佛圣诞时日，或其他会期，山林中更是填路塞道，佛龛前香火缭绕，人潮如涌。平时里，几乎每天都有三五个老人，老人中又以女性为多，沿着崎岖山道，风雨无阻，攀陟而来，在这里帮活儿做义工，或打扫廊道，或清理香蜡，或制作祭品。善男信女们的淳朴与执着，让人感叹不已。

遐思云想，触物兴怀，笔者以一首随吟小诗作为本文的结语：寻幽访胜药师岩，暖翠天时正好攀。一壑松竹云影动，苍崖半隐见曲栏。

第一禅林昭觉寺

昭觉寺，位于成都城北凤凰山（古称威凤山）南，山环水绕，树密林森，抬眼望去，闳宇崇楼，金碧辉煌。昭觉寺，古来享有盛名。宋·李畋《重修昭觉寺记》：昭觉寺“信花界之胜果，锦江之福田者焉。”清光绪《重修昭觉寺志》：“吾蜀名刹，首推昭觉。佛宇崇宏，梵天幽邃。胜纪三都，名高诸寺。”

昭觉寺，历史悠久。早前该处为眉州司马董常宅院，唐乾符年间改建为寺，时名“建元”，后剑南节度使崔宁奏请，敕赐新名“昭觉”。宋绍兴年间，诏改昭觉为“丛林”，圆悟祖师在此设道场。五代孟蜀时期，此地建皇家别墅——宣华院。历经唐宋元明，几毁几建。明末清初，古寺毁于战乱。清康熙年间，昭觉寺进行了重建。

依山傍水，昭觉寺一带古来为风水宝地。20世纪60年代中期，昭觉寺后青杠林发现了十余座排列有序的东汉砖墓。墓中出土物有陶器、铜器与钱币等，其中的画像砖尤其引人注目。出土的画像砖，刻制精美，题材广泛，画面鲜活，内容包括凤阙、车骑、宴饮、百戏、弋射、西王母、羽人，以及收获、盐场等。这些画面和场景，表现了汉代蜀地的文化生活与劳动生产状况，也表达了时人安富尊荣、寻欢作乐之生活观念。

昭觉寺曾经的辉煌，记载于旧时的一些文献中。宋·王正德《昭觉寺无量寿佛殿记》：昭觉寺“穹屋十数楹，翼以廊庑，闳壮静深，可为佛宫。”宋·任渊《山谷集注》：昭觉寺“一时丛林之盛，无与为比。”宋·李畋《重修昭觉寺记》：昭觉寺“供食之丰洁，法席之华焕，时一大会，朝饭千众，累茵敷座，未有一物，爰假外求。”元·费著《岁华纪丽谱》：“上元节放灯……灯火之盛，以昭觉寺为最。”清·李翀霄《重修昭觉寺记》：明代“蜀献王又拓之，周围墙

法鼓楼（2021）

垣缭绕七百余丈，绀殿绮云，金身撑汉，以致藏阁僧廊，诸天佛祖，莫不宏丽俱备。”超群绝伦，昭觉寺遐迩著闻。

旧时寺里各殿堂内外壁画众多，其中不乏名家大作并载入史册，于此亦可略晓昭觉寺曾经的宏丽华焕。晚唐，休梦禅师住持昭觉寺，时请著名画家孙位来寺中。孙位作画“松石墨竹”与“战胜天王”各一壁。宋《益州名画录》：战胜天王之壁画，“天王部众，人鬼相杂，矛戟鼓吹，纵横驰突，交加戛击，欲有声响。”唐末岭南人，善画吴山楚岫、枯松怪石的张询，曾在昭觉寺留下画作。宋《国画见闻志》：张询“中和间尝于昭觉寺大悲堂后画三壁山川，一壁早景，一壁午景，一壁晚景，谓之三时。”另宋代画师李时泽，曾于昭觉寺大殿壁上绘制“十六罗汉及文殊、普贤、药师菩萨等像”，元《图绘宝鉴》与清《蜀故》中对此均有介绍。蜀中名寺，自然珍藏不少，然而历经战乱，或存或毁。明《蜀中广记》引宋人李畋碑记载：“唐僖宗幸蜀放随驾进士三榜提名记、陈太师塑六祖像、萧相国遘建寺碑，俱在寺内，又有孙位、张南本画壁、长安颁来昭觉寺额，经乱而毁。”

大殿一角（2021）

清初，丈雪禅师时任住持，昭觉寺迎来新的一次重修。清嘉庆《四川通志》：“国朝康熙五年，巡抚张德地、布政使郎廷相、按察使李翀霄捐俸重修，知府冀应熊扁书昭觉寺三字。”清廷对昭觉寺的重修非常重视，康熙皇帝御赐昭觉寺匾额一道、“金字心经”一部，并亲为昭觉寺题诗一章。晚清名臣丁宝桢，与昭觉寺缘分颇深，曾奏请御赐匾额。清·朱寿朋《东华续录》中留有记录：“四川省城北关外有昭觉寺供奉释迦佛，康熙乾隆年间曾经钦颁匾额、经卷，兹据该督奏，请即著南书房翰林茶书匾额一方，

御书楼（2021）

古建筑石构件（2021）

交丁宝桢祇领敬谨悬挂。”修缮一新的昭觉寺，时建有大雄殿、圆觉殿、天王殿、金刚殿、龙神殿、祖师殿、观音阁、藏经楼、御书楼、钟鼓楼、禅堂、先觉堂、五观堂、八仙堂、客堂、影堂、涅槃堂、八角亭、普同塔等建筑，以及多座塔院。宏伟壮丽，古木丛杂，昭觉寺之“第一禅林”美称，于此而生，众口相传。

“六桥带襟，四山环绮”，昭觉寺依山临水，风景绝佳。旧时的六桥分别是木鱼桥、虎溪桥、龙眼桥、驷马桥、德胜桥与是桥；四山则分别为凤凰山、磨盘山、羊鹿山与钵盂山。移步换形，美不胜收，清光绪《重修昭觉寺志》中绘有“昭觉寺八景”——威凤凌霄、经楼积翠、万岭青松、赛虹古柏、芳池洗月、窣堵藏云、佛井莲华、石桥木鱼。

堂开西蜀，寺启盛唐，昭觉寺历史上有多位高僧大师在此修真养性，也不乏豪门贵胄来此观光歇住，自然还有不少的文人墨客慕名而来。北宋文学家与史学家范镇曾作诗《游昭觉寺》：“炎蒸无处避，此地忽知寒。松砌行无迹，石房禅自安。鸳鸯秋沼涨，蝙蝠晚庭宽。登眺见田舍，衡茅半不完。”南宋诗人陆游任职蜀地期间，在昭觉寺留下多首诗词，其《昭觉寺暮归》云：“自堕黄尘每慨然，

精美的石狮（2021）

携儿萧散亦前缘。聊凭方外巾盂净，一洗人间匕箸膻。静院春风传浴鼓，画廊晚雨湿茶烟。潜光寮里明窗下，借我逍遥过十年。”明清及以后，更有众多的名士风流来此寻幽访胜，留下很多诗句。明末文士刘道开作《游昭觉寺》，诗云：“出郭寻幽十里赊，梵宫元是古宣华。宝函尚贮高僧衲，王殿曾颁古佛牙。正法昔尝传五叶，虚堂谁复演三车。此来欲访勤公迹，袭袭香风飘桂花。”清代学人李调元作《游昭觉寺》，诗云：“长林云气郁苍苍，六十年来始徜徉。十倾稻黄金布地，万竿竹紫铁为枪。僧房真个如冰冷，官路居然似火汤。圆悟禅师今不见，谁将六祖塑中堂。”透过古人的这些诗句，似可对旧时的昭觉寺有更多的了解。

民国时期，昭觉寺依然是名家大师钟爱之处。能书善画且才艺卓绝的张大千，就在昭觉寺“御书楼”中禅居多年。期间，张大千不仅潜心研究与整理敦煌壁画艺术，还亲自造作“本师释迦如来”与“南无阿弥陀佛”碑刻各一尊。张大千所绘佛像，借用了敦煌壁画线描技法及其表现元素。佛性禅心，亦有幽情雅趣，张大千先生在此还先后绘制了多幅作品，如著名的《西园雅集》等，其中不少画作留有款识“昭觉寺”。

久负盛名之昭觉寺，香火尤其旺盛。平时里，善男信女，各路纷来，遇在佛教节日，各殿堂前更是摩肩接踵，人潮如海。拈香敬佛，或盼收缘结果，或望万缘俱净，男男女女，每个人似乎都能在此找到其所想与所要。文章最后，引用清末著名学者黄云鹄《五游昭觉寺》诗中句子作为结尾：“昨向宝光寻旧侣，今来昭觉续前游。尘缘洗尽心安暇，忘却人间万户侯。”

青壁沧波龙洞背

龙洞背，位于四川广元北部朝天镇境内，是一个名标青史的地名。

背，即山脊、山梁，或山岩顶部的意思，以“背”为地名通名，多地有之，其中广元一带这样的地名较多。例如，白岩背、红岩背、火烧背、断垭背、瓦长背、牛卧背、牛角背、金牛背、鸡公背等，类似的地名还有岩背上、峡背上等。山区中，曲折幽深、涌流如龙的大岩洞，或大溶洞，常被俗称为“龙洞”。龙洞背，顾名思义，指的是一处有着大岩洞的山顶。

龙洞背所在的大山，古称龙门山，亦称葱岭。唐《元和郡县志》：“绵谷（注，今广元）县因县东南绵谷为名，龙门山在县东北八十二里，出好钟乳。”清·邵晋涵《尔雅正义》：“龙门山在县东北八十二里，《太平寰宇记》引《梁州记》葱岭山有石穴，高数十丈，其状如门，号为龙门，今四川保宁府广元县北。”因其特殊奇妙的地貌形态，“龙洞背”后来成了龙门山的代称。清·张邦伸《云栈纪程》：“龙洞背，一名龙门山，有石穴高数十丈，其状如门，潜水奔流其中，声甚厉，穿山腹而出，分为三洞，水迳二洞出，三洞西南流入嘉陵江。”

汉魏时期的官驿大道经过这里，此地就此而声名远播。广元北部川陕交界地带，崇山峻岭，千岩万壑，经由的驿道，不少地段为架在岩壁上的栈道。栈道，也称阁道，《汉书》：“汉王烧绝栈道。”师古曰：“栈即阁也，今谓之阁道。”清·段玉裁《说文解字注》：“阁道，谓凌空如栈道者。”相当长的时间里，经过此处的阁道，即龙门阁，成了当地的地名。唐《元和郡县志》：“龙门阁，在利州绵谷县东北八十二里。”清《方舆考证》：“龙门阁，在广元县北部，即栈道也。”清·王士祯《渔洋山人精华录》：“龙门阁，潜水入嘉陵江处，即龙洞背，亦名葱岭。”龙门阁，旧时也常称为龙洞阁、龙阁道。

龙洞背远眺（2017） 解国斌拍摄

龙门阁，也是著名的古蜀道——石牛道的一段。石牛道，亦称金牛道，早在战国时期，此道即已形成。龙门阁前后的金牛驿、五丁关、七盘岭、筹笔驿、朝天峡等，都是古时的重关险隘，遐迩闻名。

蜀道之难，唐代诗人李白叹道："连峰去天不盈尺，枯松倒挂倚绝壁。"悬崖绝壁之上的龙门阁，其险至极，宋《方舆胜览》："其他阁道虽险，然在山腰亦微有径，可以增置阁道，独惟此阁，石壁陡立，虚鑿石窍而架木，其上比他处极险。"宋·吴泳《鹤林集》："龙洞阁，谓之天险。"明《广皇舆考》："龙门阁，嘉陵江上，石壁斗立，奇险不易登。"这一带正如明代著名文人方孝孺所言："陆有重岩峻岭、万仞鑱天之险阁；水有砯雷掣电、悬流怒吼之江关。"

世殊时异，由秦入蜀的古道先后发生着变化。至迟在明代中晚时期，广元北部山涧峡谷中的阁道尽皆弃用，新修的泥石道路或山中盘旋，或沿山脊而走。远近可观的石壁上留下的成排凿孔，记载了早期栈道的历史。清代朝廷大官陶澍在其《蜀輶日记》中有这样的描写：这一带"悬崖间凿孔甚多，盖昔日取道山下以之架栈者。"道路改在山岩顶部，"龙洞背"的地名也因此而出现。清乾隆年间威远知县李南晖经过此处时，留有诗句"龙向洞中隐，人从背上行。"人来客往，山背上的龙头庙便成了旅憩之处。

龙洞背溶洞（2017） 解国斌拍摄

龙洞背石穴幽深，可容数千人，殊形怪状，悬河泻水，龙洞内外景色奇佳。清·魏源《书古微》：“龙门山石穴高数丈，水声浩浩出洞门。”清·陶澍《蜀輶日记》：“自神宣驿循溪西行十里至龙洞背，两山忽合而为一，其合处高岩墙立，横截而过，有如长虹下岈，一洞门户俨然，溪水奔入其中，礌硠震动，声满四山。”清康熙时期著名画家黄鼎所绘《蜀中八景》之一的“龙洞伏流”，即此处景色。

龙洞背上，可远观群山，四方景色，尽收眼底。龙洞背下，则可激荡清流，嶙峋怪石，移步换景。自古以来，兴叹叫绝者不乏才望高雅之人。正是他们的一吟一咏，龙门阁，也即龙洞背，得以名传四方，千古不磨。品赏这些诗句，此处的险绝与奇妙，可让人有更多更深的认识。下面摘录部分古代名家诗句，以飨读者。

龙门非禹凿，诡怪乃天功。
西南出巴峡，不与众山同。——唐·沈佺期

清江下龙门，绝壁无尺土。
终身历艰险，恐惧从此数。——唐·杜甫

侧径轻青壁，危梁透沧波。

汗流出鸟道，胆碎窥龙过。——唐·岑参

怪石嶙嶙狰虎豹，飞泉落落碎瑶琼。

巍峨别有神仙路，又得攀跻向上行。——宋·赵抃

天险龙门道，霜清客子游。

一筇缘绝壁，万仞俯洪流。——宋·陆游

夕阳下岷峨，天彭光破碎。

咫尺剑门关，益州此绝塞。——清·王士祯

一溪劈玉缘根渌，万木盘云夹地苍。

垒壁悬萝须月榭，断崖残竹可风廊。——清·李重华

葭萌一径入苍烟，仙洞深藏西极天。

驯得狞龙会行雨，霜绡看取白波悬。——清·允礼

万山互回环，嶙峋阻绝涧。

群流争一窟，水石相哄战。——清·彭端淑

怪石突兀山嵯峨，溅溅流沫车轮过。

但觉风声四山下，那知脚底龙腾梭。——清·李化楠

北户留秦雪，南檐启蜀晴。

潮音吾听后，回首梦犹惊。——清·周煌

诸水如游龙，曲折赴龙洞。

雷霆争荡激，愤怒声相哄。——清·李调元

龙怒张爪牙，穿石遂为洞。
千里辟成河，一门开若瓮。——清·李骥元

龙洞昏昏云务生，怒雷扶雨走江声。
风翻山木动鳞甲，身在苍龙背上行。——清·常纪

上有石峰最奇绝，龙头举向青天昂。
蜿蜒石栈横脊背，行人到此争彷徨。——清·焦和生

西归访名山，葱岭秀无敌。
兀如百丈台，丛树团秋色。——清·张问陶

一径探幽冥，涉险得奇趣。
崩岩摩顶来，惊涛泻魂去。——清·汪仲洋

峭崒仰悬崖，陡绝无登从。
古洞辟崯岈，云是龙所宫。——清·斌良

一水中流处，连山忽合围。
岩悬高断路，涛响暗通扉。——清·陶澍

两山忽然合，铁立塞乾坤。
水壅前无路，幽窅开洞门。——清·王培荀

乱山合处响沉沉，古洞千年海样深。
独卧蓝舆初梦觉，时闻脚底老龙吟。——清·曾国藩

附篇

唱广元

引言：此文以作者记忆和文史资料为线索，采用七言句式和一韵到底的歌谣形式，沿着嘉陵江流向，从广元境北端向南抵至昭化，叙说20世纪早中期广元的地名街名、名胜古迹、历史传说、风土人情、民生业态等内容。逾年历岁，斗转星移，文中提及的人文景观多已不存，老城也已旧貌换新颜。文中所述，或能让人对广元故事略知一二，或能让人意有忆念而生怀土之情。

重峦叠嶂峻流湍，秦岭龙门筑崄关。
东峪河汇西汉水，嘉陵[1]千里到广元。
军师庙[2]外波如澜，船过大滩[3]歇朝天[4]。
清风明月峡[5]水冷，冲波涌浪接危峦。
绝谷穷崖栈阁悬，古来人叹蜀道难。
五丁开道七盘岭，石牛粪金成笑谈[6]。
转斗中子到神宣[7]，每来此地念乡关。
潜溪[8]河穿雪溪洞，龙门阁望曾家山[9]。
麻柳刺绣色彩鲜，平溪傩戏唱腔圆。
李家锣鼓叮咚响，狮子舞来前后翻[10]。
核桃味美柿饼甜，唢呐背篼[11]压双肩。
沙河苞谷漫山野，载船须渡飞仙关[12]。
贺家坡上松涛翻[13]，乌金深埋山石间。
瓷窑铺藏器物美[14]，釉色纷呈出彩斑。
抗战迁来酒精厂[15]，保障后方亦支前。

曾家山吊滩河（2012）

曾家山石笋坪（2012）

千佛崖石窟（2012）

城北拱北寺（2011）

东山铁路（2020）

十里开外闻酒香，糟渣喂得猪儿欢。
隘道崎岖又蜿蜒，凿岩錾石云中穿。
清波虚荡石柜阁[16]，千佛崖窟展奇观[17]。
代有石刻与镌题，建像盛兴唐开元。
大龛小龛随崖上，山影如壁遮江天。
望乡台上思家还[18]，将军桥头梦魂牵[19]。
桥南拱北清真寺，历尽沧桑数百年。
城北进城见城垣，利州匾额映眼帘[20]。
门楼荒落堆石冷，茅草飘摇夯土寒。
右边一拐下河坝，左去就登凤凰山。
皂角树遮真武宫，瘟祖庙里五神仙[21]。
大华纱厂用地宽[22]，汉寿镇里占半边[23]。
职工宿舍在华北，华运华西和华南[24]。
牛铃叮当响连连，鸡公车走马路边。
闹市大街三里路，小城南北一贯穿。
北街考棚号舍寒[25]，惟有石桌留旧颜。
两等学堂曾设此，劳苦功高白汉三[26]。
太华中学辗转来，早年创办在西安。
八字门高漆色暗，进璞成玉出高贤。
纱厂倾渣到河边，新开城门拆墙砖。
川军将领有威望，此门命名叫晒轩[27]。
雕栏玉砌香林寺，云窗雾阁钟声远。
门外石狮一对双，院中古井水清甜。
小西街头门楼高，装饰华美气宇轩。
漫步走过石缸口，观音台前把香燃。
小城街道相互连，柳门竹巷多清闲。
汪赵姚周家户大，魏家府前车马喧。
长街一路饭馆多，各色美食撩人眼。

建于1958年的铁桥（2020）

悬岩边的皇泽寺（2011）

皇泽寺摩崖造像（2011）

五方杂处俗不同，南北风味自相兼。
麻辣鲜香牛肉干，嫩滑爽口蒸凉面，
八珍玉食好手艺，小菜一碟亦佐餐。
灯红酒绿南万兴，大快朵颐进雅间。
陶乐春席无虚座，三六九堂菜肴全[28]。
本乡本土好吃嘴，偏去街边小店摊。
你买油旋核桃饼，我点酸菜豆花饭。
时尚当年照相馆，卢光国华镁光闪[29]。
陈设布景风格异，橱窗挂照皆美颜。
转身来到影剧院，抗建堂门把票检[30]。
无声有声皆卖座，流行风潮由此传。
中大位于北街南，总府街口花灯繁。
衙署大门八字敞，县府街边树参天。
东街市场摆摊摊，玲琅满目路两边。
面梨拐枣干豇豆，山货般繁野味鲜。
乡人赶场远道来，手提秤砣和秤盘。
背夹子[31]配打杵子[32]，白帕缠头蓝布衫。
福音堂顶十字立，洋人传道搞慈善。
琴声悠扬谁家弹，天主堂里唱诗班。
三元宫邻天后宫，禹王宫门高又宽[33]。
西秦南闽与湖广，移民落业留史篇。
桓侯庙里祀张飞，滚龙抱柱显威严。
五显庙连关帝庙，香火缭绕遮云天。
闹市繁华鼓楼最，不到天黑人不散。
匠人吆喝艺人唱，街头杂耍逗你玩。
茶馆里面真热闹，三教九流各自闲。
民众剧院锣鼓响，昆高声中听胡弹。
西大街下十字口，上下河街两相连。

车水马龙来又去，青石街道丈余宽。
上河街北小路弯，江边忙碌水磨船。
嘉陵砥柱玉带堤，堤上民宅比邻建[34]。
炭市柴厂近东关，人来车往忙不闲。
清真寺里藏古匾，龙王庙前立旗杆。
紫云宫旁有码头，买票过河登渡船。
大小宽窄水巷子，石梯直通江河边。
妇女洗衣流水滩，棒槌声声笑语间。
孩童街外相逐戏，老汉倚门卷旱烟。
下河街上客商多，挤满茶馆和旅馆。
大店皮货丝绸缎，小铺瓢盆摞锅碗。
杨泗庙楼临江水，乌龙宝顶隔岸观[35]。
山崖半腰有古寺，寺中供奉武则天。
杨氏出游洪福至，金轮感孕在江潭[36]。
中国女皇独无二，泽被后世口碑传。
古松枝劲倚石崖，吕祖阁外见窟龛。
庄严华丽雕极美，大佛窟高二丈三。
走过北街到南街，县城走了一大半。
布头草鞋磨破底，还有一双别腰间。
掏出袋里火烧馍，慢慢嚼来慢慢咽。
母家巷口小歇坐，王家巷前扯闲篇。
文献遗辉井巷子[37]，峻宇雕墙江西馆。
照壁幽堂相对景，百寿大字刻花砖。
东望宝峰明月照[38]，西观玉岭瑞霞残。
槐荫山庄思故旧[39]，汉寿书院叹人寰[40]。
城隍庙建东山前，护佑城池保平安。
文庙供奉孔夫子，万仞宫墙泮水前。
后马路走直往南，火神庙旁可上山。

东出城外乡坝里，青绕农家堰水宽。
平桥远望山连山，老翁喜钓龙眼湾[41]。
顽童偏爱老鹰嘴，浪里白条戏水玩。
古道南下通保宁[42]，马帮驼队忆当年。
樵歌石外寻野趣[43]，雪峰寺中醉春烟。
正街顺走再往前，几步就到城楼边。
最是南门人拥挤，行商走贩肩摩肩。
海壕街穿福星街，打铁染布又弹棉。
奎星楼在南门外，登楼可把全城观。
儒士学子纷纷至，盼登金榜把梦圆。
此楼也叫财神庙，朝朝钟响香火燃。
穿过楼堂到河边，清波粼粼照衣衫。
拱手碎步必恭敬，接官亭里去接官。
汉寿水流南山前[44]，一湾绿岛万顷田。
岸上马嘶惊宿鸟，柳边人歇待渡船。
两河相汇直往南，拐弯就见印台山。
一塔倚空巍然立[45]，不让河妖把浪掀。
转头西望天台山，云缭雾绕味重玄[46]。
蜀山攒黛多崇峻，九峰排戟尤壮观[47]。
北宋丞相司马光，少年随父游山川。
读书台上留足印[48]，千古悠悠成美谈。
风送轻篙九里船，观山赏水自安闲。
忽听远处纤夫唱，峰转急流又一滩。
云卷云舒过眼烟，乡村风物故依然。
白龙清江二水碧，相约汇聚烟堆山。
葭萌城外古牌坊[49]，回澜津头老渡船。
秀水明山纷五彩，从来形胜入高谈。
三国往事水云间，蜀汉风骚始剑南。

昭化古城墙（2011）

昭化城中的高门大院（2014）

桔柏春江听晚渡，长宁秋野叹尘缘。
毛坪夜月说痴梦，牛首雄关画乱烟[50]。
将相侯爵争斗去，空留断壁与残垣。
笔架山上空笔架[51]，摆宴坝中曾摆宴[52]。
金牛古道通秦蜀，铁马当年天雄关[53]。
山环水抱风光秀，自古利州美名传。
思念存想终难忘，一曲歌谣唱广元。

注释：① 嘉陵，即嘉陵江，《水经注》：“汉水南入嘉陵道而为嘉陵水。”② 军师庙，地名，传诸葛武侯曾在此驻扎并写出《后出师表》。③ 大滩，嘉陵江流入广元经过的第一个乡镇。④ 朝天，朝天驿，古时秦蜀重镇要驿；一说朝天驿即筹笔驿。⑤ 清风明月，指清风峡与明月峡，位于朝天域内，明月峡古称朝天峡。⑥ 五丁开道、石牛粪金，典故，传秦惠王欲伐蜀，因山险壑深不敢冒进，秦惠王乃令琢石为牛，将金帛置于牛后，告称石牛粪金，蜀王以为然，“即发卒千人，使五丁力士拖牛成道”，秦军则随道攻占了蜀地；金牛道，古称石牛道，得名即来自这个典故。七盘岭，又称五盘岭，上有七盘关，古时为秦地入蜀之重要关隘。⑦ 转斗，转斗铺；中子，中子铺，旧名终止铺；神宣，神宣驿，又称神宣马驿，今地宣河；明代文学家杨慎《早发神宣驿》诗中有：“孟冬来栈阁，清晓度乡关。时复凭高望，秦川指掌间。”⑧ 潜溪，发源于陕西宁强山中，流经转斗、中子、宣河、朝天后汇入嘉陵江。⑨ 曾家、麻柳、平溪、李家，均为乡镇名；⑩ 麻柳刺绣、平溪傩戏、李家锣鼓与李家狮舞，为当地有代表性的非物质文化遗产。⑪ 唢呐背篼，一种流行于广元北部大山区里的底部窄小上口宽敞、状似唢呐的背篼。⑫ 飞仙关，古时蜀北要冲，地处沙河镇飞仙岭上。⑬ 贺家坡，地名，山中产煤。⑭ 瓷窑铺，宋代窑址，烧制品类多样，以黑褐釉为主，器物精良美观，名齐建窑与吉州窑。⑮ 酒精厂，旧名广元动力酒精厂，系抗战时期雍兴实业股份有限公司投资创办，生产和提供汽车燃料；远近乡民常年购买酒糟作为饲养猪只的添料。⑯ 石柜阁，江边石崖高悬，状若立柜，因名。唐代诗人杜甫《石柜阁》一诗中有：“石柜曾波上，临虚荡高壁。”⑰ 千佛崖，城北十里，依山临江，唐开元三年剑南道按察使韦抗见此崖陡险，架栈难行，遂改修石道并凿石窟錾千佛以镇之，故名。⑱ 望乡台，城北江边高地，古称望驿台，游子怀乡思故之处。⑲ 将军桥，城北王家沟处，传说古时一将军在此修桥，故名。⑳ 利州，古代政区名，始于南北朝时期，历经唐、五代、宋、元，治地今广元。㉑ 瘟祖庙，祀奉瘟神的庙，五神仙即春瘟、夏瘟、秋瘟、冬瘟、中瘟五位神仙。㉒ 大华纱厂，即长安大华纺织公司广元分厂，抗战期间由武汉裕大华纺织股份有限公司，以及著名纺织教育家及纺织技术专家石凤翔等人投资兴建。㉓ 汉寿，广元旧名，东汉建安二十二年（217）蜀汉政权置；20 世纪上半叶广元城厢设汉寿镇。华北，大华纱厂仓库和职工宿舍区；㉔ 华运、华西和华南，分别为大华纱厂职工宿舍区的名字。㉕ 考棚，古时所设之考试场所；北街考棚，建于清道光年间，时“设号舍十间，安立石桌”。㉖ 白汉三，清末学人，曾入读日本早稻田大学，1907 年在清考棚旧址上创办广元县立两等小学堂（清末设小学堂，分初等和高等，合并设立者称两等小学堂）。㉗ 晒轩，即杨晒轩，四川岳池人，民国川军将领，曾率部驻扎广元。㉘ 南万兴、朵颐、陶乐春、三六九，均为旧时广元著名饭馆的名号。㉙ 卢光、国华，旧时广元著名像馆的名字。㉚ 抗建堂，抗战期间，广元影剧院的名字。㉛ 背夹子，状若带弯弧的小木梯，用以负载各类货物，背负时，载物重心较高，适宜山路行走。㉜ 打杵子，亦称拐扒，类似拐杖样的丁字形木棍，木棍杵地一端常套嵌有铁钉，用其垫支在背夹或背篼底部，可减轻重物对双肩的压力。㉝ 三元宫、天后宫、禹王宫，以及后面提到的江西馆（万寿宫），分别为清时来自陕西、福建、湖广和江西省的移民修建的同乡会馆；元明时期曾于三元宫址建清真寺。民众剧院，广元县川剧团前身，组建于 1946 年。㉞ 玉带堤，城西北江岸，清嘉庆年间广元县令曾逢吉倡修，堤岸岩石上曾刻有“嘉陵砥柱”四个大字。㉟ 乌龙宝顶，旧时利州八景之一，乌龙，指乌龙山，又名乌奴山，山上一峰陡起，人称宝顶。㊱ 杨氏，武则天母亲，传说杨氏乘船游江，遇乌龙翻滚感孕而怀则天。㊲ 文献遗辉井巷子，井巷子旧名黉学巷，因近文庙和汉寿书院而名，旧时街两头各有一井，井巷子后改称文献街。㊳ 宝峰月照，旧时利州八景之一。㊴ 槐荫山庄，旧时东山公园中一处休闲游玩胜地。㊵ 汉寿书院，始建于清康熙四十二年（1703），曾名嘉陵书院。㊶ 龙眼湾、老鹰嘴，城外南河一带地名。㊷ 保宁，旧时的保宁府，治地阆中。㊸ 樵歌石、雪峰寺，位于城东十里处，清末民初教育家、诗人梁清芬写有诗句：“雪峰仙境望嵯峨，旧有樵夫石上歌。断续声分通古径，两肩烟雨任消磨。”㊹ 汉寿水，南河古名，亦称稻坝河，发源于汪家乡大山之中，于广元城南汇入嘉陵江。㊺ 一塔倚空，指印台山上的来雁塔，该塔始建于清同治十一年（1872）。㊻ 重玄，又称双玄，语出《道德经》中“玄之又玄，众妙之门”，此处借用喻指天台山之道教仙源。㊼ 九峰排戟，旧时利州八景之一，九峰指天台山西的九陇山。㊽ 读书台，天台山中一处兀立于悬崖峭壁之外的平顶山石，传北宋文史学家司马光曾登临其上，在此读书学习。白龙清江，指白龙江与清江河。㊾ 葭萌，古苴侯国，蜀王封其弟葭萌为苴侯，秦置县因以为名，元初并入昭化（1959 年昭化县并入广元县）；因其据守蜀门天险，自古昭化为兵家必争之地，古遗甚多。㊿ 桔柏江声、长宁山色、毛坪夜月、牛首雄关均为古时昭化的著名景点。(51) 笔架山，昭化城南，隔嘉陵江而望。(52) 摆宴坝，地名，唐天宝十五年（756），玄宗李隆基为避安史之乱，仓惶率臣僚与家眷逃向蜀郡，其时曾“驻跸”于益昌（今昭化），传唐玄宗返回长安时曾在此摆宴，犒劳随从和迎送的地方属官。(53) 天雄关，地名，清道光《昭化县志》载：此处“地势雄险而扼秦蜀古道要冲，峰连玉垒，地抱锦城，襟剑阁而带葭萌，距嘉陵江而枕清水，诚天设之雄也。”

参考文献

[1] 常璩．晋·华阳国志 [M] //四川省地方志工作办公室．四川历代方志集成．北京：国家图书馆出版社，2017．

[2] 常明，等．清嘉庆·四川通志 [M] //四川省地方志工作办公室．四川历代方志集成．北京：国家图书馆出版社，2017．

[3] 李玉宣，等．清同治．重修成都县志 [M] //四川省地方志工作办公室．四川历代方志集成．北京：国家图书馆出版社，2015．

[4] 吴巩，董淳．清嘉庆·华阳县志 [M] //四川省地方志工作办公室．四川历代方志集成．北京：国家图书馆出版社，2015．

[5] 汪士侃．清嘉庆·双流县志 [M] //四川省地方志工作办公室．四川历代方志集成．北京：国家图书馆出版社，2015．

[6] 刘夐，等．民国·邛崃县志 [M] //四川省地方志工作办公室．四川历代方志集成．北京：国家图书馆出版社，2015．

[7] 孙清士，等．清光绪·蒲江县志 [M] //四川省地方志工作办公室．四川历代方志集成．北京：国家图书馆出版社，2015．

[8] 陆为棻，等．清光绪．内江县志 [M] //四川省地方志工作办公室．四川历代方志集成．北京：国家图书馆出版社，2016．

[9] 罗廷权，等．清同治．富顺县志 [M] //四川省地方志工作办公室．四川历代方志集成．北京：国家图书馆出版社，2016．

[10] 杨汝偕，等．清光绪．太平县志 [M] //四川省地方志工作办公室．四川历代方志集成．北京：国家图书馆出版社，2016．

[11] 罗国钧．民国·夹江县志 [M] //四川省地方志工作办公室．四川历代

方志集成．北京：国家图书馆出版社，2016．

[12] 赵霦，等．清同治．大邑县志 [M] //四川省地方志工作办公室．四川历代方志集成．北京：国家图书馆出版社，2015．

[13] 王铭新，等．民国·大邑县志 [M] //四川省地方志工作办公室．四川历代方志集成．北京：国家图书馆出版社，2015．

[14] 曾学传．民国·温江县志 [M] //四川省地方志工作办公室．四川历代方志集成．北京：国家图书馆出版社，2015．

[15] 朱鼎臣，等．清嘉庆．郫县志 [M] //四川省地方志工作办公室．四川历代方志集成．北京：国家图书馆出版社，2015．

[16] 顾德昌，等．清嘉庆．新繁县志 [M] //四川省地方志工作办公室．四川历代方志集成．北京：国家图书馆出版社，2015．

[17] 熊道琛，等．民国．苍溪县志 [M] //四川省地方志工作办公室．四川历代方志集成．北京：国家图书馆出版社，2016．

[18] 沈恩陪，等．清光绪．增修崇庆州志 [M] //四川省地方志工作办公室．四川历代方志集成．北京：国家图书馆出版社，2015．

[19] 谢汝霖．民国．崇庆县志 [M] //四川省地方志工作办公室．四川历代方志集成．北京：国家图书馆出版社，2015．

[20] 王梦庚，等．清嘉庆．犍为县志 [M] //四川省地方志工作办公室．四川历代方志集成．北京：国家图书馆出版社，2016．

[21] 裴显忠．清道光．乐至县志 [M] //四川省地方志工作办公室．四川历代方志集成．北京：国家图书馆出版社，2016．

[22] 福伦．清同治．南溪县志 [M] //四川省地方志工作办公室．四川历代方志集成．北京：国家图书馆出版社，2016．

[23] 赵懿．清光绪．名山县志 [M] //四川省地方志工作办公室．四川历代方志集成．北京：国家图书馆出版社，2016．

[24] 吴鸿仁，等．民国·资中县续修资州志 [M] //四川省地方志工作办公室．四川历代方志集成．北京：国家图书馆出版社，2016．

[25] 胡荣湛．民国·雅安县志 [M] //四川省地方志工作办公室．四川历代

方志集成．北京：国家图书馆出版社，2016．

[26] 林志茂，等．民国·简阳县志 [M] //四川省地方志工作办公室．四川历代方志集成．北京：国家图书馆出版社，2016．

[27] 杨霈．清道光·中江县新志 [M] //四川省地方志工作办公室．四川历代方志集成．北京：国家图书馆出版社，2015．

[28] 李钟峨．清道光·通江县志 [M] //四川省地方志工作办公室．四川历代方志集成．北京：国家图书馆出版社，2015．

[29] 郑国翰，曾瀛藻．民国．大竹县志 [M] //四川省地方志工作办公室．四川历代方志集成．北京：国家图书馆出版社，2017．

[30] 刘庆远．清道光．绵竹县志 [M] //四川省地方志工作办公室．四川历代方志集成．北京：国家图书馆出版社，2015．

[31] 赖佐唐，等．民国．叙永县志 [M] //四川省地方志工作办公室．四川历代方志集成．北京：国家图书馆出版社，2015．

[32] 谢开来，等．民国．重修广元县志稿 [M] //四川省地方志工作办公室．四川历代方志集成．北京：国家图书馆出版社，2015．

[33] 林志茂，等．民国．三台县志 [M] //四川省地方志工作办公室．四川历代方志集成．北京：国家图书馆出版社，2015．

[34] 罗廷权．清光绪．资州直隶州志 [M] //四川省地方志工作办公室．四川历代方志集成．北京：国家图书馆出版社，2016．

[35] 朱锡谷．清道光．巴州志 [M] //四川省地方志工作办公室．四川历代方志集成．北京：国家图书馆出版社，2015．

[36] 王麟祥．清光绪．叙州府志 [M] //四川省地方志工作办公室．四川历代方志集成．北京：国家图书馆出版社，2016．

[37] 吴章祁，徐杨文保．清道光．蓬溪县志 [M] //四川省地方志工作办公室．四川历代方志集成．北京：国家图书馆出版社，2016．

[38] 冯任．明天启．新修成都府志 [M] //中国地方志集成．成都：巴蜀书社，1992．

[39] 吴羹梅．清同治．直隶理番厅志 [M] //中国地方志集成．成都：巴蜀

书社，1992．

[40] 周克坤．清光绪·广安州新志［M］//中国地方志集成．成都：巴蜀书社，1992．

[41] 谢惟杰，等．清嘉庆·金堂县志［M］//中国地方志集成．成都：巴蜀书社，1992．

[42] 张子履．民国．达县磐石乡志［M］//中国地方志集成．成都：巴蜀书社，2016．

[43] 郑贤书．民国．新修合川县志［M］//中国地方志集成．成都：巴蜀书社，2016．

[44] 陈邦倬．民国．崇宁县志［M］//中国地方志集成．成都：巴蜀书社，2016．

[45] 杨维中，等．民国．渠县志［M］//中国地方志集成．成都：巴蜀书社，2016．

[46] 禄勳．清宣统．新津县乡土志［M］//巴蜀珍稀舆地文献汇刊．成都：成都时代出版社，2015．

[47] 绍增．清光绪．大邑县乡土志［M］//巴蜀珍稀舆地文献汇刊．成都：成都时代出版社，2015．

[48] 胡用霖，曾昭潜．清光绪·隆昌县乡土志［M］//巴蜀珍稀舆地文献汇刊．成都：成都时代出版社，2015．

[49] 刘肇烈．清光绪·金堂县乡土志［M］//巴蜀珍稀舆地文献汇刊．成都：成都时代出版社，2015．

[50] 佚名．清光绪·崇宁县乡土志［M］//巴蜀珍稀舆地文献汇刊．成都：巴蜀珍稀乡土志汇刊．成都时代出版社，2015．

[51] 曾学传．清光绪·温江县乡土志》［M］//巴蜀珍稀舆地文献汇刊．成都：成都时代出版社，2015．

[52] 陈运昌．清光绪·富顺县乡土志［M］//巴蜀珍稀舆地文献汇刊．成都：成都时代出版社，2015．

[53] 严如熤．清道光·三省边防备览［M］//巴蜀珍稀舆地文献汇刊．成都：

成都时代出版社，2016 .

[54] 裴显忠．清道光．德阳县新志 [M] //中国地方志荟萃．北京：九州出版社．2015 .

[55] 李南晖．清乾隆．威远县志 [M] //中国数字方志库．北京．北京籍古轩图书数字技术有限公司 .

[56] 李吉甫·唐代·元和郡县图志 [M]·北京：中华书局·1983·

[57] 李昉，等·宋代·太平御览 [M]·北京：中华书局·2000·

[58] 祝穆·宋代·方舆胜览 [M]·北京：中华书局·2003·

[59] 王存·宋代·元丰九域志 [M]·北京：中华书局·2004·

[60] 乐史·宋代·太平寰宇记 [M]·北京：中华书局·2007·

[61] 欧阳忞·宋代·舆地广记 [M]·成都：四川大学出版社·2003·

[62] 吴自牧·宋代·梦粱录 [M]·杭州：浙江人民出版社·1984·

[63] 宋祁·宋代·益部方物略记 [M]·北京：中华书局·1985·

[64] 王祯．元代．王祯农书 [M]．北京：农业出版社，1981 .

[65] 宋应星．明代．天工开物 [M]．北京：人民出版社，2015 .

[66] 曹学佺．明代．蜀中广记 [M]．北京：国家图书馆出版社，2014 .

[67] 何宇度．明代．益部谈资 [M]．上海：上海古籍出版社，1993 .

[68] 严如熤．清嘉庆．三省山内风土杂识 [M]．北京：中华书局，1985 .

[69] 徐珂．清代．清稗类钞 [M]·北京：中华书局·2010·

[70] 傅崇矩·清宣统·成都通览 [M]·成都：巴蜀书社·1987·

[71] 董邦达，等．清乾隆．四川全图 [M] //四川省图书馆，四川大学图书馆编辑．成都：巴蜀书社，2011 .

[72] 释中恂．清代．重修昭觉寺志 [M] //成都旧志．成都．时代出版社．2007 .

[73] 徐平·四川特色古镇文化大观 [M]·成都：西南财经大学出版社·2019·